作者简介

AUTHOR INTRODUCTION

肖兴

- 数字化学习专家
- 资深课程开发设计专家、TTT培训导师
- 全国微课大赛评委、导师
- 全国直播培训大赛冠军导师
- 全国企业短视频大赛评委导师
- PTT国际专业培训师、AACTP美国国际注册培训师
- 抖音“小鱼微课”知识博主

录制《爆款微课：简单高效易上手的微课制作指南》本书同名视频课程34门；录制《直播培训：手把手教你做好企业线上学习》书籍同名视频课程20门，自主开发录制《爆品微课开发的42堂私房课》等上百门微课。专注讲师培养10余年，曾为多家500强国企及金融保险、房地产、互联网等上百家企业提供微课服务，学员受众达10万+。出版著作《微课开发：四步教你打造精品微课的101个技巧》《直播培训：手把手教你做好企业线上学习》。

爆款微课

肖兴——著

简单高效易上手的微课制作指南

企业管理出版社
ENTERPRISE MANAGEMENT PUBLISHING HOUSE

图书在版编目（CIP）数据

爆款微课：简单高效易上手的微课制作指南 / 肖兴著. -- 北京：企业管理出版社，2022.10
ISBN 978-7-5164-2698-2

Ⅰ. ①爆… Ⅱ. ①肖… Ⅲ. ①多媒体课件—制作 Ⅳ. ① G434

中国版本图书馆 CIP 数据核字 (2022) 第 165817 号

书　　名：	爆款微课：简单高效易上手的微课制作指南		
书　　号：	ISBN 978-7-5164-2698-2		
作　　者：	肖 兴		
策　　划：	朱新月		
责任编辑：	尤　颖　刘　畅		
出版发行：	企业管理出版社		
经　　销：	新华书店		
地　　址：	北京市海淀区紫竹院南路 17 号	**邮　　编：**	100048
网　　址：	http://www.emph.cn	**电子信箱：**	zbz159@vip.sina.com
电　　话：	编辑部（010）68487630		发行部（010）68701816
印　　刷：	北京博海升彩色印刷有限公司		
版　　次：	2022 年 11 月第 1 版		
印　　次：	2022 年 11 月第 1 次印刷		
开　　本：	710mm × 1000mm　1/16		
印　　张：	24.25 印张		
字　　数：	447 千字		
定　　价：	98.00 元		

PREFACE

序

2021 年 12 月我的第二本书《微课开发——四步教你打造精品微课的 101 个技巧》正式出版之后，取得了不错的销量，一度在京东人力资源新书排行榜占据三榜第一，广大读者的支持让我决定撰写第三本书。

我对自己写书有三点要求：第一，必须有丰富的经历，也就是一定要有多次动手实操的经验，我一直坚信一个人没有入场实践、躬身入局，只是在理论层面看看书、听听课，然后把听到、看到的内容写出来，很难给予别人真正的帮助，因为缺乏实操经验的内容，看似很完美，但使用的时候很难落地，并不能真正帮助读者场景化解决问题；第二，必须有久经考验的产品，只有把自己的经验提炼出来，结合理论开发成产品，并经过市场的检验，才能保证内容具有普适性，才能够帮助广大读者解决问题；第三，必须有真实需求，不管经验有多么丰富、产品有多好，如果只是自己一厢情愿，没有真实需求，那么这样的主题也不值得选择。

根据这三个要点，我找到了两个方向，一个是用系统的方法和自己的实际经历教想要转型成为商业讲师的人少走弯路、成功转型，另一个是在上一本微课开发书的基础上教老师如何使用不同工具制作不同形式的微课。

到底应该选哪个呢？经过观察、调研与深度思考，我决定选择后者，为什么呢？原因有三。

第一，从宏观环境来看，微课可以作为线下教学的有益补充，一旦发生意外，需要居家办公或者学习时，微课可以马上派上用场，真正做到停课不停学，这也是2020年新冠肺炎疫情期间我们看到的教学景象。因此，微课是当下企业培训和学校教育的必需品。

第二，从中观层面来看，基于新冠肺炎疫情的不确定性和微课的优势，在后疫情时代，无论是企业还是学校都在大力发展线上微课教学，除了各个企业在举办微课大赛之外，各省份的电教馆也在举办微课大赛或包含微课制作在内的数字化比赛，微课制作能力已经成为老师的必备能力之一。

第三，从微观层面来看，制作微课需要掌握两大技能，一个是内容萃取，一个是工具使用。关于内容萃取的方法和工具我在上一本微课开发的书中已经进行详细的阐述，对于老师们来说，内容不是难点，难点是制作微课的工具有哪些？在这些眼花缭乱的微课制作工具中，哪些简单、好用、易上手，哪些复杂、难用、难学会？哪些是免费的，哪些是收费的？不同工具适合制作哪种形式的微课？在使用某个工具制作微课的过程中，如何使微课更美观、更有吸引力？

基于宏观背景和中观需求，为了在微观层面上帮助老师们解决不同形式微课的工具选择、使用技巧，以及微课美观设计的问题，我决定在2022年撰写这本书。

为了能够全方位地帮老师们解决问题，我对自己提了四点要求，这四点要求也是送给本书读者的福利。

第一，根据自己多年制作和教授微课的经验，将微课形式、工具进行系统划分和详细讲解，务必保证本书“干货”满满。

第二，提供优秀微课学习网站，并在我的抖音号上讲解各种形式的微课制作方法。

第三，提供各个软件的下载路径，同时附赠万彩动画大师特别版激活码。

第四，组建社群，在社群中解读本书内容，帮助大家答疑解惑，解决制作微课过程中遇到的问题。

每一个人都会基于自己的经验将微课划分为不同的形式，我根据一门微课是否有动态人物出现这个单一维度，把微课划分为三种形式，分别是无人出镜、拟人（虚拟人物）出镜和真人出镜。

无人出镜是指微课里没有动态人物出现，主要以图片、文字、音频等素材配以动画来呈现微课内容；拟人出镜是指微课里有虚拟的动态人物出现，并且这个虚拟的动态人物会贯穿整个微课；真人出镜是指微课里会有真实人物出现，通过讲解或表演的方式呈现微课内容。

荀子在《劝学》中说：“吾尝终日而思矣，不如须臾之所学也；吾尝跂而望矣，不如登高之博见也。登高而招，臂非加长也，而见者远；顺风而呼，声非加疾也，而闻者彰。假舆马者，非利足也，而致千里；假舟楫者，非能水也，而绝江河。君子生非异也，善假于物也。”

21 世纪是工具时代，我们要学会运用各种工具制作不同形式的微课。

最终，围绕微课形式、适配工具、使用技巧及微课设计的底层逻辑，我将本书划分为四个章节。

第一章，无人出镜，用 PPT 制作精美微课。

本章内容围绕使用 PPT 制作微课的四个步骤展开讲解。

第 1 步是美化课件，包括微课整体设计方法、微课素材编辑技巧、微课页面排版与配色技巧、微课封面、目录，以及转场页的设计方法；

第 2 步是设置音频，包括如何选取背景音乐、如何做好真人配音、如何将文字直接转换成音频、如何对音频进行编辑；

第 3 步是设计动画，包括页面动画编辑技巧、换片动画编辑技巧，以及一些高阶的动画技巧；

第 4 步是生成视频，包括如何用 PPT 生成视频、如何用录屏软件录制视频。

除此之外，我还会分享一些 PPT 速成技巧、PPT 效率插件和 PPT 模板网站以帮助学员提高微课制作效率。

第二章，拟人出镜，用万彩动画大师制作动画微课。

本章内容既讲解动画类脚本如何设计，又讲解万彩动画大师的下载、安装、注册和升级，还围绕如何使用万彩动画大师制作微课的步骤展开讲解。

使用万彩动画大师制作微课可以分为 5 个步骤，分别是设计场景、编辑音频与字幕、编辑素材、设计动画和生成视频。

我会围绕制作微课的步骤把每一个功能的使用技巧讲解透彻，同时还会为读者提供万彩动画大师的特别版激活码，以便读者拥有更多的使用权限。

第三章，真人出镜，用不同设备拍摄制作网红微课。

本章内容既围绕口播、录播、情境表演这三种细分形式讲解不同形式的脚本如何设计，又讲解需要准备哪些设备、如何选择拍摄形式、需要准备哪种背景，如何面对镜头表达呈现、视频拍摄技巧及剪辑等内容。

通过本章内容的学习，不但可以制作微课上传到内部平台、参赛获奖，还能制作短视频上传到抖音等外部平台，积累粉丝、快速变现。

第四章，微课设计，一个公式讲透微课设计底层逻辑。

本章内容主要围绕微课设计公式中的背景设计、素材选取、排版设计、颜色搭配、音频设计、字幕设计、动画设计进行讲解；同时为了让学员制作出画面精美、音质优良的精品微课，我还准备了一些优秀微课作品网站和获奖微课作品案例。

本书适合学校教师、商业讲师、企业内训师和培训管理人员学习。

学员既可以系统化阅读本书，又可以根据自己需要学习的工具技巧和想要解决的问题，从书中选择某一个技巧碎片化学习和实践。

无论是完成教学任务、参赛获奖，还是沉淀知识资产、打造数字化“藏经阁”，抑或是提升个人品牌影响力、上线平台快速变现，本书都能够对学员有所帮助。

“一课一书一视频”是我对自己开发产品的要求，相较于研发课程和录制视频而言，写书是一件非常困难的事情，难在要有丰富的知识储备可以提炼、要有真诚的团队伙伴可以并肩作战、要有出版社优秀编辑的价值认可、要有充足的个人时间可以闭关撰写、要有读者朋友的大力支持。因此，本书能够付梓出版要感谢的人非常多。

首先，要感谢我的客户及合作过的培训同仁，因为你们给予的宝贵的机会，我才能在每一次微课教学或外包实践之后，一点一点地去升级内容，不断地反哺和提升自己。

其次，要感谢我的家人，尤其是我的妻子，因为你的支持我才可以每天抽出大段的时间来撰写本书；也是因为你的坚持，我才最终选择在 2022 年确定这个主题。

最后，感谢购买和阅读本书的读者朋友，你的购买和推荐是我不断写作的动力。

要感谢的人还有很多，由于篇幅所限，不再一一列举。受个人经验所限，本书如有不妥之处，敬请批评指正。

肖 兴

CONTENTS

目录

CHAPTER 1

无人出镜，用 PPT 制作精美微课

CONTENTS...

CONTENTS...

CONTENTS...

CHAPTER 2

拟人出镜，用万彩动画大师制作动画微课

CONTENTS...

CONTENTS...

CHAPTER 4

微课设计，一个公式讲透微课设计底层逻辑

CONTENTS...

1

CHAPTER

无人出镜，用 PPT 制作精美微课

无人出镜是指微课里面没有动态人物出现，主要以图片、文字、音频等素材配以动画来呈现微课内容。

虽然这种形式的微课的制作工具非常多，但是性价比最高的无疑是 PPT。

从财务角度来讲，我们在购买电脑时就已经安装了正版的 PPT，不需要像其他软件一样重新安装并支付额外费用；从效率角度来讲，就算我们不是“PPT 大神”，但是肯定对 PPT 有一定的了解和使用基础，学习、上手相对会更快一些；从效果角度来讲，其实 PPT 本身的功能已经足够支撑我们制作精美微课，只是大家缺乏系统的学习研究和实践。

第一节
开启 PPT 之旅

■ PPT 是什么

PPT 是指微软公司的演示文稿软件，全称 “PowerPoint”，我们习惯把它简称为“PPT”，中文名是“幻灯片”或“演示文稿”。

■ PPT 的由来

PPT 的发明者罗伯特·加斯金斯 (Robert Gaskins)，是一位具有远见卓识的企业家。早在 20 世纪 80 年代中期，他就意识到商业幻灯片这一巨大但尚未被人发掘的市场同正在出现的图形化电脑时代形成了完美的结合。

1984 年，罗伯特·加斯金斯加入一家衰退中的硅谷软件公司 Forethought，并且雇用了软件开发师 Dennis Austin。Bob 和 Dennis 完善了他的梦想，并设计了“Presenter”实行该计划。Dennis 与 Tom Rudkin 设计了原始版本的程式。Bob 后来建议了新的产品名“PowerPoint”，该名称最后变成产品的正式名称。

■ PPT 历史版本

1987 年，基于 Mac 操作系统的 PowerPoint1.0 正式问世，尽管它的界面只有黑和白，但作为 PPT 鼻祖，它开启了一个时代。

1990 年，基于 Windows3.0 的 PPT2.0 问世。

1992 年升级的 PPT3.0 诞生，1993 年升级为 PPT4.0，1995 年升级为 PPT95，1997 年升级为 PPT97，1999 年升级为 PPT2000，2001 年升级为 PPT2002，2003 年升级为 PPT2003。

自 PPT2003 版之后，PPT 作为演示工具的基本功能都已具备，后续版本在软件操作、软件性能、软件设计、特效功能上进行升级。

PPT2007 增加了 SmartArt，可用于排版及制作流程图。

PPT2010 增加了图片“删除背景”、图片“艺术效果”和布尔运算。

PPT2013 增加了取色器，可以直接从图片中吸取颜色；布尔运算功能增强，可以在形状间、图片间、形状与图片间使用。

PPT2016 增加了智能命令搜索框，相当于一个帮助功能，通过搜索找到某个功能的操作教程。

PPT2019 和 PPT365 可直接修改图片的透明度，增加了平滑动画，可以插入 3D 素材。

使用 PPT 制作微课最好使用 PPT2016、PPT2019、PPT365 这三个版本。

本章讲解的所有技巧，都是基于 PPT2016 这个版本。

第二节
使用 PPT 制作微课技巧

根据我多年使用 PPT 制作微课的经验，我发现使用 PPT 制作微课其实有 3 种方法，每种方法又可以划分为 4 个步骤，如表 1–1 所示。

表 1–1　用 PPT 制作微课方法与步骤

方法	第 1 步	第 2 步	第 3 步	第 4 步
1	美化课件	设置音频	设计动画	生成视频
2	美化课件	设置音频	手动排练计时或者录制一遍	生成视频
3	美化课件	设置音频	手动播放同时用录屏软件录制视频	剪辑视频

这 3 种方法既有共性，又有区别，共性之处是它们都需要对课件进行美化、需要对音频进行处理。区别是：方法 1 最好是一页录制一个音频，方法 2 和 3 可以将一个整体的音频放在首页，然后跨幻灯片播放；方法 1 设计动画的最终效果是整个 PPT 可以自动播放；方法 2 和 3 不用设计页面切换动画效果，可以手动播放，当然这就要求我们在录制的时候对内容足够熟悉，做到内容与音频同步，保证一次录制成功；方法 1 和 2 是用 PPT 直接生成视频，方法 3 是先用录屏软件录制下来，再用剪辑软件把多余部分剪掉，需要额外掌握录屏和剪辑软件的使用方法。

为了方便系统化地学习使用 PPT 制作微课的技巧，我会以方法 1 为主线，将方法 2 和 3 的技巧、工具融入进来进行讲解。

STEP 01 美化课件

对 PPT 课件进行美化包含三个方面，分别是整体设计、单页设计、个性设计。

整体设计是指对 PPT 的整体风格进行设计，包含 PPT 大小，主题的颜色、字体、效果，背景样式，幻灯片母版。

单页设计是指对某一页 PPT 单独进行设计，包含图片、图示、图标、图表、文字、表格、形状、视频等素材的添加、编辑，以及页面素材之间的配色、排版。

个性设计是指依据微课结构分别对 PPT 的封面、封底、目录页、转场页进行设计。

PPT 整体设计

整体设计是指对 PPT 的整体风格进行设计，包含 PPT 大小、主题、背景样式和幻灯片母版。

■ PPT 大小设计

PPT 自带的屏幕比例有两种，分别是宽屏（16 ∶ 9）和标准（4 ∶ 3）。

使用标准（4 ∶ 3）生成的微课通常有黑边存在，影响微课的美观度，使用宽屏生成的微课则符合电脑屏幕要求和当下审美。

PPT 大小通常普遍采用的是 16 ∶ 9，而不是 4 ∶ 3。

具体操作步骤：设计 > 自定义 > 幻灯片大小 > 宽屏 16 ∶ 9，如图 1-1 所示。

■ PPT 主题设计

PPT 自带主题功能，我们只需要从里面选择一个自己喜欢的主题，然后进行调整即可。

具体操作步骤：设计 > 主题 > 选择主题，如图 1-2 所示。

图 1-1 调整 PPT 大小

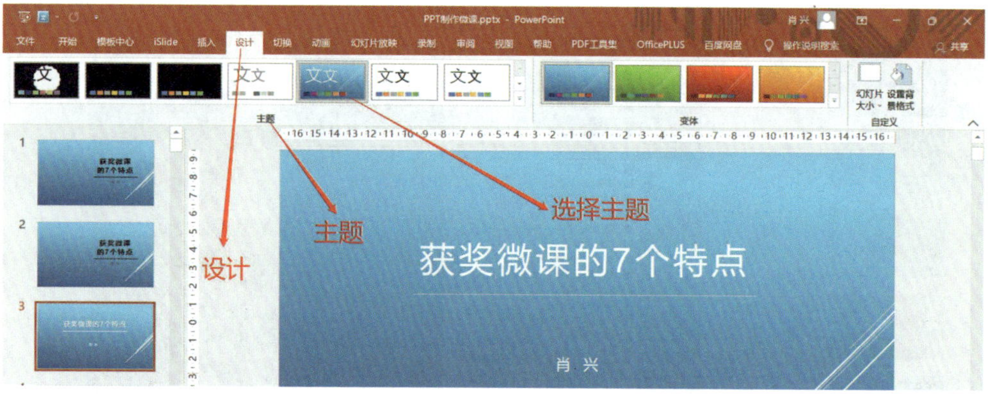

图 1-2 选择主题

选择了主题也就确定了 PPT 的整体风格，如果我们对主题的细节不满意，可以直接在右侧的“变体”中进行调整，如图 1-3 所示。

图 1-3 主题变体

我们可以在变体中对主题的颜色进行调整，如果没有适合的颜色模板，可以在自定义颜色中重新设计，如图 1-4 所示。

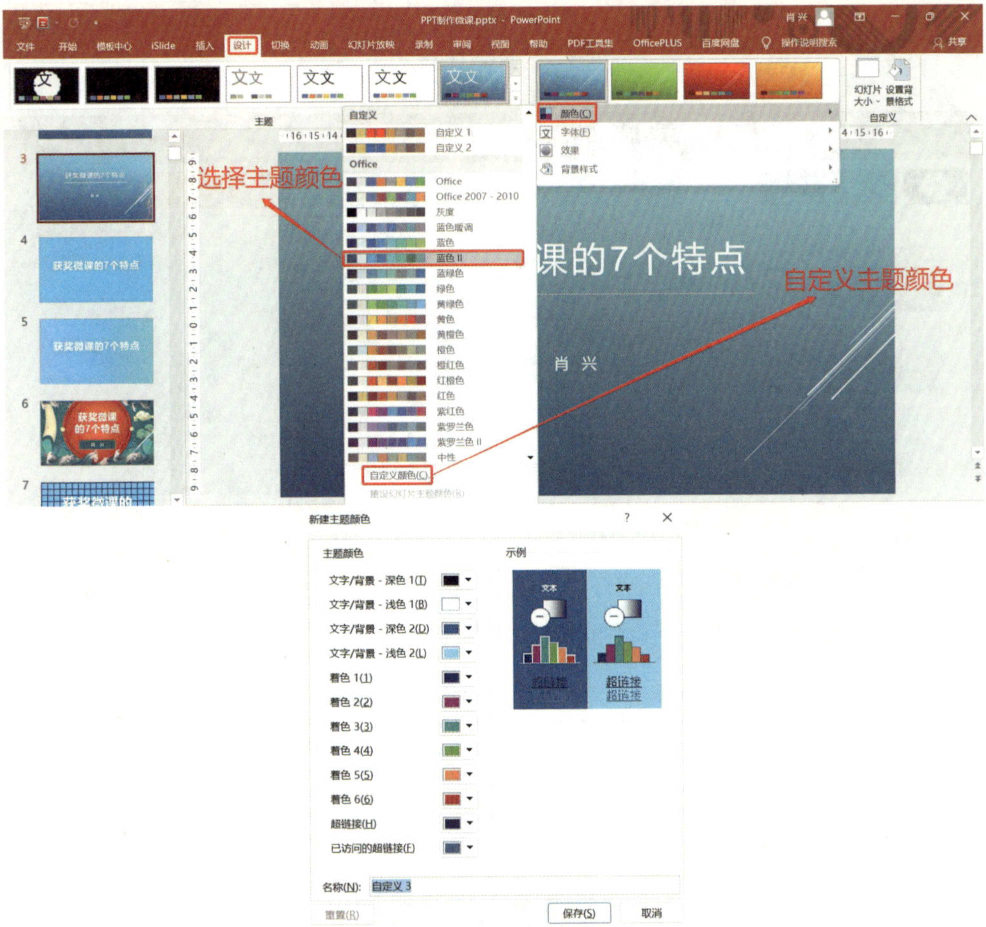

图 1-4 改变主题颜色

我们可以在变体中对主题的字体进行调整，如果没有合适的字体模板，可以在自定义字体中重新设计，如图 1-5 所示。

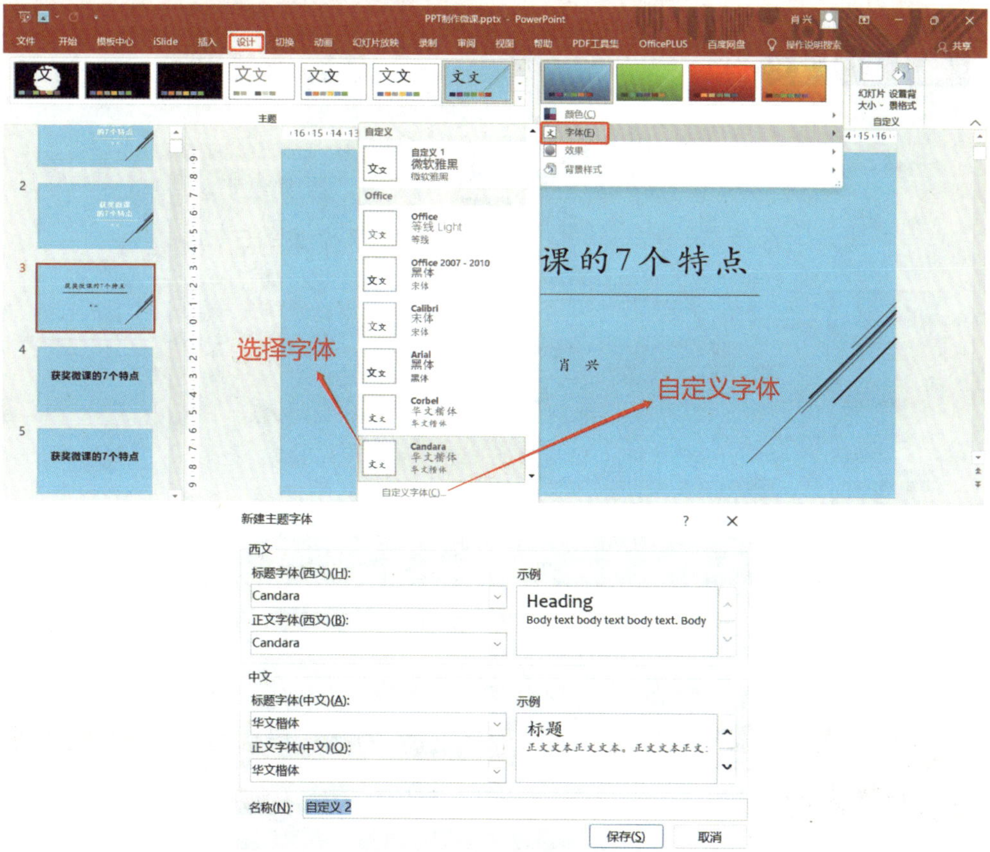

图 1-5 改变主题字体

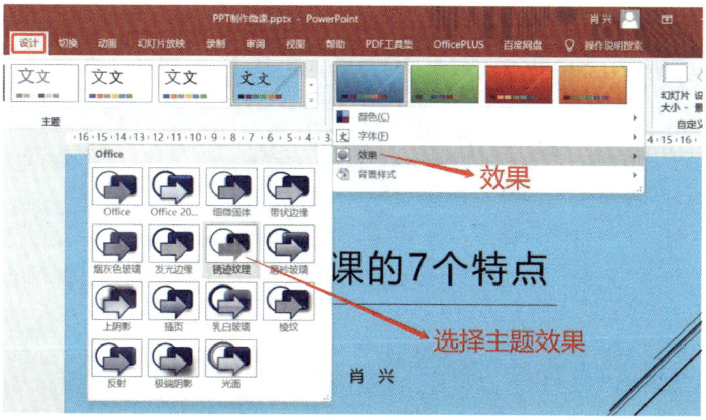

图 1-6 改变主题效果

我们可以在变体中对主题的效果进行调整，如图 1-6 所示。

我们可以在变体中对主题的背景样式进行调整，如果没有合适的背景样式，可以重新设置背景样式，如图 1–7 所示。

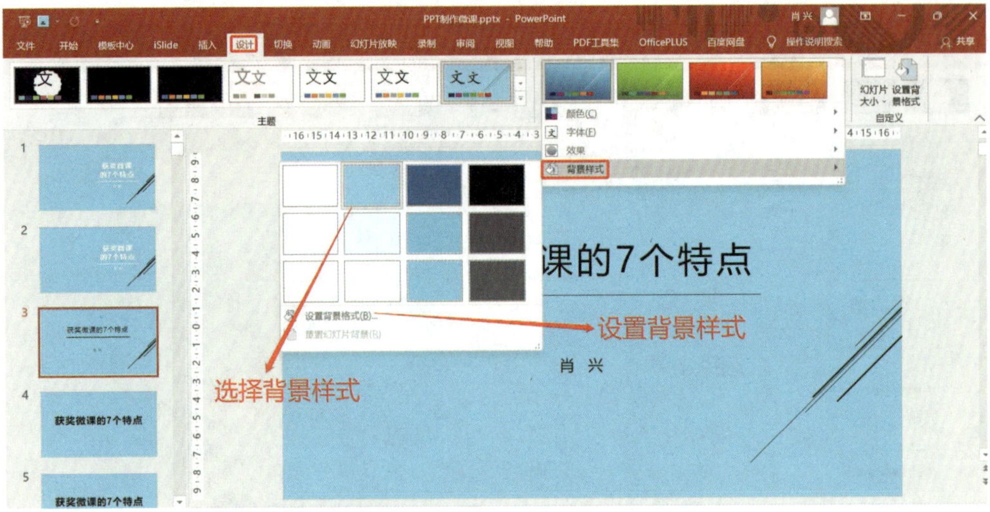

图 1–7 改变主题背景

■ PPT 背景设计

PPT 自带的背景分为四种，分别是纯色背景、渐变背景、图片或纹理背景、图案背景，这四种背景都可以在“设置背景格式”中进行设计，如图 1–8 所示。

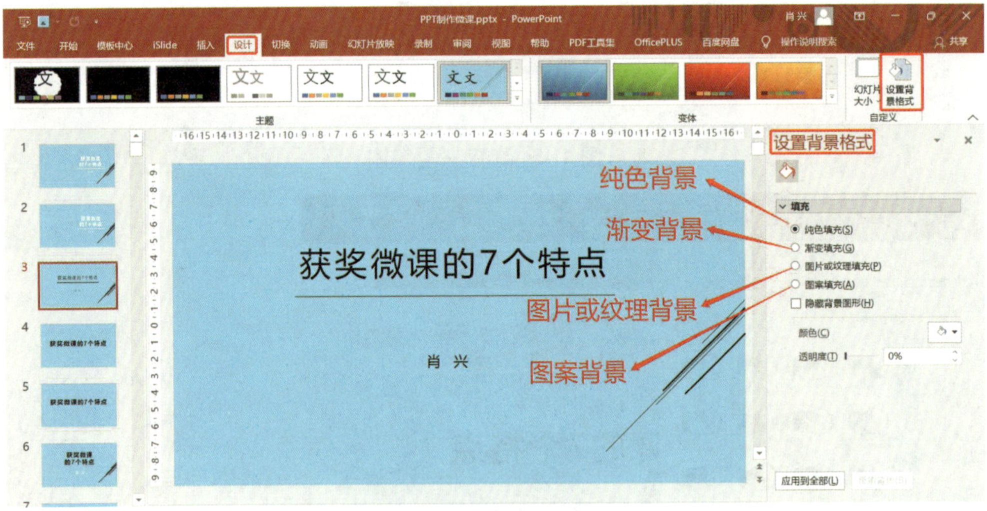

图 1–8 设置背景格式

纯色背景是指以某一种颜色作为整个 PPT 的背景，具体操作步骤：设计 > 自定义 > 设置背景格式 > 纯色填充 > 填充颜色 > 选择一个颜色，如图 1-9 所示。

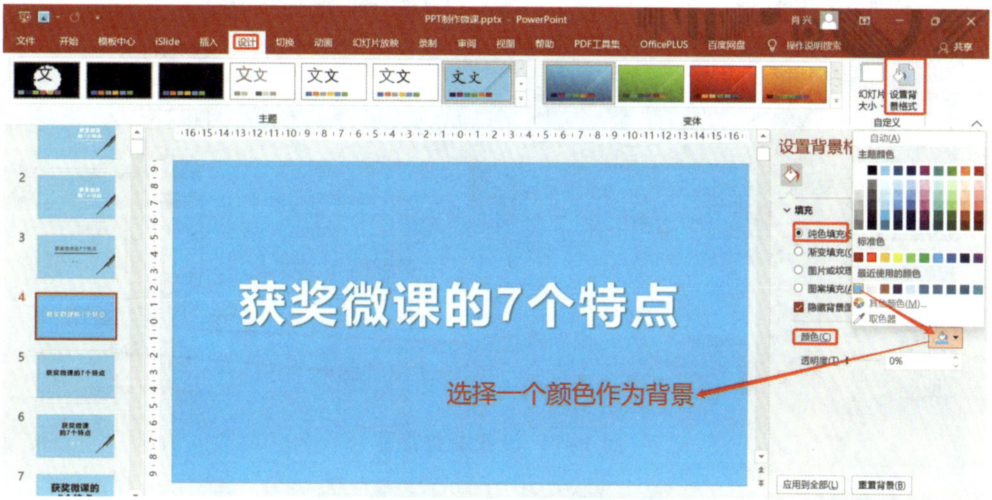

图 1-9 设置纯色背景

如果在主题颜色和标准色中没有合适的颜色，可以在“其他颜色 > 标准”中选择一个颜色，也可以在“其他颜色 > 自定义 > 颜色模式 RGB”中，通过调整 RGB 的数值来选定一个颜色，或者通过取色器选取合适的颜色，如图 1-10 所示。

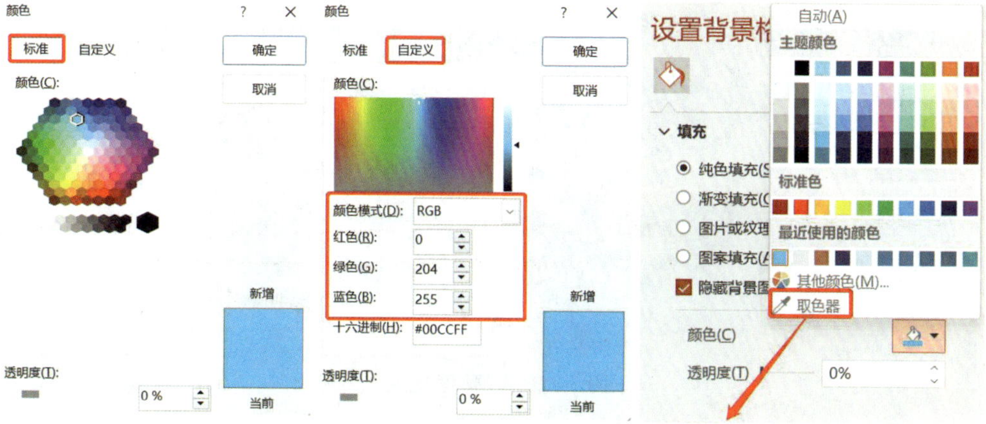

图 1-10 标准、自定义、取色器选择主题颜色

渐变背景是指以多种颜色作为整个 PPT 的背景，具体操作步骤：设计 > 自定义 > 设置背景格式 > 渐变填充 > 预设渐变 > 类型 / 方向 / 角度 / 渐变光圈 > 停止点，如图 1-11 所示。

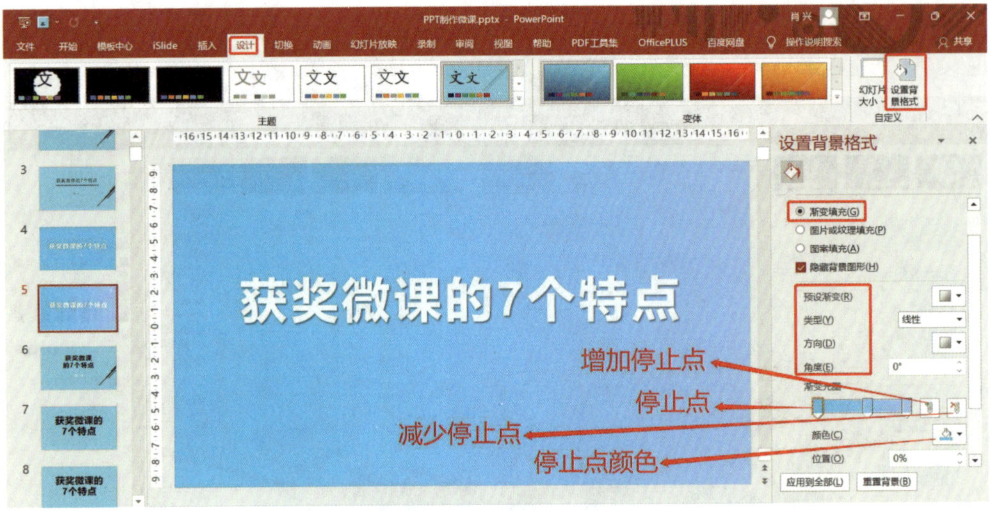

图 1–11　设置渐变背景

停止点的数量、颜色、位置、比例、透明度和亮度都是可以调节的，如图 1–12 所示。

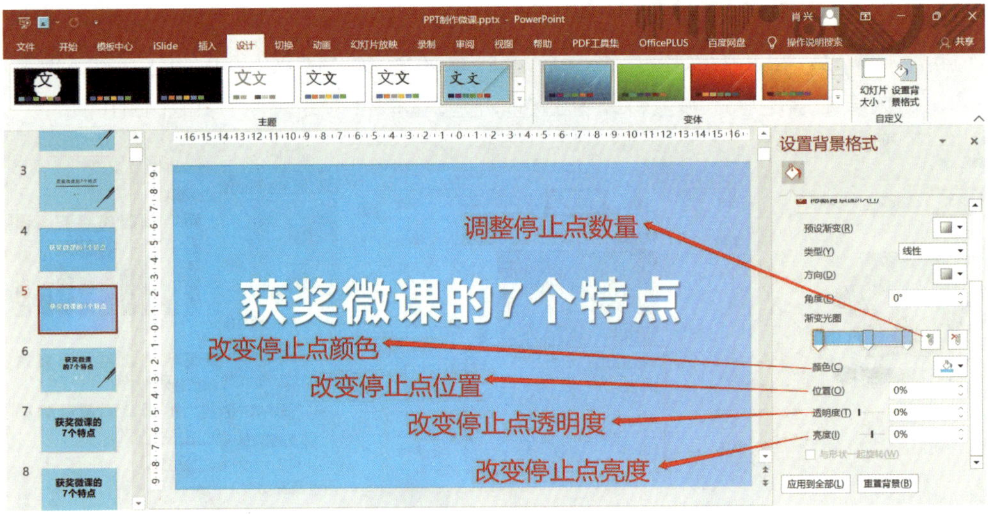

图 1–12　调整停止点

图片或纹理背景是指以图片或纹理作为整个 PPT 的背景，具体操作步骤：设计 > 自定义 > 设置背景格式 > 图片或纹理填充 > 图片源中插入文件中的图片 / 剪贴板图片或纹理中选择纹理，如图 1–13 所示。

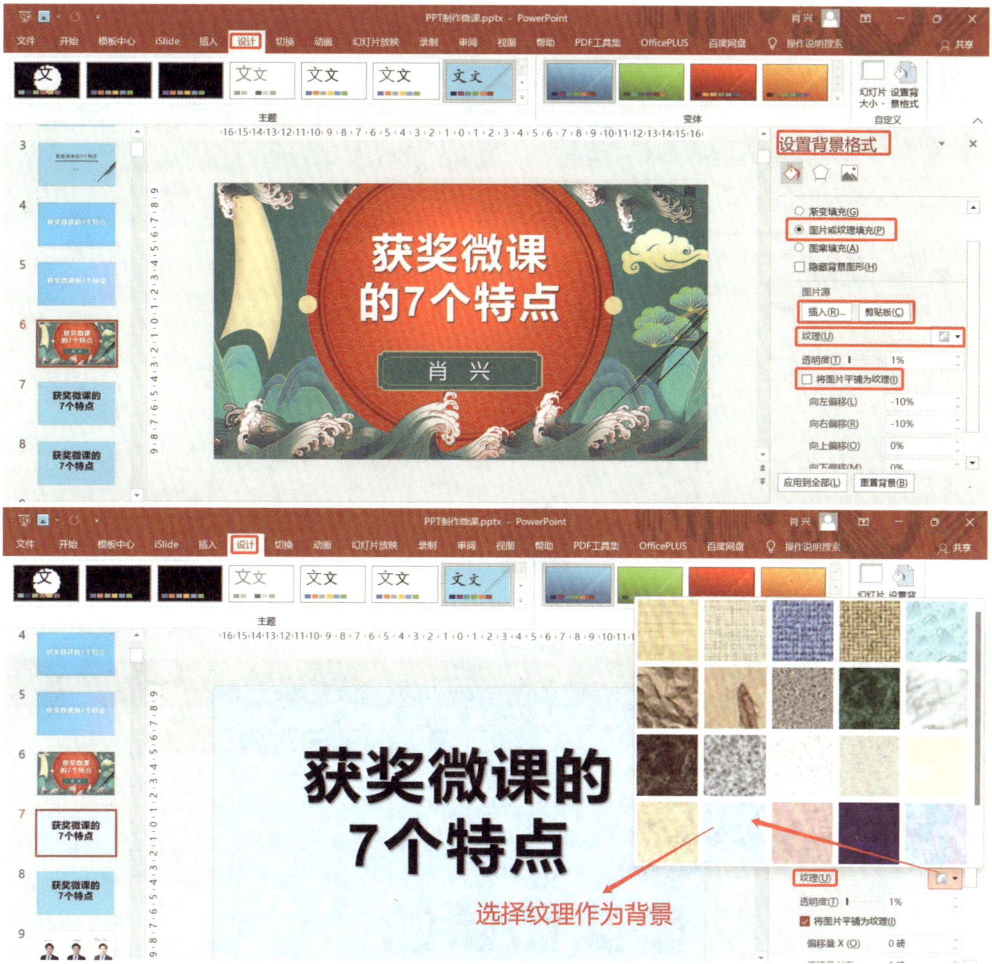

图 1-13 设置图案或纹理背景

图片或纹理的透明度、偏移量、刻度、对齐方式、镜像类型、艺术效果，以及图片校正、图片颜色都是可以调整的，如图 1-14 所示。

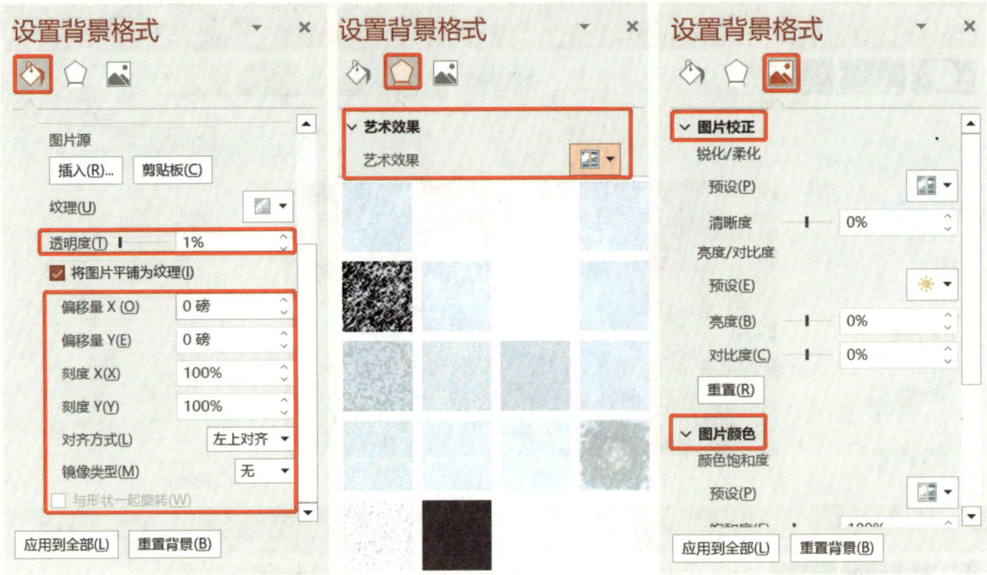

图 1–14 调整图片或纹理

图案背景是指以图案作为整个 PPT 的背景 / 前景，具体操作步骤：设计 > 自定义 > 设置背景格式 > 图案填充 > 选择图案 > 调整前景颜色 / 调整背景颜色，如图 1–15 所示。

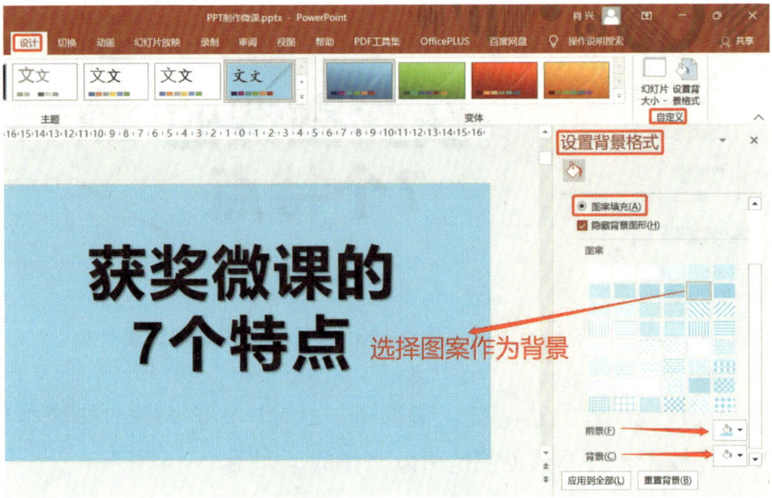

图 1–15 设置图案背景

除此之外，我们还可以隐藏背景中的图形，具体操作步骤：设置背景格式 > 隐藏背景图形，如图 1–16 所示。

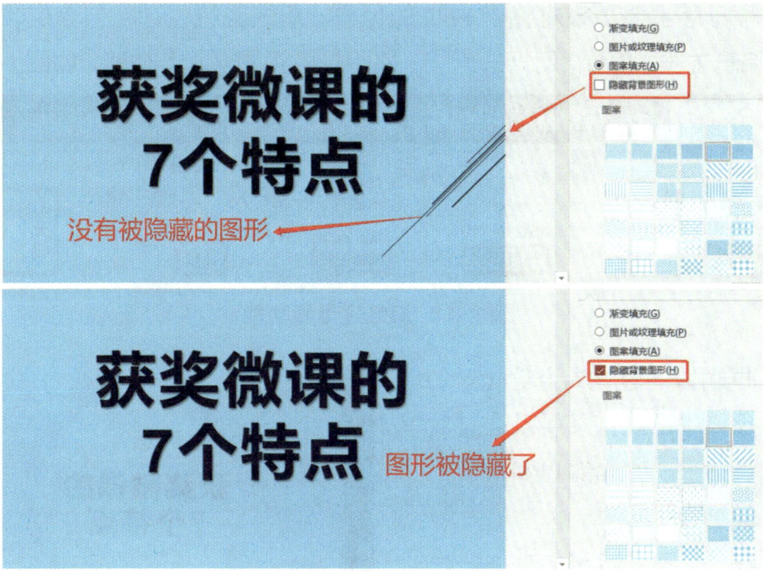

图 1-16 上—没有隐藏图形效果　下—隐藏背景图形效果

■ 幻灯片母版设计

如果我们在对 PPT 主题的颜色、字体、效果和背景样式进行设计之后依旧不满意，这时候就可以在幻灯片母版中进行调整。具体操作步骤：视图 > 母版视图 > 幻灯片母版，如图 1-17 所示。

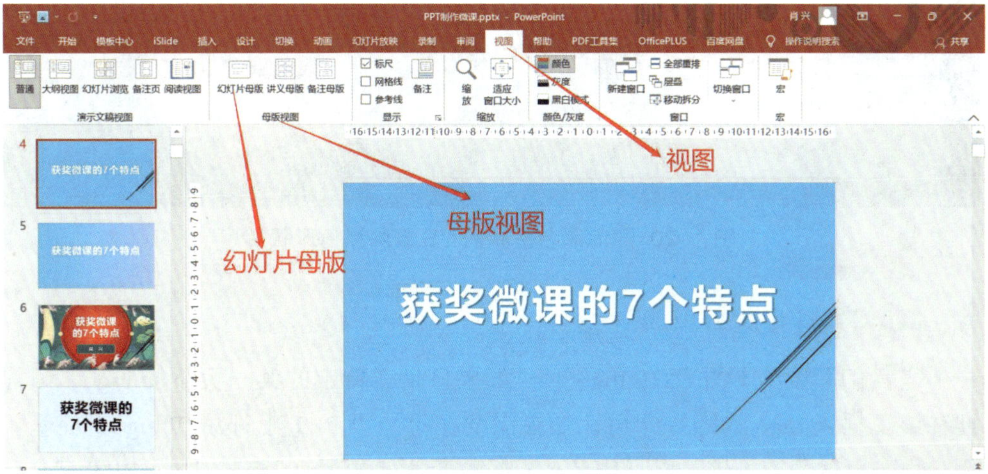

图 1-17 打开幻灯片母版

幻灯片母版主要用来对整个 PPT 的风格、版式进行设计，包含编辑母版、母版版式、编辑主题、背景、幻灯片大小、关闭母版视图这 6 个功能，如图 1–18 所示。

图 1–18 幻灯片母版功能

我们既可以通过这 6 个功能对幻灯片母版进行整体设计，又可以通过对单页 PPT 的设计来改变局部 PPT 的背景、版式、排版、配色。

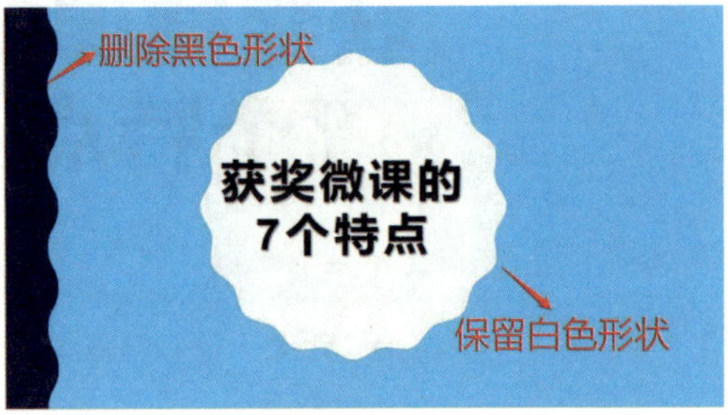

图 1–19 带有黑色形状的 PPT

举个例子，如图 1–19 所示，当我们选中某一个主题之后，如果既想删除左边的黑色形状，又想保留中间的白色形状，还要保证整个 PPT 不再出现左边的黑色形状，保持整体风格的统一性，就需要打开幻灯片母版，找到这一页 PPT，并把左边的黑边删除，如图 1–20 所示。

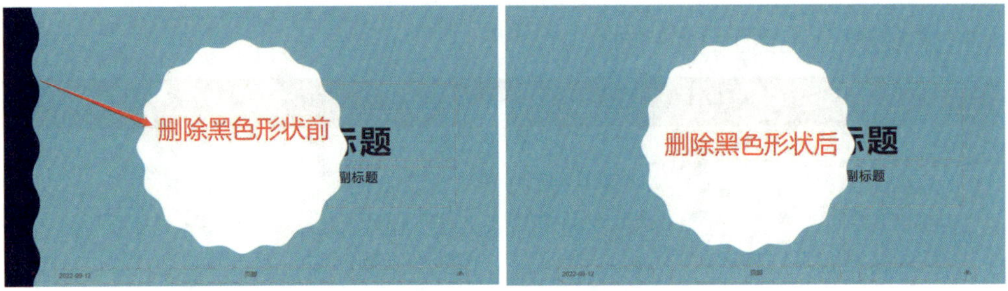

图 1–20 删除黑色形状前 VS 删除黑色形状后

■ 幻灯片母版首页加 logo

当我们需要给 PPT 添加 logo 时，如果只是在特定的某一页添加 logo，只需要在该页插入 logo 的图片即可；如果需要在每一页 PPT 上都添加 logo，完全不用一页一页地添加，这时候只需要在幻灯片母版首页添加 logo，所有 PPT 就会自动添加 logo。

这就是幻灯片母版的厉害之处，通过编辑某一页母版，可以对 PPT 整体或局部进行调整，既能减少工作量，又能保证效果。

■ PPT 单页设计

单页设计是指对某一页 PPT 单独进行设计，包含图片、图示、图标、图表、文字、表格、形状、视频等素材的添加、编辑，以及页面素材之间的配色、排版。

魔力图片

用 PPT 制作微课，一定要使用图片，因为图片是有“魔力”的。

好的图片会讲故事，能更好地塑造微课场景。

好的图片能增强文字的表现力和感染力，从而提高将知识传递给他人的效率。

关于图片，我们重点围绕微课常用技巧展开讲解，包含添加图片、删除背景、校正图片、更改颜色、艺术效果、替换图片、图片样式、图片边框、图片效果、批量排版、调整图层、裁剪图片、删除图片、重置图片、批量保存图片等技巧。

■ 如何添加图片

在 PPT 中添加图片的方法有三种。

方法 1：选中图片，直接拖拽到 PPT 里即可。

方法 2：在单页 PPT 里插入一张或多张图片，具体操作步骤：插入 > 图像 > 图片 > 此设备 / 联机图片 > 选择图片 > 插入，如图 1–21 所示。

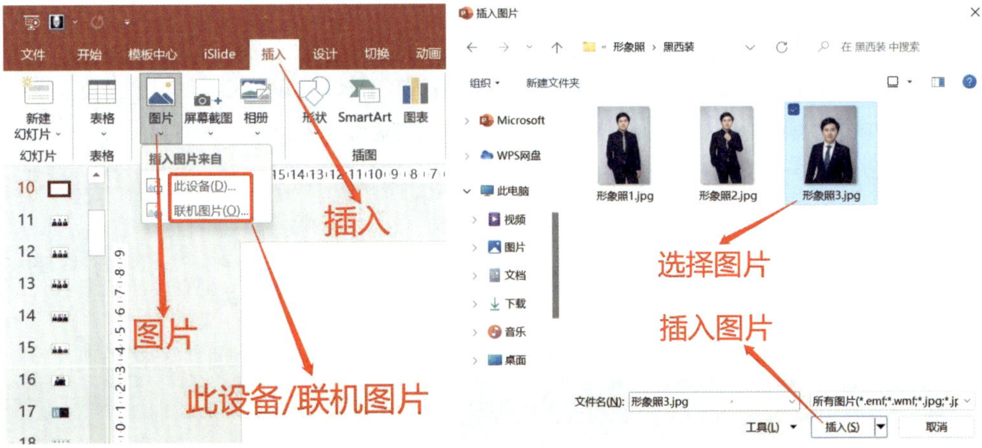

图 1–21 单页 PPT 插入图片

方法 3： 在多页 PPT 中插入图片，且保证每页 PPT 仅插入一张图片，具体操作步骤：插入 > 图像 > 相册 > 新建相册 > 文件 / 磁盘 > 选择要插入的图片 > 插入 > 创建，如图 1–22 所示。

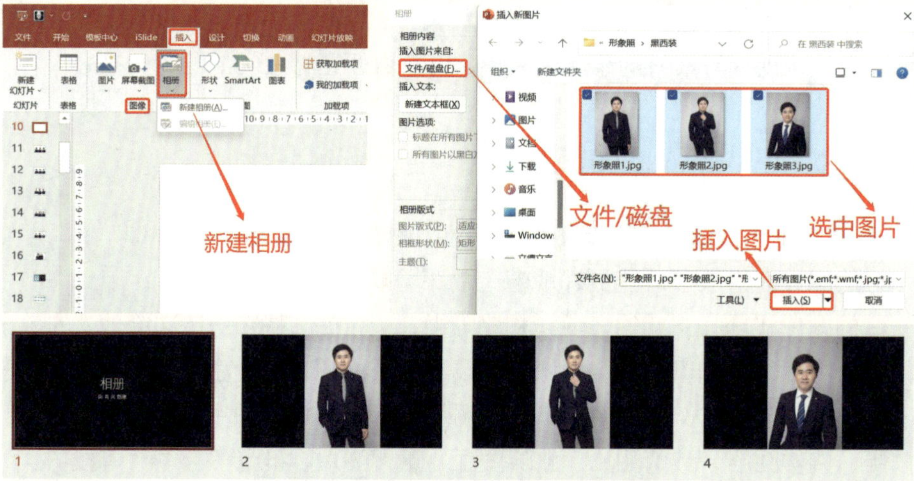

图 1–22　多页 PPT 插入图片

■ 如何删除图片背景

常见图片格式有两种，分别是 jpg 和 png 格式，其中 jpg 格式的图片有背景，png 格式的图片没有背景。

如果我们在 PPT 中插入的是 png 格式的图片，不需要删除背景，因为图片不会遮挡 PPT 的背景，也不会影响 PPT 的整体风格。

反之，如果我们在 PPT 中插入的是 jpg 格式的图片，就需要删除图片背景。

在 PPT 中删除图片背景的操作步骤：选中图片 > 图片格式 > 删除背景 > 标记要保留的区域 / 标记要删除的区域 > 保留更改 / 放弃所有更改 / 单击空白区域，如图 1–23 所示。

需要注意的是，紫色区域为删除区域，在标记的过程中，我们要把所有需要删除的区域标记为紫色。

有些图片背景比较复杂，用 PPT 删除背景操作起来比较烦琐，怎么办呢？

图 1-23 PPT 删除图片背景

在这里推荐一个免费的抠图网站：https://www.remove.bg/zh

它不但能删除图片背景，还能为图片添加背景，重点是所有操作一键搞定，非常简单。

删除背景具体操作步骤：单击“上传图片”＞选择要删除背景的图片＞系统自动消除背景＞单击“下载”，如图 1-24 所示。

图 1-24 在 removebg 中删除图片背景

图片添加背景具体操作步骤：单击图片右上角的“编辑”＞选择“背景”＞选择“照片”或“颜色”＞单击“下载”，如图 1-25 所示，如果想要使用特定的背景，可以在“照片”中单击“上传背景”。

图 1-25 在 removebg 中添加图片背景

■ 如何校正图片

如果我们认为图片的清晰度、亮度需要调整，可以在图片格式 > 调整 > 校正中选择适合的数值。如图 1-26 所示，分别是柔化 50%、原图、亮度增加 20% 并且对比度降低 20% 的效果，通过柔化、改变亮度、改变对比度可以调整图片。

图 1-26 校正图片

如何更改图片颜色

如果我们认为图片的饱和度、色温需要调整，或者想要给图片着色，可以在图片格式 > 调整 > 颜色中选择适合的数值。如图 1-27 所示，分别为原图、饱和度 400%、色温 11200K 的效果。

图 1-27 更改图片颜色

如何添加艺术效果

如果我们想要将图片设计为艺术效果，可以在图片格式 > 调整 > 艺术效果中选择适合的艺术效果。如图 1-28 所示，分别为原图、图样艺术效果、玻璃艺术效果。

图 1-28 图片艺术效果

如何替换图片

如果我们想要将 PPT 中现有图片替换为其他图片，有两种方法。

方法 1： 选择需要替换的图片 > 图片格式 > 调整 > 更改图片 > 此设备 / 来自在线来源 > 选择图片 > 插入，如图 1-29 所示。

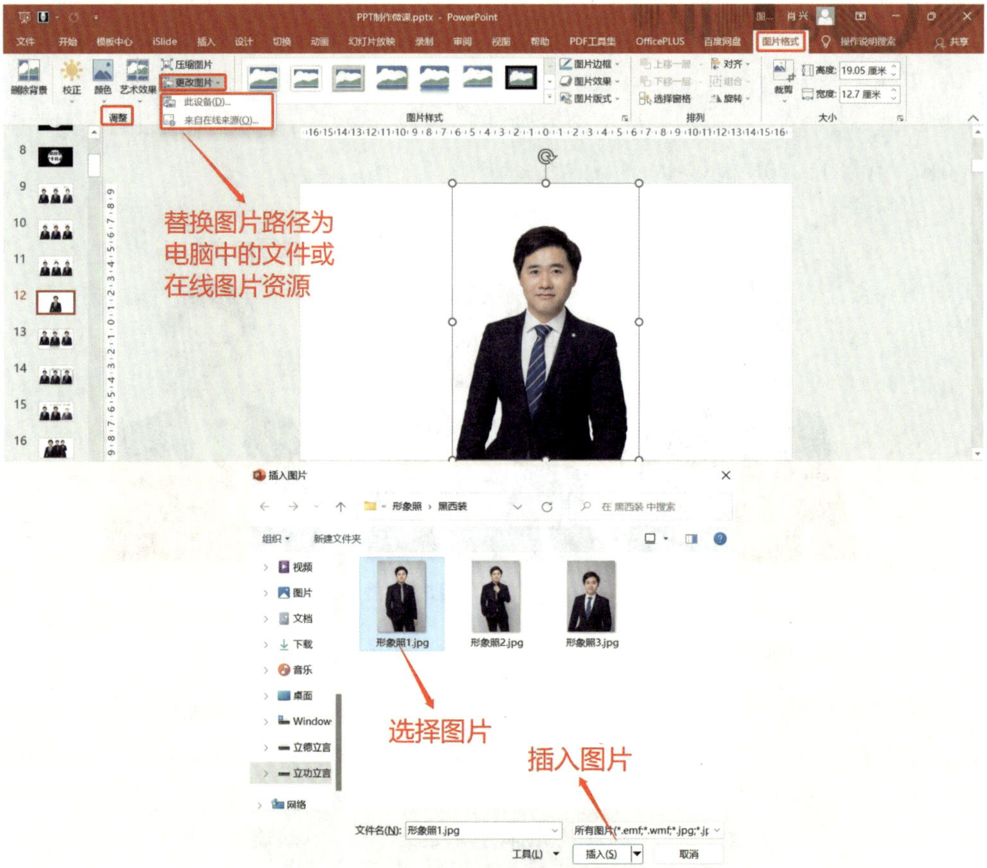

图 1–29 替换图片方法 1

方法 2：选择需要替换的图片 > 右击 > 更改图片 > 此设备 / 来自在线来源 > 选择图片 > 插入，如图 1–30 所示。

图 1–30 替换图片方法 2

如何更改图片样式

如果我们想要调整 PPT 中现有图片的样式，可以在图片格式 > 图片样式中，为图片选择一个适合的样式。如图 1-31 所示，分别为原图、映像圆角矩形、剪去对角 + 白色。

图 1-31　调整图片样式

■ 如何更改图片边框

如果我们想要为图片添加边框、增加美感，可以在图片格式 > 图片样式 > 图片边框中，依次选择图片边框的颜色、粗细、虚线。如图 1-32 所示，分别为原图、深蓝色 +1 磅 + 实线、黑色 +3 磅 + 长划线。

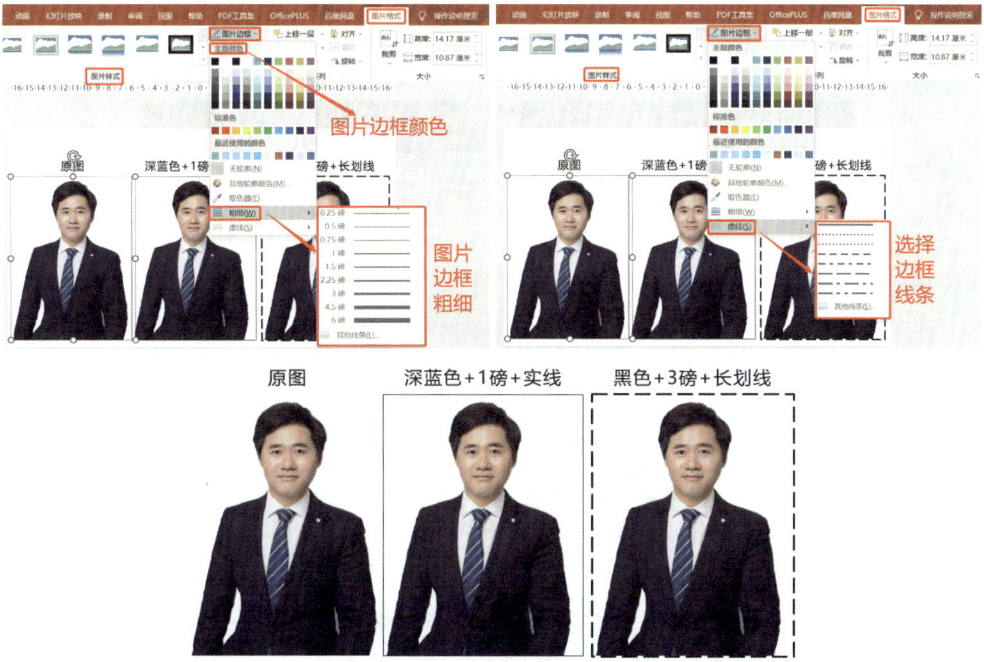

图 1-32　更改图片边框

■ 如何更改图片效果

如果我们想要为图片添加效果，可以在图片格式 > 图片样式 > 图片效果 > 预设 / 阴影 / 映像 / 发光 / 柔化边缘 / 棱台 / 三维旋转中，选择一个合适的效果。如图 1–33 所示，分别为原图、发光 +18 磅 + 红色主题 4、透视 + 适度宽松。

图 1–33 添加图片效果

■ 如何将图片批量排版

当单页 PPT 中有多张图片，并且我们需要将多张图片进行排版美化时，有两个方法: 一个方法比较烦琐，需要根据排版方法逐一调整图片的格式、大小、颜色等。

另一个方法比较简单，只需要在图片格式 > 图片样式 > 图片版式中选择一个合适的版式即可。如图 1–34 所示，为气泡图片列表效果。

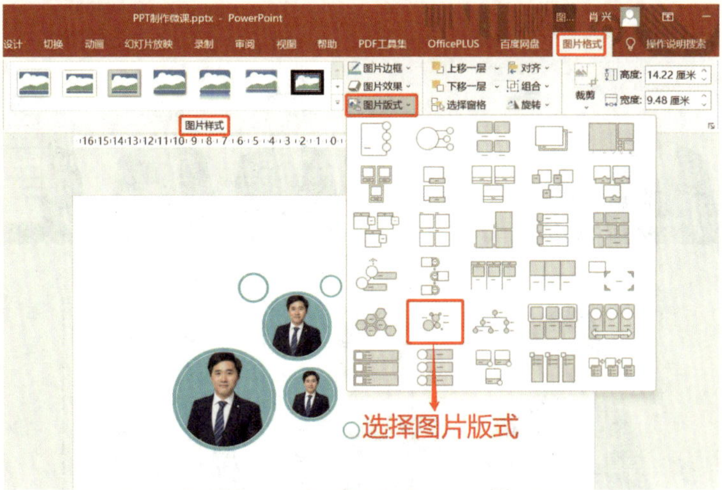

图 1–34 图片批量排版

■ 如何调整图层

图 1-35 三张不同层图片

如图 1-35 所示，PPT 中有三张图片，其中 1 号图片置于底层，2 号图片在中间层，3 号图片在顶层，如果想要让 1 号图片在顶层，2 号图片在中间层，3 号图片在底层，应该怎么办呢？

这时候我们有两个方法。

方法 1：选中 1 号图片 > 排列 > 上移一层 > 置于顶层，选中 3 号图片 > 排列 > 下移一层 > 置于底层，如图 1-36 所示。

图 1-36 单击调整图层

或选中 1 号图片 > 右击 > 置于顶层，选中 3 号图片 > 右击 > 置于底层，如图 1-37 所示。

图 1-37 右击调整图层

在这个案例中，只有三张图片需要调整图层，如果需要调整图层的图片数量特别多，靠上面的方法肯定不行了，应该怎么办？有没有简单的方法呢？下面给大家介绍方法 2。

方法 2：选中任意一张图片 > 图片格式 > 排列 > 选择窗格，在窗格中通过拖拽来改变图片的图层，如图 1-38 所示。

需要说明的是，PPT 中任何素材的图层调整都可以通过这个路径完成。

图 1-38 批量调整图层

如何裁剪图片

如图 1-39 所示，这是抖音的一个背景图。

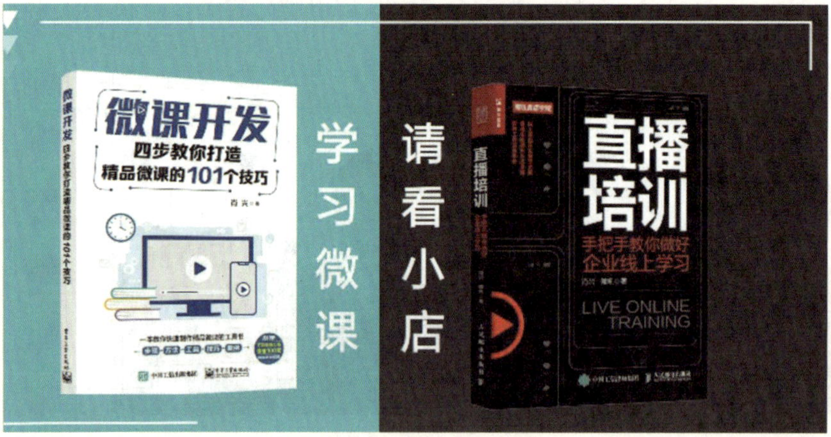

图 1-39 抖音背景图

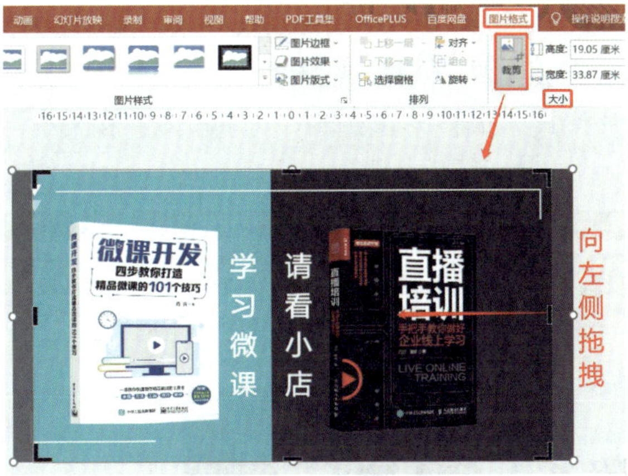

图 1-40 裁剪图片

如果我想在 PPT 里面只留下左边《微课开发》这本书和背景，应该如何裁剪呢？

具体操作步骤： 选中图片 > 图片格式 > 大小 > 裁剪 > 选中右侧黑杠 > 向左拖拽，如图 1-40 所示。

如果我想把这张图片变成爱心的形状，应该怎么办呢？

具体操作步骤： 选中图片 > 图片格式 > 大小 > 裁剪 > 裁剪为形状 > 选择心形，如图 1-41 所示。

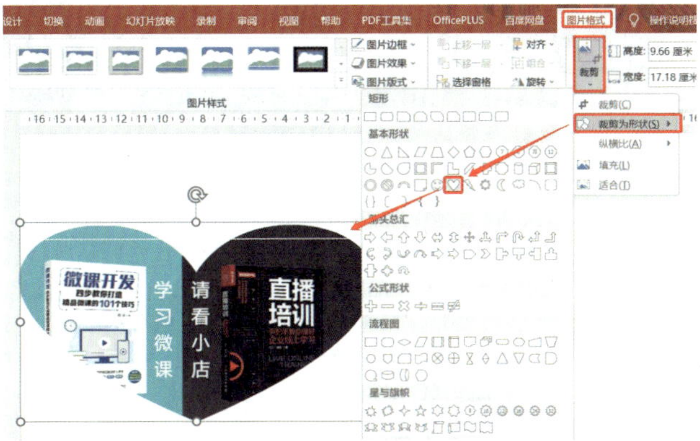

图 1-41 裁剪为爱心形状

以此类推，当我们想要将图片裁剪为某种形状的时候，都可以使用这个技巧。

如果我想把这张图片正好铺满 PPT，也就是变成 16 ∶ 9 的比例，应该怎么办呢？

具体操作步骤： 选中图片 > 图片格式 > 大小 > 裁剪 > 纵横比 >16 ∶ 9，如图 1-42 所示。

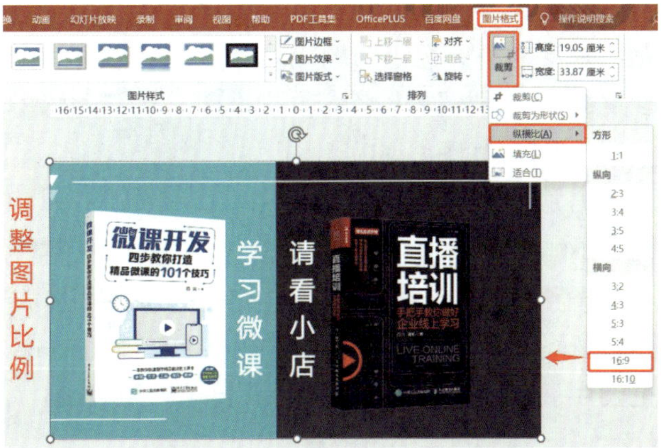

图 1-42 裁剪为 16 ∶ 9 比例

以此类推，当我们想要将图片裁剪为某个固定比例的时候，都可以使用这个技巧。

■ 如何删除图片

当我们需要把多余图片删掉的时候，应该怎么办呢？

具体操作步骤： 选中图片 > 按 Delete 键 /Backspace 键。

■ 如何重置图片

当我们对图片进行多种处理之后，想要让图片恢复到初始状态，应该怎么办呢？

具体操作步骤：选中图片 > 图片格式 > 调整 > 重置图片 / 重置图片和大小，如图 1-43 所示。

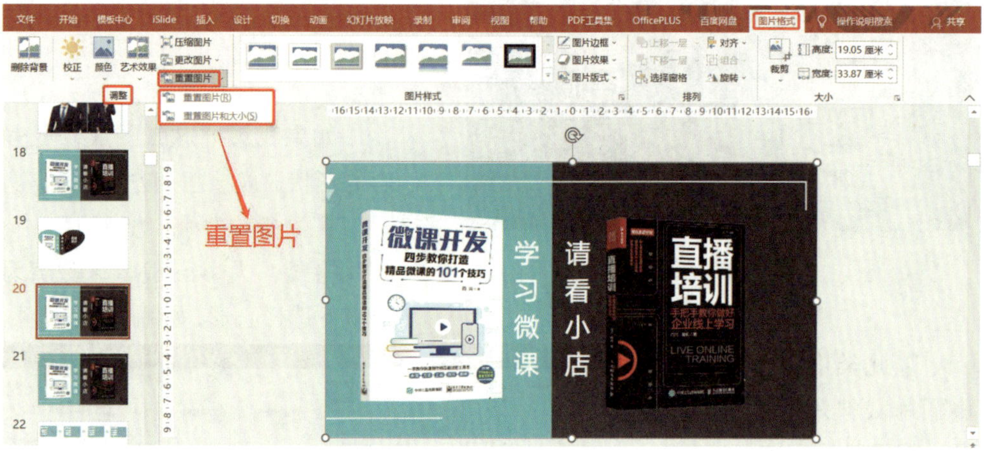

图 1-43 重置图片

■ 如何批量保存图片

当我们担心 PPT 中的图片丢失，想要将它们保存到某一个文件中备用时，应该怎么办呢？有两种方法。

一种是笨方法：选中单张图片 > 右击 > 另存为图片 > 重命名、选择图片格式和位置 > 保存，如图 1-44 所示。这种方法操作过于烦琐、耗时，不建议使用。

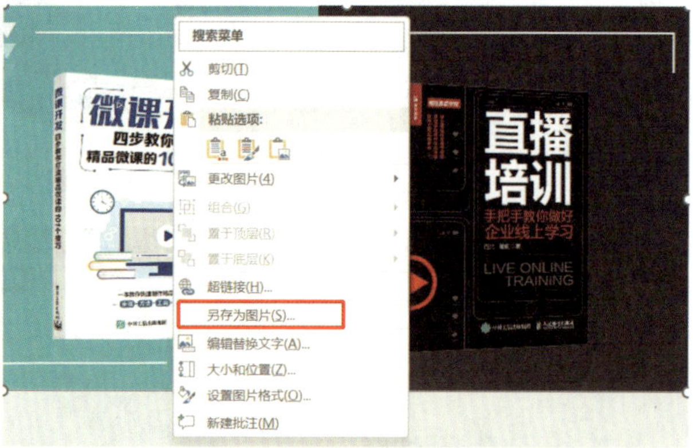

图 1-44 批量保存图片笨方法

一种是快方法：复制 PPT> 右击重命名 > 将扩展名改为 rar> 选择“是” > 双击解压 > 在解压后的文件夹中点击 PPT> 点击 media，就可以看到 PPT 里面所有的图片了，如图 1-45 所示。

图 1-45 批量保存图片快方法

以上这些是使用 PPT 编辑图片的基础技巧，通过对这些技巧的综合运用可以制作出各种风格的图片，而使用这些技巧的前提是拥有图片资源，本书第四章会专门介绍获取图片的资源网站。

魅力图示

图片可以帮我们感性地表达微课内容，满足学员右脑的需求；图示可以帮我们理性、逻辑化、结构化地表达微课内容，满足学员左脑的需求。

如何将微课内容转换为图示呢？在 PPT 中一个非常好用的功能，叫作 SmartArt，利用它就可以将微课内容结构化呈现出来。

■ 如何在 PPT 中添加 SmartArt

具体操作步骤： 插入 > 插图 > SmartArt > 根据微课内容的结构在众多图形中选择一种 > 确定，如图 1–46 所示。

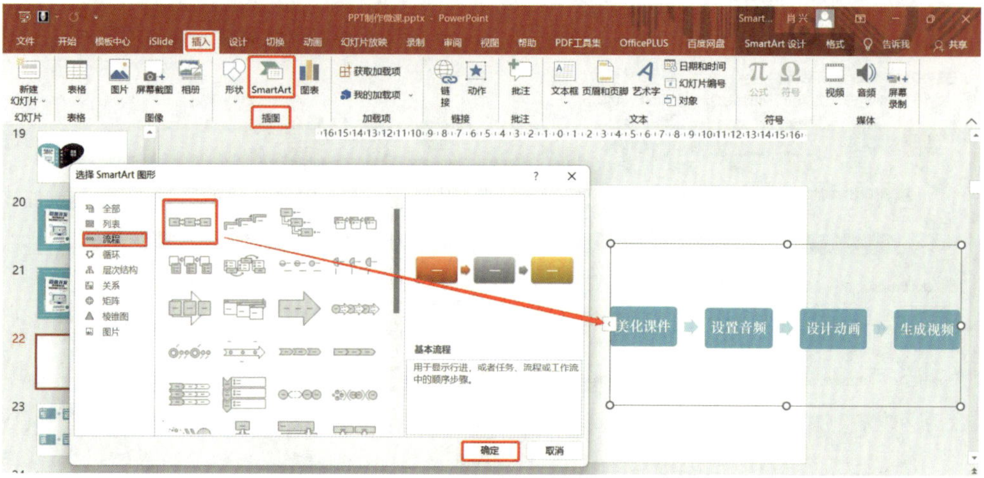

图 1–46 插入 SmartArt 图示

■ 如何给已经添加的 SmartArt 添加形状

具体操作步骤： 单击 SmartArt> SmartArt 设计 > 创建图形 > 添加形状 > 在某个形状的前后或上下添加新的形状，如图 1–47 所示。

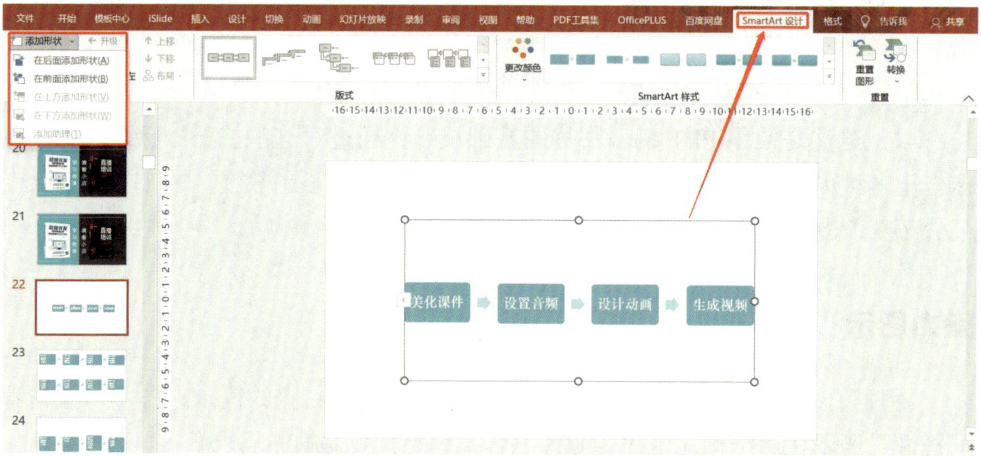

图 1–47 给 SmartArt 添加形状

如何给 SmartArt 形状中的内容添加项目符号

具体操作步骤：单击 SmartArt 中的一个形状 > SmartArt 设计 > 创建图形 > 添加项目符号 > 输入文字，如图 1-48 所示。

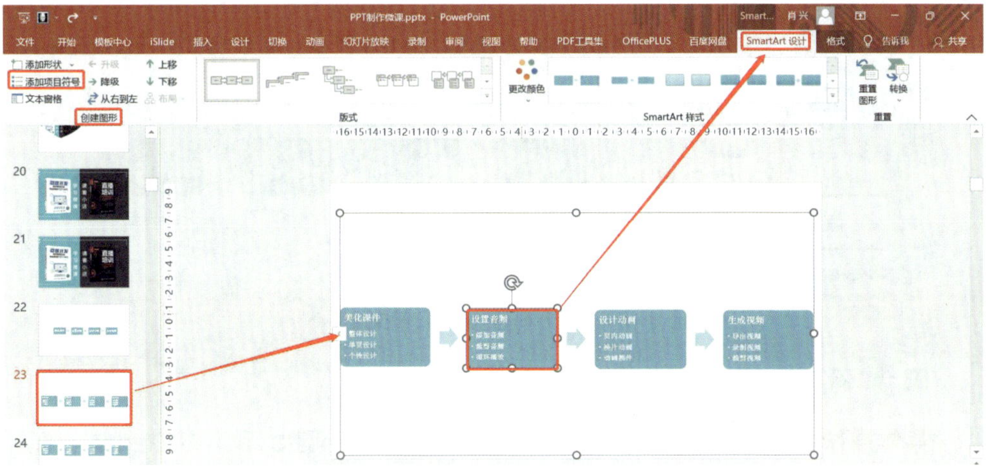

图 1-48 给 SmartArt 形状中“内容”添加项目符号

如何在 SmartArt 形状中编辑内容

方法 1：直接在形状中编辑文字。

选中 SmartArt 中的一个形状 > 在里面直接编辑文字，如图 1-49 所示。

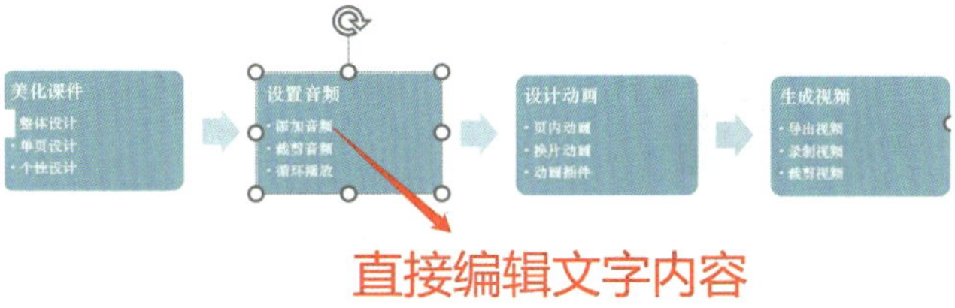

图 1-49 直接在形状中编辑文字

方法 2：在文本窗格中编辑文字。

如图 1-50 所示，单击“1” > 在“2”处编辑文字。

或者，如图 1-51 所示，选中 SmartArt>SmartArt 设计 > 创建图形 > 文本窗格 > 编辑文字。

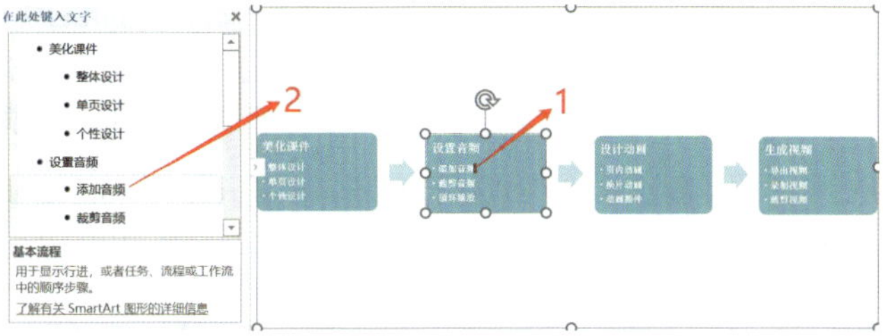

图 1-50 在文本窗格中编辑文字 -a

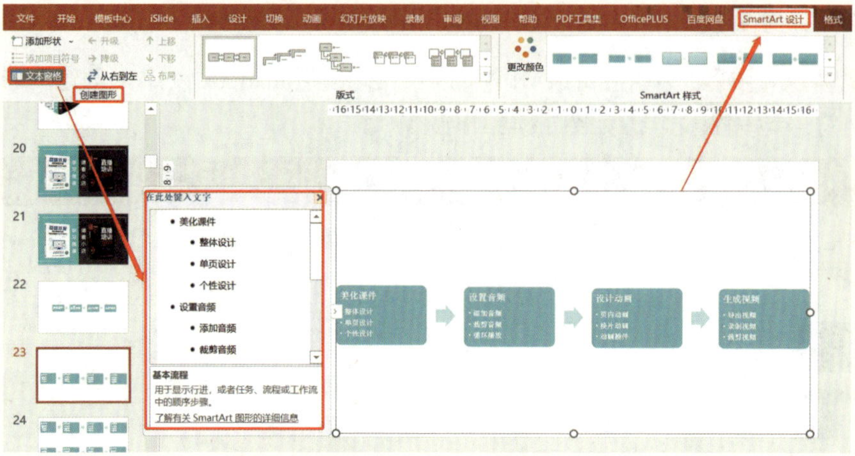

图 1–51　在文本窗格中编辑文字 –b

■ 如何更改 SmartArt 的方向

具体操作步骤： 选中 SmartArt > SmartArt 设计 > 创建图形 > 从右到左，如图 1–52 所示。

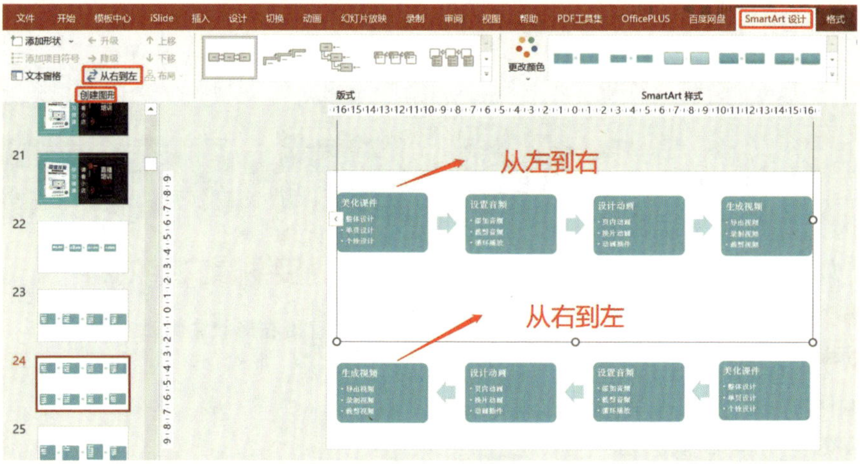

图 1–52　更改 SmartArt 方向

■ 如何将二级目录的内容升级为一级或降为三级

具体操作步骤： 选中要调整的内容 > SmartArt 设计 > 创建图形 > 升级 / 降级，如图 1–53 所示。

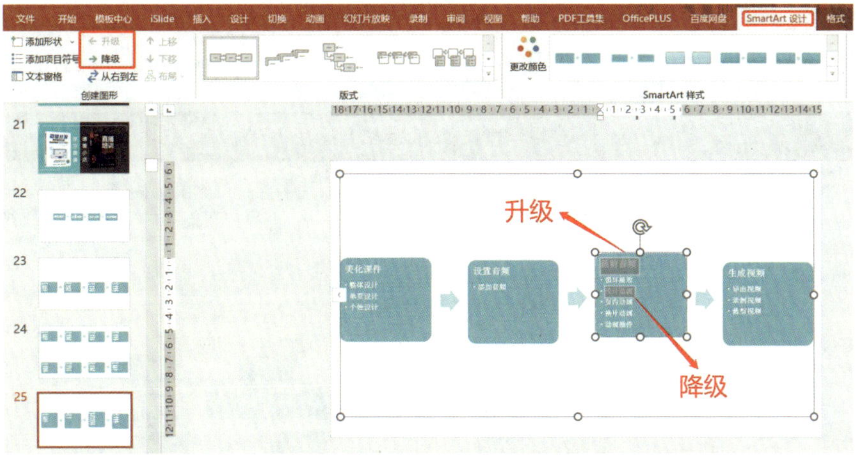

图 1–53 SmartArt 升级 / 降级

■ 如何调整某个形状的位置，使其上移或下移

具体操作步骤：选中形状 > SmartArt 设计 > 创建图形 > 上移 / 下移，如图 1–54 所示。

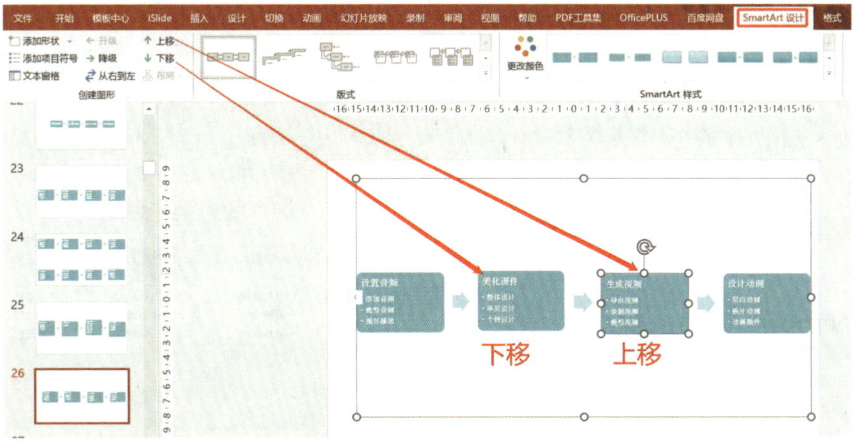

图 1–54 SmartArt 上移 / 下移

■ 如何更改组织结构图布局，使其排版更加美观

具体操作步骤：选中形状 > SmartArt 设计 > 创建图形 > 布局 > 标准 / 两者 / 左悬挂 / 右悬挂，如图 1–55 所示。

标准布局：将所选形状下方的附属形状水平居中排列。

两者布局：将所选形状下方的附属形状垂直居中排列。

左悬挂布局：将位于所选形状下面和左侧的附属形状垂直排列。

右悬挂布局：将位于所选形状下面和右侧的附属形状垂直排列。

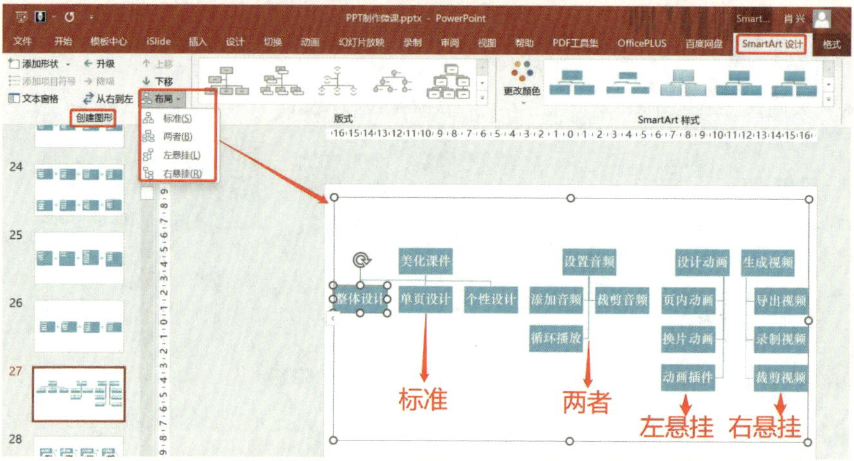

图 1–55 更改组织结构图布局

■ 如何更改 SmartArt 的版式

在制作微课的过程中，如果我们认为现有图示逻辑不对，想要更改 SmartArt 的版式，应该怎么做呢？

具体操作步骤：选中形状 > SmartArt 设计 > 版式 > 选择一个新的 SmartArt 图形，如图 1–56 所示。

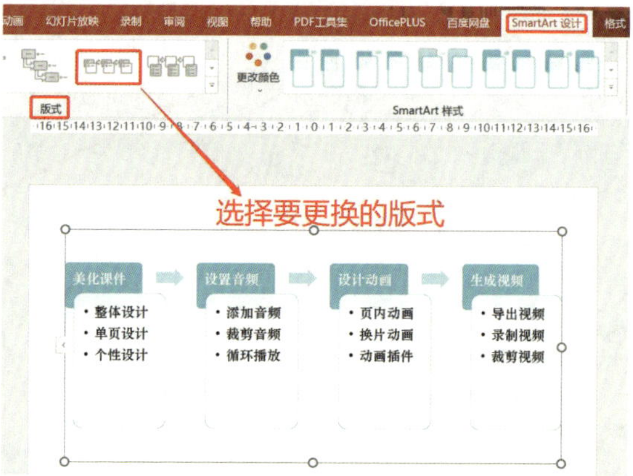

图 1–56 更改 SmartArt 版式

■ 如何更改 SmartArt 的颜色

可以逐一调整，也可以一键换色，**具体操作步骤：**选中 SmartArt> SmartArt 设计 > 更改颜色 > 选择一个新的颜色（主题颜色 / 彩色 / 个性色 1/ 个性色 2/ 个性色 3），如图 1–57 所示。

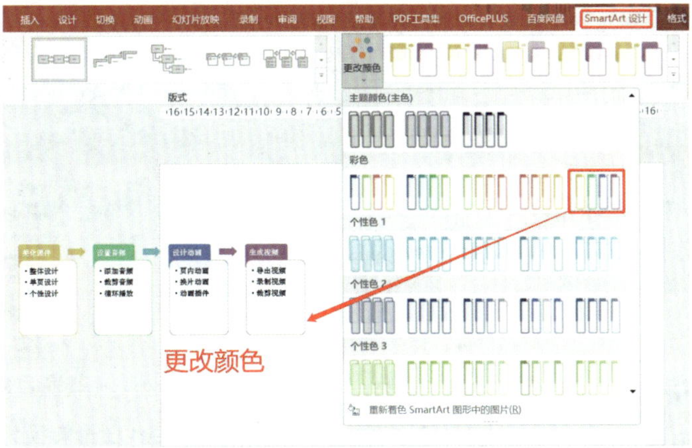

图 1-57 更改 SmartArt 颜色

如何更改 SmartArt 的样式

具体操作步骤：选中 SmartArt>SmartArt 设计 >SmartArt 样式 > 选择一个新的样式，如图 1-58 所示。

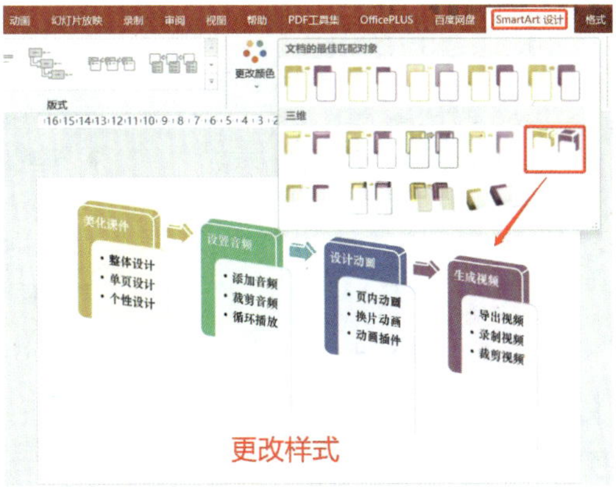

图 1-58 更改 SmartArt 样式

如何删除 SmartArt 更换的颜色和样式，使其恢复初始样式

具体操作步骤：选中 SmartArt>SmartArt 设计 > 重置 > 重置图形，如图 1-59 所示。

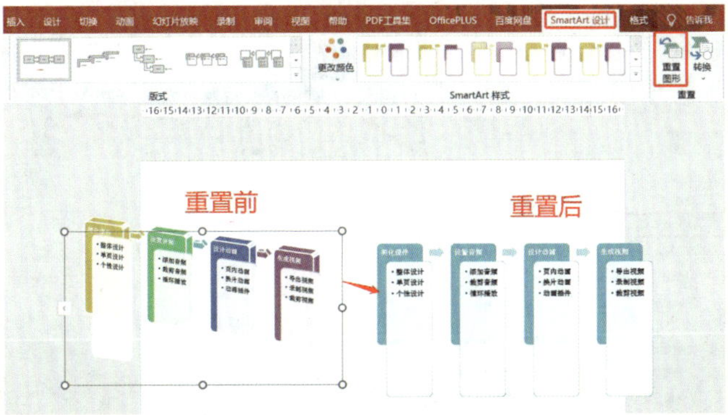

图 1-59 重置 SmartArt 图形

■ 如何将 SmartArt 图形转换为文本

具体操作步骤： 选中 SmartArt>SmartArt 设计 > 重置 > 转换 > 转换为文本，如图 1-60 所示。

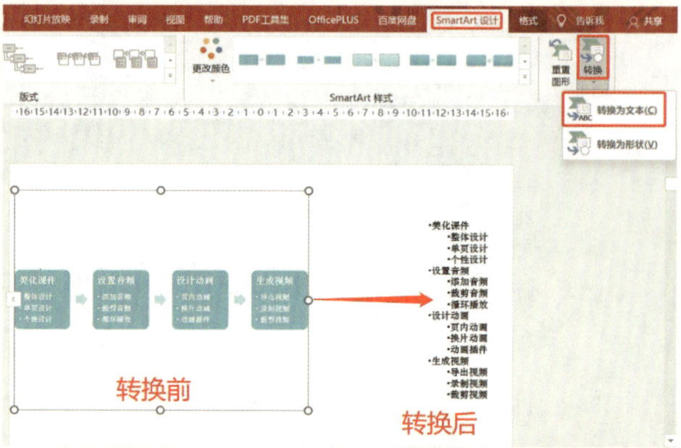

图 1-60 SmartArt 图形转换为文本

■ 如何将 SmartArt 图形转换为形状

具体操作步骤： 选中 SmartArt>SmartArt 设计 > 重置 > 转换 > 转换为形状，如图 1-61 所示。

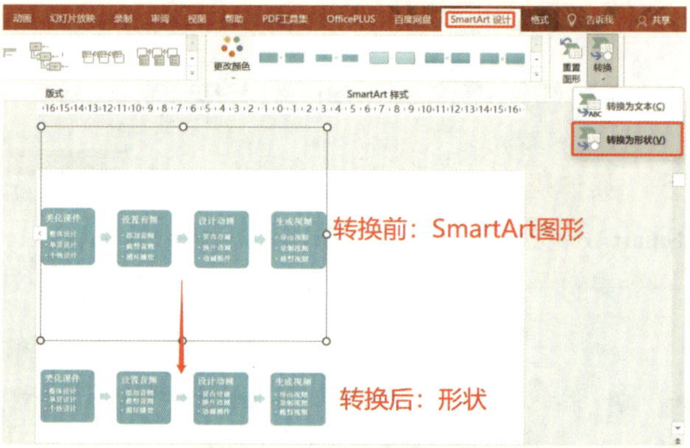

图 1-61 SmartArt 图形转换为形状

■ 如何将文字直接转换为 SmartArt 图形

方法 1 操作步骤： 选中文字 > 右击 > 选择“转换为 SmartArt（M）” > 选择一个 SmartArt 图形，如图 1-62 所示。

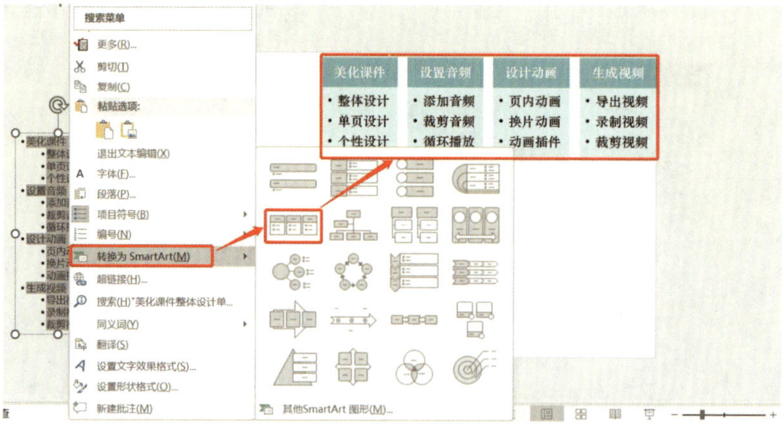

图 1-62 将文字转换为 SmartArt 图形方法 1

方法 2 操作步骤： 选中文字 > 开始 > 段落 > 选择"转换为 SmartArt 图形" > 选择一个 SmartArt 图形，如图 1–63 所示。

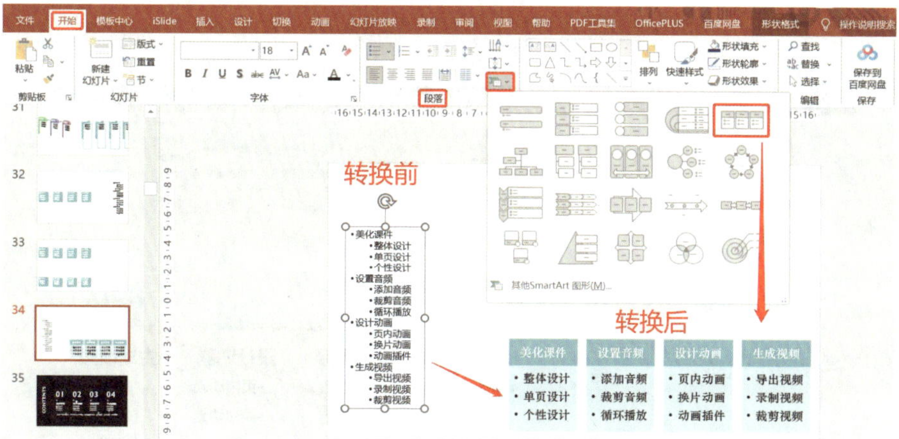

图 1–63 将文字转换为 SmartArt 图形方法 2

■ 如何在 PPT 中添加更美观的图示

具体操作步骤： 下载并安装插件 islide> 资源 > 图示库 > 选择一个图示 > 编辑内容，如图 1–64 所示。

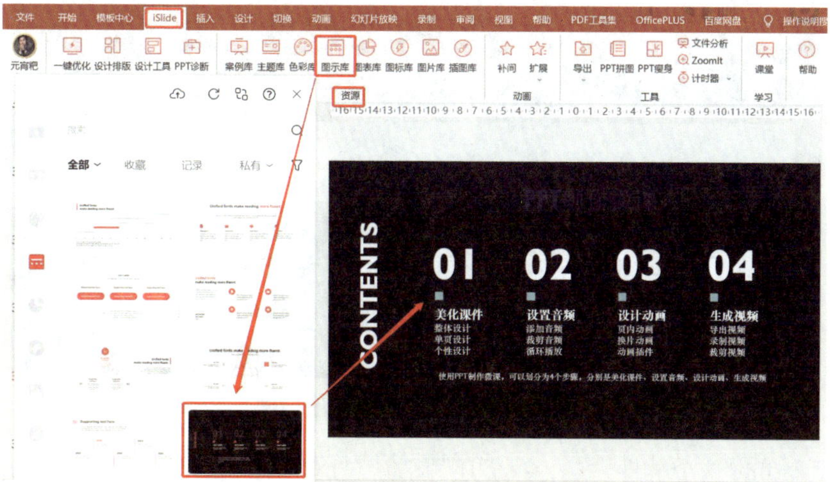

图 1–64 用 islide 添加图示

神奇图标

图标与文字配合使用可以让内容更加凸显，也可以让 PPT 更好看。

islide 添加图标操作步骤：islide> 资源 > 图标库 > 选择图标，如图 1-65 所示。

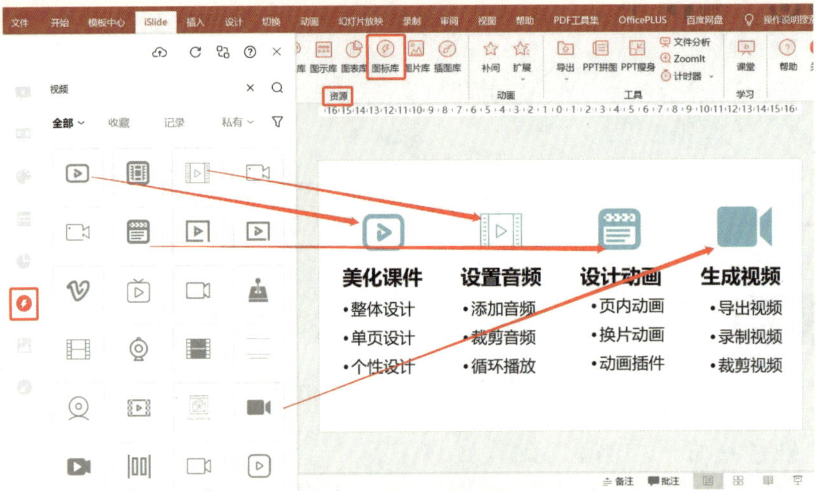

图 1-65 islide 添加图标

图 1-66 阿里巴巴矢量图标库

除了 islide 这个插件之外，我们还可以通过网站添加外部图标，比如阿里巴巴矢量图标库，如图 1-66 所示。

与图片素材一样，本书第四章会提供其他图标网站，以帮助获取更多的优质图标，提升微课效果。

数字图表

使用图表可以帮我们更加直观和美观地呈现微课中的数据。

■ 如何添加图表

具体操作步骤：插入 > 插图 > 图表 > 选择一个图表 > 确定，如图 1-67 所示。

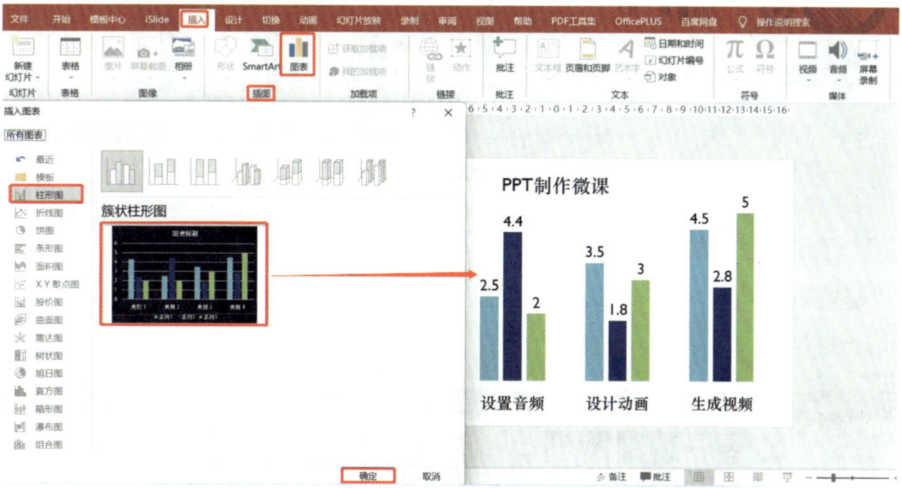

图 1-67 添加图表

■ 如何添加图表中的元素

具体操作步骤：选中图表 > 图表设计 > 图表布局 > 添加图表元素 > 坐标轴 / 坐标轴主题 / 图表标题 / 数据标签 / 数据表 / 误差性 / 网格线 / 图例 / 趋势线，如图 1-68 所示。

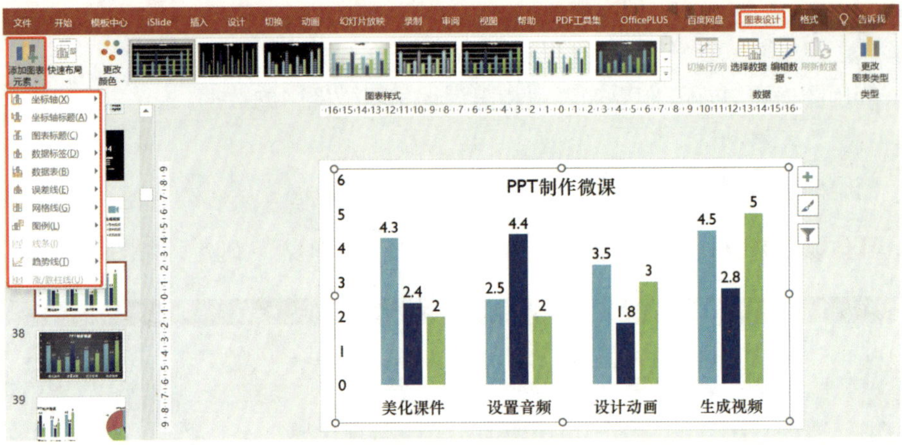

图 1-68 添加图表元素

如何更改图表布局

具体操作步骤：选中图表 > 图表设计 > 图表布局 > 快速布局 > 选择新的布局，如图 1-69 所示。

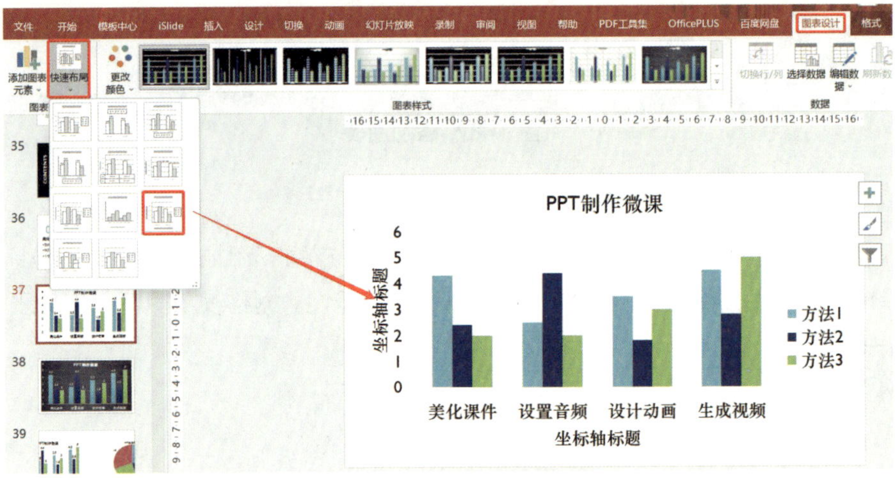

图 1-69 更改图表布局

如何更改图表颜色

具体操作步骤：选中图表 > 图表设计 > 图表样式 > 更改颜色 > 选择新的颜色，如图 1-70 所示。

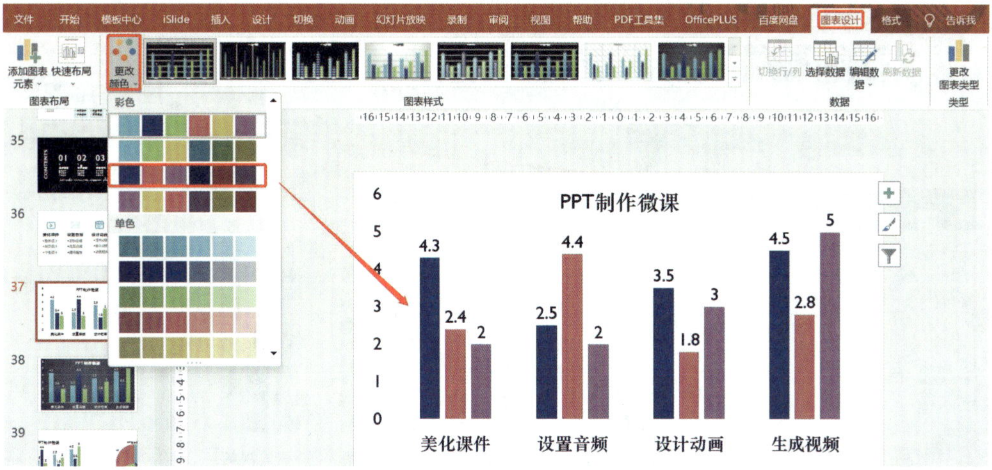

图 1–70 更改图表颜色

■ 如何更改图表样式

具体操作步骤：选中图表 > 图表设计 > 图表样式 > 选择新的样式，如图 1–71 所示。

■ 如何编辑图表数据

具体操作步骤：选中图表 > 图表设计 > 数据 > 编辑数据 / 在 Excel 中编辑数据，如图 1–72 所示。

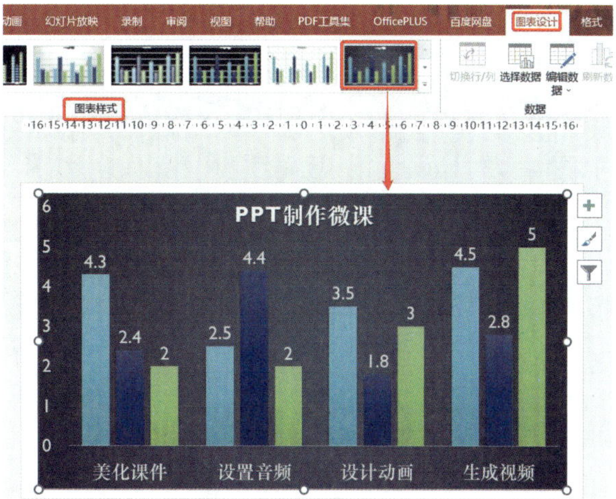

图 1–71 更改图表样式

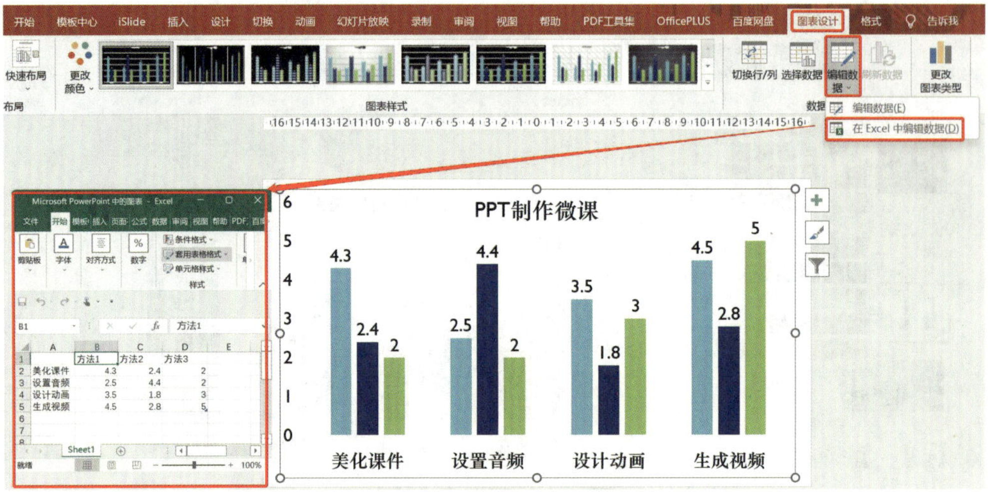

图 1-72 编辑图表数据

■ 如何更改图表类型

具体操作步骤：选中图表 > 图表设计 > 更改图表类型 > 选择新的图表类型，如图 1-73 所示。

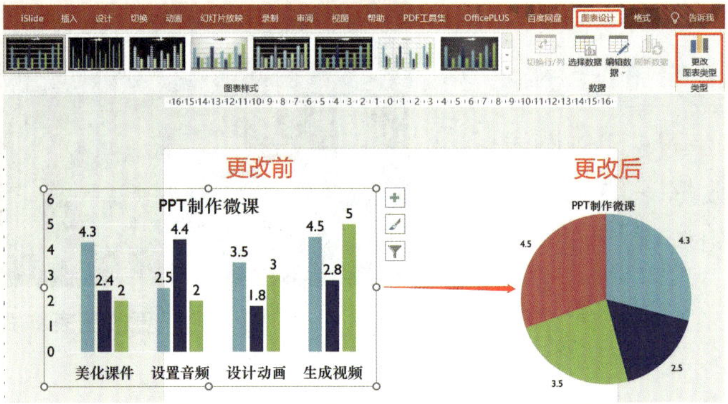

图 1-73 更改图表类型

美妙文字

如何将脚本中的关键内容添加到 PPT 中，并完成对文字的处理呢？

■ 如何在 PPT 中添加文字

具体操作步骤： 插入 > 文本 > 文本框 > 绘制横排文本框 > 在文本框中输入文字，如图 1–74 所示。

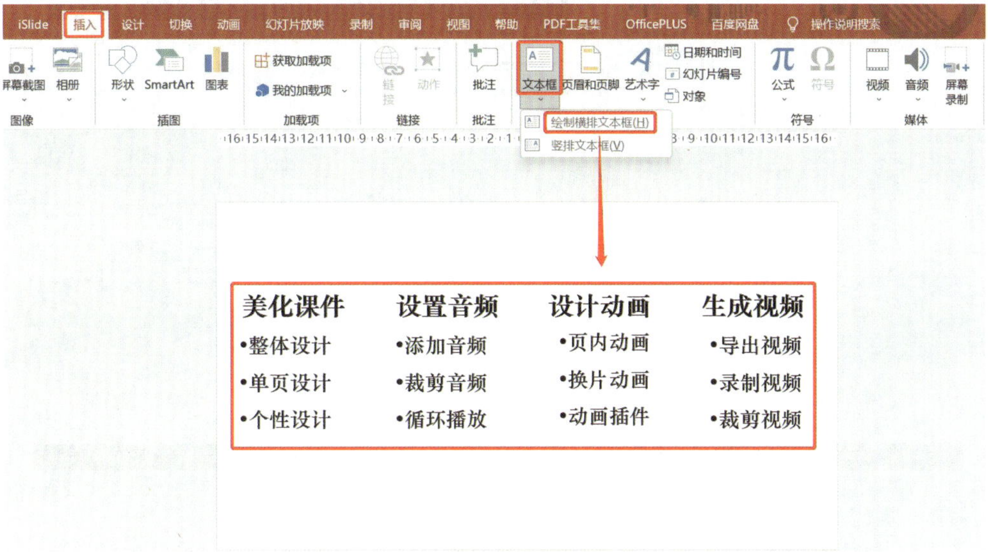

图 1–74 在 PPT 中添加文字

■ 如何将 Word 文档中的内容快速添加到 PPT

将 Word 文档中的内容快速添加到 PPT 有两种方法。

方法 1 操作步骤： 打开 Word 文档 > 引用 > 目录 > 添加文字 > 为内容设置不同级别目录；然后打开 PPT> 插入 > 新建幻灯片 > 幻灯片（从大纲）> 选择 word 文档 > 插入，如图 1–75 所示。

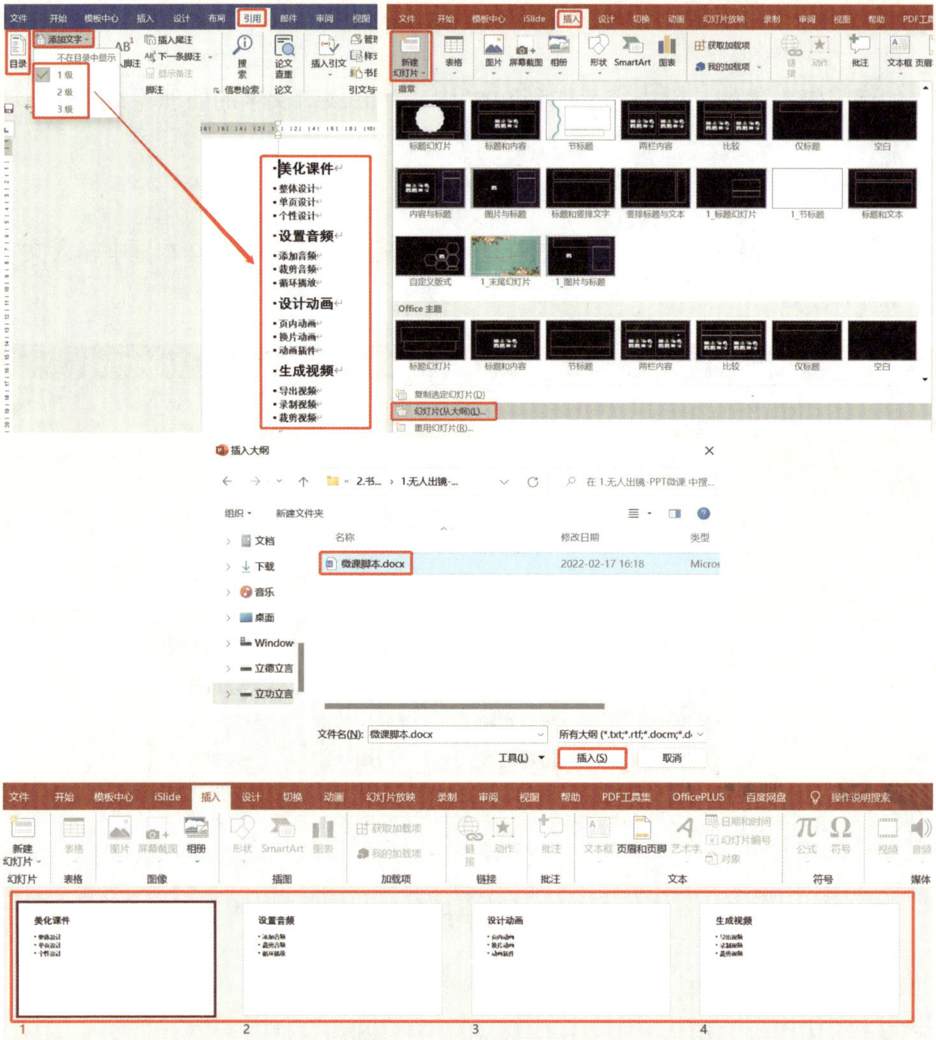

图 1–75 将 Word 文档中的内容快速添加到 PPT 方法 1

方法 2 操作步骤： 按照方法 1 将 Word 文档中的内容设置为不同级别的目录 > 将 Word 文档后缀名改为 .ppt> 选择“是” > 打开更改后的 PPT，如图 1–76 所示。

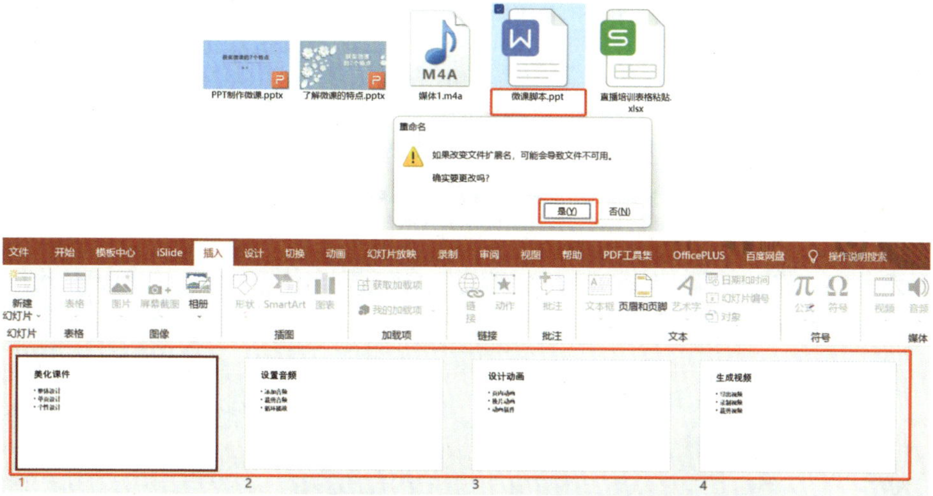

图 1-76 将 Word 文档中的内容快速添加到 PPT 方法 2

如何调整文字样式

具体操作步骤：选中文字 > 开始 > 字体 > 字体 / 字号 / 加粗 / 倾斜 / 下划线 / 文字阴影 / 删除线 / 字符间距 / 更改大小写 / 字体颜色 / 清除所有格式，如图 1-77 所示。

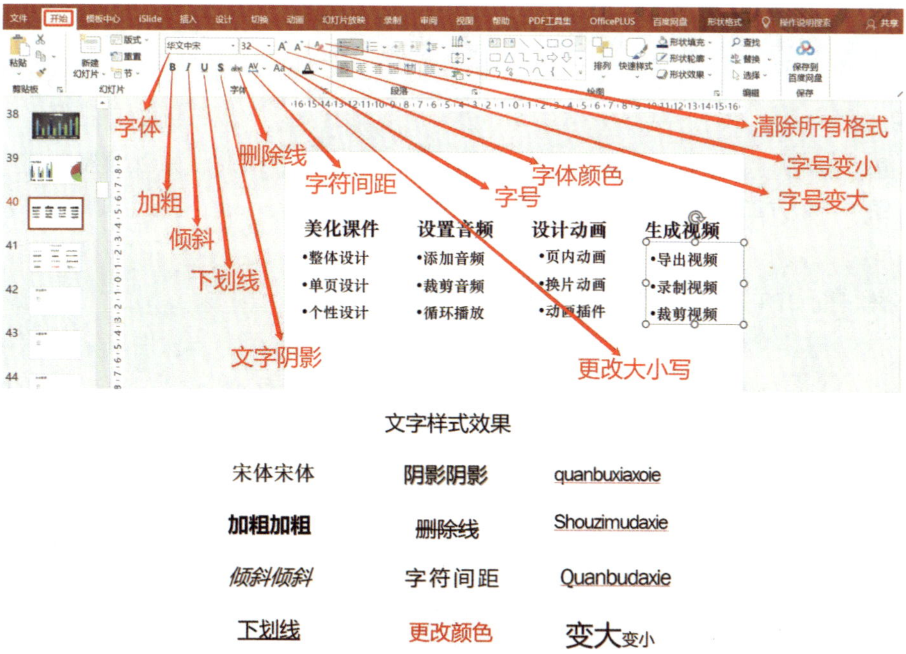

图 1-77 调整文字样式

其中，字体分为衬线字体和无衬线字体。衬线字体是指在笔画开始和结束的地方有额外的装饰，笔画的线条粗细有所不同，适合小字号使用，投影时清晰度不高，常见的衬线字体有宋体、方正粗宋等；无衬线字体是指字体本身没有这些装饰，笔画线条粗细相同，适合大字号使用，投影时更美观，无衬线字体干净、简洁、有冲击力，可用于标题，常见无衬线字体有黑体、微软雅黑等。

需要注意的是：微软雅黑字体是北大方正电子有限公司（以下简称方正）设计开发的字体作品。该字体与著名的方正兰亭黑系列字体系出同源，前者针对屏幕显示，后者针对印刷用。

如图 1-78 所示（图片源于网络），方正拥有方正兰亭黑系列字体的全部版权。但微软雅黑的版权分为两个部分，在 Windows 系统的内嵌使用，包括屏幕输出和个人使用为目的的打印，这部分微软已经向方正支付了版权授权费用，所有正版 Windows 用户均可放心使用。但是以商业发布为目的的微软雅黑版权，仍由方正保留。因此，微软雅黑要避免商业用途，否则容易侵权。

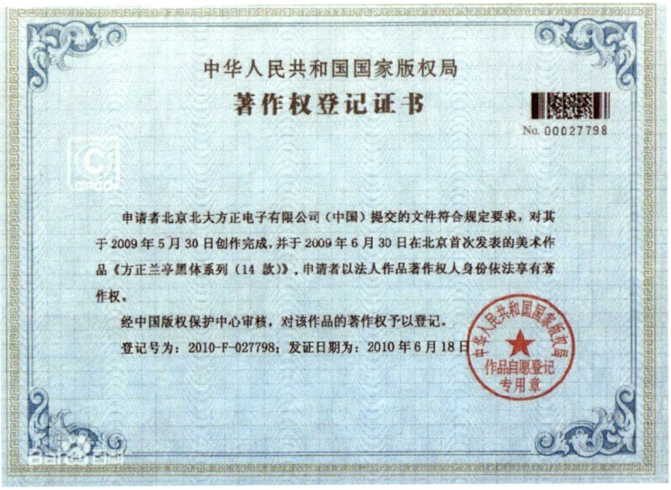
中华人民共和国国家版权局
著作权登记证书
No. 00027798

申请者北京北大方正电子有限公司（中国）提交的文件符合规定要求，对其于 2009 年 5 月 30 日创作完成，并于 2009 年 6 月 30 日在北京首次发表的美术作品《方正兰亭黑体系列（14 款）》，申请者以法人作品著作权人身份依法享有著作权。

经中国版权保护中心审核，对该作品的著作权予以登记。

登记号为：2010-F-027798；发证日期为：2010 年 6 月 18 日

中华人民共和国国家版权局 作品自愿登记专用章

图 1-78 方正兰亭黑体系列（14 款）版权登记证书

好的微课需要好看的字体，而 PPT 本身的字体数量是有限的，怎么办呢？

这就需要我们借助外部软件，下载、安装字体，常用字体软件有字体管家、找字网（http://www.zhaozi.cn/）、字由（https://www.hellofont.cn/）、模板王（http://fonts.mobanwang.com/）、猫啃网（https://www.maoken.com/）等，如图 1-79 所示。

方正正粗黑简体
方正粗倩简体
找字网
艺术海报字体
商用书法字体
酷炫中英字体
流行花字体
点击下载
500款免费商用字体
免费下载
海量精品字体
多款免费商用
一键轻松
设计师必备
一键下载
锐字潮牌字库
免费商用字体
艺术字体
毛笔字体
字由
全部字体
点字手写漆书
点字侠隶
点字混元体
点字文人楷书
点字禄军行楷
汉仪心海行楷
模板王
搜索
字体导航
字帅
猫啃网旗下字体网站
首页
免费商用中文字体
最新原创商用字体
免费商用字体工具
广告设计字体下载
标小智
无界黑
不怕侵权精选原创
全站5500+套字体任意使用
立即下载
图 1-79 常用字体软件

有时候我们需要将自己用 PPT 制作的微课传送到别的电脑，如果在 A 电脑制作微课时使用了特殊字体，而这种字体无法在 B 电脑里面正常显示，这时候有两种解决方法。

方法 1： 在 B 电脑下载并安装该字体。

方法 2： 将该字体嵌入电脑 A 中的 PPT，这样不管 PPT 在哪个电脑播放生成微课，都不会影响字体的使用效果。

嵌入字体操作步骤： 文件 > 选项 >PowerPoint 选项 > 保存 > 将字体嵌入文件 > 仅嵌入演示文稿中使用的字符 / 嵌入所有字符 > 确定，如图 1-80 所示。

图 1-80 嵌入字体

使用 PPT 制作微课，切忌大段文字堆砌，一定是把关键词提炼出来，添加到 PPT。因此，文字数量不宜太多，字号不能太大或太小，正文字号通常在 24 磅 ~40 磅，标题字号在 40 磅 ~60 磅。如果需要强调某个关键字，字号可以更大一些。

■ 如何添加项目符号 / 编号

具体操作步骤： 选中文字 > 开始 > 段落 > 项目符号 / 编号，如图 1-81 所示。

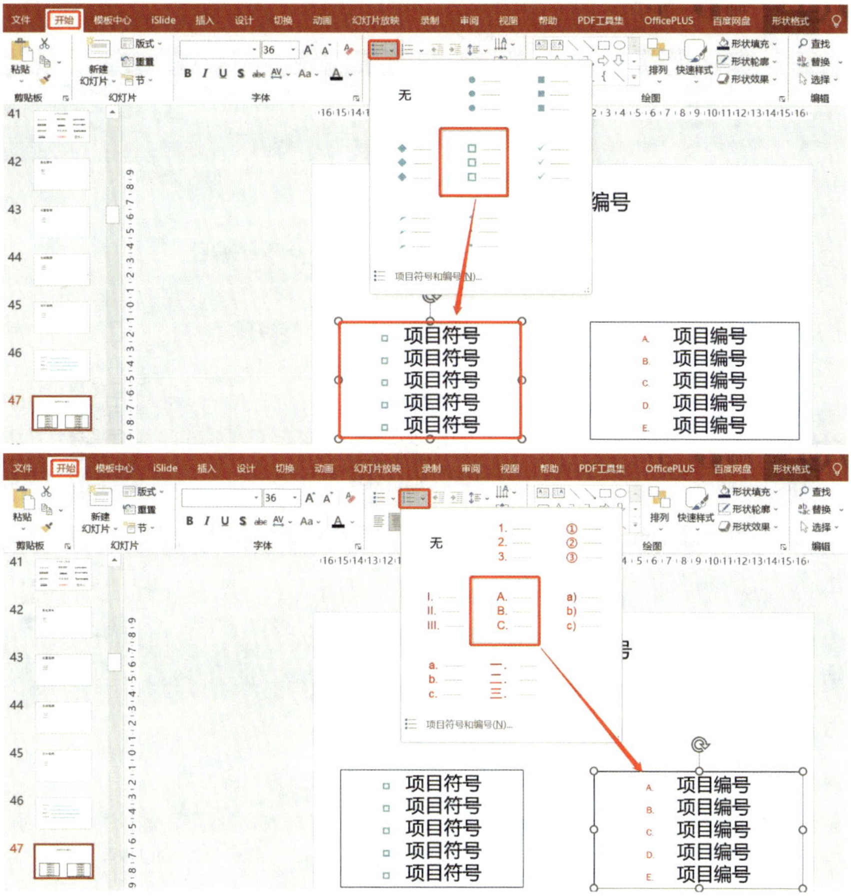

图 1-81 添加项目符号 / 编号

■ 如何调整项目符号 / 编号的大小和颜色

具体操作步骤：选中文字 > 开始 > 段落 > 项目符号 / 编号 > 项目符号和编号 > 调整大小与颜色，如图 1-82 所示。

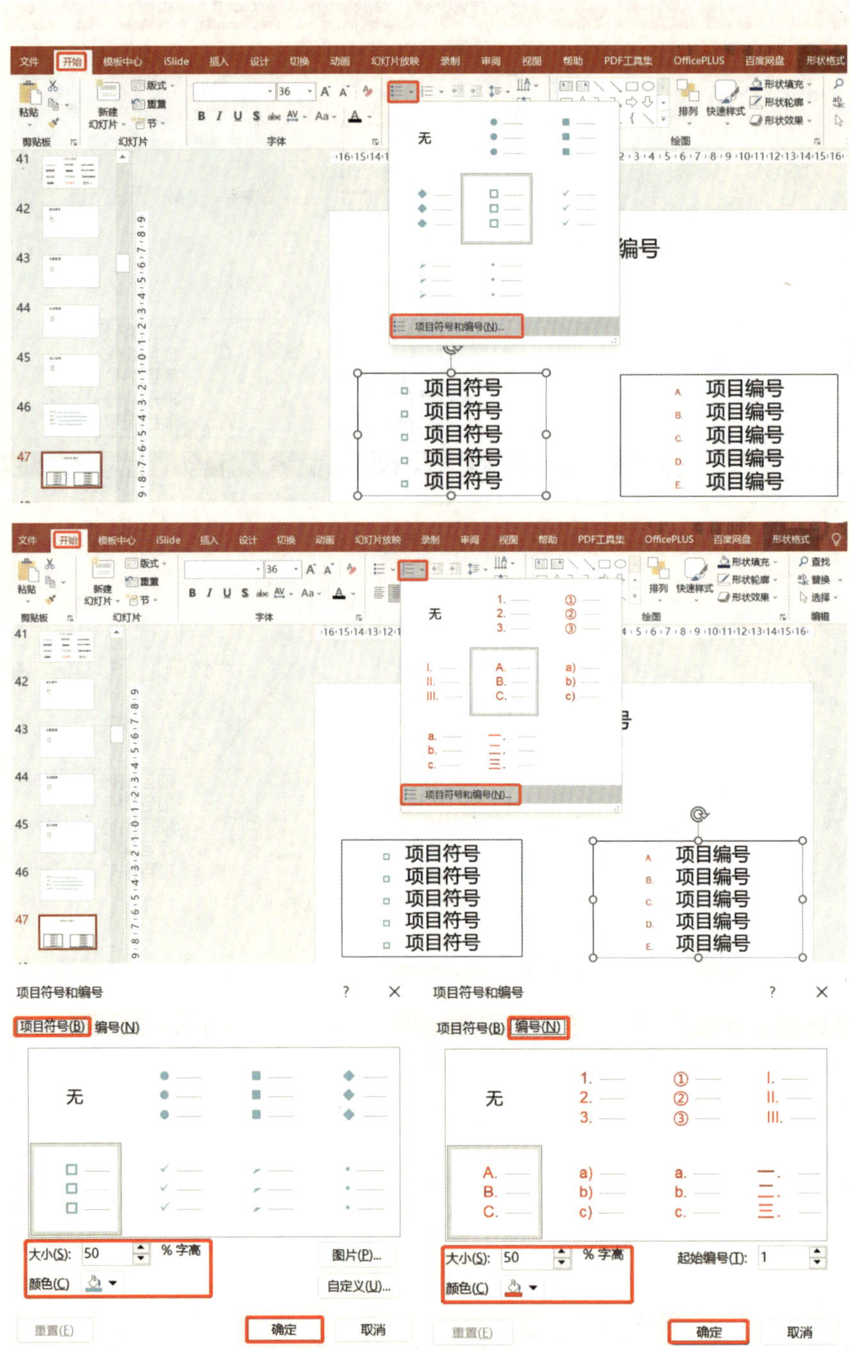

图 1–82 调整项目符号 / 编号的大小和颜色

如何添加新的项目符号

具体操作步骤：选中文字 > 开始 > 段落 > 项目符号 / 编号 > 项目符号和编号 > 自定义 > 选择一个符号 > 确定，如图 1-83 所示。

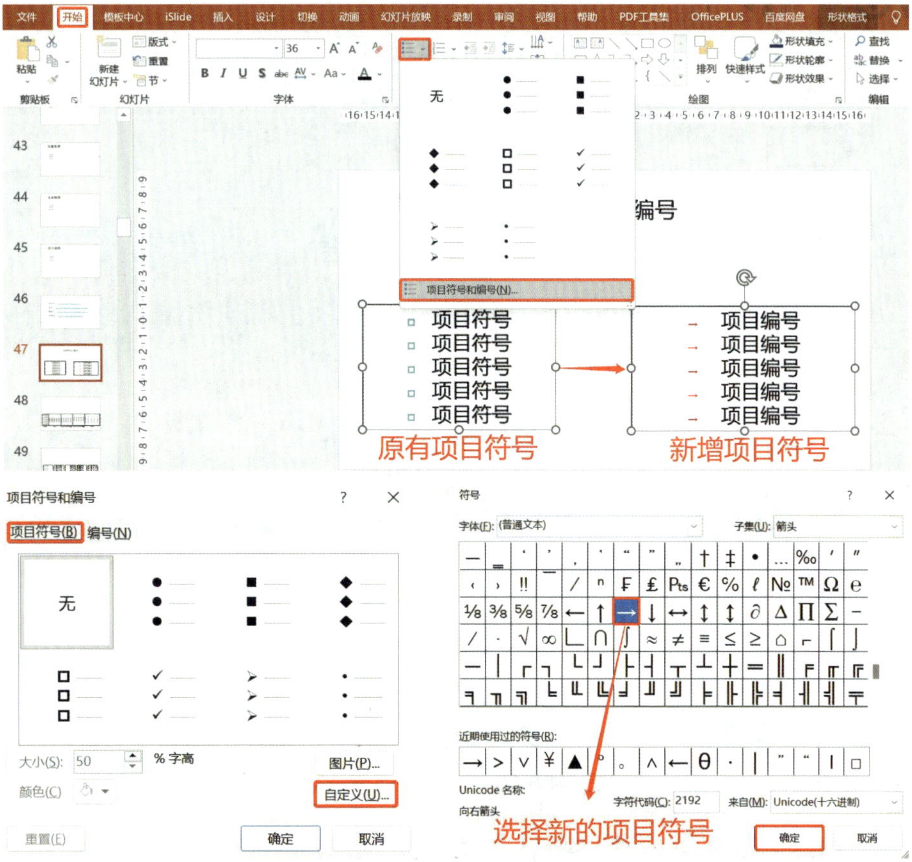

图 1-83 添加新的项目符号

如何调整段落间距

方法 1 操作步骤：选中文字 > 开始 > 段落 > 行距 > 选择合适的行距 / 行距选项（L）中调整，如图 1-84 所示。

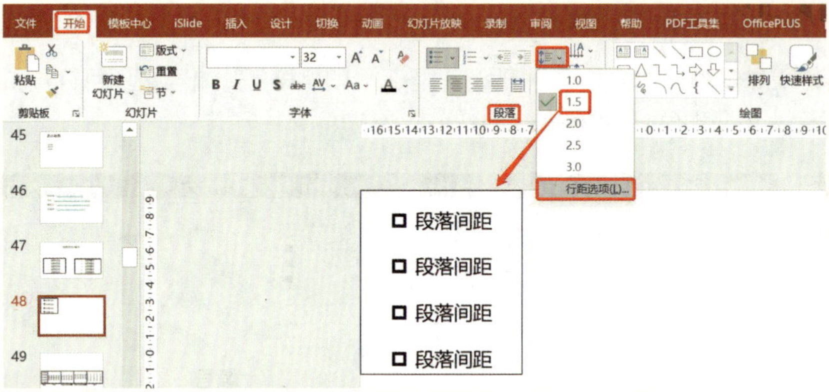

图 1–84 调整段落间距方法 1

方法 2 操作步骤：选中文字 > 开始右击 > 段落 > 行距 > 选择合适的行距 / 行距选项中调整，如图 1–85 所示。

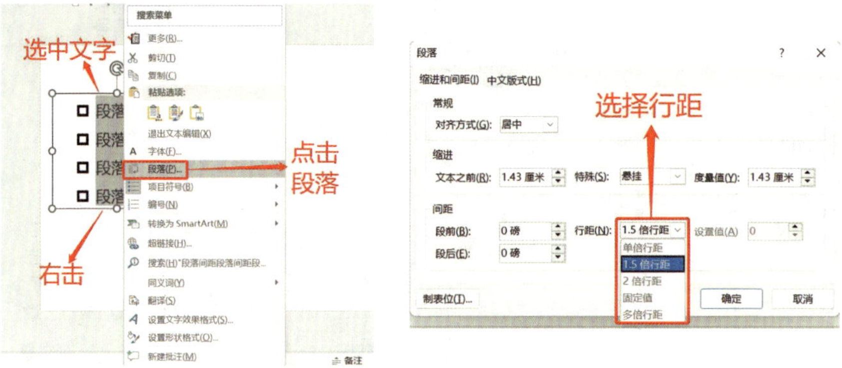

图 1–85 调整段落间距方法 2

■ 如何调整文字方向

具体操作步骤：选中文字 > 开始 > 段落 > 文字方向 > 选择合适的文字方向，如图 1–86 所示。

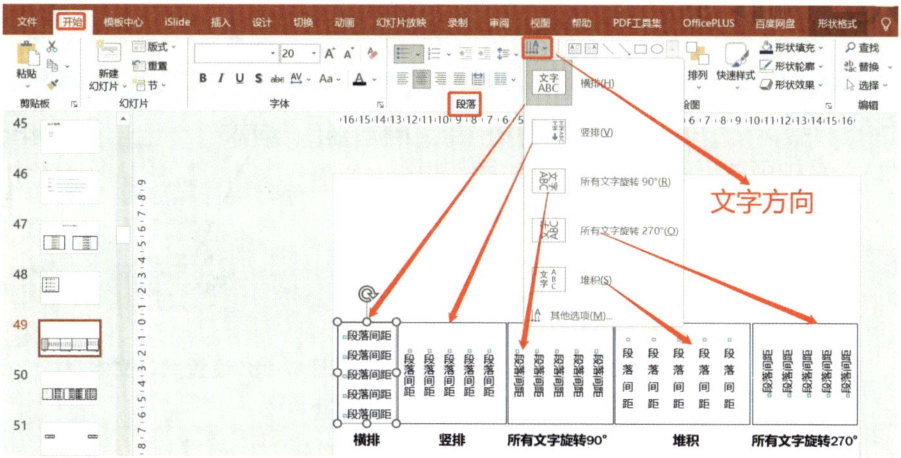

图 1-86 调整文字方向

如何对齐文本

具体操作步骤：选中文字 > 开始 > 段落 > 左对齐 / 居中对齐 / 右对齐 / 两端对齐 / 分散对齐，如图 1-87 所示。

左对齐：文字统一向左对齐。

居中对齐：文字统一居中对齐。

右对齐：文字统一向右对齐。

两端对齐：在边距之间均匀分布文字，使文档整洁干净。

分散对齐：在左右边距之间均匀分布文字，使文档整洁干净。

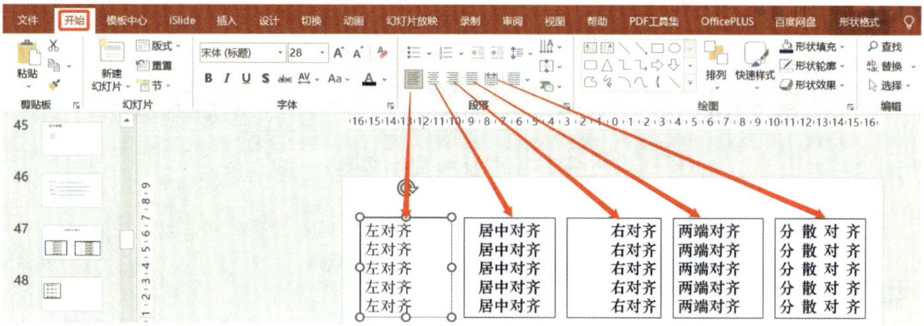

图 1-87 对齐文本

■ 如何设置默认文本框

当我们在某一页 PPT 中插入一种新的字体之后，想要后面添加的所有文字都默认为这种字体，应该怎么做呢？

这时候我们就需要将新的字体设置为默认文本框。

具体操作步骤：选中修改字体后的文本框 > 右击 > 选择“设置为默认文本框”，如图 1–88 所示。

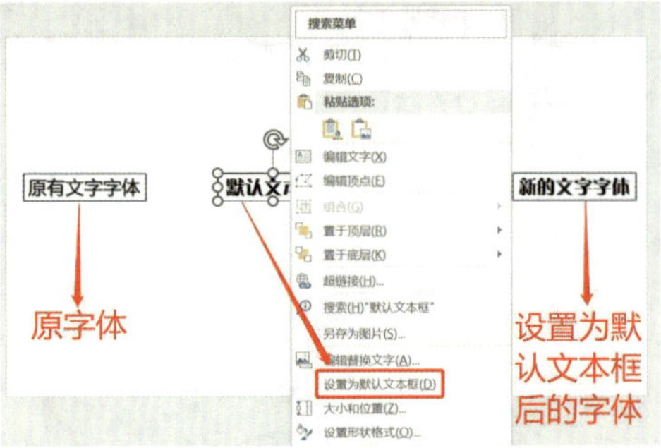

图 1–88 设置默认文本框

■ 如何替换文字内容

具体操作步骤：选中文字 > 开始 > 编辑 > 替换 > 替换（R），如图 1–89 所示。

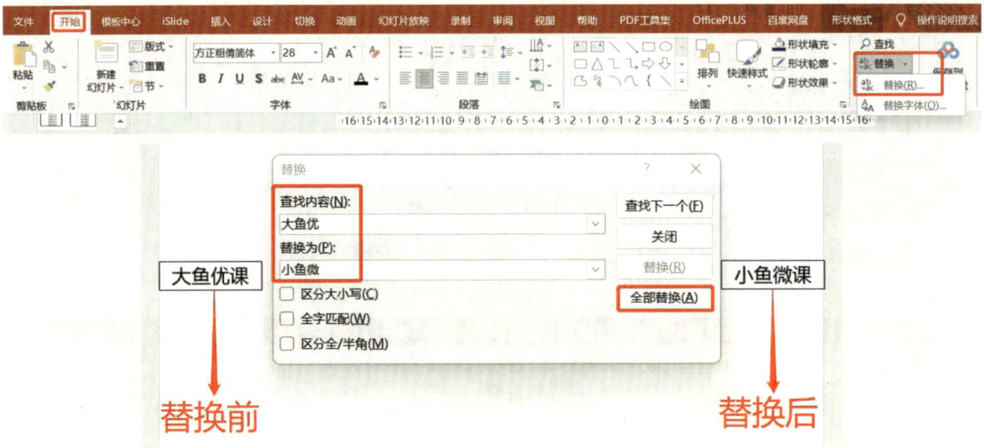

图 1–89 替换文字内容

■ 如何替换文字字体

具体操作步骤：选中文字 > 开始 > 编辑 > 替换 > 替换字体（O），如图 1–90 所示。

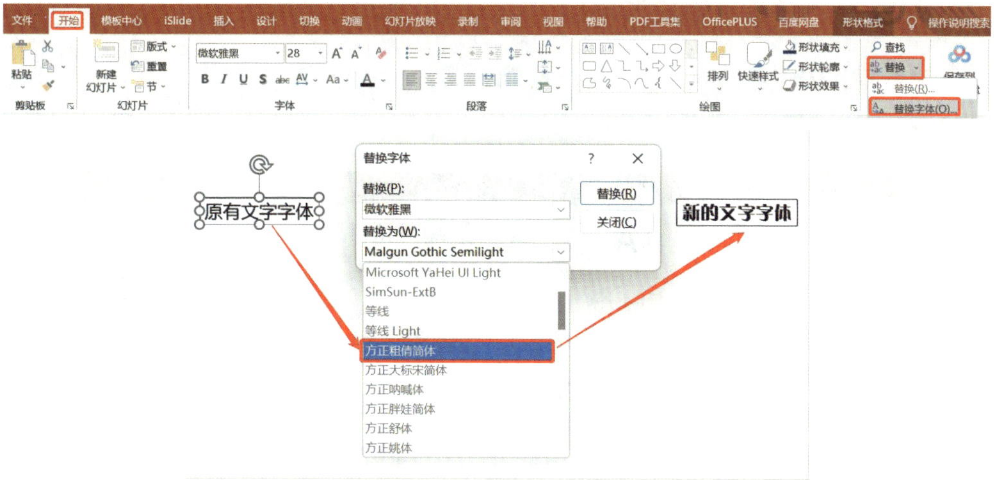

图 1-90 替换文字字体

如何将文字变为图片

图 1-91 文字图片效果

如图 1-91 所示，如何制作这样的效果？

具体操作步骤：选中文字 > 复制 > 右击 / 开始—剪切板—粘贴 > 粘贴选项 > 图片 > 复制图片 > 分别裁剪两张图片 > 在两张图片之间添加文字，如图 1-92 所示。

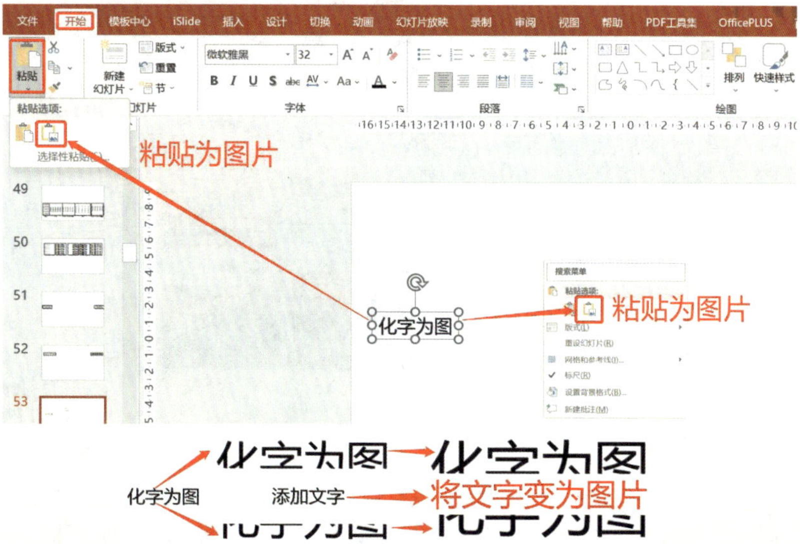

图 1-92 将文字变为图片

如何给文字设置倒影效果

具体操作步骤：选中文字 > 形状格式 > 艺术字样式 > 文本效果 > 映像 > 预设 > 全映像：4 磅偏移量，如图 1–93 所示。

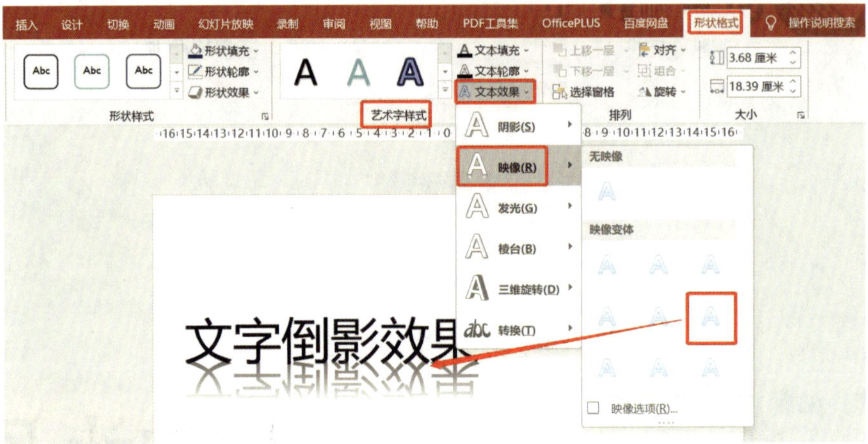

图 1–93 给文字设置倒影效果

如何将平面文字变为立体文字

具体操作步骤：选中文本框 > 形状格式 > 艺术字样式 > 文本效果 > 三维旋转 > 透视：左向对比 > 调整 XYZ 轴和透视的参数，如图 1–94 所示。

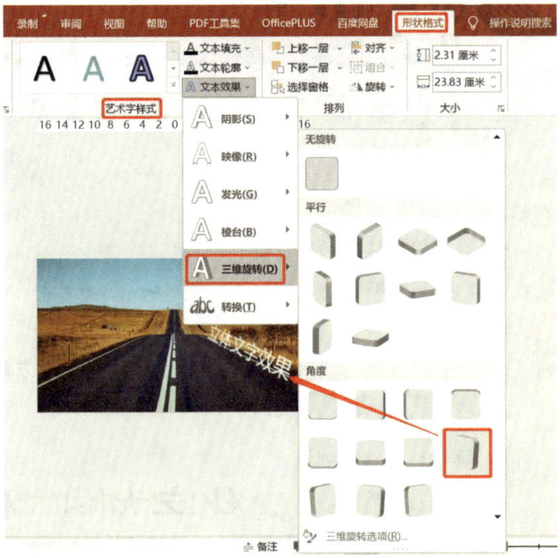

图 1–94 将平面文字变为立体文字

如何将文字变为弧形

具体操作步骤：选中文字 > 形状格式 > 艺术字样式 > 文本效果 > 转换 > 拱形，如图 1–95 所示。

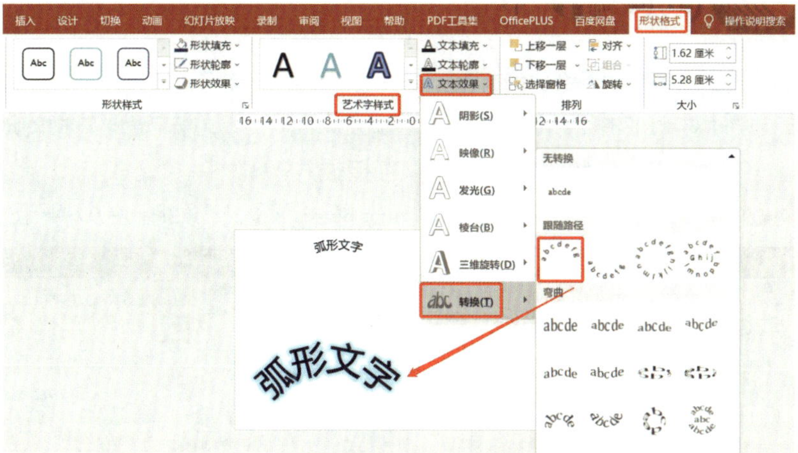

图 1–95　将文字变为弧形

■ 如何制作烫金字效果

具体操作步骤： 插入一张金箔纸图片 > 剪切图片 > 选中文字 > 形状格式 > 艺术字样式 > 文本填充 > 纹理 > 其他纹理 > 图片或纹理填充 > 图片源：剪贴板，如图 1–96 所示。

图 1–96　制作烫金字效果

■ 如何插入公式

当我们使用 PPT 制作数学微课时，如果需要添加公式，此时有两种方法。

方法 1： 针对 PPT 中自带的公式，比如圆的面积、二项式定理、和的展开式、勾股定理、二次公式、三角恒等式等可以直接插入。

具体操作步骤： 插入 > 符号 > 公式 > 选择一个公式，如图 1–97 所示。

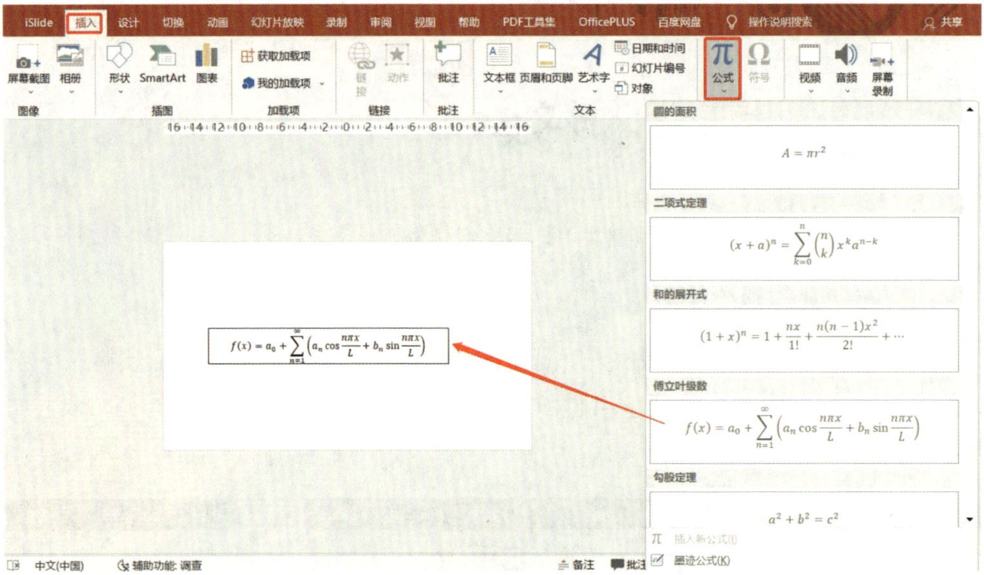

图 1–97 添加已有公式

方法 2： 针对 PPT 没有的公式，可以通过墨迹公式，在 PPT 中通过书写的方式添加公式。

墨迹公式操作步骤： 插入 > 符号 > 公式 > 墨迹公式 > 书写公式 > 插入，如图 1–98 所示。

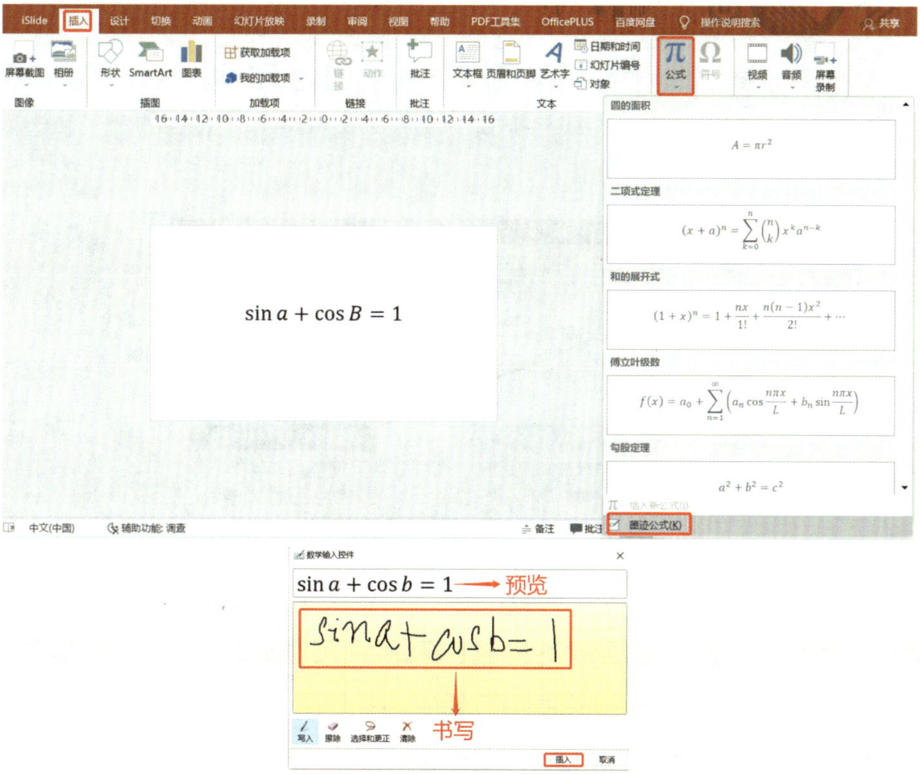

图 1-98 墨迹公式添加公式

神秘表格

■ 如何在 PPT 中添加表格

具体操作步骤： 插入 > 表格 > 根据内容选择行数和列数 > 填写内容，如图 1-99 所示。

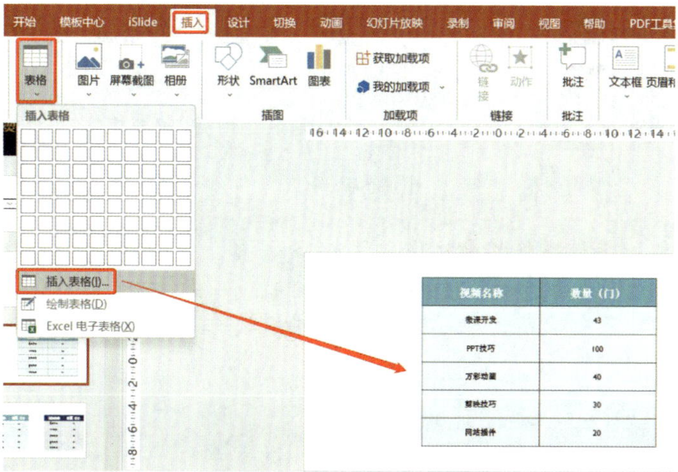

图 1-99 添加表格

■ 如何调整表格样式

具体操作步骤：选中表格 > 表设计 > 表格样式 > 选择一种样式。

选择样式之后，还可以在表格样式 > 底纹 / 边框中，对表格的背景和边框线条进行调整，如图 1-100 所示。

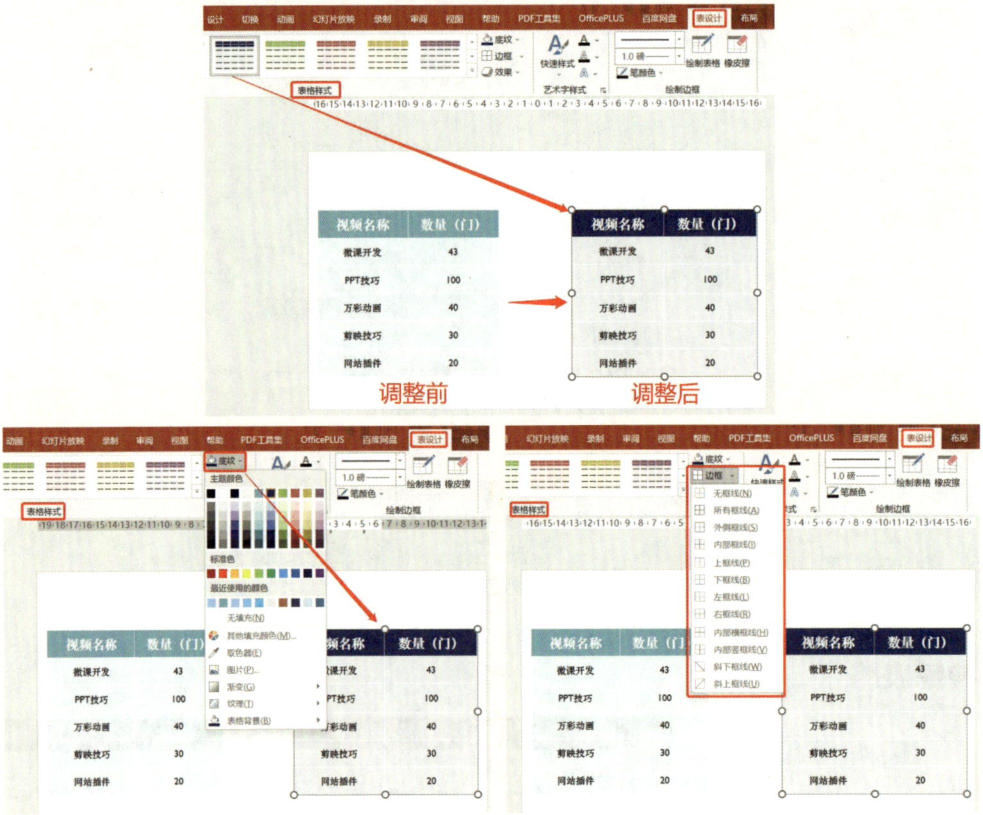

图 1-100 调整表格样式

■ 如何更改表格效果

具体操作步骤：选中表格 > 表设计 > 表格样式 > 效果 > 单元格凹凸效果 / 阴影 / 映像 > 选择一种效果，如图 1-101 所示。

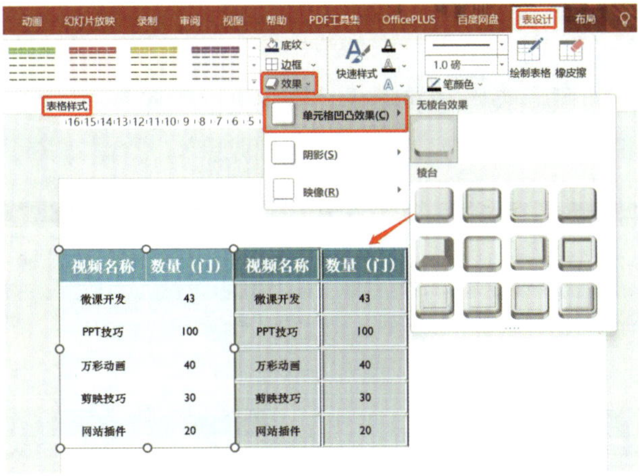

图 1–101 更改表格效果

■ 如何为表格中文字添加艺术效果

具体操作步骤： 选中表格 > 表设计 > 艺术字样式 > 快速样式 / 文本填充 / 文本轮廓 / 文字效果 > 选择样式，如图 1–102 所示。

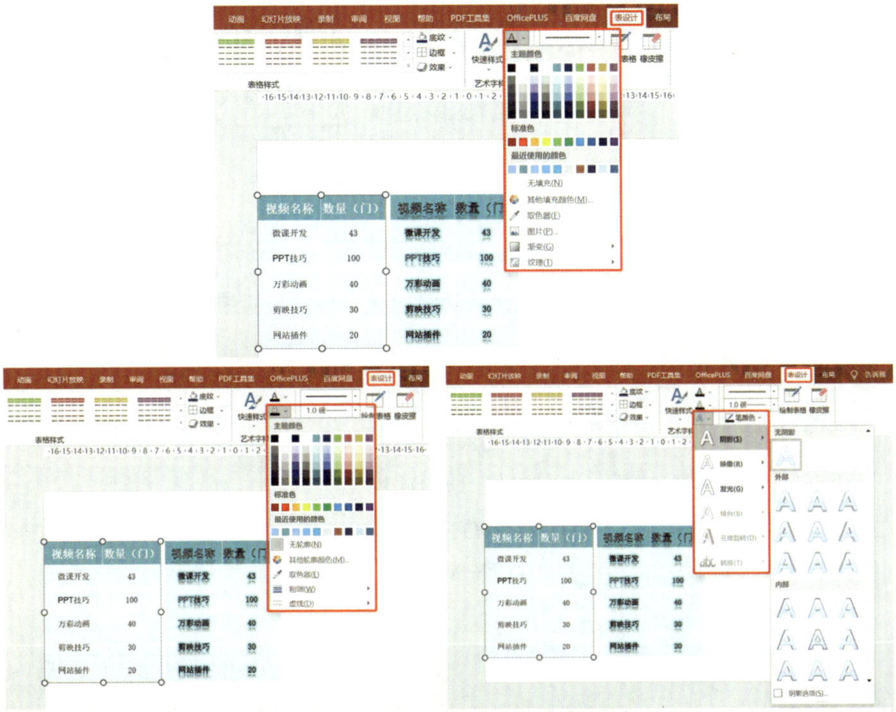

图 1–102 表格文字添加艺术效果

■ 如何更改表格边框颜色、样式和粗细

具体操作步骤：选中表格 > 表设计 > 绘制边框 > 笔样式 / 笔画粗细 / 笔颜色 > 选择合适样式 / 粗细磅数 / 颜色，如图 1–103 所示。

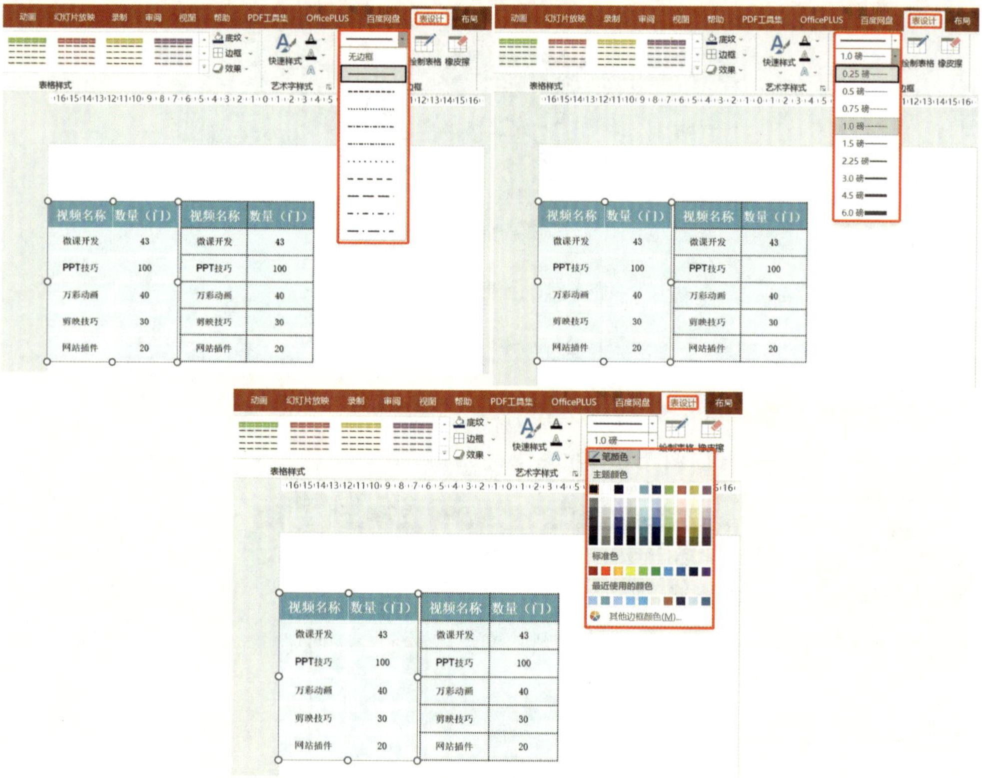

图 1–103 更改表格边框颜色、样式和粗细

■ 如何插入 / 删除单元格

方法 1 操作步骤：选中单元格 > 布局 > 行和列 > 删除 / 在上方插入 / 在下方插入 / 在左侧插入 / 在右侧插入，如图 1–104 所示。

方法 2 操作步骤：选中单元格 > 右击 > 删除 / 在上方插入 / 在下方插入 / 在左侧插入 / 在右侧插入，如图 1–104 所示。

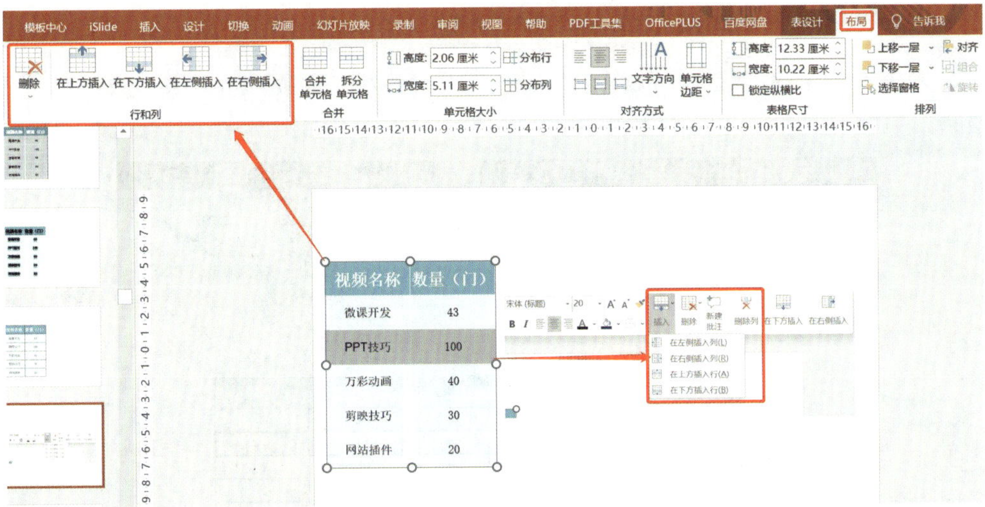

图 1–104 插入 / 删除单元格

如何合并 / 拆分单元格

具体操作步骤： 选中单元格 > 布局 > 合并 > 合并单元格 / 拆分单元格，如图 1–105 所示。

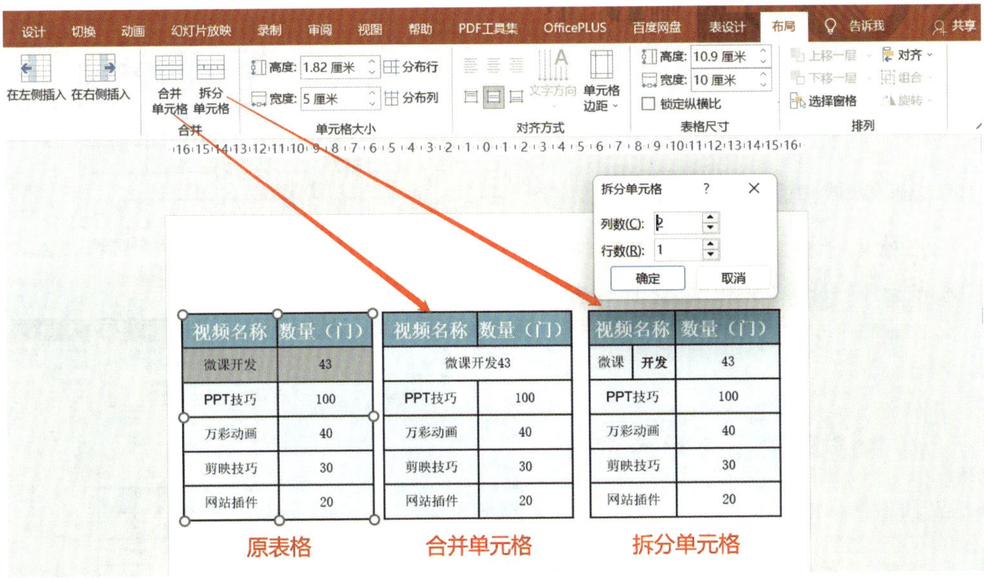

图 1–105 合并 / 拆分单元格

■ 如何改变单元格大小

具体操作步骤：选中单元格 > 布局 > 单元格大小 > 在宽度和高度中输入数值，如图 1–106 所示。

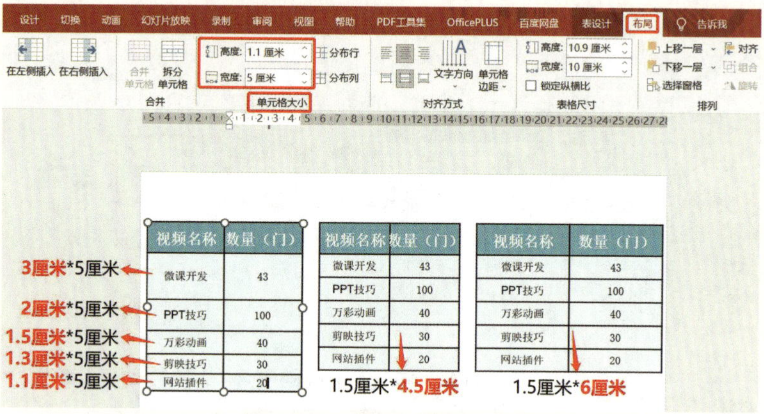

图 1–106 改变单元格大小

■ 如何对齐表格内容

具体操作步骤：选中单元格 > 布局 > 对齐方式 > 左对齐 / 居中 / 右对齐 / 顶端对齐 / 垂直居中 / 底端对齐，如图 1–107 所示。

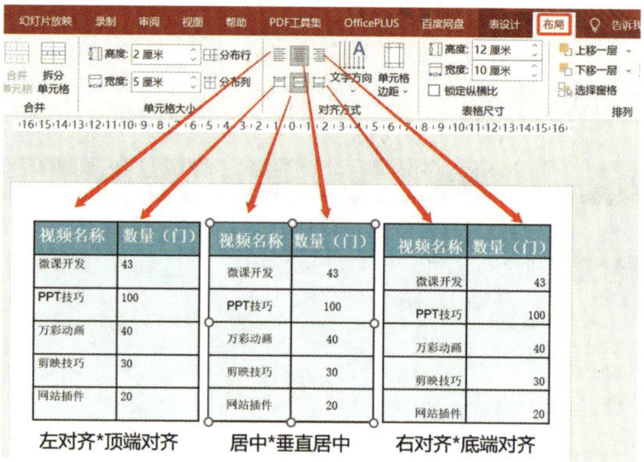

图 1–107 对齐表格内容

■ 如何调整表格大小

具体操作步骤：选中表格 > 布局 > 表格尺寸 > 高度 / 宽度，如图 1–108 所示。

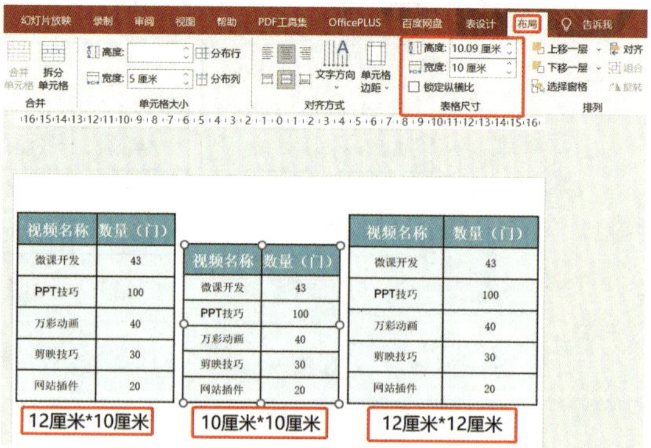

图 1–108 调整表格大小

■ 如何将 Excel 中的表格粘贴到 PPT 中

方法 1 操作步骤：在 Excel 中复制表格 > 打开 PPT> 开始 > 剪贴板 > 粘贴 > 粘贴选项 > 使用目标样

式 / 保留源文件 / 只保留文本 / 嵌入 / 图片，如图 1-109 所示。

方法 2 操作步骤：在 Excel 中复制表格 > 打开 PPT> 右击 > 粘贴选项 > 使用目标样式 / 保留源文件 / 只保留文本 / 嵌入 / 图片，如图 1-109 所示。

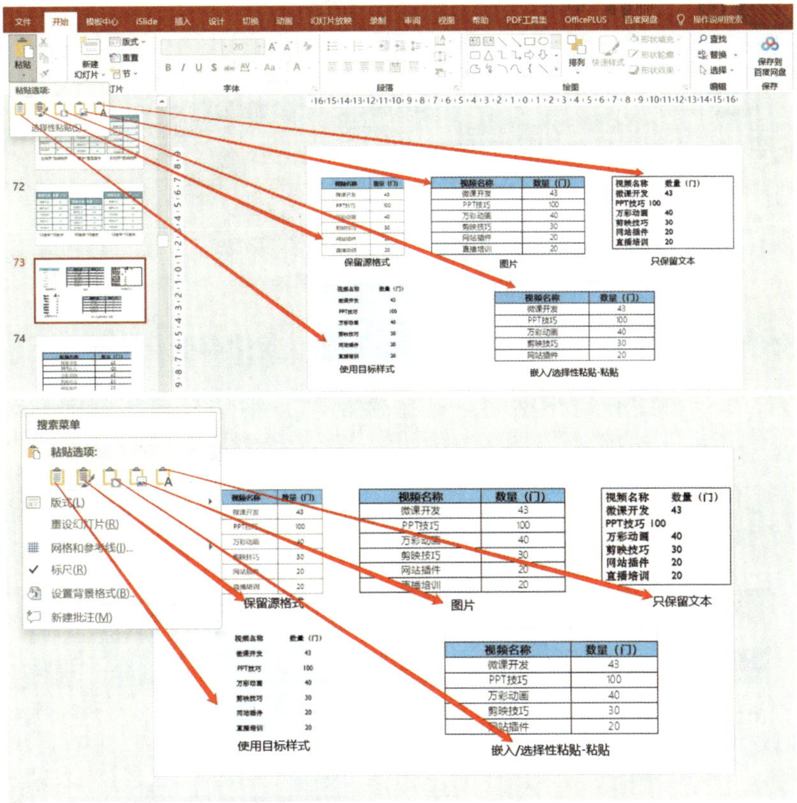

图 1-109 将 Excel 中的表格粘贴到 PPT 中

使用目标样式：Excel 表格自动调整以 PPT 主题为基准的样式，可以正常使用 PPT 中的布局和表设计进行编辑。

保留源文件：Excel 表格保留 Excel 中的样式，可以正常使用 PPT 中的布局和表设计进行编辑。

只保留文本：Excel 表格中的内容全部变为文本，只能对文字进行编辑。

图片：Excel 表格变为图片，内容不可再按照表格编辑，只能对图片格式进行编辑。

嵌入：可以在 PPT 中使用 Excel 表格功能进行编辑，不能使用 PPT 中的布局和表设计进行编辑，如图 1-110 所示。

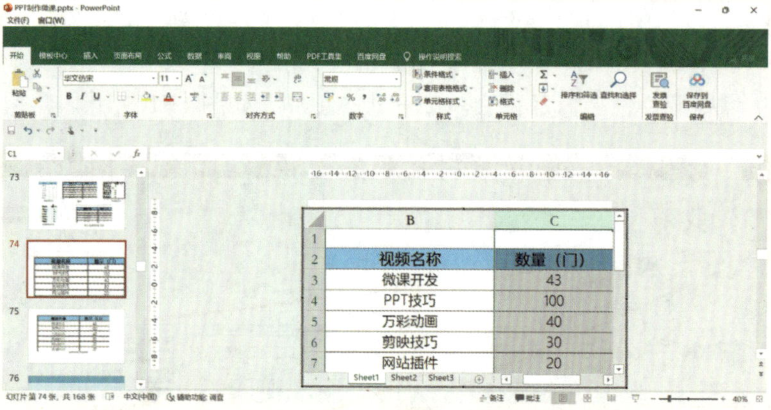

图 1-110 嵌入表格编辑

■ 如何让 PPT 中表格内容随 Excel 内容变化而变化

具体操作步骤： 开始 > 粘贴 > 选择性粘贴 > 粘贴链接 > 确定（双击显示 Excel 源文件，内容随 Excel 变动），如图 1-111 所示。

此表格不能使用 PPT 中的布局和表设计进行编辑，只能通过编辑源文件来改变内容。

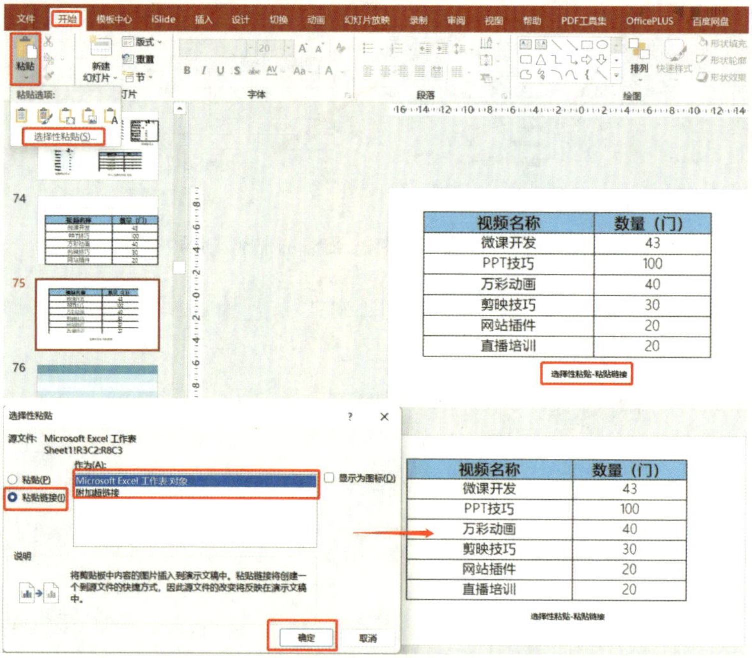

图 1-111 PPT 中表格内容随 Excel 变动

■ 如何用 Excel 制作照片墙

具体操作步骤如下。

插入 > 表格 >X 行 Y 列 > 铺满页面 > 表设计 > 表格样式 > 边框 > 无边框；

Ctrl+X 剪切表格 > 粘贴 > 选择性粘贴 > 图片（增强型图元文件）> 确定；

取消组合两次 > 复制一个格子；

视图 > 母版视图 > 幻灯片母版 > 粘贴格子；

母版版式 > 插入占位符 > 图片（P）> 调整成格子大小 > 删掉格子 > 按 Ctrl 键向右拖动占位符 > 按 F4（重复以上动作）直到图片占位横排铺满 > 按 Ctrl 键向下拖动 8 个占位符 > 按 F4（重复以上动作）直到图片占位符铺满整个 PPT；

关闭母版视图 > 开始 / 插入 > 新建幻灯片 > 选择设计的版式 > 一次性添加 64 张照片 > 添加蒙版和文字，其效果如图 1–112 所示。

巧妙地使用表格可以制作各种风格样式的 PPT 效果，后面我还会继续介绍。

图 1–112　照片墙效果示例

百变形状

形状是 PPT 微课里一个非常奇妙的素材，使用形状可以帮助我们把微课变得更加美观。如图 1–113 所示，1 号内容“微课开发”非常普通，在它左边添加一个矩形变成 2 号；在它下方添加一个虚线条变成 3 号之后，内容更加突出；在它下面添加一个黄色形状作为背景变成 4 号更好看；在它下面添加多个形状变成 5 号，塑造有层次感的背景之后，整个微课的美观度得到大幅提升。

从 1 号到 5 号，这些变化体现了形状的价值和作用。

图 1–113　形状价值与作用

■ 如何在 PPT 中添加形状 / 线条

具体操作步骤：插入 > 插图 > 形状 > 选择一个形状 / 线条，如图 1-114 所示。

绘制矩形时按住 Shift 键，就可以绘制出正方形；绘制椭圆形时按住 Shift 键，就能绘制出圆形等。

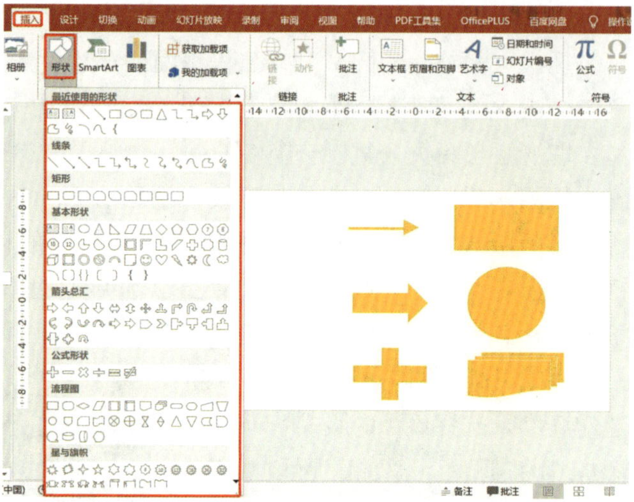

图 1-114 在 PPT 中添加形状 / 线条

■ 如何更改形状

如果对于我们插入的形状不满意，想要换一个新的形状，又不想改变已经设计好的形状样式，应该怎么办呢？

具体操作步骤：选中形状 > 形状格式 > 插入形状 > 编辑形状 > 更改形状 > 选择新的形状（不包含线条），如图 1-115 所示。

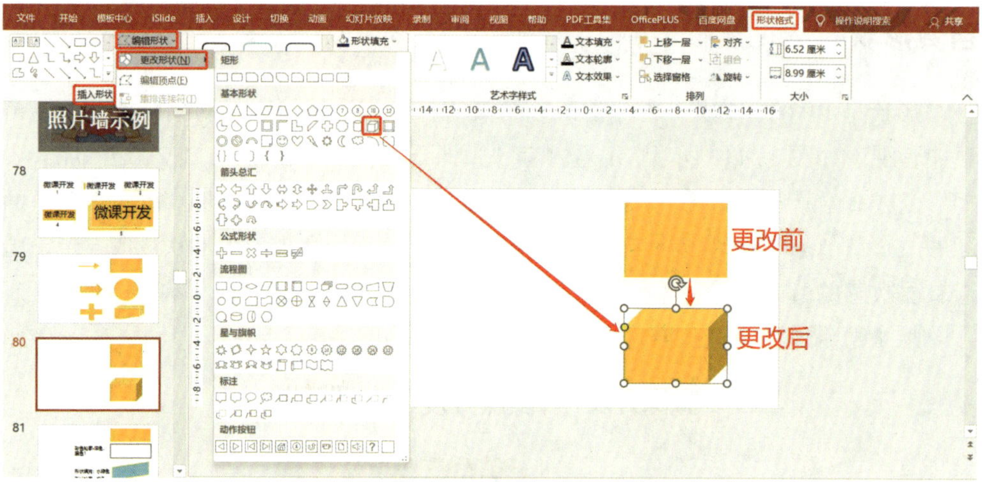

图 1-115 更改形状

■ 如何更改形状样式

形状的颜值是由样式决定的，好看的形状样式能够让 PPT 变得更美观；通过形状之间的搭配还能创造很多微课需要的素材，比如讲课用到的黑板就可以用形状制作。

具体操作步骤： 选中形状 > 形状格式 > 形状样式 > 选择样式 / 形状填充 / 形状轮廓 / 形状效果，如图 1-116 所示。

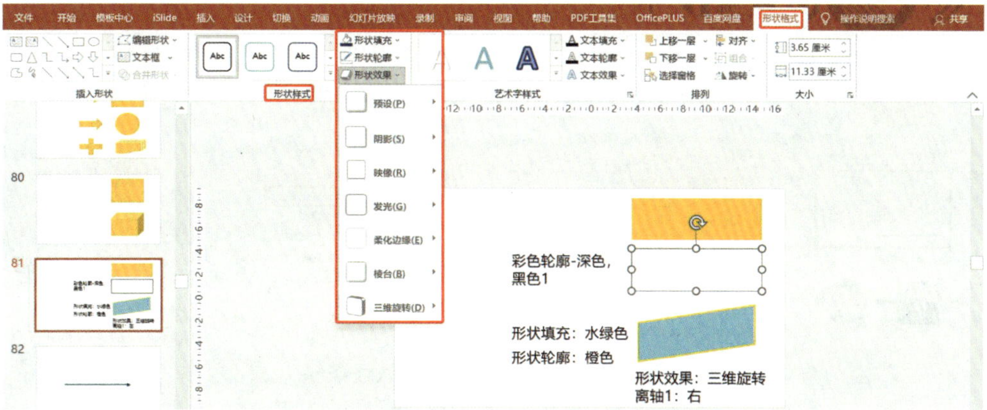

图 1-116 更改形状样式

■ 如何设置默认形状

将某个形状设置为默认形状后，后续插入的所有形状都会默认使用该形状的形状样式，这在批量插入形状和保持微课风格统一上帮助很大。

具体操作步骤： 插入 > 形状 > 右击 > 设为为默认形状，如图 1-117 所示。

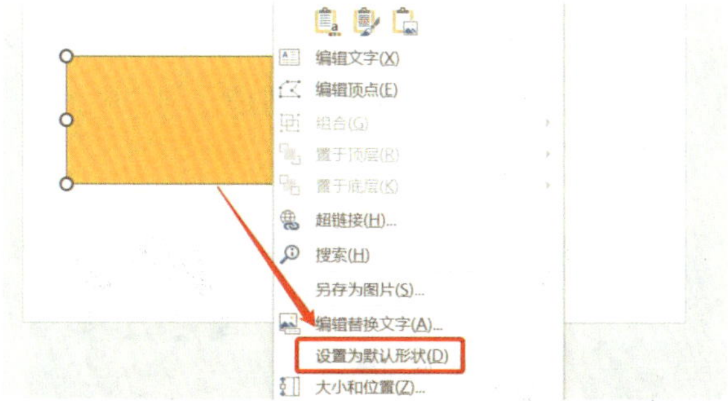

图 1-117 设置默认形状

Shift 键能锁定对象移动方向，按住 Shift 键拖动对象，可强制对象沿水平、垂直或斜 45 度方向移动，同时按住 Ctrl 键，则可完成水平、垂直等方向上的复制。

■ 如何添加、设置默认线条

具体操作步骤： 插入 > 形状 > 选择线条 > 设置形状样式 > 右击 > 设置为默认线条，如图 1-118 所示。

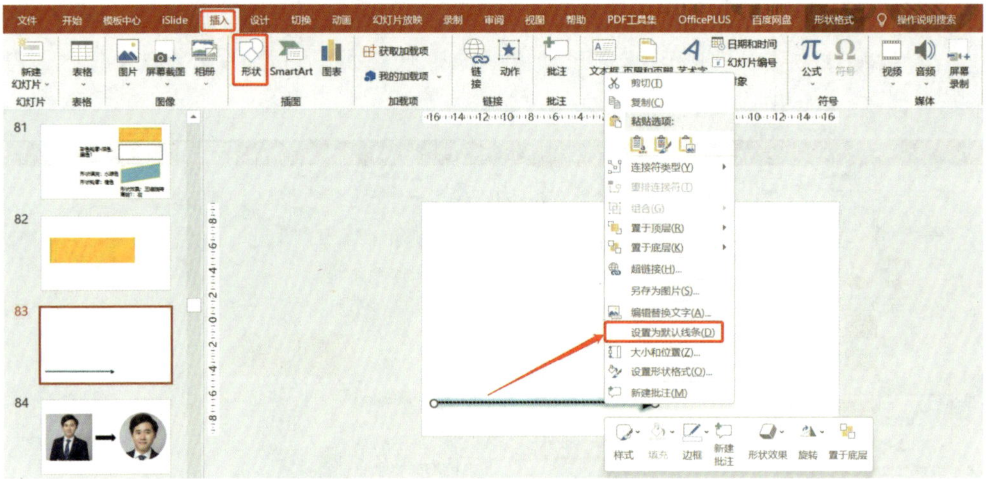

图 1-118 添加、设置默认线条

画线时按住 Shift 键，左右拖拽就得到水平线条，上下拖拽就得到垂直线条，斜向拖拽就得到 45 度线。

■ 布尔运算

如果 PPT 是 2013 及以上版本，可以运用一个高阶技巧，叫作布尔运算，它能实现对不同形状的综合处理。

如图 1-119 所示，如果想把左边的图片变成右边的头像效果，可以用图片的裁剪功能将其裁剪为圆形，但是这个功能的范围是受到局限的，这时候我们就可以通过布尔运算来实现这个效果。

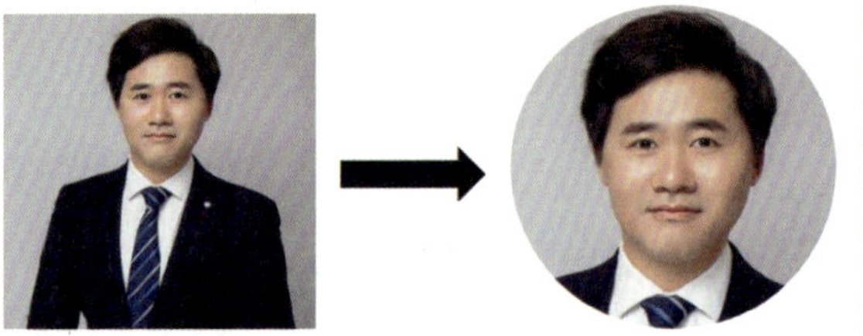

图 1-119 布尔运算效果图

具体操作步骤：插入圆形 > 将圆形放到图片上方，覆盖想要裁剪的部位 > 先选中图片 > 再选中圆形 > 形状格式 > 插入形状 > 合并形状 > 相交，如图 1-120 所示。

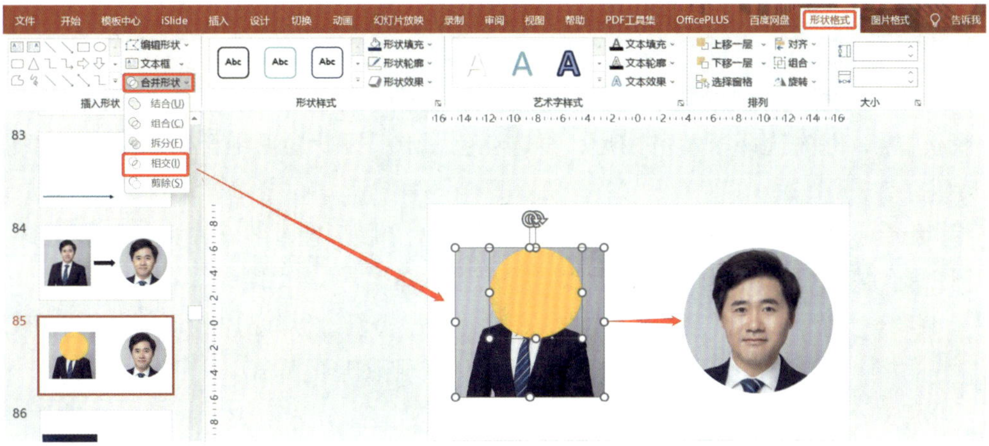

图 1-120 布尔运算

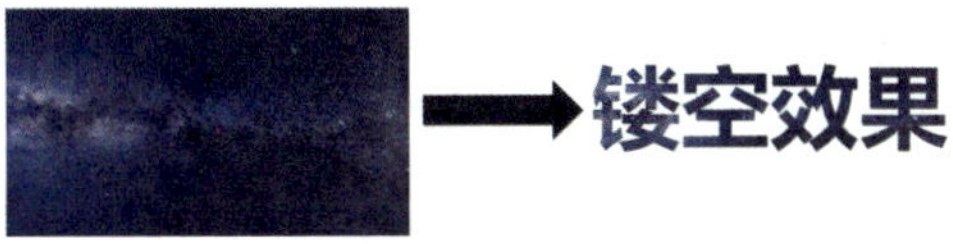

图 1-121 “镂空效果”示例

如图 1-121 所示，如果想在 PPT 中使用右边这个高颜值的文字，需要通过布尔运算来把左边的图片变成右边的镂空效果。

具体操作步骤：在图片上方添加文字“镂空效果” > 先选中图片 > 再选中文字 > 形状格式 > 插入形状 > 合并形状 > 相交，如图 1-122 所示。

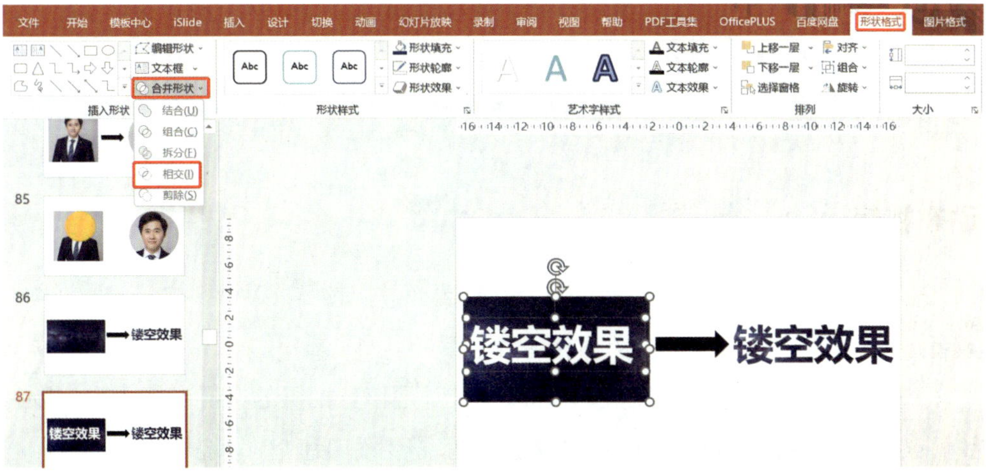

图 1-122 添加文字“镂空效果”

布尔运算是以选中的第一个图形为基准，对剩余图形按照结合、组合、拆分、相交、剪除进行计算，最终得到的图形与第一个选择的图形的格式是一样的。如图 1-123 所示，我们将黄色和红色这两个图形划分为 A、B、C 三个部分，其中 A 属于黄色图形独有、B 属于红色图形独有，C 为两个图形共有。

结合：两个图形的所有部分（A、B、C）都会被保留下来，但因为是以黄色图形为基准，即先选择了黄色图形，再选红色图形，因此最后结合的图形颜色都是黄色。

组合：删除两个图形共有部分 C，只保留两个图形独有部分 A 和 B，并将这两个图形合并为一个新的图形，使用黄色作为整体样式。

拆分：将两个图形包含的 A、B、C 这三个部分沿边界线分割为三个新的图形，拆分的每个图形都是独立的，使用黄色作为每个新图形的样式。

相交：保留两个图形的相同之处 C，去除独立部分 A 和 B，新图形 C 使用黄色作为样式。

剪除：保留第一个图形即黄色图形的独立部分 A，删除红色图形的所有部分 B 和 C，使用黄色作为新图形的样式。

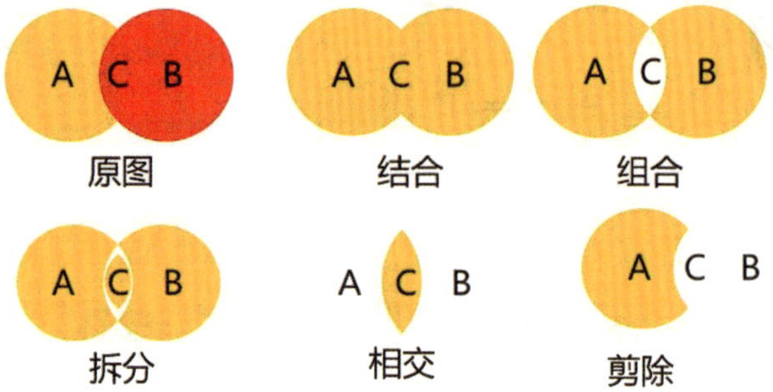

图 1-123 布尔运算示例

动态视频

在使用 PPT 制作微课时，我们有时候需要通过视频导入微课、挖掘学员痛点，或者通过视频来呈现某个重要知识点。

视频可以是跟微课有关的电影片段，可以是特意拍摄的实操视频，也可以是讲解某个工具的录屏视频，无论哪种视频，都需要添加到 PPT 编辑处理。

■ 如何添加视频

具体操作步骤：插入 > 媒体 > 视频 > 此设备 > 选择视频 > 插入，如图 1–124 所示。

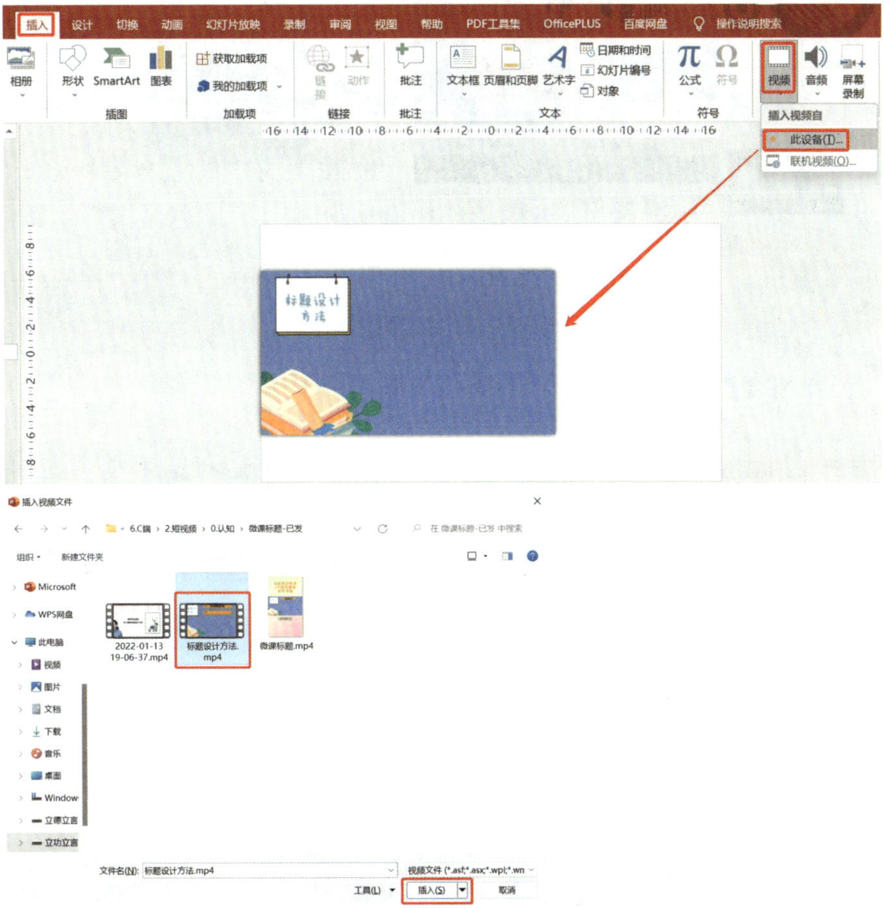

图 1–124 添加视频

■ 如何裁剪视频

具体操作步骤：选中视频 > 播放 > 编辑 > 裁剪视频 > 选择开始时间和结束时间 > 确定，如图 1–125 所示。

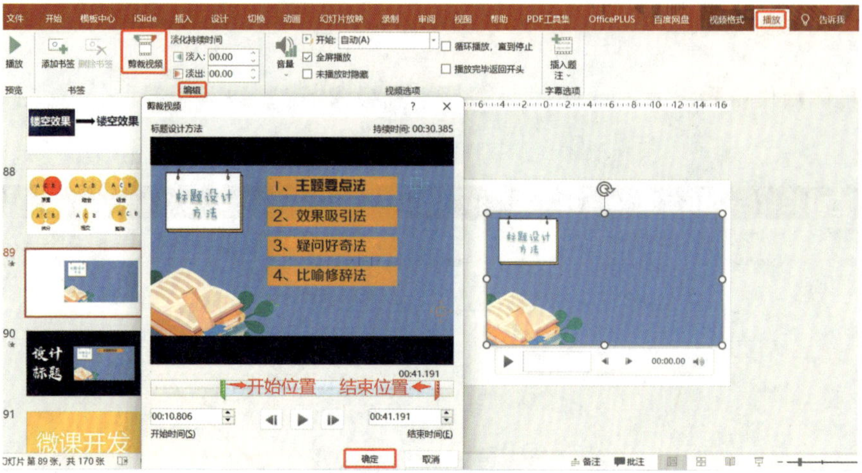

图 1-125 裁剪视频

■ 如何调整视频音量

方法 1 操作步骤：选中视频 > 播放 > 视频选项 > 音量 > 低 / 中等 / 高 / 静音，如图 1-126 所示。

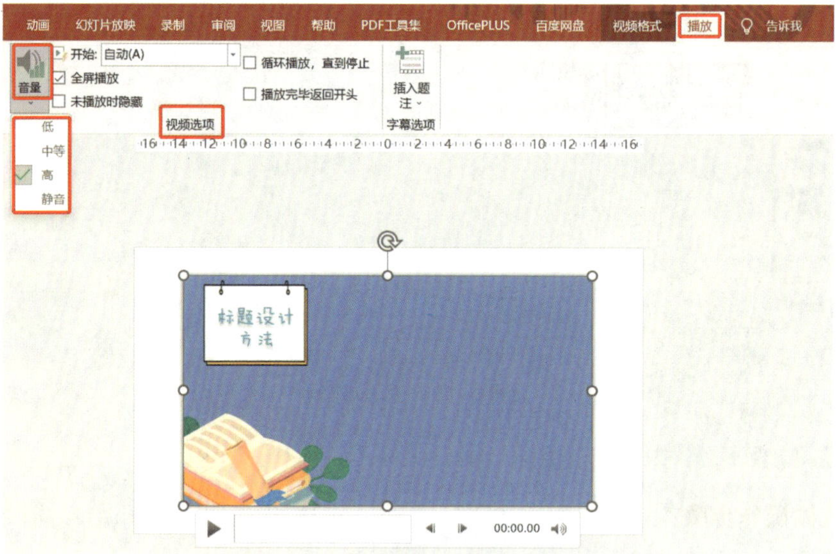

图 1-126 调整视频音量方法 1

方法 2 操作步骤：选中视频 > 拖拽标红处音标调整音量大小，如图 1-127 所示。

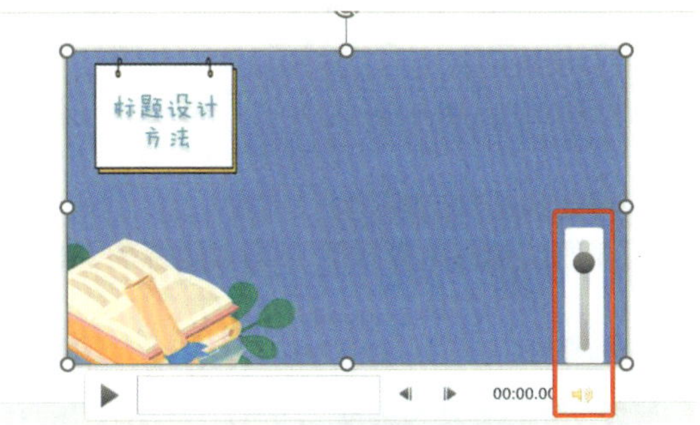

图 1-127 调整视频音量方法 2

■ 如何让视频自动播放

具体操作步骤：选中视频 > 播放 > 视频选项 > 开始 > 自动，如图 1-128 所示。

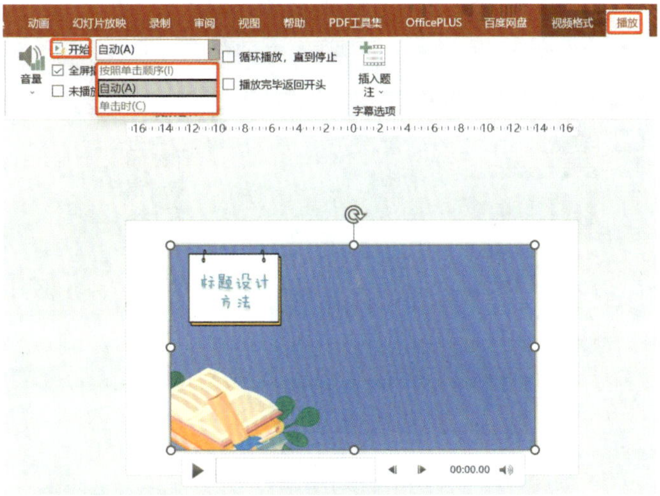

图 1-128 视频自动播放

■ 如何让视频全屏播放

具体操作步骤：选中视频 > 播放 > 视频选项 > 勾选“全屏播放”，如图 1-129 所示。

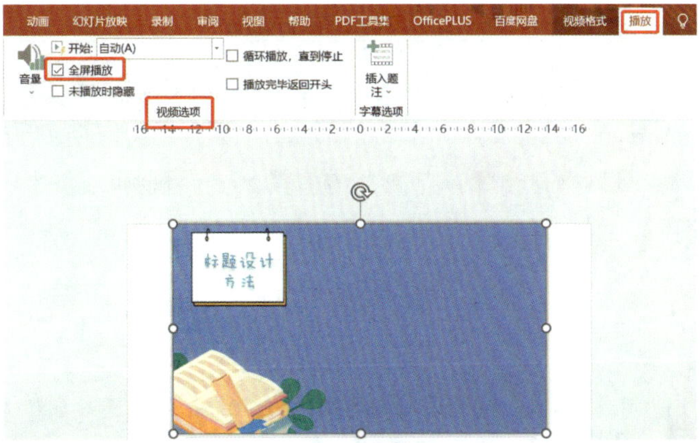

图 1-129 视频全屏播放

如何调整视频样式

具体操作步骤：选中视频 > 视频格式 > 视频样式 / 视频形状 / 视频边框 / 视频效果，如图 1-130 所示。

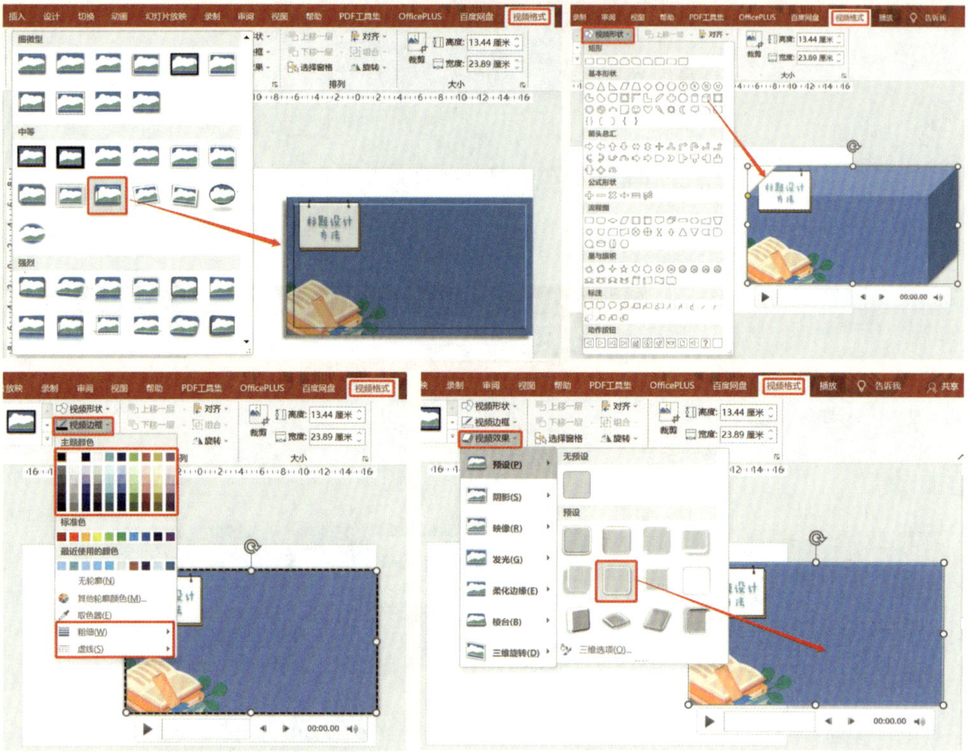

图 1-130 调整视频样式

如何删除视频 / 动图背景

PPT 本身没有删除视频背景的功能，如果想要删除视频背景，可以使用 unscreen（https://www.unscreen.com/），它可以自动删除视频背景。

具体操作步骤：点击上传剪辑 > 上传视频 / 动图 > 自动删除背景，如图 1-131 所示。

图 1–131 unscreen 删除视频 / 动图背景

颜色搭配

当我们根据脚本在微课里添加相应的素材之后，需要调整这些素材的颜色，使整个微课看上去更加美观，更能吸引学员注意力，激发学员的学习兴趣。

配色看似简单，但其实是微课制作中最难掌握的技巧。

深色给人的感觉比较压抑，因此，微课背景尽量不要用深色，比如黑色、殷红、紫色、李紫、金鱼紫、甘蔗紫、战舰灰、瓦罐灰、锌灰、暮云灰、紫灰、鼠辈灰等颜色，如图 1–132 所示。

图 1–132 不适合做微课背景的颜色

明亮色能吸引学员的眼球，微课背景最好用明亮色，比如金莲花橙、美人蕉橙、雄黄、琥珀黄、佛手黄、孔雀绿、宝石绿、蓝绿、青矾绿、铜绿、美蝶绿、麦苗绿、石绿、粉绿、海青、碧青、翠蓝、蔚蓝、瀑布蓝、孔雀蓝等颜色，如图 1–133 所示。

图 1–133 适合做微课背景的颜色

由于篇幅所限，关于微课背景颜色不再一一列举，想要了解更多颜色可以去网站“中国色 – 中国传统颜色（http://zhongguose.com/）”，里面有 526 种颜色，每一种颜色都有命名和数值，如图 1–134 所示。

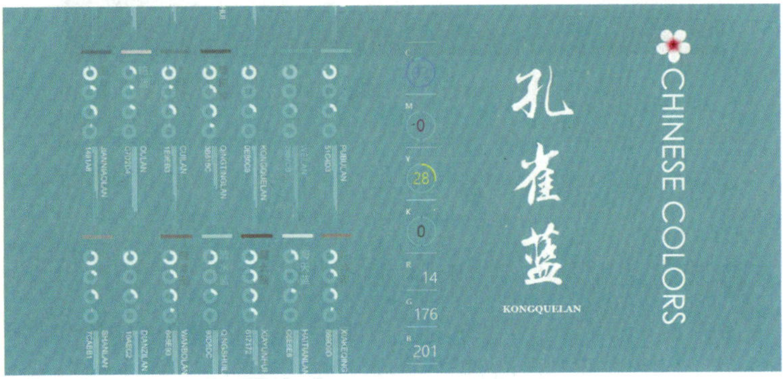

图 1–134 中国色 – 中国传统颜色网站

有了明亮色的微课背景之后，接下来就需要以背景色为基准，调整素材颜色，完成微课的颜色搭配，也就是大家常说的配色，通常颜色不超过 3 种。

对于以上 20 种明亮色的微课背景颜色，配白色和灰色都是可以的，比较美观的颜色搭配还有黄 + 黑 + 白、黄 + 灰 + 白、青 + 白，蓝 + 白等，如图 1–135 所示。

图 1–135 颜色搭配示例

想要快速、自主配色，又不想花费时间系统学习配色方法，可以使用这个配色表：http://tool.c7sky.com/webcolor/。

色彩搭配看似复杂，但并不神秘。每种色彩在印象空间中都有自己的位置，色彩搭配得到的印象可以用加减法来估算。如果每种色彩都是高亮度的，那么它们叠加自然会是柔和、明亮的；如果每种色彩都是浓烈的，那么它们叠加就会是浓烈的。当然在实际设计过程中，我们还要考虑到乘除法，比如同样亮度和对比度的色彩，在色环上的角度不同，搭配起来就会得到千变万化的感觉。

这里既有按色相的搭配分类，如基于红色、橙色、黄色、黄绿色、绿色、青绿色、蓝色、蓝紫色、紫色、紫红色这 10 个颜色的三色搭配，又有按印象的搭配分类，如图 1–136 所示。

图 1–136 配色表

柔和、明亮、温柔：亮度高的色彩搭配在一起就会得到柔和、明亮、温和的感觉，为了避免刺眼，设计师一般会用低亮度的前景色调和，同时色彩在色环之间的距离也有助于避免沉闷。

柔和、清洁、爽朗：色环中蓝到绿相邻的颜色应该是最适合的，并且亮度偏高。几乎每个组合都有白色参与，在实际设计时，可以用蓝、绿相反色相的高亮度色彩代替白色。

可爱、快乐、有趣：色彩搭配特点是色相分布均匀，冷暖搭配，饱和度高，色彩分辨度高。

活泼、快乐、有趣：色彩选择更加广泛，最重要的变化是将纯白色用低饱和色彩或者灰色取代。

运动型、轻快：运动的色彩要强化激烈、刺激的感受，同时还要体现健康、快乐、阳光，饱和度较高、亮度偏低的色彩在这类印象中经常登场。

轻快、华丽、动感：华丽的印象要求页面充斥色彩，并且饱和度偏高，而亮度适当减弱则能强化这种印象。

狂野、充沛、动感：狂野的印象空间中少不了低亮度的色彩，甚至可以用适当的黑色搭配。其他色彩饱和度高，对比强烈。

华丽、花哨、女性化：女性化的页面中紫色和品红是主角，粉红、绿色也是常用色相，一般它们之间要进行高饱和的搭配。

回味、女性化、优雅：优雅的感觉很奇特，色彩的饱和度一般要降下来；一般以蓝、红之间的相邻色，调节亮度和饱和度进行搭配。

高尚、自然、安稳：高尚一般要用低亮度的黄绿色，色彩亮度降下去，注意色彩的平衡，页面就会显得安稳。

冷静、自然：绿色是冷静、自然印象的主角，但是绿色作为页面的主要色彩，容易陷入过于消极的感觉传达，因此应该特别重视图案的设计。

传统、高雅、优雅：传统的内容一般要降低色彩的饱和度，棕色很适合，紫色也是高雅和优雅印象的常用色相。

传统、稳重、古典：这些都是保守的印象，色彩的选择上应该尽量用低亮度的暖色，这种搭配符合成熟的审美。

忠厚、稳重、有品位：亮度、饱和度偏低的色彩会给人忠厚、稳重的感觉，这样的搭配为了避免色彩过于保守，使页面僵化、消极，应当注重冷暖结合和明暗对比。

简单、洁净、进步：简单、洁净的色彩在色相上可以用蓝、绿表现，并大面积留白；而进步的印象可以多用蓝色，搭配低饱和度色甚至灰色。

简单、时尚、高雅：灰色是最为平衡的色彩，并且是塑料、金属质感的主要色彩之一，因而要表达高雅、时尚时，可以适当使用，甚至大面积使用，但是要注重图案和质感的构造。

简单、进步、时尚：表现进步的色彩主要以蓝色为主，搭配灰色；而色彩的明度统一、色相相邻，会显得简洁。

如果想更简单一些，比如一键配色，可以关注这个一键配色网站（https://

colorsupplyyy.com/），基于在 12 色环选中的颜色，通过互补色、类似色、拆分补码、广场、新鲜、漫画、自然界等模式，帮我们搭配合适的颜色，如图 1-137 所示。

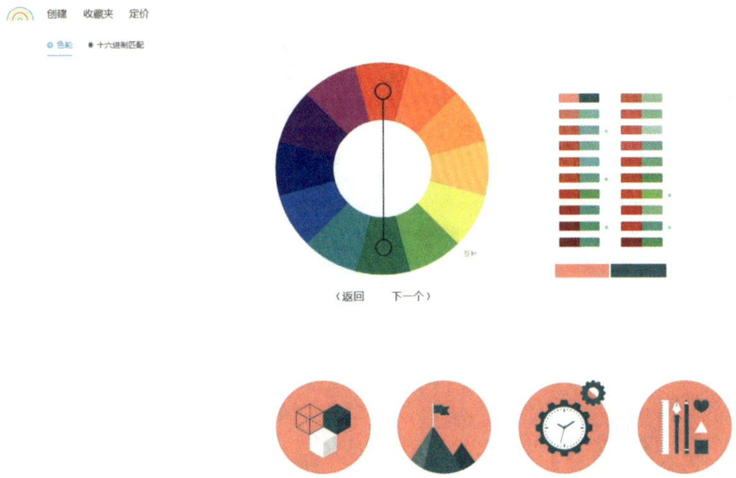

图 1-137 一键配色网站

《考试脑科学》这本书里提道：在生活中，快餐店的招牌和店内装潢大多以红色为基调，这是因为红色最能促进人的食欲。同时，人在吃饱时最厌恶的颜色也是红色，所以结束用餐的客人在红色基调的快餐店里就会感觉不舒服，会很快离开。这样一来，快餐店的翻台率就提升了。

在运动比赛中，红色的运动服能让对手畏怯，进而使我方处于优势。

在 IQ 测试中，若实验者不改变 IQ 测试题的试题内容，只是把试题本的封面颜色换成红、蓝、绿、黑等不同颜色，令人惊讶的是，最终只有拿到红色封面试题本的答题者整体分数明显下降。其中，程度最轻者至少下降了 10%，严重者则下降了 30%。

红色对答题者的影响并不仅仅体现在显眼的封面上，就连答题栏的边框线、试卷上某个角落的标记等少量红色元素也会造成答题者分数的下降。这样看起来，红色似乎具有“降低 IQ”的效果。

因此，在微课中尽量少用红色，因为红色能削弱学员动机。

当我们选定微课背景和素材的颜色之后，要想在 PPT 里面改变微课背景和素材的颜色，有两个方法。

方法 1 操作步骤：选中背景或素材 > 填充 > 其他颜色 > 通过改变 RGB 数值调整颜色，如图 1-138 所示。

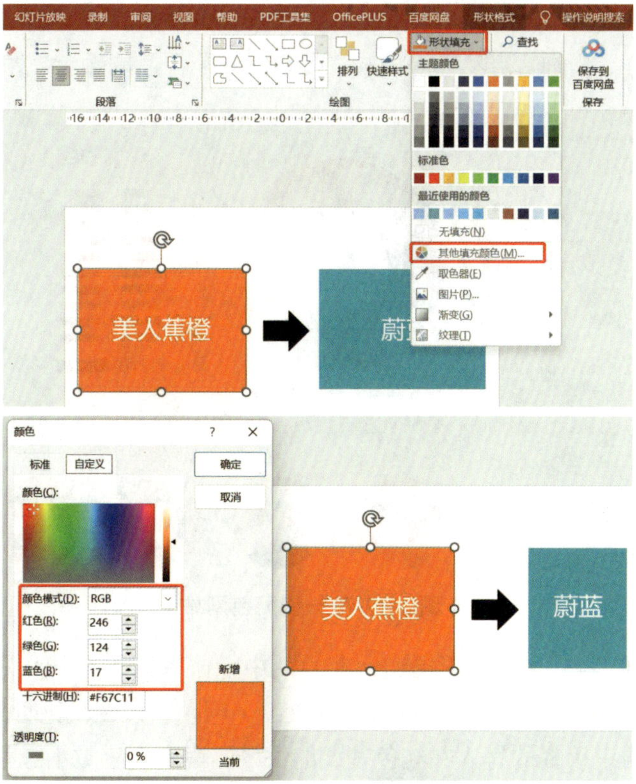

图 1–138　RGB 数值调整颜色

方法 2 操作步骤：选中背景或素材 > 填充 > 取色器 > 将取色器放在目标颜色上 > 点击取色，如图 1–139 所示。

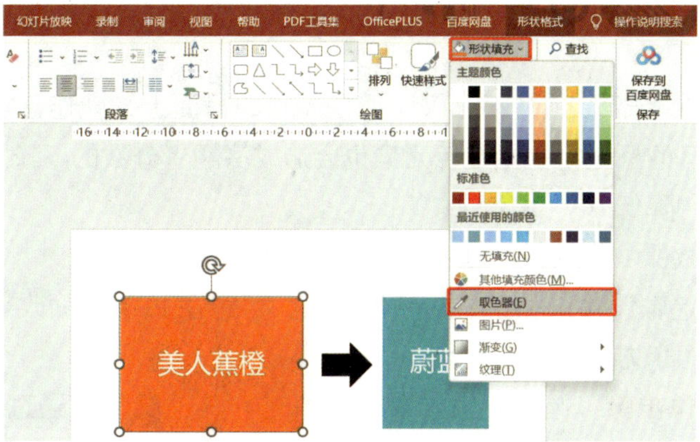

图 1–139　取色器调整颜色

取色完成之后，如果需要在 PPT 中批量修改颜色，挨个输入 RGB 或者使用取色器取色比较麻烦，我们可以使用格式刷批量调整素材颜色，如图 1-140 所示，单击刷单次，双击刷多次，单击空白处取消格式刷功能。

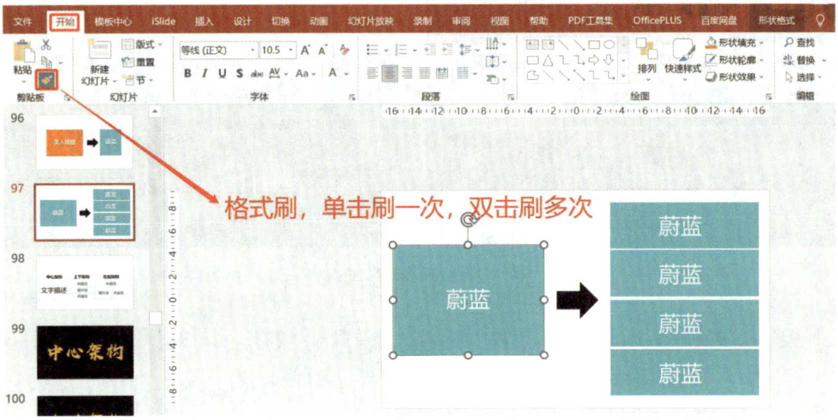

图 1-140 格式刷调整素材颜色

页面排版

当我们根据微课脚本，把单页 PPT 需要的素材全部添加到画布，并对素材进行编辑之后，接下来就需要对这些素材进行排版。

页面排版需要做两件事情，一个是确定整体架构，一个是完成素材的细节处理。

PPT 微课整体架构主要有三种，分别是中心架构、左右架构和上下架构，如图 1-141 所示。

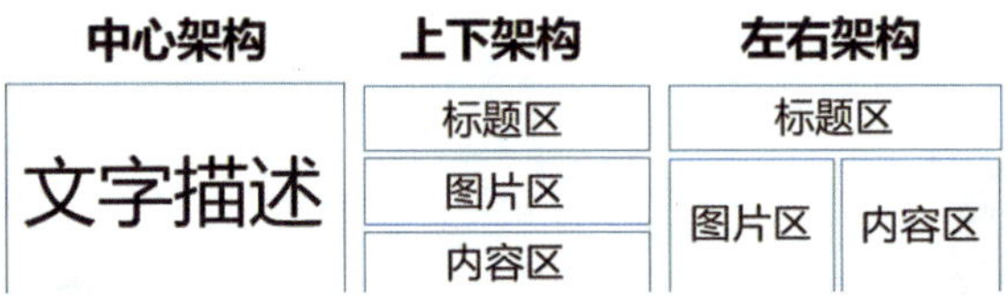

图 1-141 PPT 主要架构

中心架构： 将素材放在 PPT 的中心位置，左右居中对齐、上下居中对齐。

当微课内容非常简洁，只需要描述一两句话的时候，适合使用中心架构。

使用中心架构时，可以通过文字大小、颜色、粗细对比设计内容，凸显重点，也可以通过放置多个关键词或分散对齐的方式来增加质感，如图 1-142 所示。

图 1-142 中心架构

上下架构: 将 PPT 划分为上下两个区域，将素材放在不同的区域里，如图 1-143 所示，左侧的上下架构运用较为合理，右侧的上下架构是不合理的，因为人像 + 文字适合左右架构而非上下架构。

图 1-143 上下架构

左右架构: 将 PPT 划分为左右两个区域，将素材放在不同的区域里，如图 1-144 所示，左右两种排版，哪种更好一些，为什么呢?

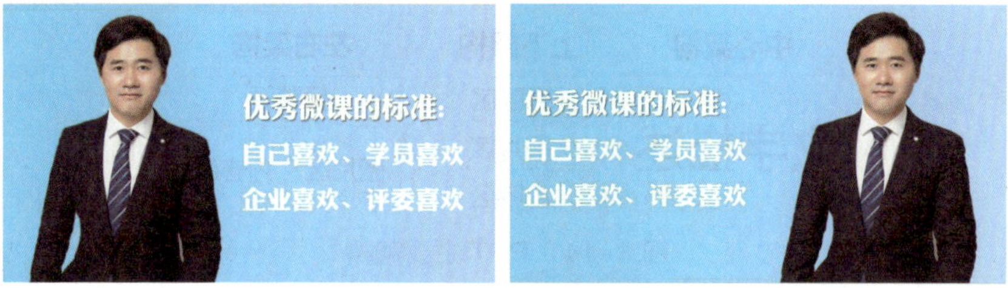

图 1-144 左右架构

相对而言，左边这种左图右字的方式会更好一些，为什么呢?

这是因为，左侧对应右脑，我们的右脑比左脑发达，而图片能够激发我们的右脑，有利于理解记忆内容。因此，图片放在左侧更好。

确定了整体架构之后，可以使用聚拢、留白、分布、对齐、层级、对比等技巧对排版细节进行处理，如图 1-145 所示。

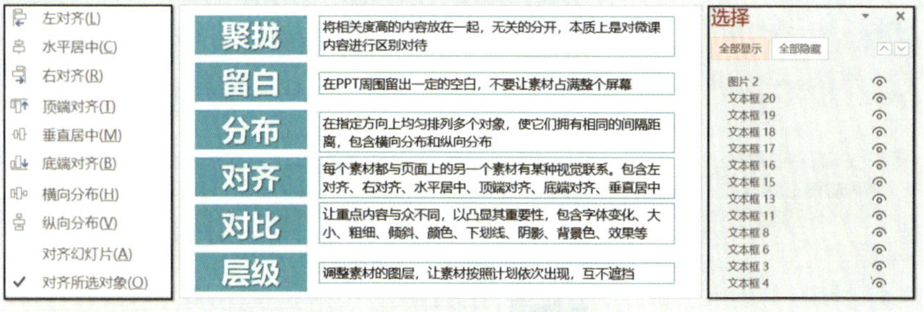

图 1-145 排版细节处理

聚拢：将相关度高的内容放在一起，无关的分开，本质上是对微课内容进行区别对待。

留白：在 PPT 周围留出一定的空白，不要让素材占满整个屏幕。

分布：在指定方向上均匀排列多个对象，使它们拥有相同的间隔距离，包含横向分布和纵向分布。

对齐：让每个素材都与页面上的另一个素材有某种视觉联系。文字对齐包含左对齐、居中对齐、右对齐、两端对齐、分散对齐；元素对齐包含左对齐、右对齐、水平居中、顶端对齐、底端对齐、垂直居中。

对比：让重点内容与众不同，以凸显其重要性，包含字体变化、大小、粗细、倾斜、颜色、下划线、阴影、背景色、效果等。

层级：调整素材的图层，让素材按照计划依次出现，互不遮挡。

个性设计

如图 1-146 所示，在使用 PPT 制作微课时，分为微课开场、微课正文和微课结尾三部分：微课开场包含封面页、导入页和目录页，微课正文包含转场页和内容页，微课结尾包含总结页和封底页。

其中导入页、内容页、总结页“千课千面”，没有固定模式可以遵循，只能根据微课内容运用单页设计中的技巧进行设计。

封面 / 封底页、目录页、转场页有标准模式，我们在制作微课时可以参考借鉴。

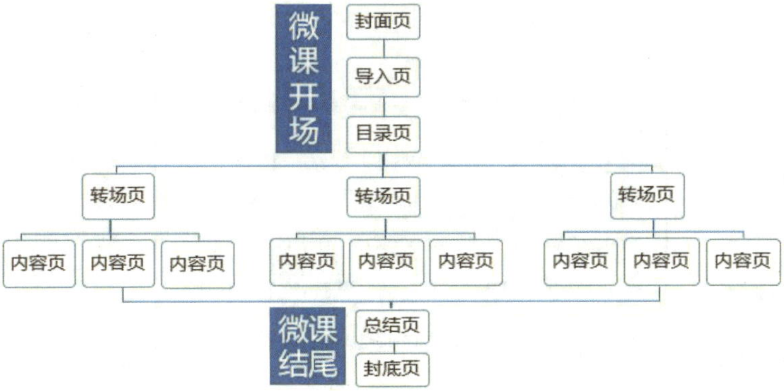

图 1-146 微课的 PPT 结构图

封面 / 封底

封面 / 封底分为两类，一类是动态的，主要以视频、动图为背景或使用动画制作动态背景（相关技巧我会在本章第三节讲解）；一类是静态的，我根据封面 / 封底是否有图片这个标准，把封面 / 封底分成三种，分别是无图、半图和全图，如图 1-147 所示。

无图：整个封面 / 封底没有图片，在封面 / 封底上直接添加微课标题 / 结束语，对配色能力要求较高。

半图：在封面 / 封底的某一部分添加一张图片，在剩余部分添加微课标题 / 结束语，对图片编辑能力要求较高。

全图：将整张图片作为背景，在背景上添加蒙版，再添加微课标题 / 结束语，其操作步骤：插入 > 图片 > 选择图片 > 添加形状（纯色 / 渐变）> 添加微课标题 / 结束语。

图 1-147 三类静态封面 / 封底

以上这三类封面较为普通，下面介绍几个设计封面的高阶技巧，用好它们，封面可以变得很酷。

如何使用占位符设计封面

具体操作步骤：视图 > 母版视图 > 幻灯片母版 > 新建一页空白 PPT> 插入 SmartArt> 六边形群集 > SmartArt 设计 > 重置 > 转换 > 转换为形状 > 取消组合 > 删除多余元素 > 全选 > 形状格式 > 结合。

幻灯片母版 > 母版版式 > 插入占位符 > 图片 > 在右下角绘制图片占位符，使其覆盖大部分结合后的形状 > 先选中占位符 > 再选中形状 > 形状格式 > 合并形状 > 相交 > 关闭母版视图。

开始 / 插入 > 幻灯片 > 新建幻灯片 > 添加新做好的版式 > 单击图标添加图片，其效果如图 1–148 所示。

图 1–148 使用占位符设计封面效果图

如何使用形状设计封面

具体操作步骤：添加形状 > 圆角矩形 > 复制多个圆角矩形 > 先选中图片 > 再选中所有圆角矩形 > 形状格式 > 合并形状 > 拆分 > 删除多余图片 > 排列 > 添加标题，其效果如图 1–149 所示。

如何使用表格设计封面

具体操作步骤：添加图片 > 添加表格 > 将表格覆盖在图片上 > 将表格置于底层 > 剪切图片 > 选中所有单元格 > 设置形状格式 > 图片或纹理填充 > 图片源：剪切板 > 将图片平铺为纹理 > 选择几个单元格填充白色 > 添加标题，其效果如图 1–150 所示。

图 1–149 使用形状设计封面效果图

图 1–150 使用表格设计封面效果图

■ 如何使用文本框设计封面

具体操作步骤： 添加文本框 > 输入一行横杠 > 加粗 > 选中文本框 > 形状格式 > 艺术字样式 > 文本效果 > 转换 >V 形：倒 > 调整高度和宽度 > 添加图片 > 先选图片 > 再选文本框 > 形状格式 > 合并形状 > 相交 > 添加标题，其效果如图 1–151 所示。

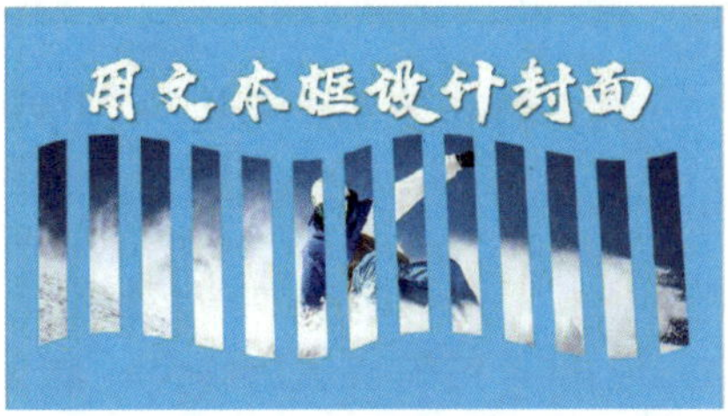

图 1–151 使用文本框设计封面效果图

■ 如何使用文字设计封面

具体操作步骤： 将背景填充为图片 > 添加中文标题 > 添加英文字母 > 英文背景填充为图片颜色 > 放到中间位置，其效果如图 1–152 所示。

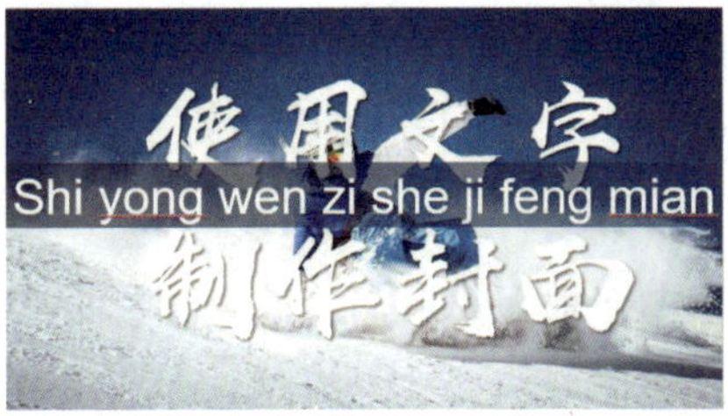

图 1–152 使用文字设计封面效果图

标题文字除了横线排版之外，还有如下三种排版方式，分别是之字型、曲线型、凹陷型，如图 1–153 所示。

图 1–153 之字型、曲线型、凹陷型排版

目录设计

目录主要是指微课内容的一级目录，目录的呈现方式有：纯文字、文字 + 数字、文字 + 图片、文字 + 图标、文字 + 数字 / 图标 + 图片，左右架构如图 1–154 所示。

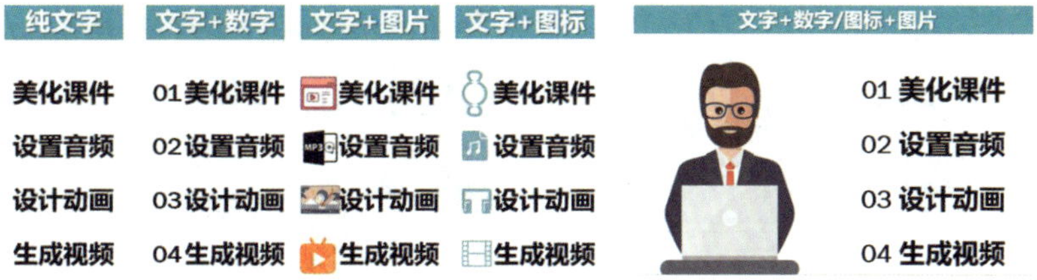

图 1–154　左右架构目录

纯文字目录：所有文字竖着排列、对齐。

文字 + 数字：在文字的左边加上数字。

文字 + 图片：在文字的左边加上与之匹配的图片。

文字 + 图标：在文字的左边加上与之匹配的图标。

文字 + 数字 / 图标 + 图片：使用左右架构，在左边添加图片，在右边添加数字 / 图标和文字。

除了上面的左右架构外，目录还可以设计成上下架构，上面是数字 / 图片 / 图标，下面是文字，如图 1–155 所示。

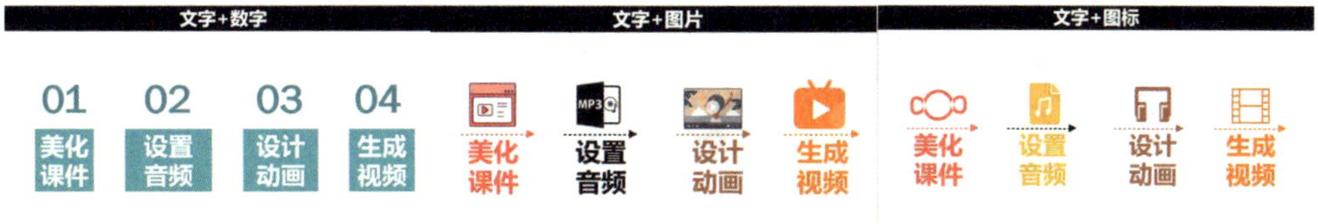

图 1–155　上下架构目录

转场设计

转场是指在上一个模块讲解完毕之后转入下一个模块，是模块之间的转换。除了转场动画之外，在微课转场时，为了让学员能够看到清晰的学习路径，还需要专门设置一页 PPT 作为转场页。

转场页包含两类，一类是单主题转场，即转场页 PPT 只有一个主题，此时适合使用中心架构；一类是多主题转场，此时只需要将目录中的该模块凸显出来即可，如图 1–156 所示。

图 1–156　两类转场页

WPS 智能美化

到目前为止，我们已经学会了如何根据微课脚本在 PPT 中添加素材、如何对素材进行编辑、如何调整素材的颜色、如何对素材进行排版，使用这些基础技巧对课件进行美化，花费的时间是比较多的，如果制作微课时时间非常紧张，同时对于课件美化的要求不是特别高，可以尝试使用 WPS 对课件进行美化。

具体操作步骤：选中该页 PPT> 设计 > 智能美化 > 单页美化 / 全文美化，如图 1–157 所示。

图 1–157　WPS 智能美化

STEP 02 设置音频

使用 PPT 制作微课主要包含两类音频，分别是脚本配音和背景音乐。

脚本配音又可以分为两种，一种是直接用 PPT 录制的音频，另一种是先用其他设备录制或生成音频，再添加到 PPT 中，背景音乐的设置也是如此操作。

■ 如何用 PPT 录制音频

录制音频时要确保周围的环境安静、没有噪音，否则会导致录音效果不好，进而导致重复录制。如果条件允许，可以配备专业麦克风，录音效果会更好。

具体操作步骤： 插入 > 媒体 > 音频 > 录制音频 > 点击“红点”录制 > 点击“确定”生成音频，如图 1–158 所示。

图 1–158 用 PPT 录制音频

■ 如何把脚本转换成音频

使用设备录制或生成音频的方式有两种，一种是真人配音，可以自己使用专业设备录音，也可以请朋友帮忙录音；另一种是机器人配音，使用外部网站或软件把脚本直接转换成音频。

真人配音的优点是情感充沛，语音语调把控较好；缺点是对配音人员的要求较高。

机器人配音的优点是省时省力效率高，配音角色较多；缺点是较为死板、情感不丰富，缺少关键内容的声音处理，部分网站收费。

用机器人配音可以使用字幕说、讯飞配音、剪映 + 蜜蜂剪辑。

■ 字幕说

字幕说（https://www.subspeak.top/）是在线语音合成、字幕及视频生成工具，普通用户单次提交 1000 字以内免费，每日可免费提交 10 次，超出免费额度的部分收费。

具体操作步骤：新建说说 > 选择发言角色 > 调整语调 / 语速 / 音量 > 输入文字 > 试听效果并调整 > 音频设置 >MP3 压缩双声道 > 立即提交 > 查看任务 > 我的语音 > 下载音频，如图 1–159 所示。

图 1–159 字幕说配音

■ 讯飞配音

讯飞配音（http://peiyin.xunfei.cn/）是以互联网为平台的专业网络配音服务机构，致力于为用户打造一站式配音新体验，重点推出语音合成配音工具，“文字转换声音，一键获取音频”，制作简单、高效；同时提供人工配音服务，以一线配音师水平为准线建立配音团队，制定个性化配音，旨在为用户提供优质的配音服务。

讯飞配音是收费网站，非会员生成的声音是有水印的。

具体操作步骤：首页 > 制作合成配音 > 单人播报配音 / 多人播报配音 > 角色 > 朗读速度 / 音乐音量 / 主播音量 / 主播语调 > 输入文字 > 试听效果并调整 > 提交订单 > 作品名称 > 立即提交 > 查看任务 > 我的语音 > 下载音频，如图 1–160 所示。

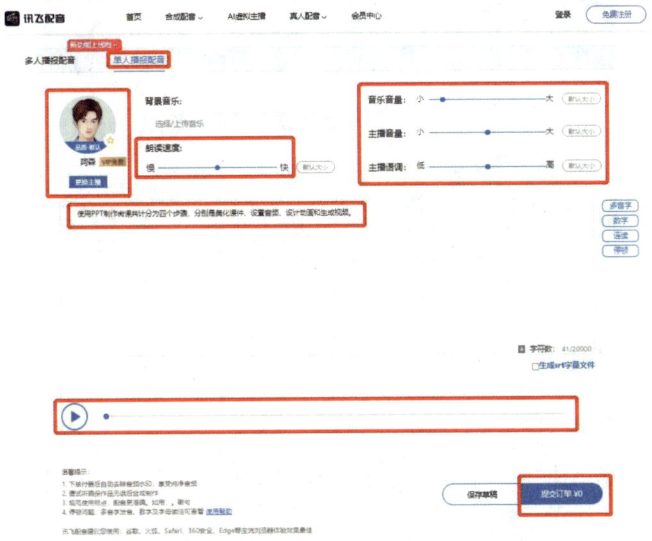

图 1–160 讯飞配音

■ 剪映 + 蜜蜂剪辑

剪映是一款视频编辑工具，带有全面的剪辑功能，支持手机移动端、Pad 端、Mac 电脑、Windows 电脑全终端使用。关于剪映详细的使用技巧我会在第三章讲解，这里主要介绍剪映的“文本朗读”功能。

蜜蜂剪辑（https://beecut.cn/）是一款视频剪辑软件，使用其在线编辑功能，无须下载软件就能将 MP4 格式的音频转换为 MP3 格式。

我们可以先用剪映将文字转换为音频，然后用蜜蜂剪辑转换音频格式。

剪映操作步骤：电脑端打开剪映专业版（V2.5.5）> 点击文本 > 新建文本 > 默认文本 > 点击“+”号 > 文本 > 基础 > 输入文字 > 朗读 > 选择角色 > 开始朗读 > 导出 > 作品名称 / 导出路径 / 格式 MP4> 导出，如图 1–161 所示。

蜜蜂剪辑操作步骤：在线编辑 > 提取音频 > 点击或拖拽添加视频 > 开始提取 > 立即下载 > 获得 MP3 格式的音频，如图 1–162 所示。

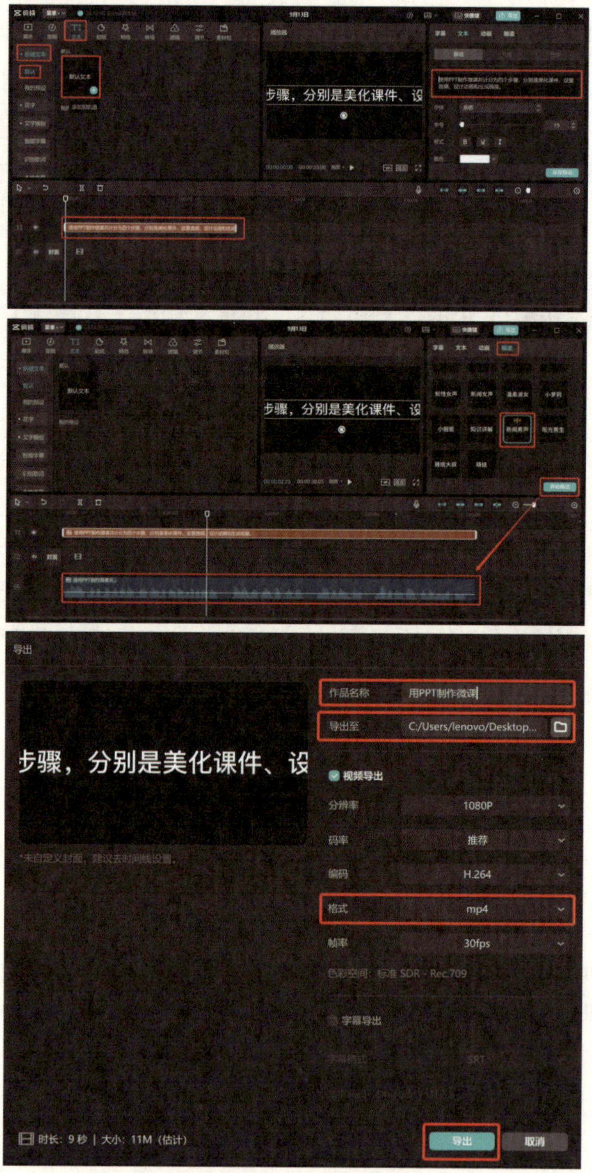

图 1–161　剪映生成音频

图 1-162 蜜蜂剪辑提取音频

■ 哪些音乐可以作为微课背景音乐

背景音乐能够让学员舒缓心情、放松认知，好的背景音乐甚至能够作为知识记忆点，帮助学员增加记忆效率，那么，哪些音乐适合做背景音乐呢？

背景音乐有两个特点，一个是轻快（轻松快乐），一个是纯音乐（没有歌词）。因此，在搜索背景音乐时可以输入纯音乐，然后从曲库里寻找轻快的音乐。

当然，每次做微课都要从庞大的曲库里搜索背景音乐，费时费力。因此，最好的方法是平常做好积累，每次听到好听的背景音乐可以及时保存下来。

下面这些是我自己积累的背景音乐。

Deep East Music 的歌曲比较适合作为背景音乐，比如 Sunny Jim、Old Threads、Monsieur Melody、High Brow Low Down、Spoons for Loons、Say Hey Clap Hands、Biddle Me Farewell、Growth Grabbing。

除此之外，还有 Horizon（Janji）、A Thousand Miles（Josh Vietti）、Solicitous（xlbolo）、Annen Polka（Drafi Frantisek）、Sam（Drafi Frantisek）、Sunny Side Up（Alex Khaskin）、Victory（Two Steps From Hell）、Star Sky（Two Steps From Hell）、Spring（Bubble Music）也比较适合作为微课的背景音乐。

■ 如何添加外部音频

无论是背景音乐还是使用其他设备录制 / 生成的音频都属于外部音频，要想使用它们，首先需要添加到 PPT 中。

具体操作步骤： 插入 > 媒体 > 音频 >PC 上的音频 > 在文件夹中选择音频 > 插入，如图 1–163 所示。

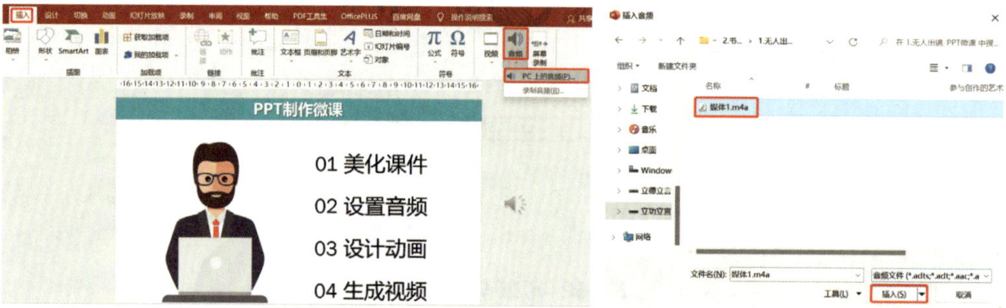

图 1–163 添加外部音频

如何编辑各类音频

■如何裁剪音频

由于部分音频在录制时存在噪音或其他情况，因此，需要对音频进行裁剪。

具体操作步骤： 点击音频图标 > 播放 > 编辑 > 裁剪音频（绿色开始时间、红色结束时间）> 确定，如图 1–164 所示。

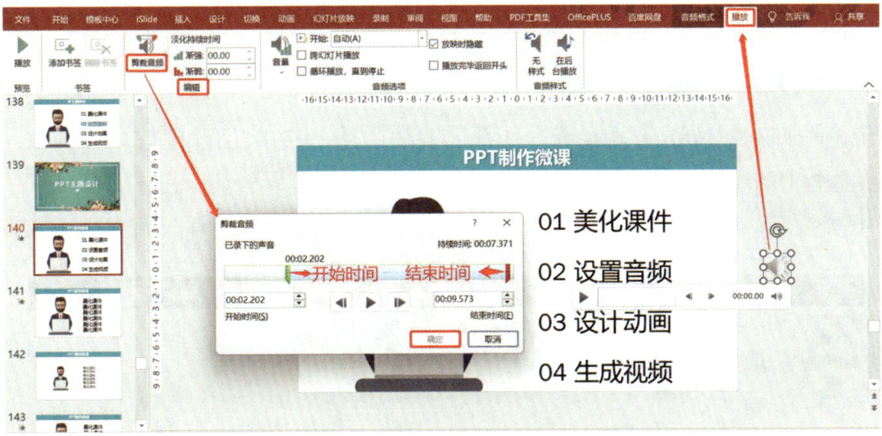

图 1–164 裁剪音频

■ 如何调整音频音量

通常来讲，微课内容讲解音的音量要大于背景音乐的音量，我们需要调整各个音频的音量，调整音频音量的方式有两种。

方法 1 操作步骤： 单击音频图标 > 播放 > 音频选项 > 音量 > 选择“低 / 中 / 高 / 静音”，如图 1–165 所示。这种方法只能从“低 / 中 / 高 / 静音”选择一个，不能随意调整。

图 1–165 选择音频音量

方法 2 操作步骤： 单击音频图标 > 将鼠标置于标红处 > 上下拖拽调整音量，如图 1–166 所示，这种方法可以根据需要随意调整音量大小。

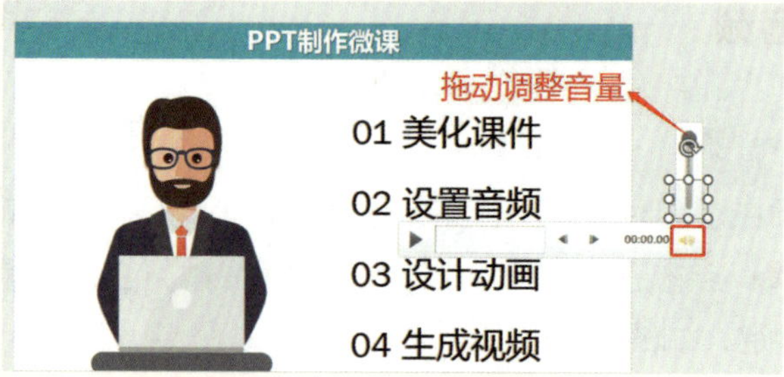

图 1-166 调整音频音量

如何让音频自动播放

无论是脚本配音还是背景音乐，都需要在播放 PPT 时自动播放。

具体操作步骤：单击音频图标 > 播放 > 音频选项 > 开始 > 选择“自动”，如图 1-167 所示。

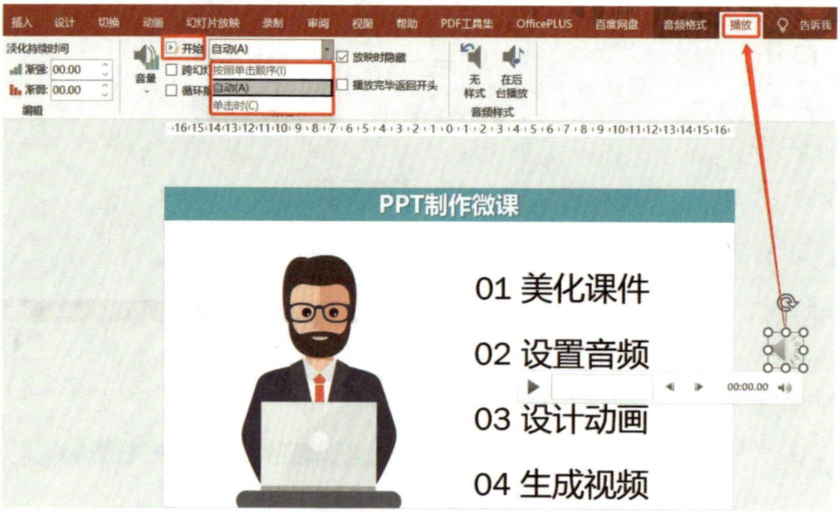

图 1-167 音频自动播放

如何设置背景音乐

要想让背景音乐从微课开始播放到微课结束，需要为背景音乐设计三个效果，分别是跨幻灯片播放、循环播放直到停止、播放完毕返回开头。

具体操作步骤：单击音频图标 > 播放 > 音频选项 > 勾选“跨幻灯片播放”“循环播放，直到停止”“播放完毕返回开头”，如图 1-168 所示。

图 1–168　背景音乐设置

需要注意的是，如果我们把脚本内容变成一整条音频，并且把这条音频添加到 PPT 首页播放时，需要给这条音频添加“跨幻灯片播放”的效果。

■ 如何隐藏音频图标

当我们把音频图标放到 PPT 的画布中并生成微课之后，音频图标会出现在视频里，影响微课的美观，这时候需要将图标隐藏，隐藏图标有两种方法。

方法 1：将音频拖拽至页面之外的空白区域，如图 1–169 所示。

图 1–169　隐藏音频图标方法 1

方法 2：播放 > 音频选项 > 勾选“放映时隐藏”，如图 1–170 所示。

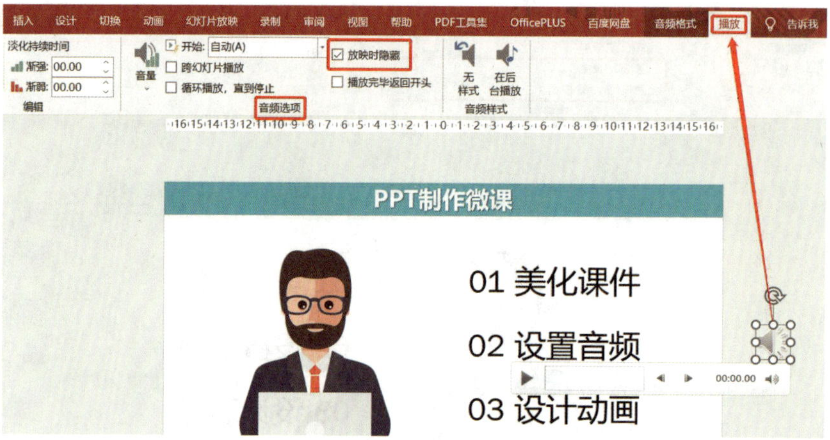

图 1–170 隐藏音频图标方法 2

STEP 03 设计动画

PPT 动画分为两类，一类是页面动画，即单页 PPT 内部素材的动画效果；另一类是换片动画，即本页 PPT 切换到下页 PPT 的效果。

页面动画

页面动画是指依据脚本为本页 PPT 所有素材添加的动画效果。

四类页面动画

页面动画包含进入效果、退出效果、强调效果和动作路径。

进入效果

进入效果是指某个素材以什么样的方式进入画布，包含基本进入效果、细微型进入效果、温和型进入效果和华丽型进入效果。

基本进入效果包含百叶窗、擦除、出现、飞入、盒状、阶梯状、菱形、轮子、劈裂、棋盘、切入、十字形扩展、随机线条、向内溶解、楔入、圆形扩展效果。

细微型进入效果包含淡化、缩放、旋转、展开效果。

温和型进入效果包含翻转式由远及近、回旋、基本缩放、上浮、伸展、升起、下浮、压缩、中心旋转效果。

华丽型进入效果包含弹跳、掉落、飞旋、浮动、挥鞭式、基本旋转、空翻、螺旋飞入、曲线向上、玩具风车、字幕式效果。

■ 退出效果

退出效果是指某个素材以什么样的方式离开画布，包含基本退出效果、细微型退出效果、温和型退出效果和华丽型退出效果。

基本退出效果包含百叶窗、擦除、飞出、盒状、阶梯状、菱形、轮子、劈裂、棋盘、切出、十字形扩展、随机线条、向外溶解、消失、楔入、圆形扩展效果。

细微型退出效果包含淡化、收缩、缩放、旋转效果。

温和型退出效果包含层叠、回旋、基本缩放、上浮、伸缩、收缩并旋转、下沉、下浮、中心旋转效果。

华丽型退出效果包含弹跳、掉落、飞旋、浮动、挥鞭式、基本旋转、空翻、螺旋飞出、玩具风车、向下曲线、字幕式效果。

■ 强调效果

强调效果是指某个素材在进入画布之后，以什么样的方式来凸显自己，包含基本强调效果、细微型强调效果、温和型强调效果和华丽型强调效果。

基本强调效果包含放大 / 缩小、填充颜色、透明、陀螺旋、线条颜色、字体颜色效果。

细微型强调效果包含变淡、补色、补色 2、不饱和、对比色、对象颜色、画笔颜色、加粗闪烁、加深、脉冲、下划线效果。

温和型强调效果包含彩色脉冲、彩色延伸、跷跷板、闪现效果。

华丽型强调效果包含波浪形、加粗显示、闪烁效果。

■ 路径效果

路径效果是指某个素材以指定的路径在画布上运动，包含基本路径效果、直线和曲线路径效果、特殊路径效果。

基本路径效果包含八边形、八角星、等边三角形、橄榄球形、泪滴形、菱形、六边形、六角星、平行四边形、四角星、梯形、五边形、五角星、心形、新月形、圆形扩展、正方形、直角三角形效果。

直线和曲线路径效果包含S曲线形1、S曲线形2、波浪形、弹簧、对角线向右上、对角线向右下、漏斗、螺旋向右、螺旋向左、衰减波、弯弯曲曲、向上、向上弧线、向上转、向下、向下弧线、向下阶梯、向下转、向右、向右弹跳、向右弧线、向右上转、向右弯曲、向右下转、向左、向左弹跳、向左弧线、向左弯曲、心跳、正弦波效果。

特殊路径效果包含垂直数字8、豆荚、花生、尖角星、涟漪、飘扬形、三角结、十字形扩展、双八串接、水平数字8、弯曲的X、弯曲的星形、圆角正方形、正方形结、中子效果。

单一的动画效果一般，但是当我们把这些动画组合起来使用的时候就会变得非常炫酷。本节在讲完基础技巧之后，我会结合素材和动画，分享一些高阶技巧，以便把微课效果做得更好。

基础动画设计

■ 如何添加动画效果

在PPT中添加动画效果的方法有两种。

方法1操作步骤：选中素材 > 动画 > 从进入 / 强调 / 退出 / 动作路径中选择动画效果，如果想要使用更多动画效果，可以点击更多进入效果 / 更多强调效果 / 更多退出效果 / 其他动作路径，从里面选择适合的动画效果，如图1-171所示。

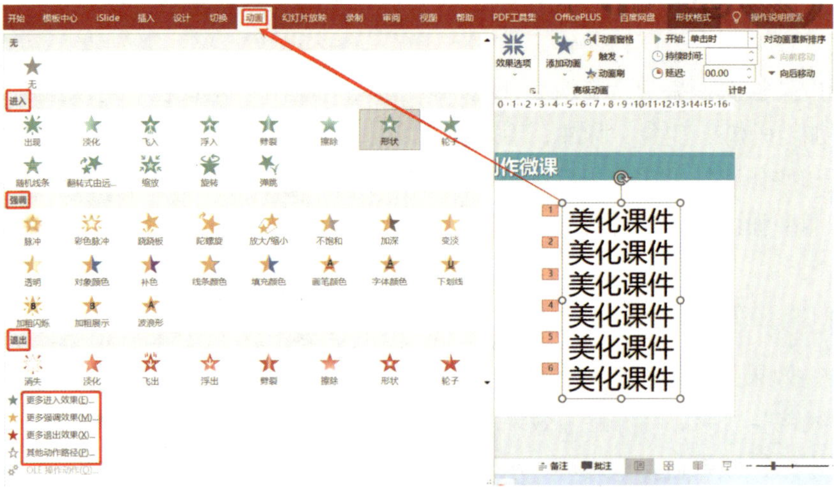

图1-171 添加动画效果方法1

方法 2 操作步骤：选中素材 > 动画 > 高级动画 > 添加动画 > 从进入 / 强调 / 退出 / 动作路径中选择动画效果，如果想要使用更多动画效果，可以点击更多进入效果 / 更多强调效果 / 更多退出效果 / 其他动作路径，从里面选择适合的动画效果，如图 1-172 所示。

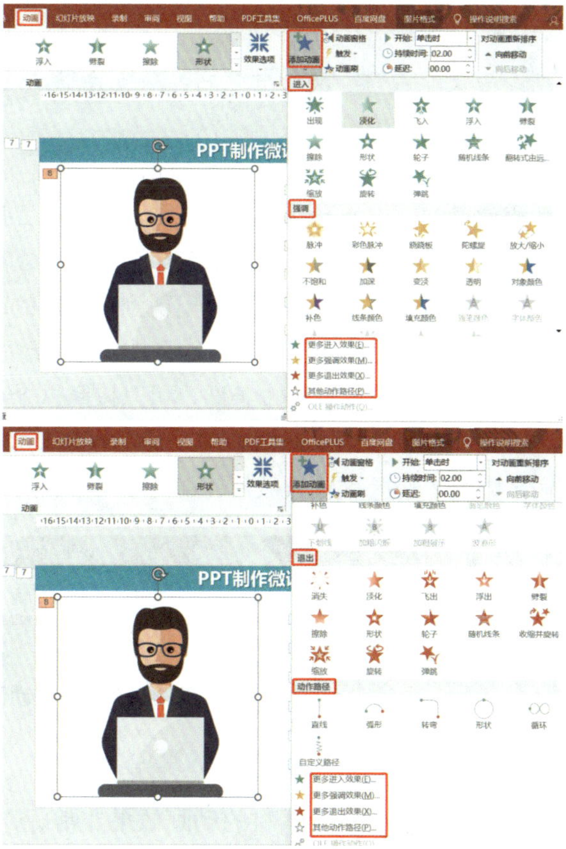

图 1-172 添加动画效果方法 2

如何改变动画方向

为某个素材添加动画之后，系统会默认这个动画的方向、形状和序列，如果想要改变这个素材的动画方向、形状，或者素材比较多想要改变序列时，可以按照这个步骤操作。

具体操作步骤：选中素材 > 动画 > 效果选项 > 选择方向 / 形状 / 序列，如图 1-173 所示。

图 1-173 改变动画方向 / 形状 / 序列

■ 如何改变动画计时

为某个素材添加动画之后，系统会默认这个动画的开始方式、持续时间和延迟时间。

开始方式有三种，分别是单击时（单击页面任意一处或指定的某个素材开始播放动画）、与上一动画同时（在上一个动画播放的时候同步自动播放）、上一动画之后（上一个动画播放结束之后自动播放这个动画）。

持续时间是指动画从开始出现到结束用的时长，可以通过输入数值来改变。

延迟是指从单击开始，经过几秒后播放动画，如果不需要延迟，数值为 0 即可。

如果想要改变这三个条件，可以按照这个步骤操作。

具体操作步骤：选中素材 > 动画 > 计时 > 开始 > 选择一种方式 / 持续时间 > 输入数值 / 延迟 > 输入数值，如图 1–174 所示。

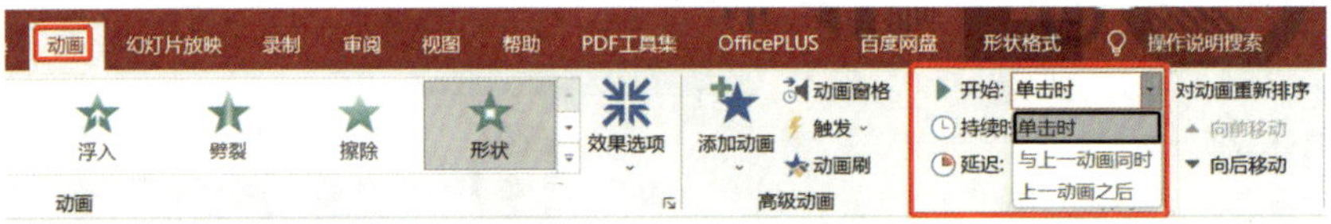

图 1–174　改变动画计时

■ 如何批量复制动画效果

当我们认为某个素材的动画效果非常好，想要将这个动画效果用到其他素材上时，不必重新添加动画、改变效果和计时，只需要用动画刷这个功能就可以。

具体操作步骤：选中素材 > 动画 > 高级动画 > 动画刷 > 单击刷一次 / 双击重复刷 > 刷中新素材，如图 1–175 所示。

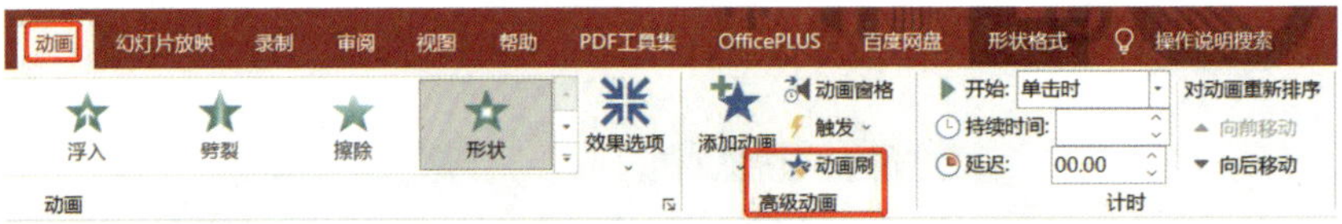

图 1–175　动画刷

■ 如何批量编辑动画效果

当我们添加的动画效果较多，需要对这些动画的效果选项、开始方式、持续时间、延迟时间、触发方式、动画顺序进行批量编辑时，需要用到动画窗格。

具体操作步骤：动画 > 高级动画 > 动画窗格 > 选中需要调整的动画 > 右击 > 效果选项 / 计时 > 在对话框中编辑动画效果，如图 1–176 所示。

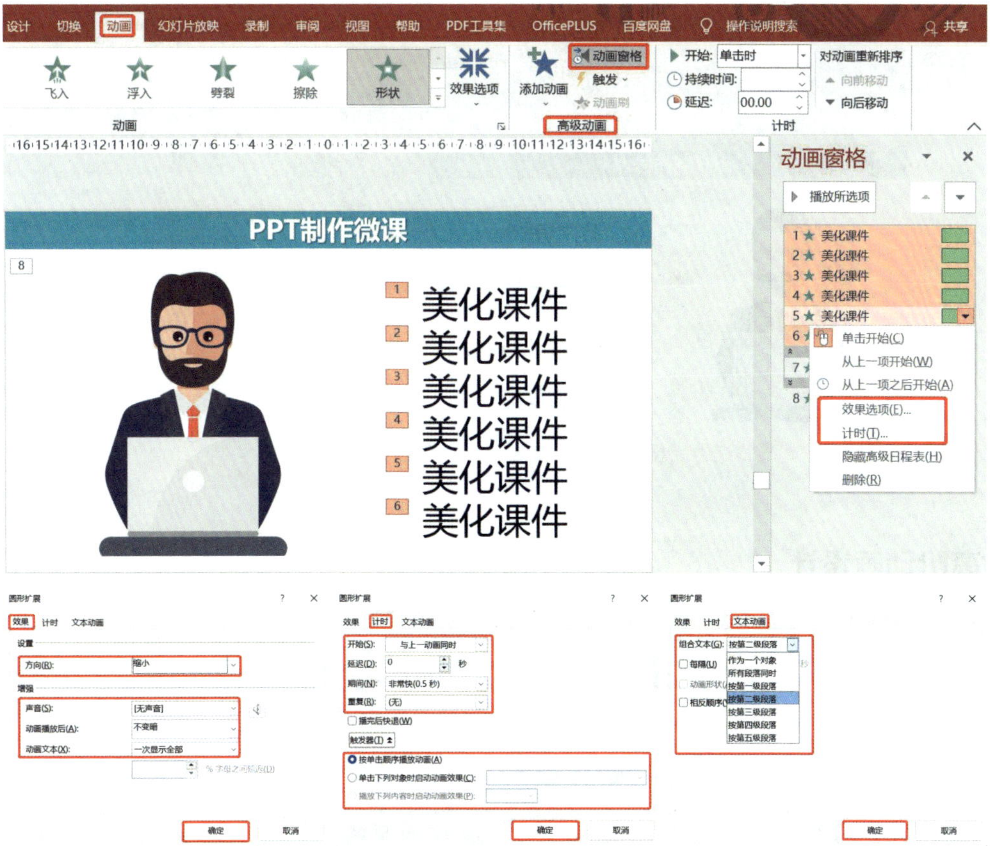

图 1-176 批量编辑动画效果

■ 如何让本页 PPT 自动播放

为了保证每一页 PPT 中的素材都能随着音频的播放，在正确的时间节点以某种动画出现，我们首先需要在动画窗格中将声音排在第一位，然后将所有动画的开始方式设置为“与上一动画同时”，持续时间设置为 0.25 秒 ~1 秒，最后记录每个素材在音频的哪个节点出现，并为每个素材设置延迟时间，这样设置的 PPT 就可以自动播放了，如图 1-177 所示。

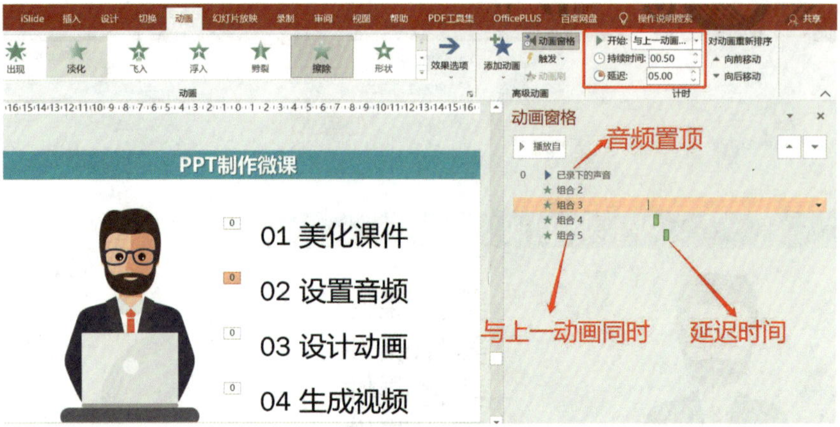

图 1-177 让单页 PPT 自动播放

高阶动画设计

以上这些属于页内动画的基础技巧，通过对这些基础技巧的综合使用，我们可以在 PPT 中制作出各种炫酷好玩的动画，下面就来举例说明。

■ 如何用 PPT 制作抽奖转盘

在微课转场和结尾可以使用转盘完成转场或测验，如何用 PPT 制作一个转盘呢？我以抽奖转盘为例，学会这个技巧，不只是微课，还可以将它用到其他场景中。

具体操作步骤： 新建一页空白 PPT> 点击“插入” > 在“插图”功能组里面找到“图表” > 单击 > 在“插入图表”对话框的左侧列表中选择“饼图” > 单击“确定” > 在弹出的表格里面输入奖项，比例统一输入 1> 关闭表格 > 选中饼图 > 单击右上角的“图表元素”浮动按钮 > 在弹出的列表中取消勾选“图表标题”和“图例” > 勾选“数据标签” > 单击“数据标签”右侧的三角按钮 > 在弹出的菜单中选择“更多选项” > 在“设置数据标签格式”对话框中 > 在“标签选项”下的“标签包括”中勾选“类别名称”，其他一律不选 > 在转盘右侧插入一个圆角矩形，输入文字“开始抽奖” > 设置数据标签字体、字号、颜色 > 选中转盘 > 单击“动画” > 选择强调效果中的“陀螺旋”动画 > 点击“动画窗格” > 单击右侧的倒三角按钮 > 选择“计时” > 在“期间”中选择“非常快（0.5 秒）” > 在“重复”中选择“直到幻灯片末尾” > 单击“触发器” > 选择“单击下列对象”时启动动画效果 > 选择“矩形：圆角 8：开始抽奖”> 单击“确定”按钮 > 添加一个三角形和圆形作为抽奖指针 > 单击“开始抽奖”，抽奖转盘即自动开始旋转，如图 1–178 所示。

需要暂停，按数字 1；想要抽奖转盘继续旋转，按 1 左边的“约号 ~”就可以了。

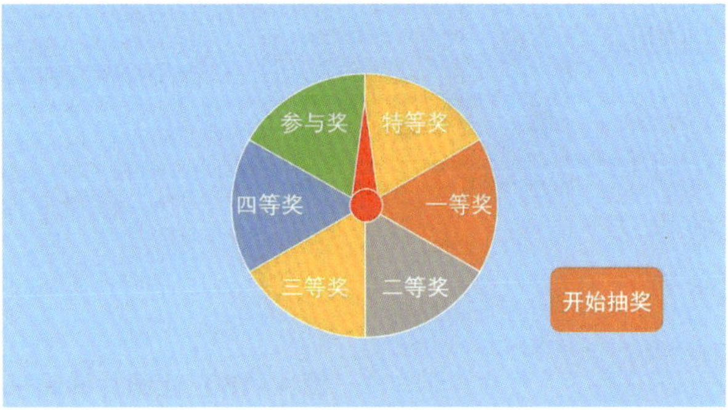

图 1–178 抽奖转盘

■ 如何用 PPT 制作灯光效果

在微课中讲授某一个知识点时，通过运用灯光效果，可以让微课变得更加生动，比如在小学微课中使用人物来讲解不同知识点。如何用 PPT 制作这样的灯光效果，让自己的微课更出彩呢?

具体操作步骤： 点击插入 > 选择矩形 > 再复制 2 个形状出来 > 点击形状填充、调整形状颜色 > 点击形状轮廓，选择无轮廓 > 调整形状位置 > 插入一个梯形 > 再插入一个矩形 > 按住 Ctrl+G，把这两个形状组合到一起 > 复制 4 个形状出来 > 再插入一个梯形 > 右击选择设置形状格式 > 在填充里选择纯色填充，颜色选择白色，透明度调整为 50%> 插入一个椭圆形 > 点击形状填充、选择白色 > 点击形状轮廓，选择无轮廓 > 把梯形和椭圆组合到一起 > 再复制 4 个 > 调整位置 > 添加 5 张图片 > 选择光线和图片 > 点击动画 > 选择擦除效果 > 点击效果选项 > 选择自顶部 > 点击动画窗格 > 按住 Ctrl 键选中所有的“组合”> 在计时中选择开始为“单击时”，持续时间为 0.25 秒，延迟为 0> 按住 Ctrl 键选中所有的“图片”> 在计时中选择开始为“上一动画之后”，持续时间为 0.01 秒，延迟为 0，如图 1–179 所示，这就是制作出来的灯光效果。

图 1–179 用 PPT 制作灯光效果

■ 如何让图片飘起来

具体操作步骤：添加图片 > 画布左对齐 > 动画 > 动作路径 > 直线 > 效果选项 > 靠左 > 点击小红点，按住 Shift 键，水平拖动 > 计时 > 开始选择与上一动画同时，持续时间 15 秒 > 动画窗格 > 效果选项 > 平滑开始和平滑结束设置为 0> 添加标题，如图 1-180 所示。

图 1-180 让图片飘起来

■ 如何制作动态时间轴

具体操作步骤：添加带有汽车 / 飞机 / 山峰等有曲线效果的图片 > 添加曲线 > 相应位置添加 > 添加文字 > 全选时间轴 > Ctrl+G 组合 > 添加擦除动画 > 效果选项 > 自左侧。如图 1-181 所示，这是动态时间轴的静态效果。

图 1-181 动态时间轴

■ 如何制作聚光灯效果

具体操作步骤：页面背景为黑色 > 添加文字；

插入 > 插图 > 形状 > 圆形 > 形状格式 > 形状样式 > 形状填充，白色 > 形状轮廓，无轮廓；

选中圆形 > 动画 > 动作路径 > 直线 > 效果选项 > 右 > 红色拉到右边 > 计时 >

持续时间 3 秒 > 圆形置于底层。如图 1-182 所示，这是聚光灯某一瞬间的静态效果。

图 1-182 聚光灯效果

如何制作动态炫彩封面

具体操作步骤：添加多个圆形 > 填充为不同颜色 > PPT 截图 > 粘贴到新页面；

选中图片 > 图片格式 > 调整 > 艺术效果 > 虚化 > 艺术效果选项 > 半径调整为 65> 放大背景图片；

选中图片 > 动画 > 添加动画 > 强调效果 > 陀螺旋 > 计时 > 开始，与上一动画同时 > 期间，非常慢（5 秒）> 重复，直到幻灯片末尾 > 确定。如图 1-183 所示，这是动态炫彩封面某一瞬间的静态效果。

图 1-183 动态炫彩封面

微课片尾鸣谢，电影滚动字幕

具体操作步骤：选中文本框 > 动画 > 其他动作路径 > 向上 > 按住 Shift 键 > 拖动红点往上拉 > 开始，与上一动画同时 > 持续时间 8 秒。

如何让文字突然下落

具体操作步骤：选中文字 > 动画 > 飞入 > 效果选项 > 自顶部 > 动画窗格 > 效果选项 > 弹跳结束 0.32 秒；

添加烟雾素材 > 在 PPT 中拼接成烟雾 > 多复制几层 >Ctrl+G 组合 > 动画 > 添加缩放进入动画 > 持续时间 0.25 秒 > 添加放大 / 缩小强调动画 > 持续时间 1.25 秒 > 动画窗格 > 效果 > 尺寸自定义 600%> 添加淡化退出动画 > 持续时间 0.75 秒 > 移动强调和退出动画，使它们在结束位置对齐 > 添加星空背景。

换片动画

换片动画是指从上一页 PPT 切换到本页 PPT 的动画效果。

■ 如何添加换片动画

具体操作步骤： 选择需要添加效果的 PPT 页面 > 切换 > 切换到此幻灯片 > 选择切换效果，如图 1-184 所示。

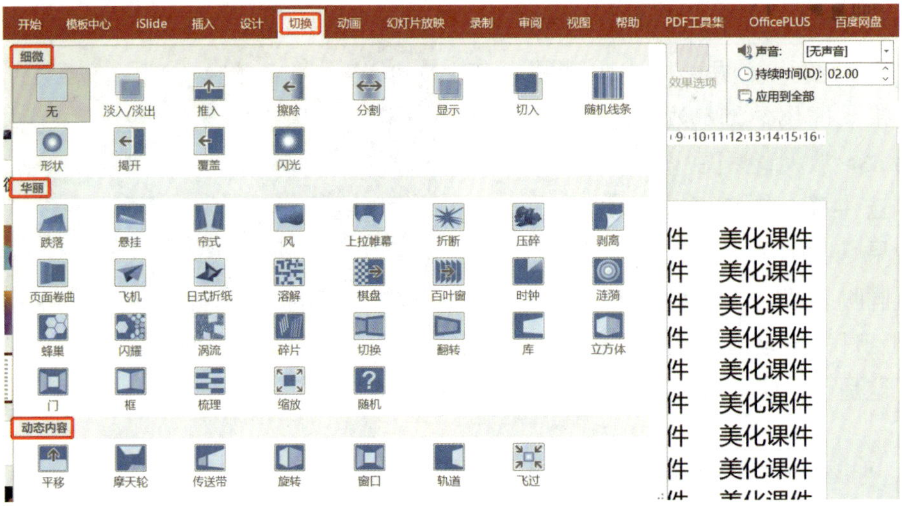

图 1-184 添加换片效果

换片效果分为三类，分别是细微型、华丽型和动态内容，如表 1-2、1-3、1-4 所示。

表 1-2 细微型换片效果

效果	解析
无	没有动画效果
淡入淡出	上一页 PPT 淡出，淡入显示本页 PPT
推入	上一页 PPT 将本页 PPT 推入
擦除	上一页 PPT 随着本页 PPT 滚过而迅速消失
分割	上一页 PPT 在中心点处分裂并消失，本页 PPT 出现
显示	上一页 PPT 缓慢向前移动并消失，本页 PPT 缓慢进入

续表

效果	解析
切入	上一页 PPT 立刻消失，本页 PPT 弹入
随机线条	上一页 PPT 消失于一波随机线条之后，本页 PPT 出现
形状	上一页 PPT 模糊于迅速扩张且快速消失的形状之后，本页 PPT 出现
揭开	上一页 PPT 快速移开，本页 PPT 出现
覆盖	上一页 PPT 被本页 PPT 覆盖，与“揭开”效果相似
闪光	上一页 PPT 在闪光中快速消失，本页 PPT 缓慢出现

表 1-3　华丽型换片效果

效果	解析
跌落	上一页 PPT 倒下去，本页 PPT 出现
悬挂	本页 PPT 卷曲出现覆盖上一页 PPT
帘式	上一页 PPT 像舞台幕布一样从中间被拉开，本页 PPT 出现
风	上一页 PPT 像风一样被吹走，本页 PPT 出现
上拉帷幕	上一页 PPT 像帷幕一样飞向顶部中心，本页 PPT 出现
折断	上一页 PPT 像玻璃一样碎裂并向下掉落，本页 PPT 出现
压碎	上一页 PPT 像纸一样被揉捏然后向下掉落，本页 PPT 出现
剥离	上一页 PPT 剥离，本页 PPT 出现
页面卷曲	上一页 PPT 像翻书一样消失，本页 PPT 出现
飞机	上一页 PPT 折叠成飞机飞走，本页 PPT 出现
日式折纸	上一页 PPT 折叠成千纸鹤振翅飞走，本页 PPT 出现
溶解	上一页 PPT 溶解成大小不一的碎纸片，然后重新集合成本页 PPT
棋盘	上一页 PPT 拆解成很多小方块，自动翻转，出现本页 PPT
百叶窗	上一页 PPT 拆解成很多长方形，自动翻转，出现本页 PPT

续表

效果	解析
时钟	上一页 PPT 被时钟运动扫除，本页 PPT 出现
涟漪	上一页 PPT 从中心荡起涟漪，下一页 PPT 渐变出现
蜂巢	上一页 PPT 旋转进入前景，同时被黑色六角形状遮蔽，本页 PPT 在格子里面若隐若现，直到全部出现
闪耀	上一页 PPT 消失于黑白形状的滚动之下，本页 PPT 出现
涡流	上一页 PPT 像碎屑的旋风一样消失于黑色中，本页 PPT 像碎屑旋风一样，从黑色中出现
碎片	上一页 PPT 像碎纸机一样被切割成不规则碎片，然后重新集合成本页 PPT
切换	上一页 PPT 移动到后面，本页 PPT 移动到前面，能清晰看到交换路径
翻转	像翻转一页纸一样，从上一页 PPT 翻转到本页 PPT
库	上一页 PPT 绕枢轴转动并消失，本页 PPT 出现
立方体	像立方体旋转一样，从上一页 PPT 旋转到本页 PPT
门	上一页 PPT 像开门一样消失，本页 PPT 出现
框	两页 PPT 像在纸盒内壁上，上一页 PPT 旋转消失，本页 PPT 出现
梳理	上一页 PPT 拆分成若干个长方形消失，本页 PPT 出现
缩放	上一页 PPT 向前放大并消失，本页 PPT 出现
随机	随机使用切换效果

表 1-4 动态内容换片效果

效果	解析
平移	上一页 PPT 滑翔消失，本页 PPT 滑翔出现，与“推入”效果类似
摩天轮	上一页 PPT 像摩天轮上的吊舱一样旋转进入前景并消失，本页 PPT 滑行进入
传送带	上一页 PPT 像传送带一样移开，本页 PPT 像传送带一样出现，与“库”效果类似
旋转	上一页 PPT 旋转消失，本页 PPT 旋转出现，与“立方体”效果类似
窗口	上一页 PPT 像窗户一样从中间打开，两扇窗户消失，本页 PPT 从背景变为前景出现，与“门”效果相似
轨道	上一页 PPT 旋转消失，本页 PPT 出现，与“框”效果相似
飞过	上一页 PPT 迅速消失，本页 PPT 突然出现，与“缩放”效果类似

■ 如何更改动画方向

选择切换效果之后，如果想要更改切换动画的方向，应该怎么做呢？

具体操作步骤： 切换 > 切换到此幻灯片 > 效果选项 > 选择方向 >，如图 1-185 所示。

图 1-185 更改动画方向

■ 如何优化切换效果

选择切换效果之后，如果想要为切换动画添加声音、修改动画时长、让 PPT 自动切换或者想把某一个切换效果应用到所有的 PPT 里面，应该怎么做呢？

添加声音操作步骤： 切换 > 计时 > 声音 > 选择一个声音，如图 1-186 所示。

图 1-186 切换效果添加声音

修改动画时长操作步骤： 切换 > 计时 > 持续时间 > 修改时间。

让 PPT 自动播放操作步骤： 切换 > 计时 > 换片方式 > 只勾选“设置自动换片时间”，输入本页 PPT 时长（本页 PPT 从开始播放到结束的时长）。

将切换效果应用到所有 PPT 操作步骤： 切换 > 计时 > 点击“应用到全部”，如图 1-187 所示。

图 1-187 优化切换效果

通过为单页 PPT 的每一个素材添加动画，调整每一个素材的动画效果，设置开始方式、持续时间、延迟时长，可以让本页 PPT 自动播放；通过为每一页 PPT 添加换片动画，可以让 PPT 之间完成自动切换；通过这些设置最终可以让整个

PPT 自动播放，进而生成视频。

上述这种方法，需要对每一个元素的动画效果进行调整，在实际操作时较为烦琐、耗时较长。

如果不想用这种慢办法，而是想快速生成一个微课视频，那么在为每一页 PPT 添加动画效果之后，可以通过手动播放 PPT 来控制素材出现的时间节点及 PPT 切换的时间节点，最终也可以让 PPT 自动播放，生成视频。

这种方法的优点是时间短、效率高，缺点是在手动播放过程中要全神贯注、不能间断，只要有一个点没做好，就需要对本页 PPT 重新调整。

■ 如何制作翻书效果

具体操作步骤： 视图 > 显示 > 参考线；

插入 > 形状 > 长条矩形 > 无轮廓 > 形状填充 > 渐变填充 > 类型，线性 > 方向，线性向左 > 第一个渐变光圈深灰色、位置 25%、透明度 100%> 第二个渐变光圈深灰色、位置 100%、透明度 70%；

图 1-188 翻书效果

切换 > 页面卷曲 > 效果选项 > 向左。如图 1-188 所示，这是翻书的静态效果。

■ 如何手动计时

手动计时的方法有两个，一个是从第一页 PPT 开始计时，另一个是从当前页开始计时。

■ 如何从第一页开始计时

从第一页开始计时有两个技巧可以使用。

技巧 1 操作步骤： 幻灯片放映 > 设置 > 排练计时，如图 1-189 所示。

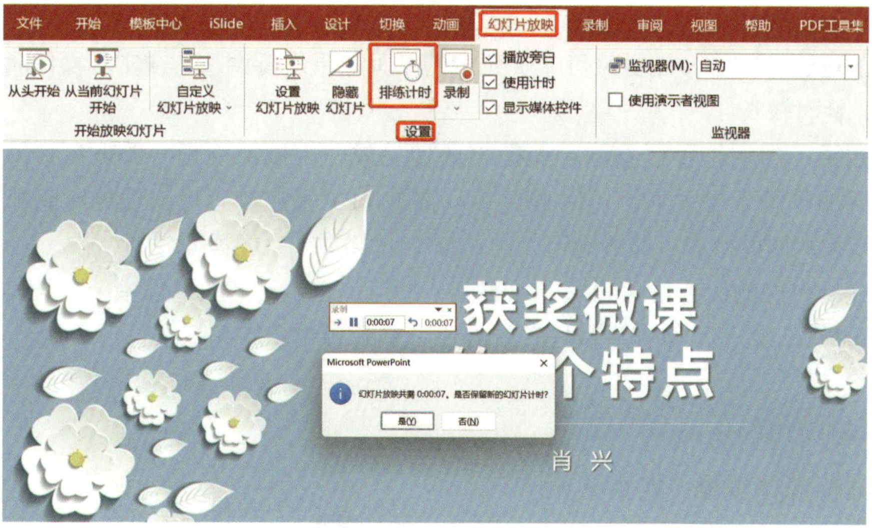

图 1–189 排练计时

技巧 2 操作步骤：幻灯片放映 > 设置 > 录制 > 从头开始，如图 1–190 所示。

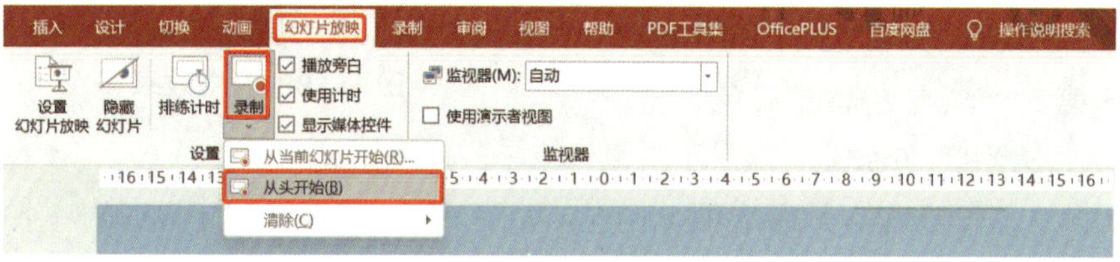

图 1–190 从头录制

如何从当前页开始计时

具体操作步骤：幻灯片放映 > 设置 > 录制 > 从当前幻灯片开始，如图 1–191 所示。

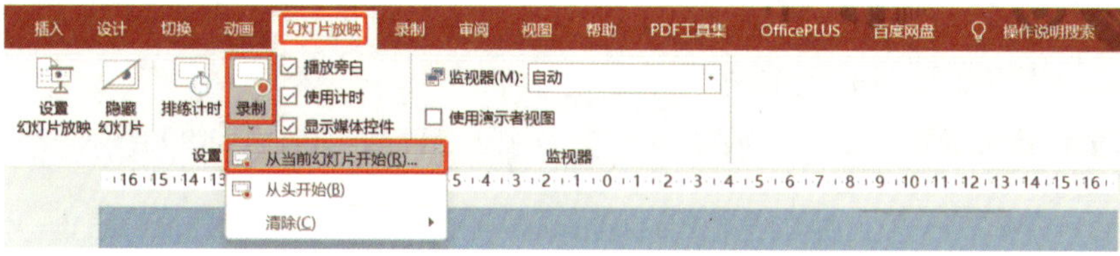

图 1–191 从当前页开始计时

■ 如何清除计时 / 旁白

如果在手动计时的时候操作不当，生成的计时或音频不对；或者套用了一个 PPT 模板，并且这个 PPT 是自动播放的，就需要删除已有计时。

具体操作步骤： 幻灯片放映 > 设置 > 录制 > 清除 > 清除当前幻灯片中的计时 / 清除所有幻灯片中的计时 / 清除当前幻灯片中的旁白 / 清除所有幻灯片中的旁白，如图 1-192 所示。

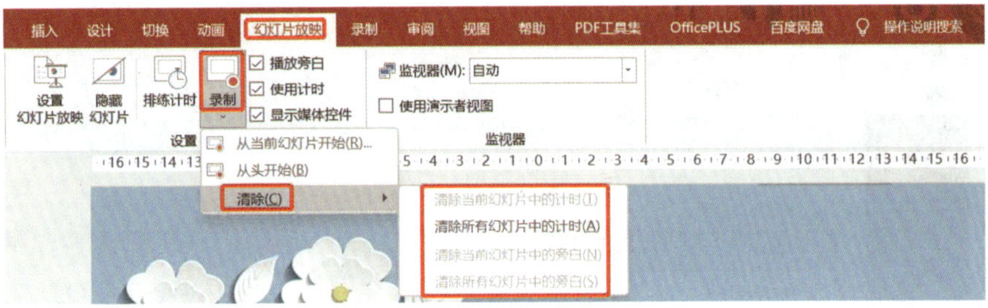

图 1-192 清除计时 / 旁白

清除当前幻灯片中的计时： 只删除本页 PPT 的计时，其他素材和效果不变。

清除所有幻灯片中的计时： 删除所有 PPT 的计时，其他素材和效果不变。

清除当前幻灯片中的旁白： 只删除本页 PPT 的音频，保留计时，其他素材和效果不变。

清除所有幻灯片中的旁白： 删除所有 PPT 的音频，保留计时，其他素材和效果不变。

STEP 04 生成视频

通过前面三个步骤的操作，PPT 已经可以自动播放了，接下来需要做的就是把 PPT 转换成视频。

把 PPT 转换成视频的方式有两种，一种是用 PPT 直接生成视频，另一种用录屏软件将 PPT 录制成视频。

用 PPT 直接生成视频

用 PPT 直接生成视频有两个路径，路径 1 是导出为视频，路径 2 是另存为视频。

路径 1 操作步骤：文件 > 导出 > 创建视频 > 选择清晰度，建议选择“全高清” > 选择使用录制的计时和旁白 > 创建视频 > 编辑文件名 > 选择保存类型为 mp4 格式 > 保存，如图 1–193 所示。

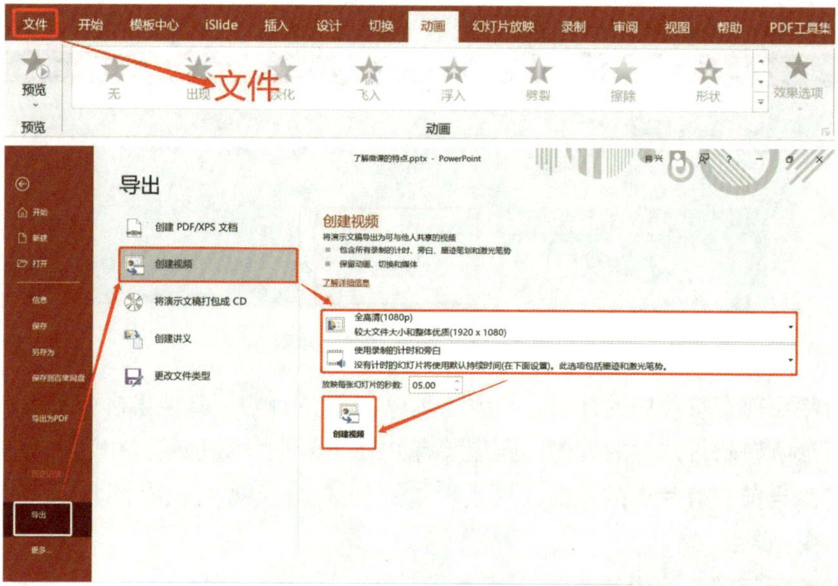

图 1–193 导出为视频

路径 2 操作步骤：文件 > 另存为 > 创建视频 > 选择保存位置 > 编辑文件名 > 选择保存类型为 mp4 格式 > 保存，如图 1–194 所示。

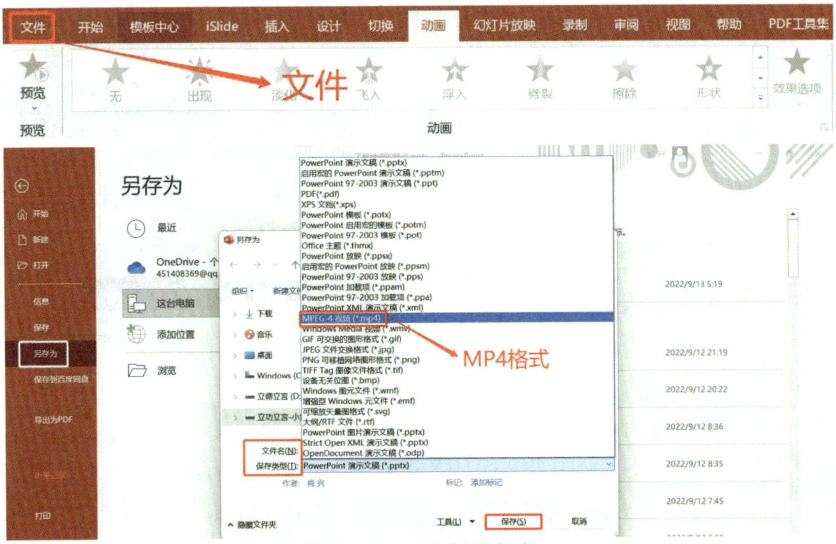

图 1–194　另存为视频

用录屏软件将 PPT 录制成视频

市面上的录屏软件有很多，我经常用的两款软件是 OBS 和 EV 录屏，关于 OBS 的使用技巧，我会在第三章详细讲解，本章主要讲解 EV 录屏的使用技巧。

EV 录屏下载与安装

■ 哪里下载 EV 录屏

可以去一唯科技的官网下载，网址是 https://www.ieway.cn/，可以下载的版本有 Windows 版本、Mac 版本、安卓版本。

■ 如何安装 EV 录屏

双击安装包 > 点击“一键安装”即可。

本书所述均以 V4.1.9 版本为基准展开。

■ EV 录屏功能设置

安装成功之后，在出现的界面中，点击“设置”按钮，就能对 EV 录屏的录屏、鼠标、快捷键和其他功能进行设置了，如图 1–195 所示。

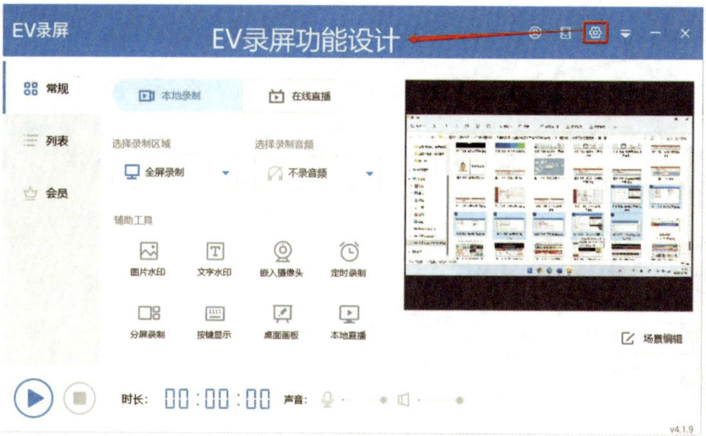

图 1–195 EV 录屏功能设置

■ 录屏设置

在设置界面 > 录屏设置中，可以对录屏参数进行设置，如图 1–196 所示。

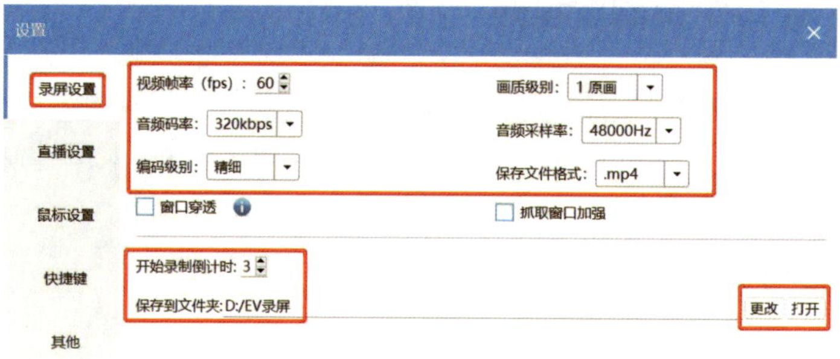

图 1–196 录屏参数设置

视频帧率（fps）：指视频画面每秒钟内采集到的画面数量，数值越大，每秒钟单位时间内采集到的画面数量越多，视频越流畅，同时对 CPU 的消耗也越大，EV 录屏的视频帧率可以在 1~60 进行选择。

画质级别：从第 1 级“原画”到第 6 级“一般”，清晰度依次降低，文件体积也相应地减小。

音频码率：单位时间内音频的数据流量，输出码率越大音质越好。

音频采样率：单位时间内的音频数据采样频率，采样率越大音质越好。

编码级别：编码级别越快，画质越差，CPU 消耗越少。

保存文件格式：目前支持 mp4、flv、avi（在程序异常退出时，avi 格式也能正常播放）。

窗口穿透： 仅在 Win7 且带 Areo 效果系统下有用，录制时软件自身窗口不会被录进去，QQ 窗口也不会被录进去。

开始录制倒计时： 延迟几秒开始录制，由设置的数值决定。

保存到文件夹： 录制视频的保存位置。

更改目录： 更改录制视频保存位置。

打开文件夹： 打开保存录制视频所在的文件夹。

■ 鼠标设置

在设置界面 > 鼠标设置中，可以对鼠标参数进行设置，如图 1–197 所示。

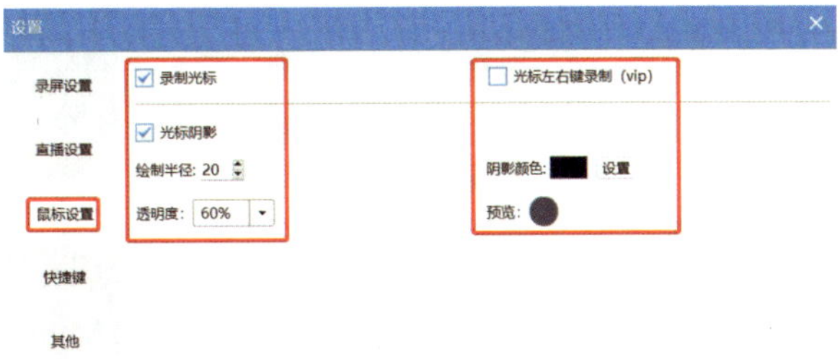

图 1–197 鼠标参数设置

录制光标： 录制视频时，桌面显示的光标。

光标左右键录制： 在录制过程中，点击鼠标左右键，画面中光标分别会进行闪动响应，区分左右键。

光标阴影： 光标下面半透明带颜色的圈，表示光标所在的位置。

绘制半径： 光标圆圈的半径大小。

透明度： 光标圆圈的透明度。

阴影颜色： 光标圆圈的颜色。

■ 快捷键设置

在设置界面 > 快捷键设置中，可以对快捷键进行设置，如图 1–198 所示。

开始 / 暂停快捷键： Ctrl+F1

停止 / 结束录制快捷键： Ctrl+F2

显示主窗口快捷键： Ctrl+F3

如果是笔记本电脑或使用小键盘，可能需要加按 fn 才可以，比如我用笔记本电脑开始录制的快捷键是 Ctrl+F1，用外接小键盘的快捷键就是 Ctrl+Fn+F1。

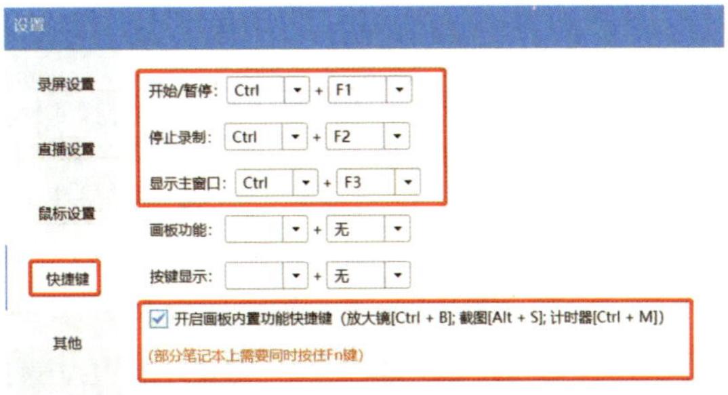

图 1–198 快捷键设置

其他设置

在设置界面 > 其他设置中，可以对其他功能进行设置，如图 1-199 所示。

悬浮小球：在录制时开启悬浮小球会显示录制时长，选择开始、暂停、结束，建议不显示悬浮小球。

恢复默认：恢复系统初始默认设置。

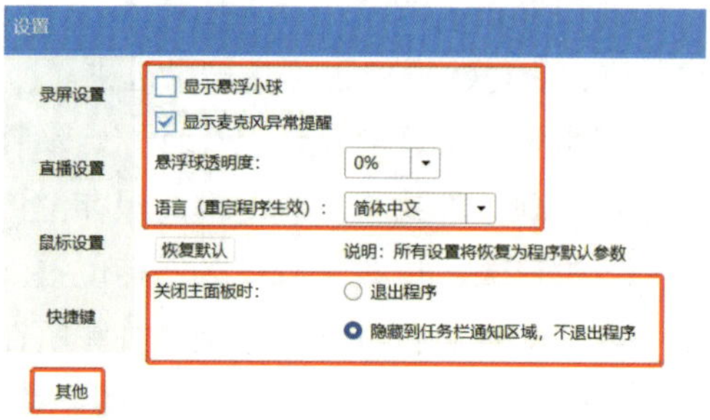

图 1-199 其他设置

EV 录屏主窗口

完成对 EV 录屏的功能设置之后，我们可以在“常规”界面中选择“本地录制”，选择录屏区域和音频后，就能使用辅助功能帮助自己录制微课了，如图 1-200 所示。

录制区域：全屏录制、选区录制、只录摄像头、不录视频。

录制音频：仅系统声音、仅麦克风、麦和系统声音、不录音频。

图片水印：可以为录制的微课添加图片水印，比如 logo。

文字水印：可以为录制的微课添加文字水印，比如“本课程版权属于某某，如有侵权，违法必究”。

嵌入摄像头：可以将老师的头像和背景都嵌入主画面中，录制真人出镜的微课。

定时录制：可以设定录制微课的时间，一般用得不多。

以上这些都属于免费功能。

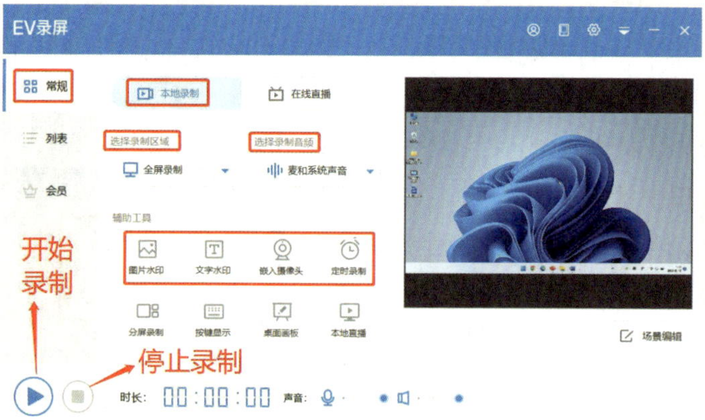

图 1-200 EV 录屏主窗口

■ EV 录屏视频编辑

录屏生成的视频都会出现在“列表”界面中，可以看到视频的时长、大小和日期，还可以对录制的视频播放、重命名、删除和找到文件所在文件夹，如图 1-201 所示。

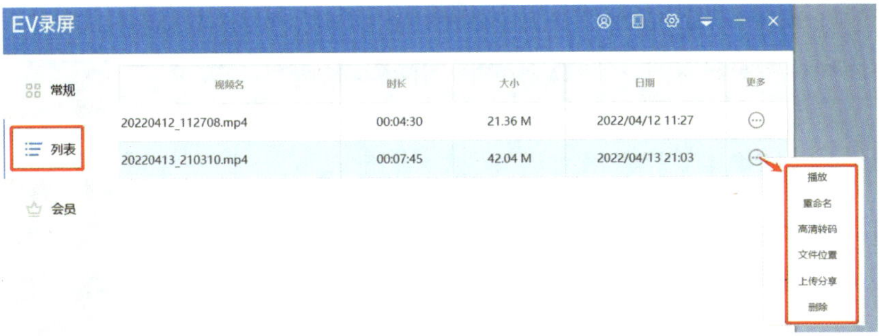

图 1-201 EV 录屏视频编辑

其他实用技巧

除了以上四个步骤中的技巧之外，使用 PPT 制作微课还有一些实用小技巧。

■ 如何找到没保存的 PPT

当用 PPT 制作微课的过程中出现死机或忘记保存的情况，可以试试这个技巧。

具体操作步骤： 文件 > 打开 > 恢复未保存的演示文稿 > 选择文件 > 打开。

■ 如何让 PPT 自动保存

当因为没有养成随手保存 PPT 的习惯丢失素材而懊恼时，可以试试这个技巧。

具体操作步骤： 文件 > 选项 > 保存 > 保存演示文稿 > 将“保存自动恢复信息时间间隔”设置时间（5 分钟）> 确定。

■ 如何将 PPT 保存为不同版本

当想要将 PPT 保存为不同的类型，比如视频、PDF、图片时，可以试试这个技巧。

具体操作步骤： 文件 > 另存为 > 选择位置 > 选择保存类型 > 保存。

■ 如何给 PPT 文件加密

当担心 PPT 信息泄露时，可以试试这个技巧。

具体操作步骤：文件 > 信息 > 保护演示文稿 > 用密码进行加密。

■ 如何在 PPT 中统计字数

当想在 PPT 中统计微课字数或推算微课时长时，可以试试这个技巧。
具体操作步骤：文件 > 信息 > 属性 > 高级属性 > 统计。

■ 如何切换 PPT 编辑界面和放映界面

当双屏录制，并且想在录制 PPT 的同时看到 PPT 的备注时，可以试试这个技巧。

编辑界面和幻灯片放映界面是两个不同的界面，按 Alt+Tab 组合键就能随时切换。

■ PPT 常用快捷键

剪切：Ctrl+X
复制：Ctrl+C
粘贴：Ctrl+V
选择全部对象或幻灯片：Ctrl+A
组合对象：Ctrl+G
取消组合：Ctrl+Shift+G
撤销操作：Ctrl+Z
同比缩小元素：Ctrl+Shift
保存当前文件：Ctrl+S
添加 / 删除文本加粗：Ctrl+B
添加 / 删除文本下划线：Ctrl+U
段落居中对齐：Ctrl+E
段落左对齐：Ctrl+L
段落右对齐：Ctrl+R
段落两端对齐：Ctrl+J
打开“查找”对话框：Ctrl+F
打开“替换”对话框：Ctrl+H
关闭当前文件：Ctrl+W
重复最后操作：Ctrl+Y

重复最后一次操作：F4

从头开始放映幻灯片：F5

从当前幻灯片开始放映：Shift+F5

打开演讲者视图（可以看到备注）：Alt+F5

将指针更改为注释笔：Ctrl+P

擦除屏幕上的注释：E

屏幕白屏：W

屏幕黑屏：B

显示右键快捷菜单：Shift+F10

插入幻灯片：Ctrl+M/Enter

生成新 PPT 文件：Ctrl+N

执行“另存为”命令：F12

第三节
PPT 插件与网站

通过学习第二节的内容，我们已经掌握了使用 PPT 制作微课的技巧，在实际制作微课的时候，为了更加高效，往往会使用一些插件或者下载 PPT 模板，直接在上面修改。为此，本节专门介绍几款常用的 PPT 插件和 PPT 模板网站。

PPT 插件推荐

OneKeyTools：OK 插件全称为 OneKeyTools，是一款免费开源的 MS Office PowerPoint 和 WPS 演示第三方平面设计辅助插件，功能涵盖形状、调色、三维、图片处理、音频、表格、图表、辅助功能等领域。

PPT 美化大师：是一款 PPT 幻灯片软件美化插件，为我们提供了丰富的 PPT 模板，具有一键美化的特色，每周还会有大量的模板更新。

iSlide：iSlide 包含 38 个设计辅助功能，8 大在线库超 20 万专业 PPT 模板素材，能够解决 PPT 设计中遇到的素材欠缺、专业度不够、效率不高等痛点问题。

想要学习使用更多插件，可以去奇迹秀工具箱（http://www.qijishow.com/），这里的插件种类繁多，并且非常实用，是我们制作微课的好帮手。

PPT 模板网站

想用 PPT 制作精品微课，可以参考、借鉴、使用别人的 PPT，这就要用到 PPT 模板，在研究了各类 PPT 模板网站之后，我将 PPT 模板网站分为三类，分别是免费、部分免费和收费。

■ 免费 PPT 模板网站

OfficePLUS（https://www.officeplus.cn/）

如图 1-202 所示，OfficePLUS（微软移动联新互联网服务有限公司运营网站）旨在为全球 Office 用户提供丰富的高品质原创 PPT 模板、实用文档、数据图表及个性化定制服务，帮助用户随时随地提升效率，成就更多。

这里的原创模板，不仅设计精美，更针对用户不同的使用场景提供了清晰的逻辑架构及非常灵活的排版和图表。大到背景图，小到每一个图标，都可以实现轻松自如的个性化设计，从此让 PPT 的制作变得轻松愉悦。

图 1-202 OfficePLUS

PPT 超级市场（https://www.pptsupermarket.com/）

如图 1-203 所示，PPT 超级市场的“PPT 模板”里有很多免费模板，我们可以选择自己喜欢的模板，点击下载使用。

“PPT 作品”里的 PPT 不仅好看，还有完整的课程内容，只要选择自己需要的主题，直接下载就可以使用了。

“免费定制”里可以让别人帮忙制作 PPT 模板或者作品，如果做微课时不是很着急，可以试试这个功能。

“素材库”里推荐了大量的微课网站，包含 3D 素材、背景纹理、插画、动图、古诗词、logo 设计、微课配色、设计素材、摄影、视频、图标、图表、图片、音频、字体等。

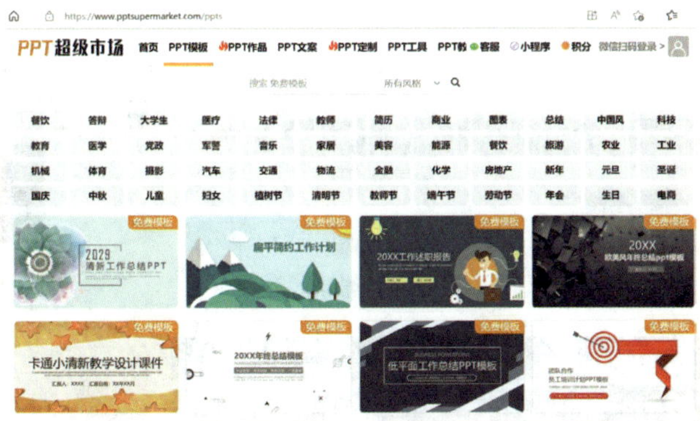

图 1-203 PPT 超级市场

优品 PPT（https://www.ypppt.com/）

如图 1–204 所示，优品 PPT 为广大 PPT 爱好者和职场人士提供优秀 PPT 模板精品及相关的素材、教程等资源，秉承互联网“免费共享”的精神，优品 PPT 所有资源完全免费，免注册，无弹窗，一切以用户体验为重。

图 1–204 优品 PPT

51PPT 模板（http://www.51pptmoban.com/）

如图 1–205 所示，51PPT 模板里包含 PPT 模板、PPT 图片、PPT 图表、PPT 素材、PPT 特效及与 PPT 相关的插件推荐。

比格 PPT（http://www.tretars.com/）

如图 1–206 所示，比格 PPT 里包含 PPT 模板、PPT 教程、PPT 素材、PPT 软件。

PPTfans（http://www.pptfans.cn/）

如图 1–207 所示，PPTfans 里不但有 PPT 教程、PPT 模板和 PPT 素材，还提供专业 PPT 设计服务。

第一 PPT（https://www.1ppt.com/）

如图 1–208 所示，第一 PPT 成立于 2005 年 5 月，是国内最早一批从事 PPT 模板下载服务的专业网站，目前第一 PPT 站内的所有 PowerPoint 资源（PPT 模板、PPT 背景、PPT 素材、PPT 教程、PPT 软件）均是免费下载。

图 1–205 51PPT 模板

图 1–206 比格 PPT

图 1–207 PPTfans

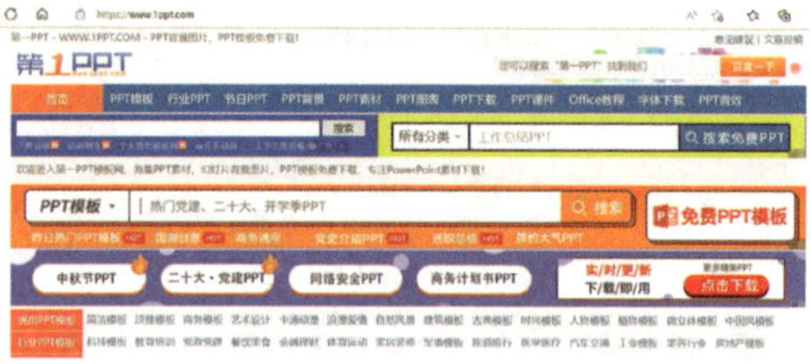

图 1–208 第一 PPT

叮当设计（https://www.dingdangsheji.com/）

如图 1-209 所示，叮当设计里有各种各样的 PPT 模板，除此之外，还有 PPT 教程、PSD、矢量图、XD、Sketch、Figma。

PPT 宝藏（http://www.pptbz.com/）

如图 1-210 所示，PPT 宝藏包含 PPT 模板、PPT 作品、PPT 素材、PPT 背景、PPT 教程、PPT 课件、PPT 图表和 PPT 特效，还有多种 PPT 模板可以选择。

图 1-209 叮当设计

图 1-210 PPT 宝藏

PPTos 模板网（http://www.pptos.com/）

如图 1-211 所示，PPTos 模板网（www.pptos.com）是一家专注于分享高质量免费 PPT 模板下载的网站，包括 PPT 图表、PPT 背景图片、PPT 素材等各类 PPT 资源。

除此之外，免费的 PPT 模板网站还有管理资源吧（https://www.glzy8.com/PPT/）、赞芽（https://www.v5ppt.com/）、一滴油 PPT 模板网（https://www.eduppt.cn/）等。

图 1-211 PPTos 模板网

部分免费 PPT 模板网站

演界网（http://www.yanj.cn/）

如图 1-212 所示，演界网是一个基于演示设计的一站式在线演示、素材销售、服务交易系统，是中国首家演示设计交易平台，有很多专业 PPT 模板，有一部分 PPT 模板是免费的。

图 1-212 演界网

黑猫会（https://www.heimaohui.com/）

如图 1–213 所示，黑猫会是活动策划行业的一站式全服务平台，为活动策划人提供活动策划方案、活动落地 IP 资源、活动策划执行培训课程、活动策划人线下交流会、活动行业招聘、活动案例资讯等服务。

图 1–213　黑猫会

黑猫会有一些免费模板是我们在制作微课时用以参考借鉴使用的。

PPTSTORE（https://www.pptstore.net/）

如图 1–214 所示，PPTSTORE 是正版 PPT 模板素材——Keynote 模板素材的发布平台，汇聚了国内大批高端设计达人，我们可以使用 PPTSTORE 平台发布的正版模板显著地提高公司产品宣讲、演示、演讲的工作效率。

图 1–214　PPTSTORE

除此之外，还有欧酷 PPT（https://www.pptxok.com/）、稻壳儿（https://www.docer.com/）等网站有部分免费的 PPT 模板。

■ 收费 PPT 模板网站

吾道（https://www.woodo.cn/home/）

如图 1–215 所示，吾道是一个可以在线编辑 PPT 的网站，有很多模板可以使用，有收费的，也有免费的，可以自行选择。

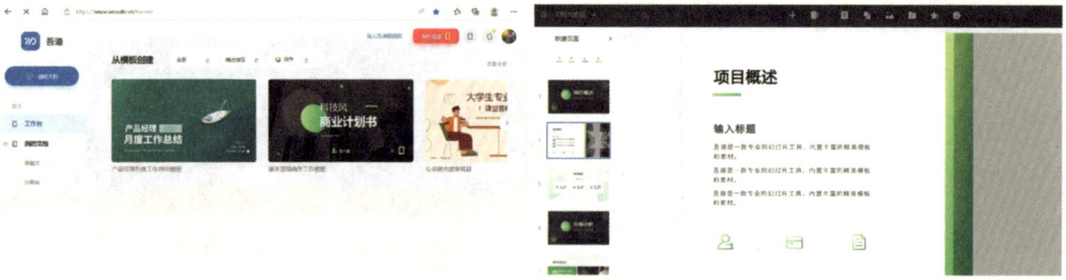

图 1–215　吾道

Canva 可画（https://www.canva.cn/）

2018 年 8 月，Canva 推出中文产品：Canva 可画，如图 1-216 所示。Canva 可画打造了一流的中文在线设计平台，整合了数以千万计的高清图片、中英文字体、原创模板、插画等视觉元素。

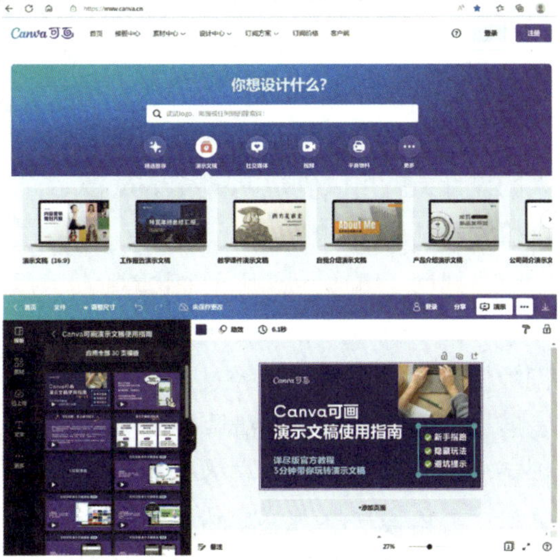

图 1-216 Canva 可画

Canva 可画有免费 PPT 模板、在线素材、图片、文字、音频和视频，它降低了专业设计的门槛，即使是没有任何基础，也可以通过运用 Canva 可画的模板，轻松完成 PPT 设计。

需要说明的是，在 Canva 可画编辑的演示文稿是直接生成视频的。

扑奔网（http://www.pooban.com/）

如图 1-217 所示，扑奔网包含 PPT 模板、PPT 图表、PPT 背景、矢量素材、PPT 教程，既可以直接搜索，又可以按照 PPT 模板类别、风格和主题色彩进行搜索。

图 1-217 扑奔网

站长之家（https://sc.chinaz.com/）

如图 1-218 所示，站长之家主要针对互联网行业的中小创业者、在校学生、全职 soho、设计与建筑领域、网络企业营销人员及 IT 从业人员提供资讯、软件、技术工具、素材、源代码等多方面资源与服务，部分 PPT 模板是免费的。

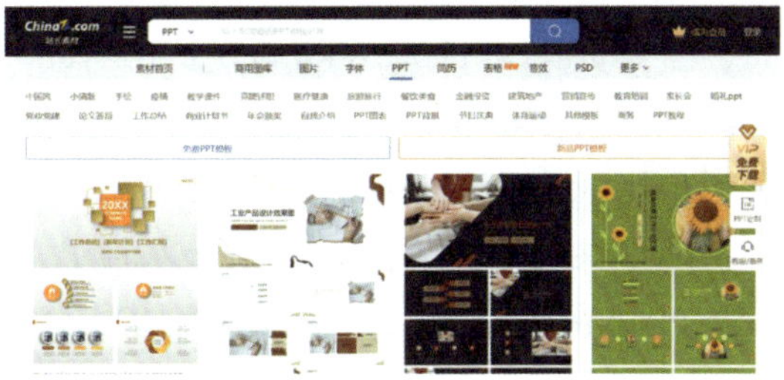

图 1-218 站长之家

SlideModel（https://slidemodel.com/）

如图 1-219 所示，SlideModel 致力于提供最高标准和图形质量，每个模板、图表、地图和形状都是完全使用PowerPoint对象创建的，允许完全自定义其外观，而不会降低视觉质量。我们只需使用其内容和品牌填充模板，或者将画廊的不同视觉资产组合成新的吸引人的设计，就可以创建PowerPoint演示文稿和幻灯片。

图 1-219 SlideModel

觅知网（https://www.51miz.com/）

如图1-220所示，觅知网是提供原创版权图片素材网站，经过多年的快速发展，已经拥有300万精品PPT模板、视频素材、简历模板、音效素材、字体素材、表格模板等办公素材，觅知网素材包括：设计模板、图片素材、PPT模板、视频素材、办公文档、小报模板、表格模板、音效配乐、字体库。

图 1-220 觅知网

除此之外，PPT模板收费网站还有如下一些。

AKPPT素材（http://www.akppt.net/）

我图网（https://www.ooopic.com/）

红动中国（https://www.redocn.com/）

工图网（http://www.900ppt.com/）

风云办公（http://www.ppt118.com/）

千图网（https://www.58pic.com/）

办公资源（https://www.bangongziyuan.com/）

我拉网（https://www.55.la/）

幻影网（http://www.ppt920.com/）

享学PPT（https://www.apclc.com/）

PPTMind（https://www.pptmind.com/）

模板鲸（http://www.mobanjing.com/）

包图网（https://ibaotu.com/）

PPT20（https://www.ppt20.com/）

极简办公（https://www.jjppt.com/）

包站长（https://www.511doc.com/）

当图网（https://www.99ppt.com/）

图司机（https://www.tusij.com/）

图客巴巴（http://www.tuke88.com/）

PPT 家园（http://www.pptjia.com/）

如果想提升自己的审美设计能力，可以使用站酷网，它深耕设计领域 15 年，聚集了 1300 万设计师、摄影师。除了炫酷的设计之外，站酷网也有 PPT 模板，设计非常精美，值得我们学习，如图 1-221 所示。

图 1-221　站酷网

2

E R

拟人出镜，用万彩动画大师制作动画微课

拟人出镜是指微课里面有虚拟的动态人物出现，并且这个虚拟的动态人物会贯穿整个微课。

相较于无人出镜的微课而言，拥有虚拟人物讲解的微课，表达更加生动、互动性更强，整体效果更好。

制作拟人出镜动画微课的难点在于寻找与微课匹配的虚拟人物，并且这些人物必须有整套的表情动作可以应用到微课中。

我在最开始制作这类微课时用的是 PPT，为此还专门学习了如何使用 PPT 让静态人物动起来，后来我发现让一个人物有一个动作容易，让这个人物拥有一系列的动作表情很难，让多个人物拥有系列表情，难上加难。

为此，我开始寻找其他的工具。期间，我试过 AE、Pr、Flash 等软件，我发现使用这些软件制作的微课效果虽然很好，但是对于新手而言有两个难点：一个难点是制作虚拟人物难度较高、学习周期较长，不适合新手使用；另一个难点是每次制作、渲染的时间较长，费时费力，在做微课这件事情上投入产出比不高。

经过对多个工具的研究、实践和对比，最终，我选择使用万彩动画大师作为制作拟人出镜的微课。

万彩动画大师是一款非常好用的动画视频制作工具，操作简单，容易上手，比 AE、Flash 等软件简单很多，非常适合新手使用。

在制作拟人出镜微课方面，万彩动画大师最大的优点在于虚拟人物角色众多，以本章讲解万彩动画大师所用的 V2.9.500 版本为例，这款软件里有 222

个官方角色、137 个拟人角色、56 个表情包角色和 42 个可编辑角色，可以说虚拟人物是非常多的，关键是每一个虚拟人物还有 100 多个配套的动作表情，可以直接应用，这就大大降低了我们搜索制作素材的难度，提升了微课制作的效率。

在实际制作微课的过程中，虽然这些动作表情跟我们的脚本设计会有一些差异，但是经过匹配、调整，最终还是可以快速制作出一门微课。综合来讲，无论是学习还是制作，其投入产出比都是比较高的。

除此之外，万彩动画大师里自带的场景、素材、音效、动画及镜头、字幕、语音合成等功能都可以帮我们提升微课制作的效率和效果。

关于万彩动画大师，本章内容既会讲解动画类脚本如何设计，又会讲解万彩动画大师的下载、安装、注册和升级，还会围绕使用万彩动画大师制作微课的步骤展开讲解。

使用万彩动画大师制作微课可以分为 5 个步骤，分别是设计场景、编辑音频与字幕、编辑素材、设计动画和生成视频。

我会围绕制作微课的步骤把每一个功能的使用技巧讲解透彻，同时还会为读者提供万彩动画大师的特别版激活码，以便拥有更多的权限。

第一节
拟人出镜微课脚本

脚本的原意是指表演戏剧、拍摄电影等所依据的底本或者书稿的底本。

在微课制作中，脚本是微课制作的关键枢纽，有着承上启下的作用，它既是对微课主题、结构、内容、教学设计的总结，又是对微课画面效果的设计；可以说，脚本就是我们的微课制作指南，有一个好的脚本，我们可以将微课制作得更加精彩，而没有脚本，微课制作便无从谈起。

微课形式不同，脚本结构也有所不同。拟人出镜的微课脚本，主要包含两大部分，第一部分是基础信息，包含微课标题、撰写人员、微课类型、微课时长、微课形式和制作工具；第二部分是主要内容，包含场景、镜头、画布内容、字幕内容、场景时长、效果说明，如表 2-1 所示。

表 2-1 拟人出镜微课脚本

基本信息					
微课标题		撰写人员		微课形式	拟人出镜
微课类型		微课时长		制作工具	
脚本说明					
场景	镜头	画布内容（素材）	字幕内容（字幕 / 音频内容）	场景时长（秒）	效果说明（素材、效果）

微课标题：是指对微课主题设计之后的名称，其主要价值在于引起学生的学习兴趣。

撰写人员：可以是个人，也可以是一个团队。

微课类型：包含知识型、产品型、任务型、问题型、技巧型、工具型。

微课时长：最终的微课时长，最佳时长是 5 分钟 ~8 分钟。

微课形式：本节形式为拟人出镜。

制作工具：主工具为万彩动画大师，可以有其他的辅助工具。

场景：是指万彩动画大师中的场景，类似于本节微课共有几页 PPT。

镜头：是指每个场景运用的镜头效果，万彩动画大师中的镜头效果有放大、缩小、移动、旋转等。

画布内容：是指微课界面看到的素材，包含图片、图形、文字、虚拟人物、动图等。

字幕内容：是指与音频匹配，在画布下方出现的每一个文字。

场景时长：是指该场景的时长，前提可以预估，后期可以填写实际时长。

效果说明：是指用了到哪些素材，这些元素的动画效果如何等。

第二节 开启万彩动画大师之旅

■ 如何下载万彩动画大师

如图 2-1 所示，进入万彩动画大师官网（http://www.animiz.cn/）之后，点击下载即可进入软件下载页面，此时需要根据自己电脑的系统类型，选择下载版本，如果电脑的系统类型是 32 位操作系统，就需要选择 Windows32 位下载，如果电脑的系统类型是 64 位操作系统，就需要选择 Windows64 位下载。

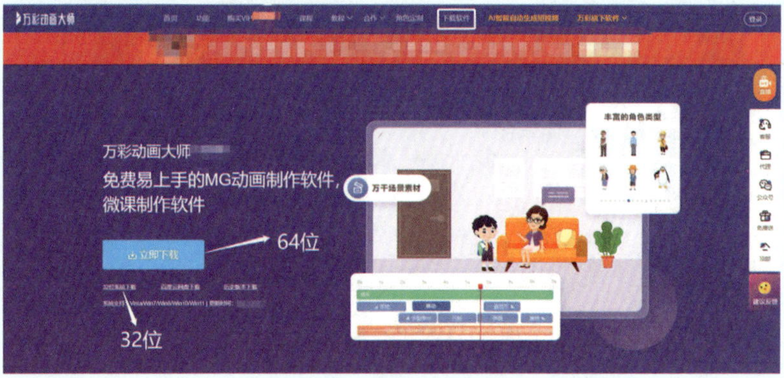

图 2-1 万彩动画大师官网

如何确定自己电脑的系统类型呢？我们可以选中“我的电脑”，右击选择“属性”，在“系统 > 关于 > 设备规格”中可以看到电脑的系统类型，如图 2-2 所示。

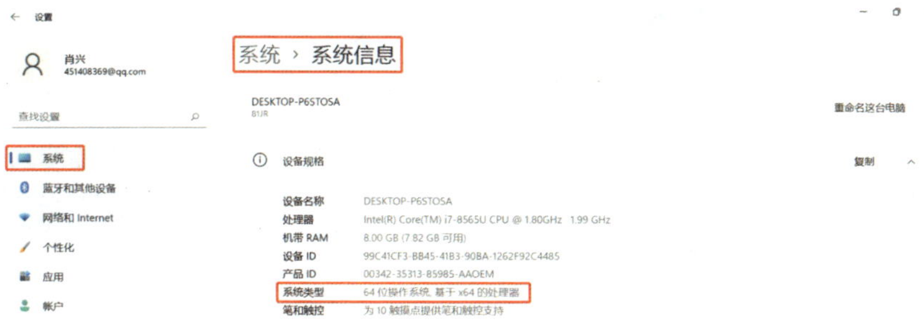

图 2–2 电脑系统类型

如何安装万彩动画大师

如图 2–3 所示，双击安装包 > 进入万彩动画大师安装界面 > 点击“下一步” > 选择“我接受”，点击“下一步” > 选择安装位置，点击“下一步” > 选择附加任务（也可不选），点击下一步 > 点击“安装” > 勾选“运行万彩动画大师”，点击“完成”，安装完毕。

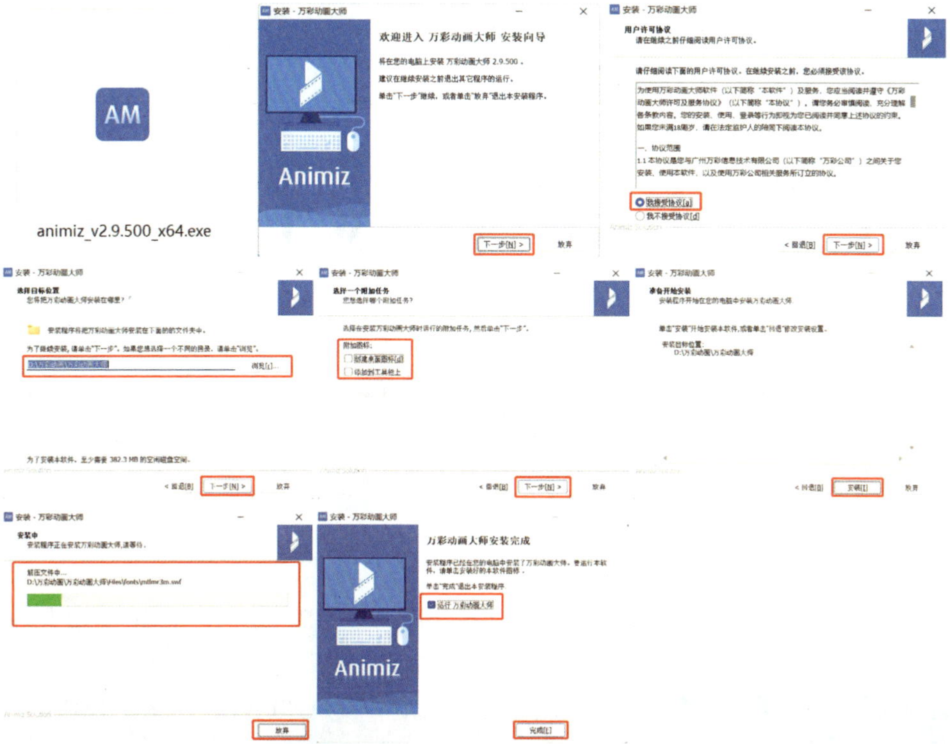

图 2–3 安装万彩动画大师

■ 如何注册万彩账号

如图 2-4 所示，在万彩动画大师官网右上侧点击“登录”>在登录面中点击“马上注册”> 在注册界面中，填写相关信息 > 点击“注册账号”> 去邮箱进行验证。

图 2-4 注册账号

■ 如何升级万彩账号

如图 2-5 所示，万彩动画大师分为四个版本，分别是免费版、个人版、教育版和企业版。

图 2-5 万彩动画大师会员

我们刚刚注册的账号属于免费版，如果想获取更多权限，可以点击“马上购买”选择相应的版本进行升级。如果短期内不想升级，又想使用比免费版多一些的权限，我在这里特意准备了“特别版”激活码（HSH3-VQPD-9DW9-0NX0-7MJR），按照下面的操作步骤进行升级。

点击账号右侧箭头 > 点击“我的首页” > 选择“激活码升级” > 输入激活码 > 点击“提交”，即可完成账号升级，如图 2-6 所示。

图 2-6 升级万彩账号

第三节
使用万彩动画大师制作微课技巧

假设已经按照上面的模板完成微课脚本的撰写，接下来，我们就可以使用万彩动画大师一步一步地制作动画微课了。

使用万彩动画大师制作微课可以分为 5 个步骤，分别是设计场景、编辑音频与字幕、编辑素材、设计动画和生成视频。其中前 4 个步骤属于场景化设计，无论是微课的片头、片尾，还是正文，都可以使用这 4 个步骤去制作；第 5 个步骤属于整体设计，当所有的场景全部制作结束之后再去生成视频。

STEP 01 设计场景

假设要使用 10 页 PPT 制作一个 5 分钟的微课，那么这其中的每一页 PPT 就相当于万彩动画大师当中的场景。所谓场景，是对微课画面设计的基本布局，可以是丰富多彩的，也可以是空白的场景，等待我们去勾勒。

添加场景

■ 如何新建工程文件

虽然万彩动画大师与 PPT 是两个不同的软件，但是它们两个在结构上有很多相似之处，所谓新建工程文件就好比是创建一个新的 PPT。

如图 2-7 所示，点击“新建空白页面”即可创建一个新的工程文件。

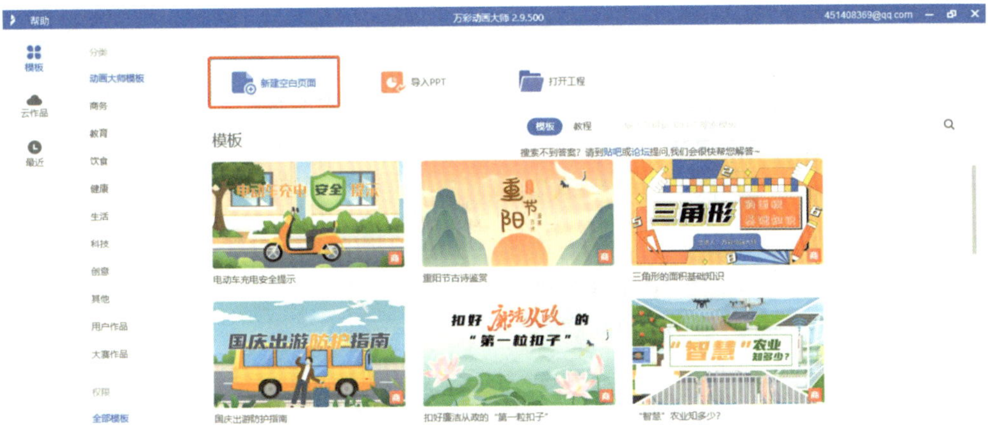

图 2-7 新建工程文件

在图 2-7 中，除了“新建空白页面之外”，还有“导入 PPT”和“打开工程”两个选项，其中“导入 PPT”是指将 PPT 直接导入万彩动画大师，然后再进行编辑；“打开工程”是指打开已有的万彩动画大师源文件，并对其进行编辑，这两个选项使用频率不高，如有需要可以自己尝试一下。

■ 如何套用万彩自带场景

使用 PPT 制作微课时，一个好的 PPT 模板能够帮助我们快速制作出精美微课，美中不足的是这些模板需要我们去各个网站浏览或者通过一些插件去获取，PPT 本身没有模板。

万彩动画大师与 PPT 的区别之一是万彩动画大师自带 800 多个场景，我们完全可以根据脚本将这些场景直接应用到微课里面，这些场景大大节约了搜索素材、制作微课的时间，降低了微课场景化制作的难度；同时这些场景还在不断地更新迭代，随着万彩动画大师的不断升级，能够应用的场景数量会越来越多，场景结构会越来越丰富，场景画面也会越来越美观。

套用万彩自带场景步骤：点击新建场景 > 选择在线场景 > 选择场景模式 > 选择横版 / 竖版 > 从自带场景中选择一个与脚本内容匹配的场景，如图 2-8 所示。

万彩动画大师自带场景非常丰富，有现代内景、现代外景、乡村外景、自然环境、健康与医疗、节日庆典、动态场景、片头片尾、古代内景、古代外景、室外道具、玄幻场景及其他。

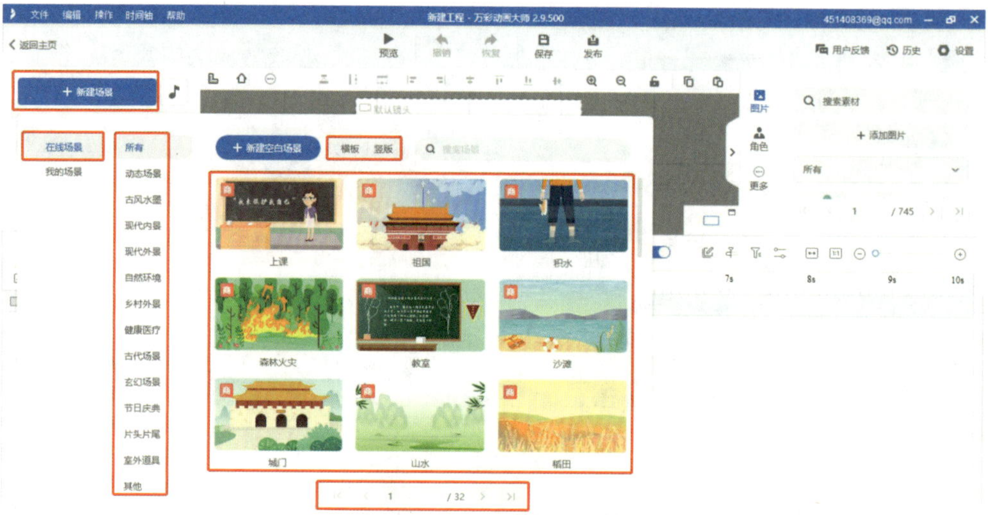

图 2-8 万彩自带场景

现代内景：是指现代化的室内场景，包含**工作场景**（咨询台、服务台、工作台、等待室、接待室、办公室、办公区、演示厅、会议室、工位、电脑界面、茶水间、休息室、楼梯、窗户、走廊），**家庭场景**（梳妆台、客厅、餐厅、厨房、卧室、露台、浴室、宝宝房、育儿室、婴儿房、杂物间），**教学场景**（课堂、教室、图书馆、化学实验室、植物学实验室），**医疗场景**（手术室、药店、手术桌、医护室、重症病房、牙科诊所、诊断室），**交通场景**（候机室、公交车、火车车厢、高铁车厢、地铁车厢、航空舱、安检），**休闲场景**（酒吧、运动场馆、超市、健身房、酒店、试衣间、蛋糕店、超市、音乐器材室），以及法院内部、教堂等场景。

我们可以按照脚本中的场景设计从这里面选择一个适合的场景，比如要设计一个两人在工作环境中的对话时，可以从工作场景中选择办公室、办公区、会议室等场景；要设计一个走廊里摆放着灭火器或一个人在走廊里走路的场景时，可以选择走廊这个场景；要设计一个老师给学生讲课的场景时，可以从教学场景中选择课堂、教室等场景。

现代外景：是指现代化的室外场景，包含**室外交通**（排队上车区、公交车站、公交站台、快递电动车、进站口、火车站台、火车站、共享单车、公路汽车、公交站、公交停靠、城市汽车、城市公交、候机室、起飞跑道、起飞台），**小河**（河流、海边、河边），**冬天**（雪天、堆雪人），**锻炼**（街道、路边、锻炼、晨练、足球场、足球场球门、田径运动跑道、塑胶直线跑道、室外网球场、露天篮球场、小巷），**建筑物**（写字楼、仓库、超市、学校、交流中心、餐厅、咖啡店、城堡、灯塔、多个房子、石油工厂、糖果屋、商场、菜市场、金字塔、庭院、村庄里的小屋、别墅、围墙、加油站、公园消毒区、城市、市区），**休闲**（垂钓、夏日假期、农场、野外、郊外、园区、海边、海滩、沙滩、泳池），**夜晚**（郊外的晚上、黑夜、黄昏）等。

如果要做的是体育类微课，可以从锻炼中选择晨练、足球场、跑道、篮球场等场景；如果做的是交通行业类微课，可以使用室外交通的公交、火车、汽车等场景。

乡村外景：是指乡村独有的室外场景，包含**室外建筑**（喂马棚、草棚、茅厕、土著民建筑物、草房、瓦房、别墅、豪宅、住宅桩、原始生活区、登高楼、风车），**道路**（公路、路边、指向标），**田野**（田园、野外、田野、稻草人、田间小径、井口），**冬天**（冬天、雪人、雪景），**水**（河道、水塘、湖泊、湖边、海滩），**空旷**（露天电影、郊区、郊外、公园、露营、淤泥地、景色、星空、沙漠、石亭），**傍晚**（太阳落山、傍晚），以及登船站台等。

如果做的是地产类微课，可以使用室外建筑中的这些场景，比如豪宅、别墅等；如果做的是语文类微课，比如登高望远的场景，可以使用“登高楼”这个场景。

自然环境：是指自然界的场景，包含**生活**（农村、农场、农田、公园、果园、度假村、梯田、野餐、花园、后花园、池塘），**树木**（树、树阴、树林、树丛、山林、小树林、草地、绿树、银杏树、光秃秃的冬树），**傍晚**（野外的夜晚、黑夜的天空、落日海滩、傍晚云彩、黄昏、夜晚、夜空、月夜、明亮的月亮、日出、日落、夜晚河流），**岛屿**（岛、岛屿、孤岛），**海景**（小湖泊、海洋、海水、海边、河边、河流、大海、沙滩、水潭、迷雾包围的河、河流、海滩），原野，郊外，**雪景**（飘雪的天气、雪景、下雪、雪山、雪岭、雪岛、冰天雪地），草原，蓝天和大海，蓝天，人造喷泉，**隐居**（深山老林、洞穴、望灯塔），**山景**（高山脉、山峰、群山、登山、山坡），**草原**（草地、绿地、草原、蓝天、野外风景、平原、沙漠、星空、移动的云），以及铁路等场景。

健康与医疗：是指与医疗有关的场景，包含医院、住院大楼、门诊部、前台、门诊、内科诊室、听诊、检查室、牙医诊断室、输液室、病床、手术室、重症监护室、查房、病房、科研室、化验室、实验室、实验台、办公室等场景。

节日庆典：是指与节日有关的场景，包含春节、新年、情人节、植树节、端午节、儿童节、母亲节、中秋节、万圣节、圣诞节、生日、婚礼、吉祥语等场景。

动态场景：是指每一个场景都是动态的，不但已经根据场景帮我们选好了素材，做好了排版和配色，还设计好了动画效果；包含卸货、办公室、公路、郊外、签收快递、客厅、闹市、会议室、银行、高铁站、医院、多媒体、江景、机场、候诊室、红色小球、彩圆、性格介绍、简易线条、卡通彩旗、运行齿轮、缓冲、简约线条、物体层叠、手机播放、彩条、动感彩色、促销广告、空间、热气球漂浮、圆环水滴、三角几何、思维导图、彩色矩形、环保、交互图、扁平几何、切换线条、Hello、商务金融、切换、问号、五环结构、电脑、光圈变幻、披萨、海洋梦、2018 点线、圆形切换、动感圆圈、loading 加载、宇宙、红色线条编辑、剪影、黑色圆圈、人性剪纸、四边形彩色变化、窗景、文件堆、AM 图标、动感宣传、平台、包圆、动感手绘、昼夜交替、信息图案、铅笔、全球旅游、径向图样式、六边形、盒子、科技树、水墨、扁平风景、点线动画、线条编辑器、圆形几何、显示屏、环球旅行、正方形、彩色线条、黄绿色圆、格子、上学作息、室外屏幕、线条底纹、切换圆、心碎、篮球、敲击乐、照相机、风车、网页板块、浏览方式、三角立体图、合作与竞争、环形公路俯视图、环保袋、黑色圆圈、圆圈变化、投影仪、商务管理、零星符号、文字标题、慈善捐助、数码游戏、地球人形网状图、红包、简约创意、科技展示、Hi 动画、搜索方式、多极运动、镜头、表情包、聊天界面等场景。

我们既可以套用其中的某些场景作为微课的片头片尾，比如热气球漂浮、投影仪、环球旅行、全球旅游、动感手绘、人形剪纸、文件堆、窗景、银行，又可以围绕脚本中的一个知识点套用某一个场景，比如用聊天界面塑造对话，用表情包逐一呈现知识，用搜索方式呈现微课目录，用数码游戏、敲击乐增加微课趣味性，用科技展示作为动态背景；还可以使用其中的某些场景作为微课的转场动画，比如动感宣传、昼夜交替、圆圈变化、格子、正方形等。

片头片尾：是指可以用来做微课片头和片尾的场景，虽然这类场景是用片头片尾来命名的，但其实里面可以用来做片头片尾的素材非常少，而且还没有动画场景的效果好，仅推荐“电影”这个场景。

古代内景：是指古代风格的室内场景，包含朝堂、学堂、木屋、卧房、厢房、新婚房、客厅、画室、藏书阁、书房、书桌、兵器室、厨房、寺庙、佛像、香火台、望星台。如果想制作语文类微课或穿越的场景，可以使用这些场景。

古代外景：是指古代风格的室外场景，包含冬季景色、风景、房屋、村庄、木屋、乡村草房、蒙古包、帐篷、蓝天、湖、蓝色的湖泊、干净的湖水、流动的湖水、平静的湖面、湖边雪景、下雪的天气、海、海边、翻滚的海浪、郊区风景、郊外风光、领土、荒漠、荒凉郊外、偏僻的地方、山峰、山脉、山庄等，如果想制作语文类微课或穿越的场景，也可以使用这些场景。

室外道具：是指室外可以使用的道具，包含草原上的栏杆、粮谷堆、乡村学校、空中城堡、建筑物、路灯雪原等。

玄幻场景：是指仙侠场景，包含仙境、校园、市集、工厂、乡村集市、舞厅、教师室、科研室、小城市、会客厅、神奇城堡、室内游泳池、窗外景色、地方站台、客厅、路、明亮室内、石头拱门、托雅官邸等，适合制作古诗词或穿越式微课。

其他：包含新闻快讯、新闻播报、车内、交叉条纹、蓝色条纹、竖条纹、大横条、红色背景、绿色背景、渐变绿、渐变蓝、渐变黑、眼睛动画、街道地图、空气管路、水管圣诞节、巧克力、空间、排练场等。

■ 如何自建场景

对于微课的片头、片尾、转场和部分内容，我们可以套用万彩动画大师自带场景，但是如果想进一步提升微课质量，或者对微课内容进行精细化设计与制作，就需要自建场景，如何自建场景呢？

操作步骤：点击新建场景 > 选择在线场景 > 选择新建空白场景，如图 2–9 所示。

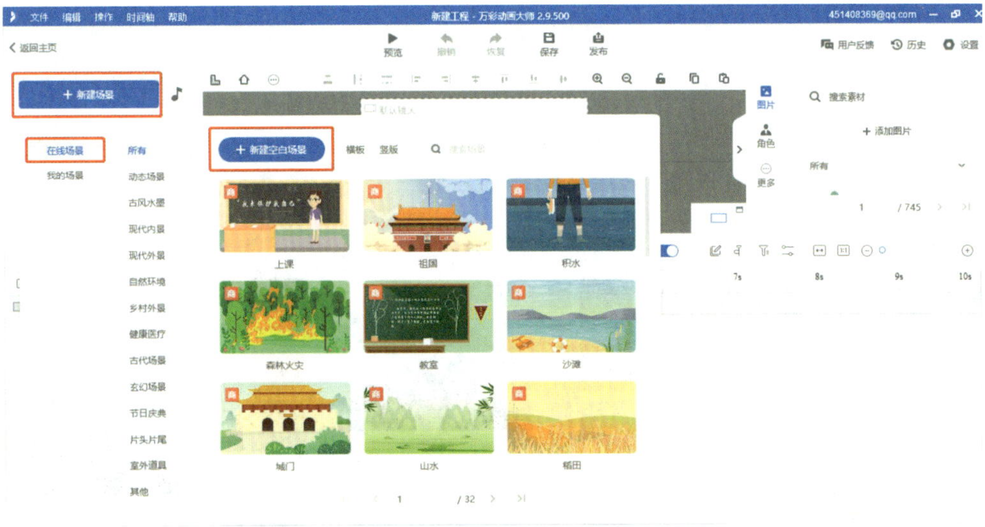

图 2–9 新建空白场景

新建的空白场景没有任何素材，我们可以先设置空白场景的背景，然后再通过添加素材的方式来搭建场景；万彩动画大师的背景共有 4 种，分别是颜色背景、图片背景、视频背景和漂浮背景，每一种背景既有系统自带的模板可以套用，也可以自行设置。

添加纯色背景/渐变背景（系统自带）操作步骤：点击背景 > 点击 + 号 > 双击动画条 > 在弹出的对话框中选择“背景颜色” > 从系统自带的模板中选择一种颜色，如图 2-10 所示。

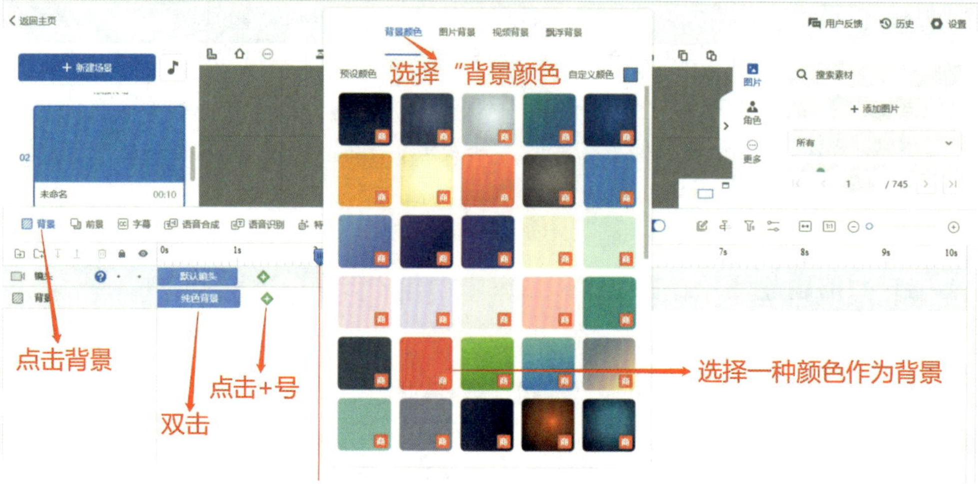

图 2-10 添加纯色背景/渐变背景（系统自带）

添加纯色背景（自定义）操作步骤：点击背景 > 点击 + 号 > 双击动画条 > 在弹出的对话框中选择“背景颜色” > 点击“自定义颜色” > 选择“纯色填充” > 调整颜色 > 调整亮度 > 选择一个颜色 > 应用，如图 2-11 所示。

自定义的渐变背景有两种，分别是线性渐变和径向渐变，以添加线性渐变背景（自定义）为例，其操作步骤：点击背景 > 点击 + 号 > 双击动画条 > 在弹出的对话框中选择“背景颜色” > 点击“自定义颜色” > 选择“线性渐变” > 选择/添加一个节点 > 调整颜色 > 调整亮度 > 选择一个颜色 > 应用，如图 2-11 所示。

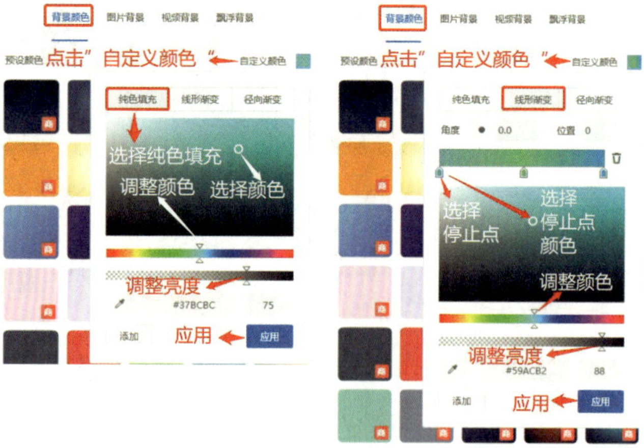

图 2-11 添加自定义背景（纯色/渐变）

添加图片背景操作步骤：点击背景 > 点击 + 号 > 双击动画条 > 在弹出的对话框中选择“图片背景” > 选择一个图片，如图 2-12 所示。

如果系统自带的背景图片没有喜欢的，可以点击“自定义背景”，从自己的素材库中选择一张图片作为背景，如图 2-12 所示。

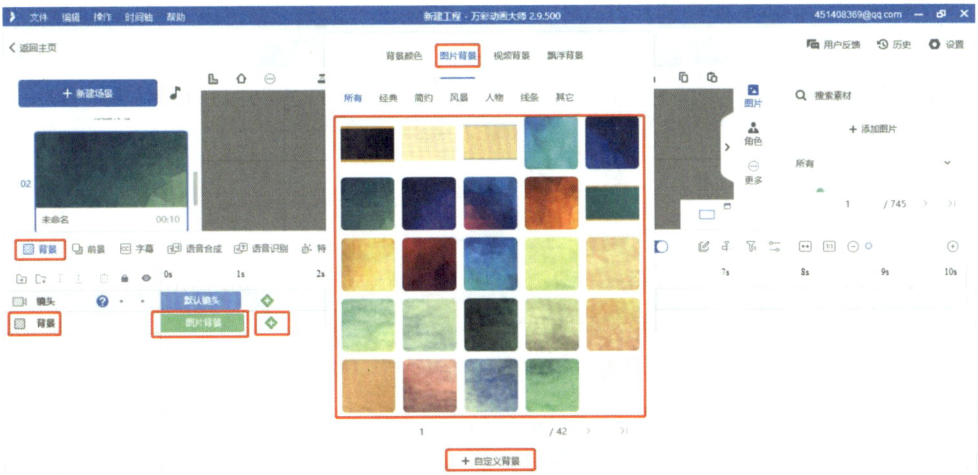

图 2-12 添加图片背景

添加视频背景操作步骤：点击背景 > 点击 + 号 > 双击动画条 > 在弹出的对话框中选择“视频背景” > 选择一个视频，如图 2-13 所示。

如果系统自带的视频没有喜欢的，可以点击“自定义背景”，从自己的素材库中选择一张视频作为背景，如图 2-13 所示。

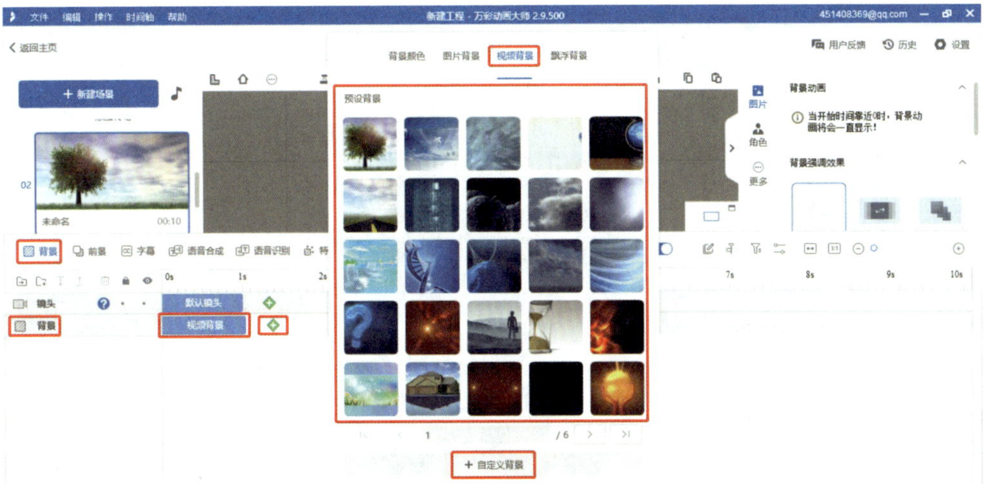

图 2-13 添加视频背景

添加漂浮背景操作步骤：点击背景 > 点击 + 号 > 双击动画条 > 在弹出的对话框中选择“漂浮背景” > 选择一个漂浮效果，如图 2-14 所示。

图 2-14　添加漂浮背景

如果系统自带的漂浮效果没有喜欢的，可以点击“自定义背景”，在背景编辑器中设置漂浮背景。

具体操作步骤：添加背景（点击 + 号自定义背景）> 添加漂浮物 > 选择运动方向 > 设置运动速度 > 预览漂浮效果并调整 > 点击“确定”应用漂浮效果，如图 2-15 所示。

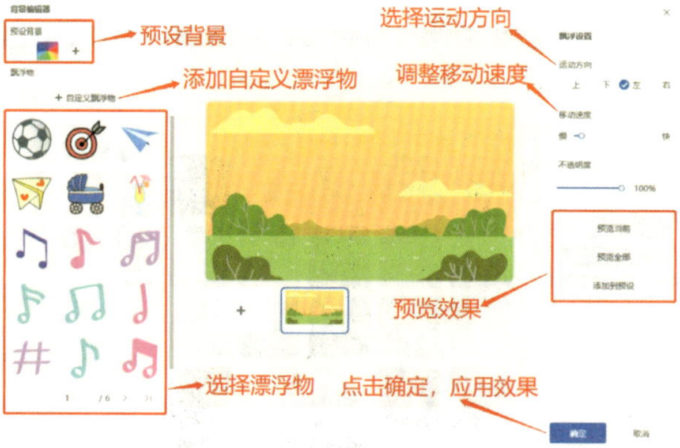

图 2-15　自定义漂浮效果

编辑场景

■ 如何收藏场景

无论是我们自己制作的微课，还是万彩动画大师的场景，抑或是别人的微课，一旦遇到喜欢的某一个场景，想要在制作微课时继续使用它，就可以将它收藏到系统中。

具体操作步骤：选择场景 > 点击“♡” > 编辑场景名字 > 选择场景分类（片头 / 片尾 / 其他）> 点击“确定” > 收藏成功，如图 2–16 所示，可以在“新建场景” – “我的场景”中查看。

图 2–16 收藏场景

■ 如何复制场景

如果在制作微课的过程中，想要对某个场景进行编辑，又担心编辑之后的效果不满意，还想继续使用原来的场景，这时候可以提前复制一份场景。

具体操作步骤：选择场景 > 点击“复制”图标 > 复制的场景会自动成为最后一个场景，如图 2–17 所示。

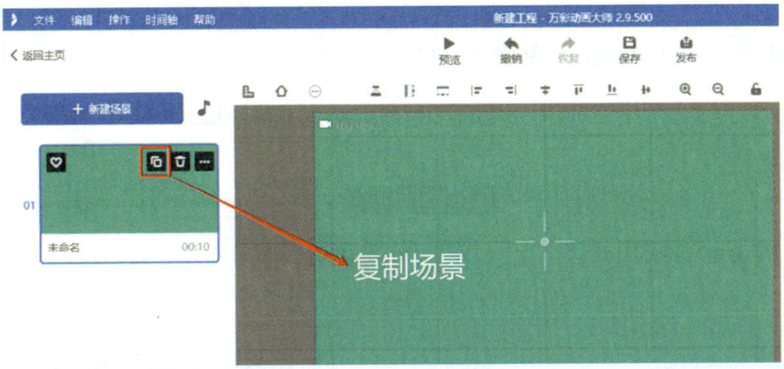

图 2–17 复制场景

■ 如何删除场景

如果对制作的场景不满意，想要删除该场景，其操作步骤：选择场景 > 点击“删除”图标，如图 2-18 所示。

图 2-18 删除场景

■ 如何导入场景

如果有保存在电脑中的某个场景，想要添加进来，可以点击“导入场景”，然后从电脑中选择需要导入的场景即可，如图 2-19 所示。

■ 如何导出场景

如果想将某个场景保存在电脑中，以便于后期使用，可以点击“导出场景”，将该场景保存到某个文件夹即可，如图 2-20 所示。

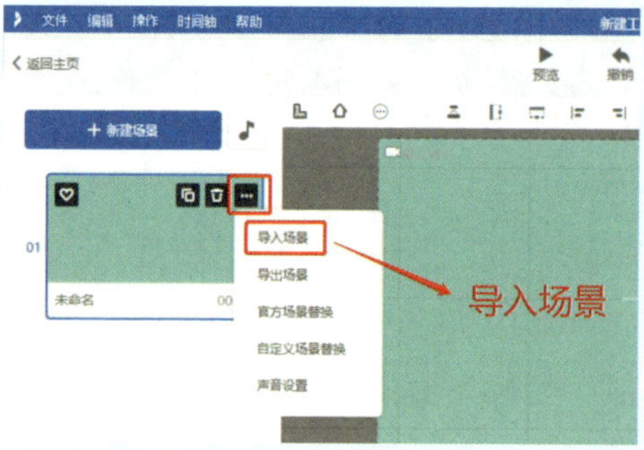

图 2-19 导入场景

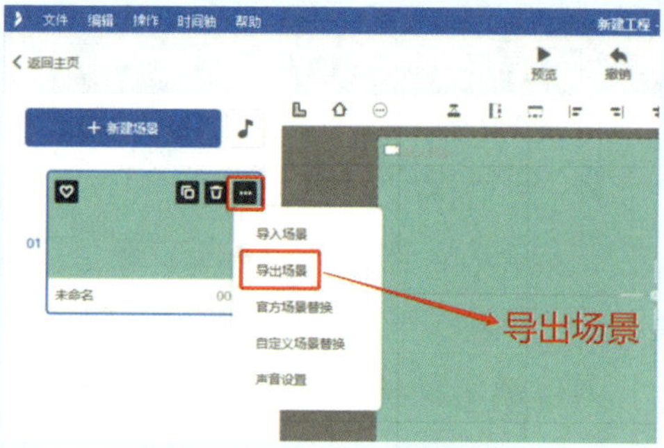

图 2-20 导出场景

■ 如何将场景更改为万彩自带场景

如果对某个场景不满意，想要更换成万彩自带的场景，可以点击“官方场景替换”，然后从万彩自带的场景中选择一个就可以了，如图 2-21 所示。

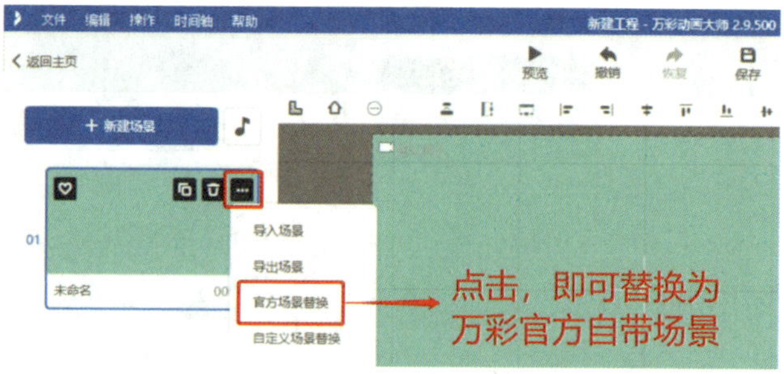

图 2-21 将场景更改为万彩自带场景

需要说明的是，一旦选

择替换场景，则本场景中所有的素材和效果都会消失，所以这个功能要慎用，最好的方式还是先根据脚本选择场景，然后在该场景中添加素材、设计动画。

如何将场景更改为自定义场景

如果您对某个场景不满意，想要更换成电脑中的场景，可以点击“自定义场景替换”，然后从电脑中选择一个场景就可以了，如图 2-22 所示。

图 2-22　将场景更改为自定义场景

如何改变场景时长

无论是套用万彩自带场景还是自建场景，我们创建的场景时长往往与脚本预估的时长不一样，怎么办呢？

如图 2-23 所示，这时候点击“+”号或通过直接输入数值的方式增加场景时长，根据我的经验，此时的时长可以比脚本中预估的时长多一些，多余的时长是可以通过点击“—”号或“自动增减时长”这个功能来删除的。如果时长不够的话，无论是后期添加音频还是编辑微课素材都会出现各种问题，比如音频是 30 秒，可是场景时长只有 10 秒，那么剩余的 20 秒音频是无法添加进去的。

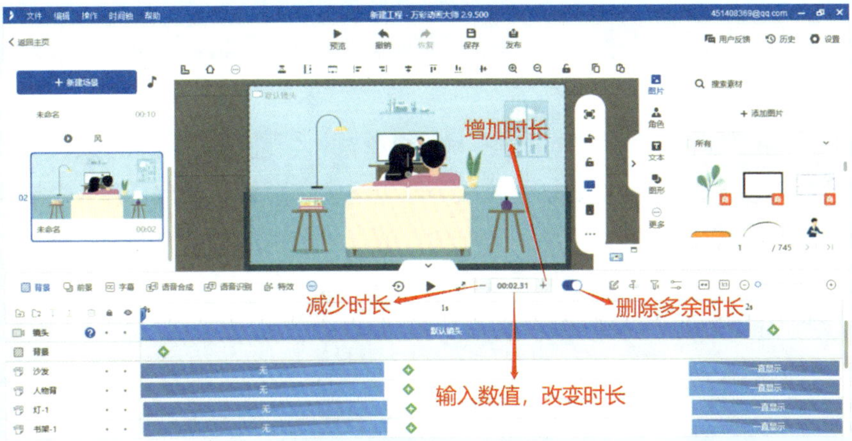

图 2-23　改变场景时长

转场动画

■ 如何添加 / 更改转场动画

在使用 PPT 制作微课时，为了让每一页 PPT 能够自动转换，我们需要给 PPT 添加切换效果；与 PPT 一样，使用万彩动画大师制作微课也需要添加场景之间的切换效果，不同之处在于以下方面。

1. 万彩动画大师在每一个场景添加之后，会自动添加转场效果。

2. 万彩动画大师自带 99 个转场效果（万彩称之为过渡动画），并且每一个转场的时长、颜色、声音都是可以设置的。

设置转场效果的操作步骤：点击选择过渡动画效果 > 选择一个动画效果 > 更改时长 > 更改颜色（也可使用默认颜色）> 设置声音（也可不添加声音）> 点击确定 > 点击“播放”图标，预览转场动画效果，如图 2–24 所示。

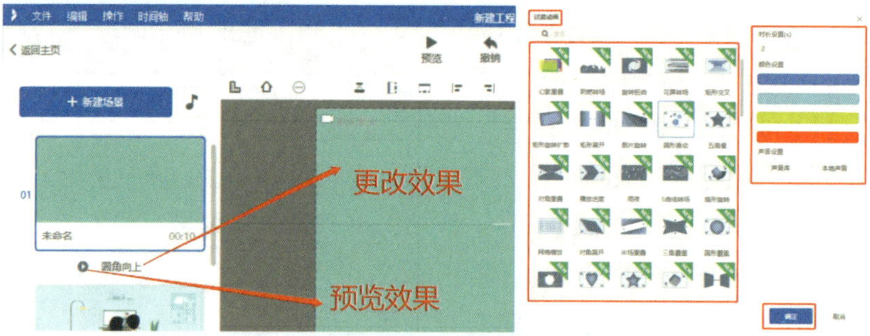

图 2–24 添加 / 更改转场动画

我把万彩动画大师中的转场效果分为两类，一类是 PPT 模式，一类是非 PPT 模式。

PPT 模式跟 PPT 中的切换效果一样，包含随机、推移、梦幻波浪、切片淡入、旋转时钟、中心渐变、波纹、切片缩放、像素溶解、翻转、淡化、弹入、展开、梳理、收拢、百叶窗、上升、跌落、立方体、翻书、像素翻书、炫酷百叶窗、棋盘、门、交叉切换、缩放、剥离、旋转淡出、旋转缩放、合拢、行铺、光栅、风、波、线性模糊、翻页转场、幕布转场；

非 PPT 模式包含手型拉动、粒子爆炸、扩散、切割、马赛克特效、晶块、水波切换、波浪转场、模糊转场、纸裂转场、圆形转场、圆形平铺转场、对角行铺转场、圆角向上、流动转场、燃烧转场、对角格子、三角变形、荡漾、奇妙粒子转场、粒子模糊转场、粒子横向转场、泼墨转场、碎裂转场、锯齿转场、幕布层叠、垒方块、开门模拟、简单立方体、星星重叠、心形重叠、相机模拟、圆形覆盖、三角覆盖、半场重叠、对角展开、网格缩放、扇形旋转、S 曲线转场、雨夜、播放进度、对角重叠、五角星、圆形滑动、图片旋转、矩形展开、矩形旋转扩散、矩形交叉、花屏转场、旋转扭曲、阴燃转场、幻影重叠、火焰溶解、明暗模糊、撕裂转场、峰状转场。

非 PPT 模式的转场效果相对会好一些，为了更好地应用这些转场效果，建议抽时间逐一播放观看效果。

STEP 02 编辑音频与字幕

编辑音频

使用万彩动画大师制作微课，我们会用到四种音频，分别是真人配音、文字转语音、音效和背景音乐。其中前两种是根据脚本内容录制的音频，不可或缺；后两种是为了提升微课效果添加的音频，效果会更好。

这些音频应该如何添加，又应该如何编辑呢？

■ 如何添加真人配音

在万彩动画大师里添加真人配音的方法有两种，一种是直接录音，一种是将已经录好的音频添加进来。

调整场景时长确保音频可以被完整录制之后，就可以直接录音了。

具体操作步骤：点击“…”>点击“录音”>点击录音音标开始录音>点击“V”添加录制的音频，如图 2-25 所示。

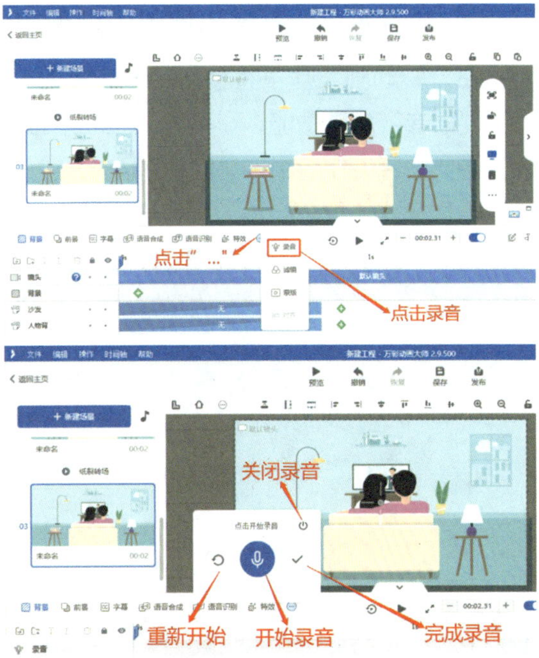

图 2-25 真人录音

如果录制音频出现失误，可以重新录音；如果不需要录制，则可以关闭录音面板。

如果想添加外部已经录好的音频，其操作步骤：点击右侧的“音乐”>点击“添加音乐”选择“本地音乐”>选择音频>点击“打开”，如图 2–26 所示。

图 2–26 添加外部音频

■ 如何将文字转换为音频

在万彩动画大师里将文字变为音频的方法有两种，一种是使用万彩动画大师里的“语音合成”功能，一种是在生成字幕的时候同步生成音频，这里我们重点讲解前者，后者会在编辑字幕时讲解。

具体操作步骤：点击“语音合成”>添加文字内容（单次最多 800 字）>选择配音角色>调整音量和语速>试听前 15 个字的效果>点击“应用”添加音频，如图 2–27 所示。

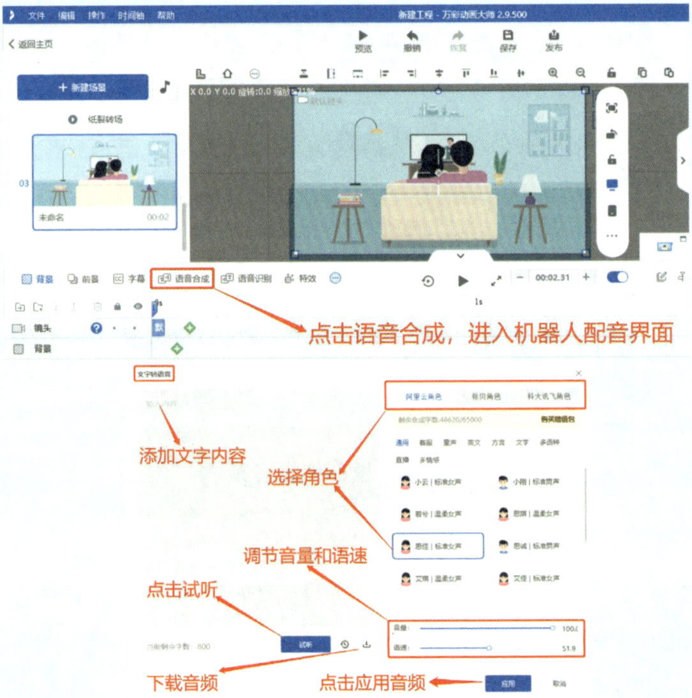

图 2-27 将文字转换为音频

如果想下载保存这些音频，可以点击下载音标，下载保存到相应的文件夹中。

在这里需要注意的是，目前万彩动画大师上面的机器人配音角色有三大类别，分别是阿里云角色、标贝角色和科大讯飞角色。

阿里云角色包含 8 类，共计 72 个角色，其中通用 12 个，客服 12 个，童声 5 个，英文 12 个，方言 5 个，文学 16 个，多语种 2 个，直播 8 个，配音效果最好的是文学类角色。

标贝角色包含 7 类，共计 22 个角色，其中智能客服 2 个，新闻播报 2 个，小说合成 3 个，标准合成 5 个，英文合成 2 个，特色合成 7 个，电商销售 1 个。相较于阿里云和科大讯飞而言，标贝角色比较有特色的是特色合成，比如孙悟空的声音。

科大讯飞角色包含 32 个角色，既有普通话和外语，又有方言和卡通。

三者比较，科大讯飞的优点是免费无限制，缺点是配音效果一般；阿里云和标贝的优点是配音效果较好，缺点是有字数限制。

如果对生成的音频不满意，可以双击音频条 > 进入文字转语音界面 > 重新编辑，如图 2-28 所示。

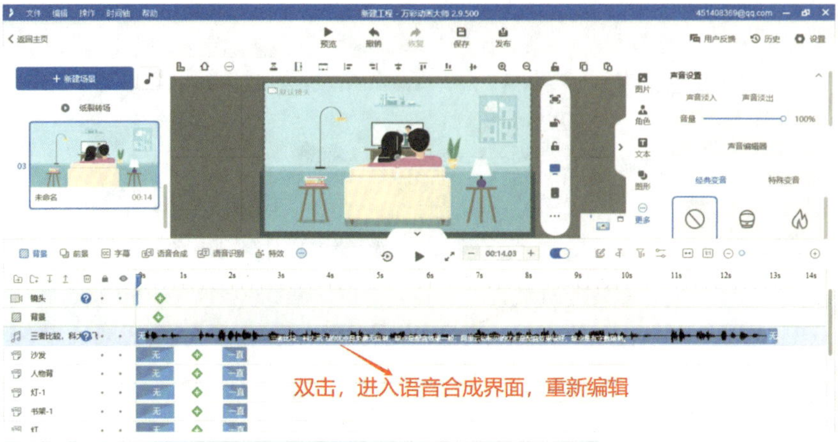

图 2-28 重新编辑音频

■ 如何编辑音频

如果想要对添加的音频进行编辑，可以按照如下步骤操作：单击声音条 > 进入声音编辑界面 > 设置音频的淡入和淡出 > 调整音量 > 在经典变音或特殊变音中选择一种声音，如图 2-29 所示。

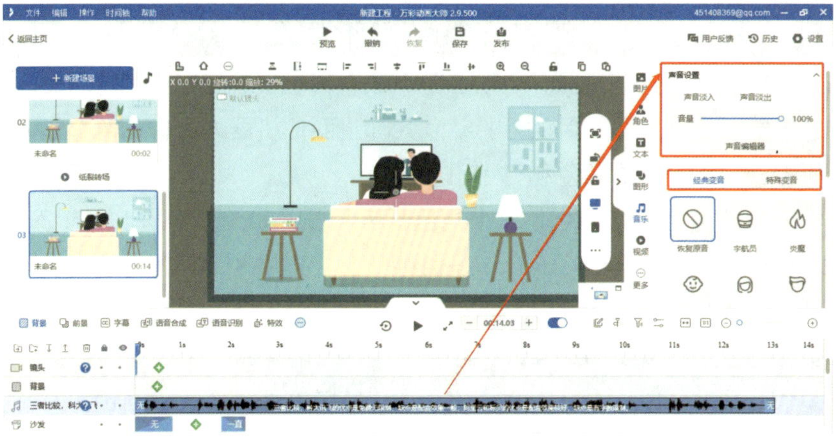

图 2-29 编辑音频

当然，也可以选中声音条，然后双击进入声音编辑界面，只不过这种方法只适合真人配音，不适合机器人合成的配音。

■ 如何裁剪音频

无论是真人配音还是机器人配音，当我们需要对于添加的音频进行裁剪时，可以按照如下步骤操作：选中音频条 > 选择“裁剪音频” > 调整开始时间和结束时间 > 播放试听 > 确定，如图 2-30 所示。

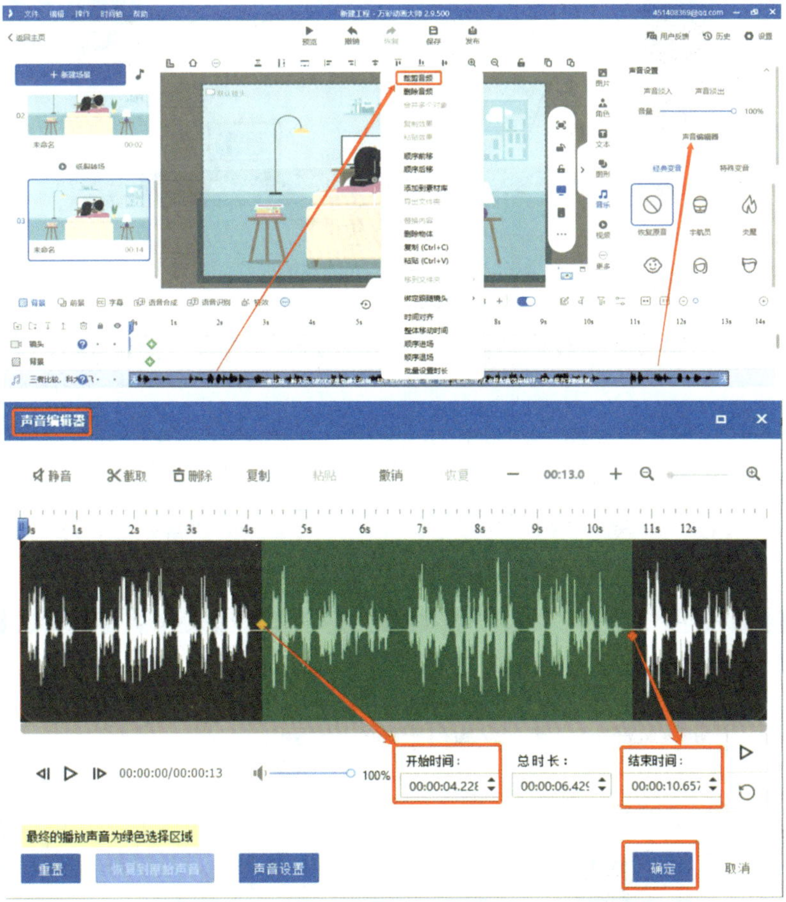

图 2-30 裁剪音频

如果此时想对音频进行变音处理，可以点击“声音设置”，从“声音类型”里选择角色即可，如图 2-31 所示。

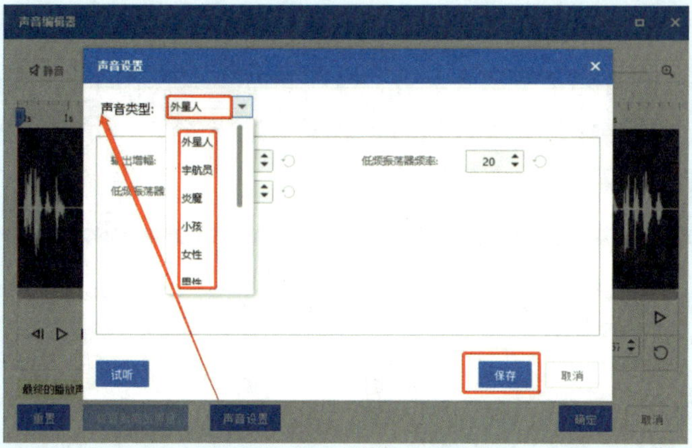

图 2-31 变音设置

■ 如何添加音效

为了提升微课效果，我们可以在关键词出现的时候为它添加音效，在万彩动画大师里添加音效的方法有两种，一种是添加外部音效，一种是添加万彩动画大师自带的音效。前者操作步骤与添加外部音频是一样的，这里我们重点讲解如何添加万彩动画大师自带的音效。

添加音效操作步骤：点击“音乐”>在“音效库”或“音乐库”选择一个音频，或者通过搜索关键词的方式搜索并添加音效，如图 2-32 所示。

图 2-32 添加音效

需要说明的是，音效库包含办公、动物、交通、人声、影视、游戏、乐器声、自然界、生活场景、数码科技、环境氛围、综艺搞怪、其他，共计 13 类 20000 多个音频。

音乐库包含开场、结尾、纯音乐、短音效、婚礼恋爱、毕业校园、情感氛围、网红歌曲、青春爱人朋友，共计 9 类，将近 2000 个音频。

如何添加、编辑背景音乐

好的背景音乐能提高微课学习效果，在万彩动画大师里添加背景音乐的方法非常简单，具体操作步骤：点击背景音乐图标 > 选择一首背景音乐 > 点击“打开” > 系统转码 > 添加成功，如图 2–33 所示。

图 2–33 添加背景音乐

如何编辑背景音乐

成功添加背景音乐之后，我们还需要对背景音乐进行编辑，包括调整音量大小、让音乐循环播放、裁剪空白部分。

调整音量大小操作步骤：点击背景音乐图标 > 点击“背景音乐音量”图标 > 通过拖拽的方式调整音量大小，如图 2–34 所示，背景音乐的音量大小通常在 10%~20% 比较合适，具体数值可以根据实际情况调整。

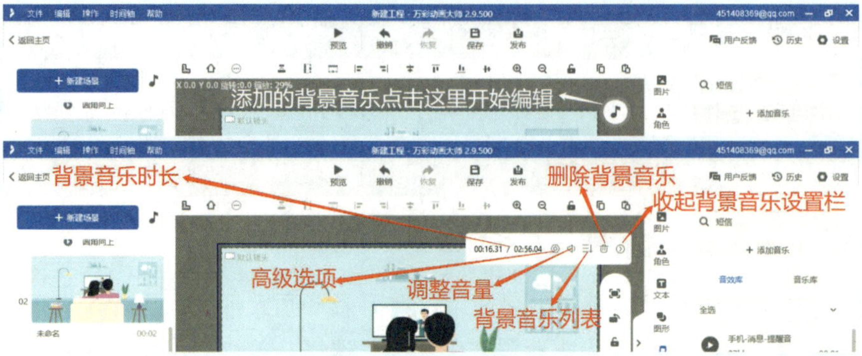

图 2-34 背景音乐设置栏

背景音乐循环播放操作步骤： 点击背景音乐图标 > 点击“背景音乐列表”图标 > 勾选“循环”，则背景音乐会一直循环播放，直到微课结束，如图 2-35 所示。

图 2-35 背景音乐循环播放

请注意：在“循环”右侧的“声音重叠时降低音量”是指当微课中有讲解配音时，背景音乐会自动降低音量；没有配音时，背景音乐会恢复到设置的音量值。这是一个很棒的功能，既能使配音不被背景音乐覆盖，又能让我们不用一点点地手动调节。

裁剪背景音乐操作步骤： 点击背景音乐图标 > 点击“背景音乐列表”图标 > 点击背景音乐名称右侧的“编辑”图标 > 通过拖拽该图标改变开始时间和结束时间 > 确定，如图 2-36 所示。

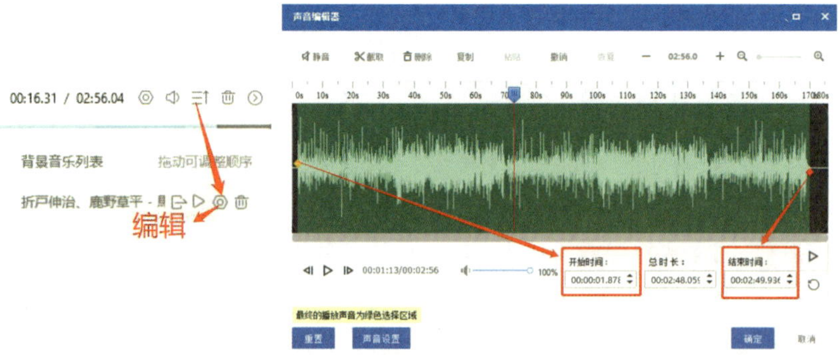

图 2-36 裁剪背景音乐

编辑字幕

微课的受众有两种，分别是听觉型学生和视觉型学生。对于听觉型学生，我们通过配音、音效和背景音乐的设置，可以让他们享受声音的盛宴，增强学习效果。

而对于视觉型学生而言，他们更喜欢通过看文字的方式来学习、思考，这时候我们就需要为微课添加文字内容，这里面的文字既有画布中的关键内容，还有贯穿整个微课的字幕。

■ 如何添加字幕

具体操作步骤：在时间轴上点击“字幕”图标 > 出现字幕列表与字幕对话框 > 在“字幕内容”中添加字幕，如图 2–37 所示。

如果想要添加多个字幕，可以点击下方的“添加字幕”或者按 Shift+Enter 键，即可将本场景中的所有字幕逐一添加进来。

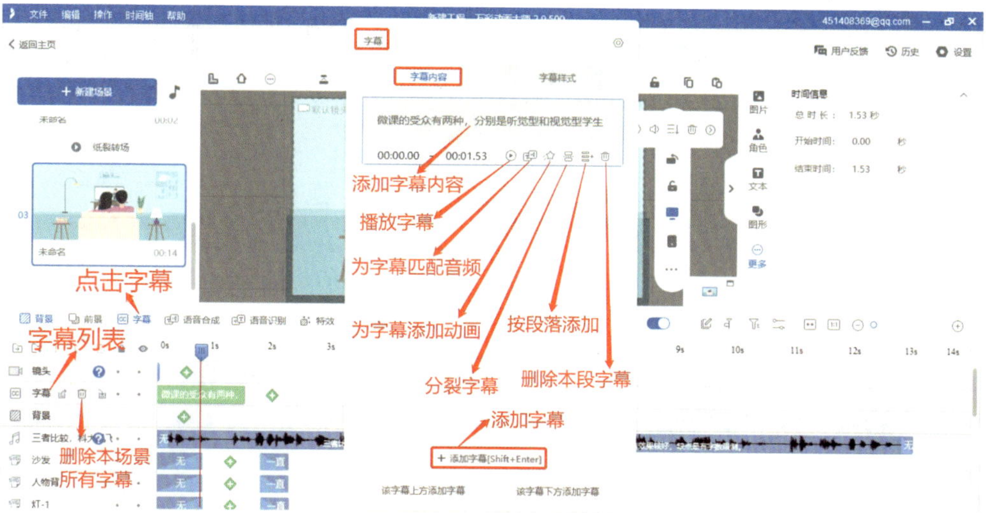

图 2–37 添加字幕

■ 如何为字幕配音

具体操作步骤：点击“为字幕匹配语音”图标 > 在“字幕语音配置”中选择角色 > 调整音量和语速 > 勾选“同步字幕 / 按段落添加时生成音频” > 点击“合成”，如图 2–38 所示。

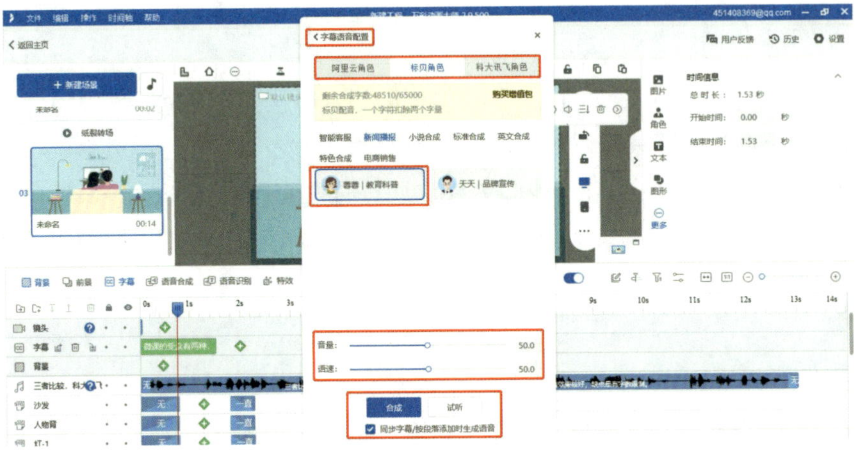

图 2-38 为字幕配音

如何为字幕添加动画

具体操作步骤：点击“为字幕动画”图标 > 在“字幕动画”中选择进场动画或退场动画 > 点击“应用”，如图 2-39 所示。

如果想要所有字幕都是用相同的进场动画和退场动画，点击“应用到所有”即可。

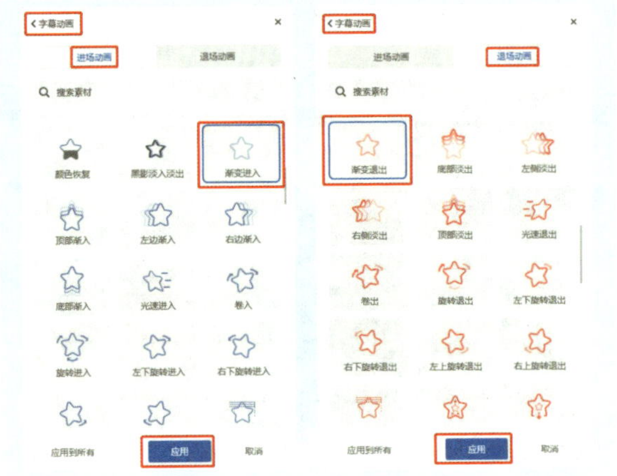

图 2-39 字幕添加动画

如何拆分字幕

具体操作步骤：将光标放在要分裂的字幕中间位置 > 点击“分裂字幕”图标，如图 2-40 所示。

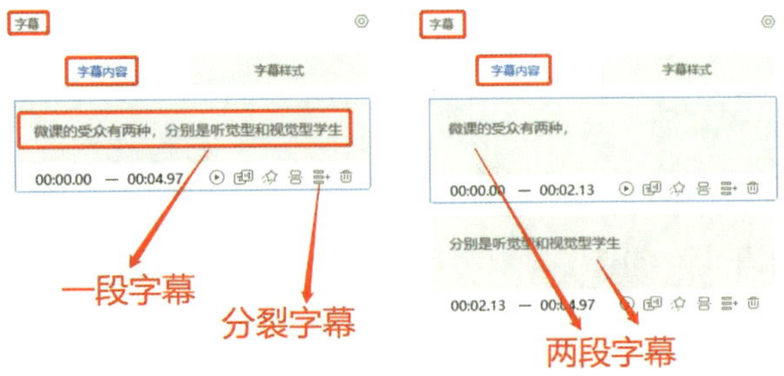

图 2-40 拆分字幕

■ 如何调整字幕样式

具体操作步骤：在字幕对话框中，选择“字幕样式”> 在文本设置中选择字体、字号、颜色和对齐方式 > 在字幕背景中选择字幕的背景颜色 > 选择一种文字特效 > 调整轮廓宽度 > 调整字幕位置，如图 2-41 所示。

字幕特效中比较好用的内黑外白（第一行第二个）和内白外黑（第四行第二个）这两种。

字幕最佳位置是上下 95，左右 50。

想要将所有的字幕都设置为同样的样式，可以点击“应用到全部场景”，则整个微课的字幕都是使用同样的样式。

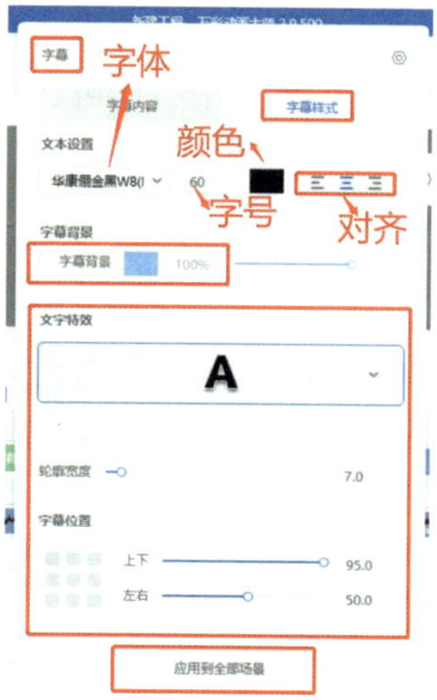

图 2-41 字幕样式

STEP 03 编辑素材

当我们依据脚本在万彩动画大师里添加场景，并为每个场景添加音频与字幕之后，接下来就要依据脚本在画布上面添加相应的素材，并对这些素材进行编辑。

万彩动画大师里可以添加的素材主要有 13 种，分别是图片、角色、文本、图形、视频、动画图片、SWF、特效、动画组件、SVG、工具、公式、图表。除此之外，我们自己平时收藏的素材及时间轴上的特效、滤镜、蒙版、前景也可以作为素材添加到画布中，以提升微课的画面效果。

魅力图片

使用图片能够让微课场景更加感性，激发学生的右脑，提高学生的学习效率。

■ 如何添加图片

在万彩动画大师里，添加图片的方法有两种，一种是添加万彩动画大师自带的图片，一种是添加万彩动画大师外部的图片。

添加万彩自带图片操作步骤：点击“图片”＞选择图片类别＞选择想要添加的图片＞单击，即可在画布中添加图片，如图 2-42 所示。

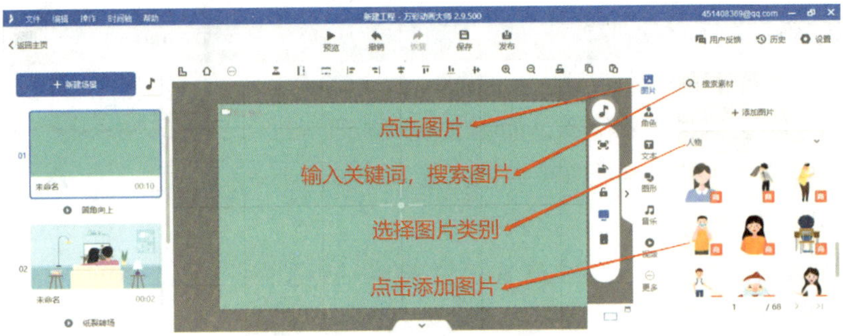

图 2-42 添加万彩自带图片

万彩动画大师自带图片共计 31 类，将近 16000 张，包含包、便签、动物、人物、图标、建筑、条幅、标签、植物、球体、白云、相框、花边、音乐、广告牌、指示牌、笔记本、数码设备、旅游度假、对话泡泡、动感线条、铃铛彩带、办公用品、家居用品、多彩热气球、精美便利贴、交通运输工具、精美礼物蛋糕、彩色数据图标分析、对话框及其他。这些图片能够满足我们制作微课的基本需求。

如果在万彩动画大师里找不到符合需求的图片，可以添加外部图片。

添加万彩外部图片操作步骤：点击“图片”＞点击“+ 添加图片”＞在文件夹中选择图片＞点击“打开”，即可在画布中添加图片，如图 2-43 所示。

图 2-43 添加万彩外部图片

■ 如何调整图片大小

添加到场景中的图片往往保持图片原有的比例和大小，相对于我们的需求而言，它们不是过大就是过小，此时我们需要调整图片的大小。

如图 2-44 所示，我们既可以在画布中直接通过拖拽的方式来改变图片大小，拖拽 1、2、3、4 四个小角其中的任何一个都可以等比例改变图片大小，拖拽 5 或 6 可以改变图片宽度，拖拽 7 或 8 可以改变图片高度；又可以在图片编辑栏中通过输入数值的方式来改变图片大小。

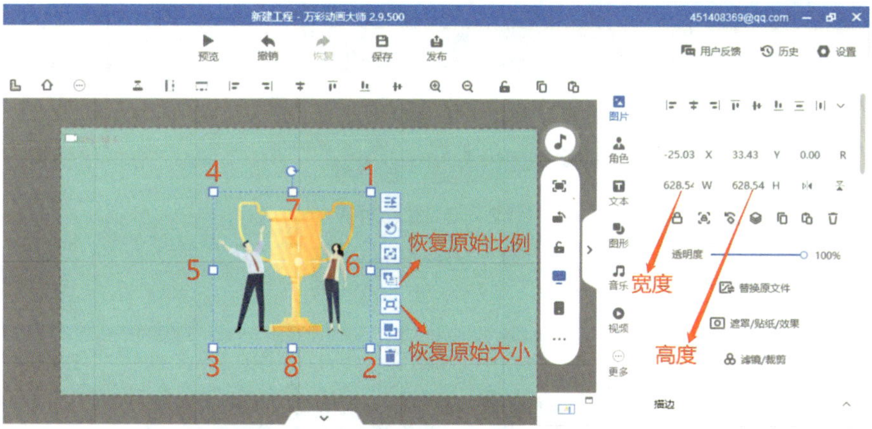

图 2-44 调整图片大小

■ 如何调整图片位置

图片大小调整之后，接下来就需要将图片放到合适的位置，我们既可以选中图片直接拖拽来改变它的位置，也可以通过在图片编辑栏中通过输入数值来改变图片位置，如图 2-45 所示。

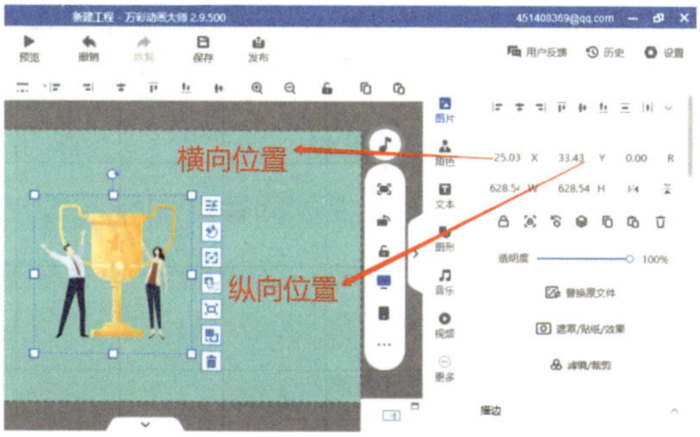

图 2-45 调整图片位置

X 是水平位置，中心位置的数值是 0，负数代表向左移动，正数代表向右移动；Y 是垂直位置，中心位置数值是 0，负数代表向上移动，正数代表向下移动。

除此之外，还可以使用万彩动画大师中的对齐功能，调整图片的位置，如图 2-46 所示。

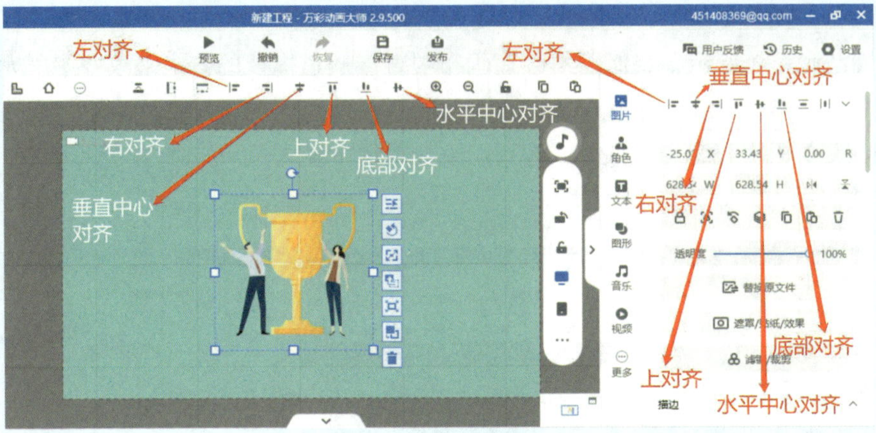

图 2-46 图片对齐

■ 如何调整图片角度

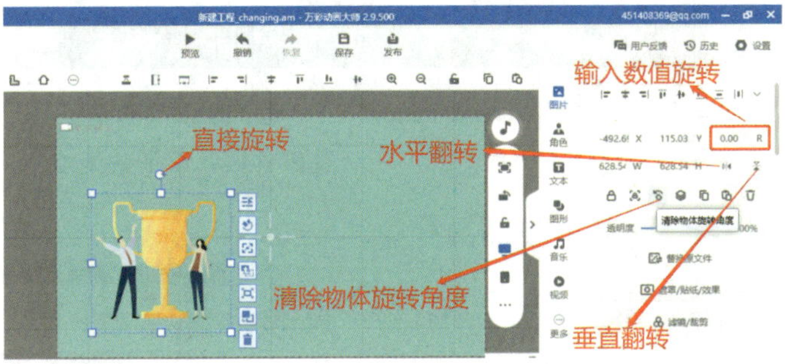

图 2-47 调整图片角度

有时候我们需要旋转图片调整它在画布中的角度，此时，我们既可以选中图片直接旋转，也可以输入数值进行旋转；而当我们需要让图片水平翻转或者垂直翻转时，可以在图片编辑栏中点击水平翻转或垂直翻转按钮来实现；如果旋转之后的角度不合适，想要重置后重新旋转，可以点击“清除物体旋转角度”，如图 2-47 所示。

■ 如何调整图片效果

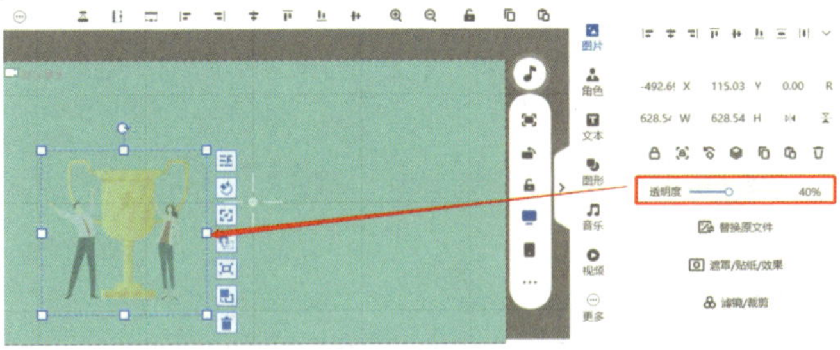

图 2-48 调整图片透明度

调整图片透明度：拖拽透明度比例条或输入数值即可，如图 2-48 所示。

为图片添加蒙版 / 贴纸 / 效果：选中图片 > 点击“遮罩 / 贴纸 / 效果” >

在蒙版中选择一个蒙版，调整宽度、高度、水平和垂直位置 / 在贴纸或相框中选择一个贴纸或相框，调整宽度、高度、水平和垂直位置 / 在效果中选择一个效果，并调整阴影（颜色 / 角度 / 距离 / 模糊 / 透明度）、强度和边框（颜色 / 大小），如图 2-49 所示。

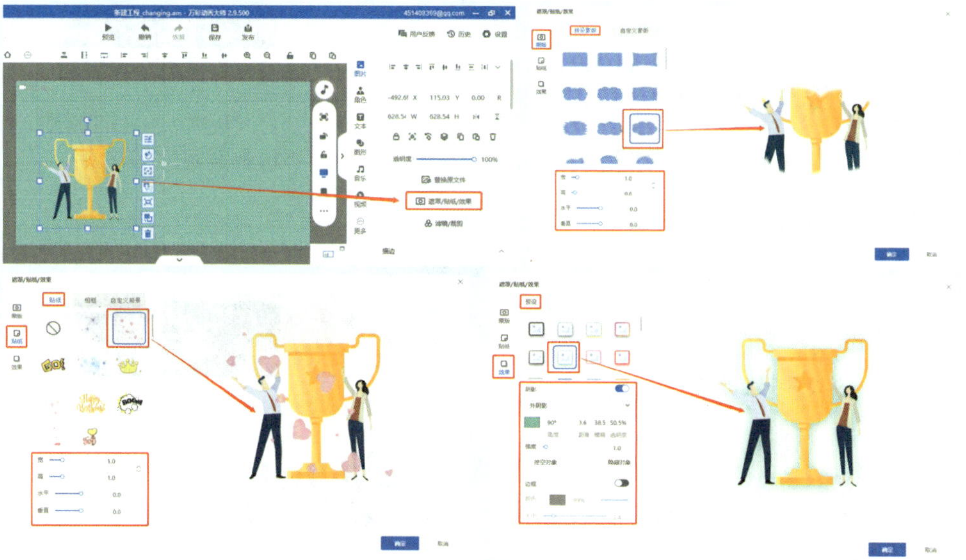

图 2-49　图片添加蒙版 / 贴纸 / 效果

为图片添加滤镜效果： 选中图片 > 点击“滤镜 / 裁剪”> 点击“滤镜”> 选择一种滤镜 > 点击“确定”，如图 2-50 所示。

图 2-50　图片添加滤镜效果

裁剪图片： 选中图片 > 点击“滤镜 / 裁剪”> 点击“裁剪”> 选择一种裁剪比例 > 选择要保留的部分 > 点击“确定”，如图 2-51 所示。

如果需要旋转图片，可在“操作”中选择左旋转 / 右旋转 / 水平翻转 / 垂直翻转。

删除图片背景： 选中图片 > 点击“滤镜 / 裁剪” > 点击“工具” > 点击“去除背景色” > 选择要删除的背景颜色和容差值 > 点击“应用” > 点击“确定”，如图 2-52 所示。

调整图片亮度 / 对比度： 选中图片 > 点击“滤镜 / 裁剪” > 点击“工具” > 点击“亮度 / 对比度” > 调整亮度和对比度数值 > 点击“应用” > 点击“确定”，如图 2-53 所示。

调整图片色相 / 饱和度： 选中图片 > 点击“滤镜 / 裁剪” > 点击“工具” > 点击“色相 / 饱和度” > 调整色相、饱和度和明度数值 > 点击“应用” > 点击“确定”，如图 2-54 所示。

调整图片锐化： 选中图片 > 点击“滤镜 / 裁剪” > 点击“工具” > 点击“锐化” > 调整半径、数值和阀值 > 点击“应用” > 点击“确定”，如图 2-55 所示。

图片降噪： 选中图片 > 点击“滤镜 / 裁剪” > 点击“工具” > 点击“降噪” > 调整半径和阀值 > 点击“应用” > 点击“确定”，如图 2-56 所示。

图片高斯模糊： 选中图片 >

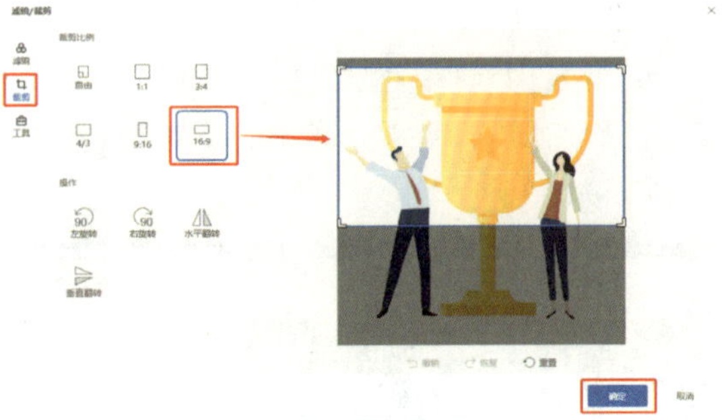

图 2-51 裁剪图片

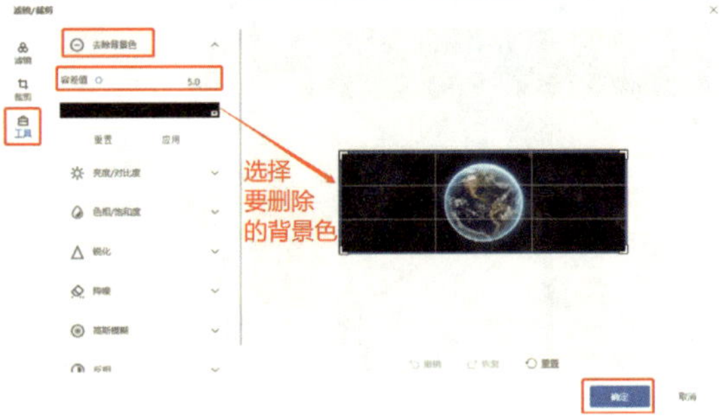

图 2-52 删除图片背景

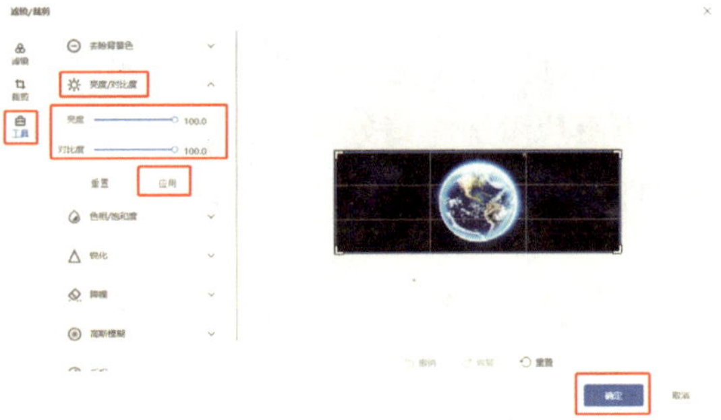

图 2-53 调整图片亮度 / 对比度

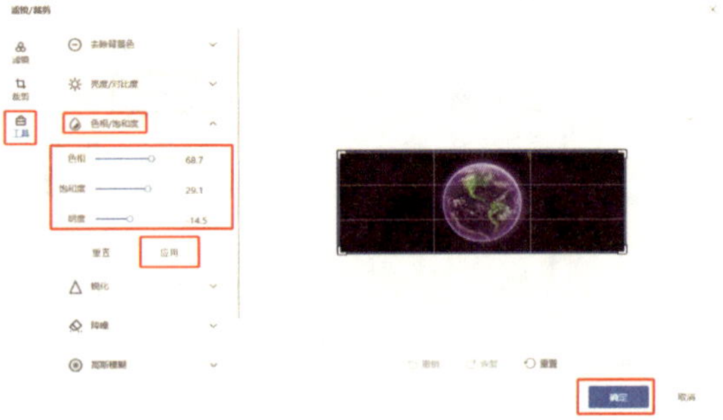

图 2-54 调整图片色相 / 饱和度

点击“滤镜 / 裁剪” > 点击“工具” > 点击“高斯模糊” > 调整半径 > 点击“应用” > 点击“确定”，如图 2–57 所示。

图片反相：选中图片 > 点击“滤镜 / 裁剪” > 点击“工具” > 点击“反相” > 点击“应用” > 点击“确定”，如图 2–58 所示。

如果对图片处理结果不满意，可以点击“撤销”或“重置”。

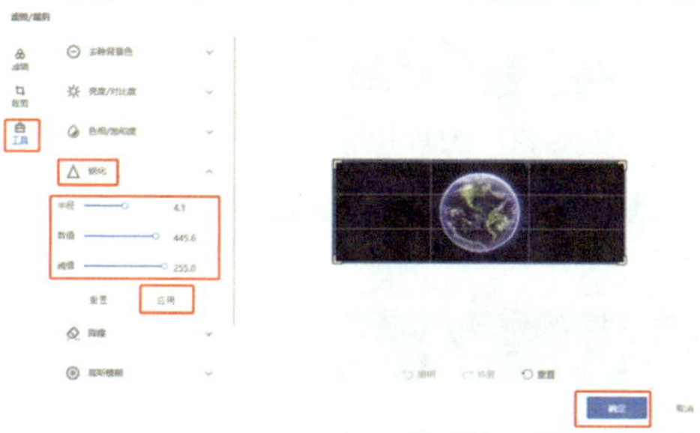

图 2–55 调整图片锐化

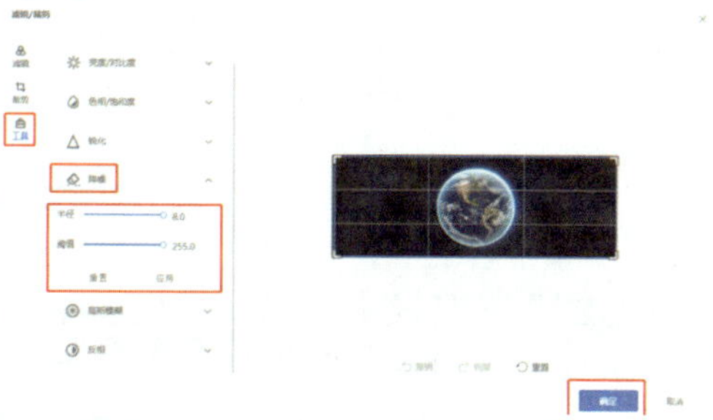

图 2–56 图片降噪

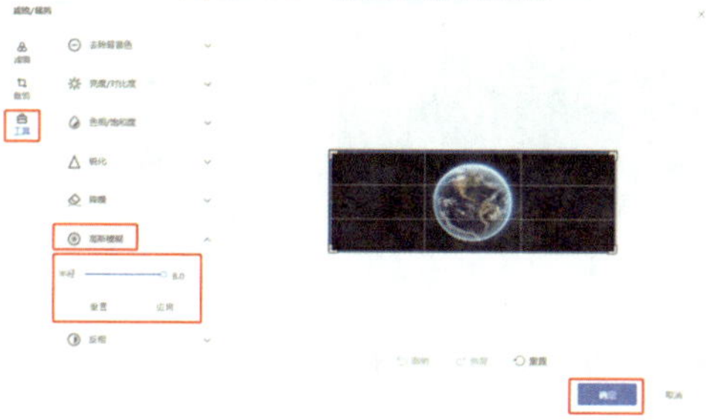

图 2–57 图片高斯模糊

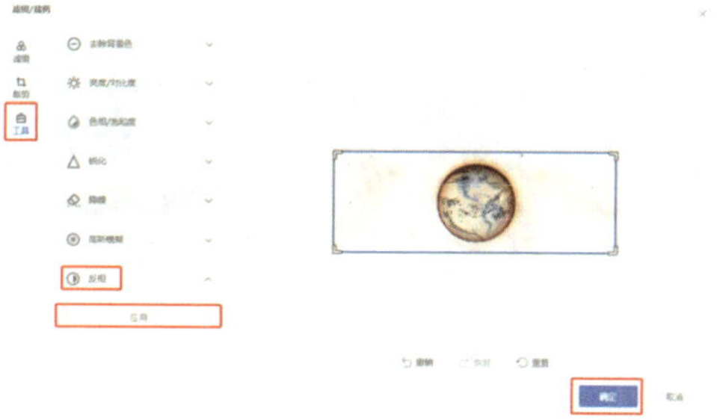

图 2–58 图片反相

图片边框：选中图片 > 选择“描边” > 选择“颜色” > 调整“透明度” > 选择“线条粗细”，如图 2–59 所示。

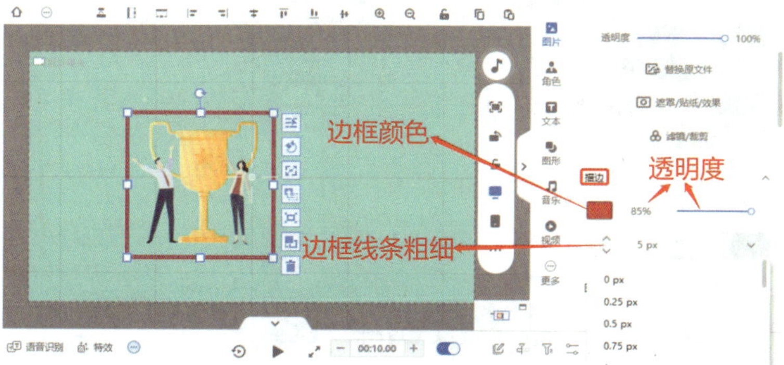

图 2–59 图片边框

图片换色：选中图片 > 选择“图片换色” > 点击“选取颜色”选择要被替换的颜色 > 点击“替换颜色”，选择替换后的颜色 > 调整“容差值” > 点击“应用”，如图 2–60 所示。

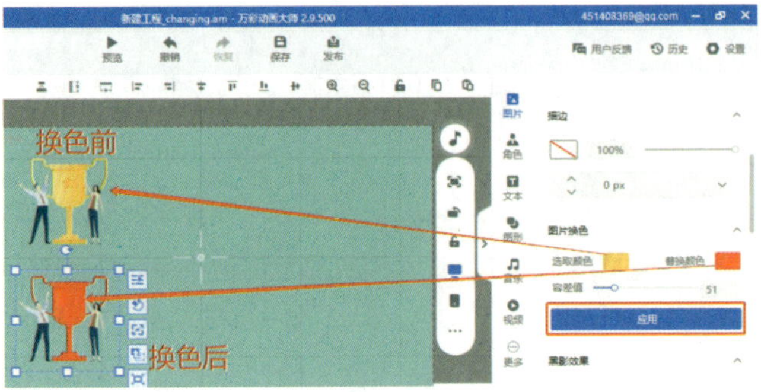

图 2–60　图片换色

图片倒影 / 发光效果：选中图片 > 选择“倒影 / 发光效果” > 选择一个效果，如图 2–61 所示。

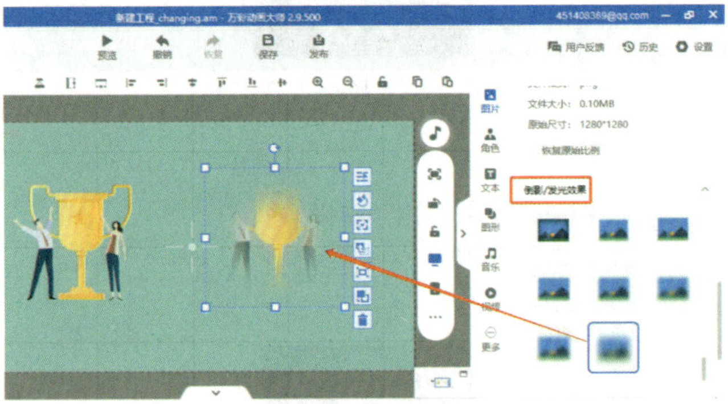

图 2–61　图片倒影 / 发光效果

图片其他设置：如图 2–62 所示，如果还需要锁定图片、固定图片位置不随镜头移动、清除图片旋转角度、调整多个图片的图层、复制图片、粘贴图片、删除图片、替换图片、多张图片横向或纵向排布并且间距相等，可以点击图中相应按键。

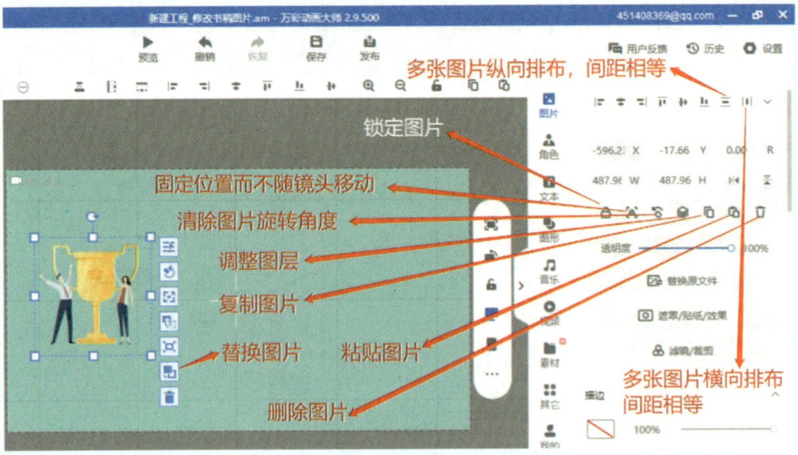

图 2–62　图片其他设置

百变角色

角色即人物动图，是万彩动画大师最大的亮点，在万彩动画大师里有官方角色 222 个、拟人角色 137 个、表情包角色 56 个和可编辑角色 42 个，前三类角色有系统完整的表情包。

■ 官方角色

官方角色人物众多，我把官方角色按照微课场景分成15个类别，分别是孩童类、学生类、运动类、老师类、家长类、医护类、职场类、公务员、其他职业、生活类、名人类、电影类、古人类、外国人、动物类，如图 2-63 所示。

图 2-63 官方角色示例

如果要做幼儿或小学微课，孩童类、学生类、老师类、动物类角色使用较多；

如果要做亲子微课，孩童类、学生类、家长类角色使用较多；

如果要做中学微课，学生类、老师类角色使用较多；

如果要做体育微课，运动类、老师类角色使用较多；

如果要做语文微课，古人类角色使用较多；

如果要做数学微课，名人类角色使用较多；

如果要做英语微课，外国人、电影类角色使用较多；

如果要做医疗微课，医护类角色使用较多；

如果要做职场微课，职场类、公务员、其他职业、生活类的角色使用较多。

孩童类： 婴儿、孩童、小男孩、小男孩 1、小男孩 2、小女孩、小女孩 1、小女孩 2。

学生类： 男小学生、女小学生、男初中生、女初中生、男高中生、女高中生、男大学生、女大学生、毕业生男、毕业生女。

运动类： 运动男生、运动女生、男运动员、阳光运动男、肌肉男、棒球男、力量型男、滑板赛车男、黑皮肤运动男。

老师类：男教授、女教师2个、男教师2个、女教师1。

家长类：老爷爷、老奶奶、爸爸、妈妈、妈妈1、老太太、老伯伯。

医护类：外科医生、牙科医生、男医生2个、女医生、护士长、女护士、女护士1、Q版护士、病人、男病人、女病人。

职场类：老板、企业老总、女总监、商业白领男、西装商业男、商务精英男、眼镜商务男、时尚商务男、外国精英男、商务男士、西装商业女、女白领、女职员、商务女士、女秘书、黑皮肤精英女、员工、银行大堂经理、银行柜员、大堂经理女、企业人员。

公务员：陆军军人、仪仗队女兵、武警、警察2个、男警察、女警察、法官、女检察官、男交警、女税务员、男税务人员、女税收人员、城管2个、消防员。

其他职业：主持人、导游、女导游向导、建筑工程师、建筑工人、白帽工人、黄帽工人、电力工人、环卫工人、杂工、空姐2个、机场安检员、快递员、外卖员、男服务员、女服务员、服务员、厨师、中介、保安、安保、农民2个、客服、男客服、青年志愿者、男小商贩、女小商贩、囚犯、小偷、少数民族。

生活类：中年大妈、时尚女郎、银行女客户、孕妇、女明星、新郎、新娘、中年大叔、明星、休闲男、直发女、卷发女、卷发男、眼镜男、多人对话、中国女人、中国男人。

名人类：居里夫人、牛顿、鲁迅、爱因斯坦。

电影类：超人、圣诞精灵、幽灵、怪物、吸血鬼、女巫、圣诞老人2个、木乃伊。

古人类：皇帝、丞相、将军、孔夫子、夫子、书生、秀才、书童、芝麻官、侍卫、士兵、皇后、宫妃、妃子、公主、宫女、仙女、古代美女、诗人、地主、财主、平民、壮汉、老翁、老妪。

外国人：印度美女、印度女人、印度男人、非洲女人、非洲男人、外国休闲女、阿拉伯男、阿拉伯女人、阿拉伯男人、日本女人、日本男人。

动物类：鸡、公鸡音乐家、鸭、龙、牛、牛送货员、兔子、兔子飞行员、羊、羊农夫、猪、马、斑马消防员、老鼠、猫猫狗狗、狗侦探、宠物狗、狗厨师、宠物猫、猫艺术家、小老虎、猴子、猴子科学家、松鼠邮差、袋鼠教授、企鹅医生、商务象、商务熊、熊猫杂工、鹿猎人、狮子健美运动员、河马教师、老虎警察、狼小偷。

■ 拟人角色

我把拟人角色按照微课场景分成8个类别，分别是日常生活类、食物类、水果类、饮料类、动物类、植物类、瓜果蔬菜类、天空类，如图 2–64 所示。

图 2–64 拟人角色示例

日常生活：牙齿、香水、洗手液、iPad、信封、相机、水彩笔、书本、书、书包、色板、闹钟、帽子、口罩、罐子 2 个、包装袋、棒球、碗、被、被子、水杯、瓶、鲜奶瓶、调料瓶 2 个、圣诞树、球 2 个、花、爱心。

食物：缤纷蛋糕、小蛋糕 3 个、巧克力蛋糕 2 个、巧克力、甜甜圈、糖 2 个、披萨、糯米、面包 3 个、米饭、米袋、鸡腿、鸡蛋、荷包蛋、汉堡 2 个、汉堡包、饭团、饼干、爆米花、包子。

水果：雪梨、西瓜、葡萄、苹果、青苹果、苹果半核、梨、梨子、半梨、橙子 5 个、草莓 4 个。

饮料：雪糕 5 个、樱桃雪糕、饮料 2 个、椰子 2 个、柠檬水、可乐、咖啡 2 个、咖啡杯、冰饮 2 个。

动物：猪、羊 2 个、鸭、熊、鸡、小鸡、兔子 2 个、奶牛 2 个、猫、猫爪、驴、狐狸、狗 2 个。

植物：仙人掌、盆栽。

瓜果蔬菜：玉米 2 个、洋葱、西红柿、土豆、青椒、茄子、南瓜 4 个、南瓜牛角、梅子、花菜、红萝卜、菠萝、白菜。

天空：白云、云朵、星星、太阳 2 个、地球 2 个。

■ 表情包角色

表情包角色源于官方角色，不同之处在于表情包角色只有官方角色的上半身，并且设计得更加可爱，我把拟人角色按照微课场景分成 6 个类别，分类是孩童类、家长类、职业类、生活类、动物类、外国类，如图 2-65 所示。

图 2-65　表情包角色示例

孩童： 婴儿、小男孩、小女孩。

家长： 爸爸、妈妈、老奶奶、老爷爷。

职业： 城管、厨师、客服、空姐、农民、女白领、导游、快递员、外卖员、消防员、女导游向导、女警察、女秘书、企业人员、商业白领男、西装商业男、西装商业女、眼镜商务男、女护士、女教师、男教师。

生活： 卷发女、阳光运动男、时尚女郎、中国女人。

动物： 袋鼠教授、宠物狗、河马教师、狼小偷、鹿猎人、宠物男、猫艺术家、商务象、兔子飞行员、小黄鸡、企鹅医生、小黄鸭、熊猫杂工、猪厨师。

外国： 少数民族、阿拉伯女人、非洲男人、非洲女人、阿拉伯男人、日本男人、日本女人、印度女人、圣诞老人。

可编辑角色

可编辑角色源于官方角色，不同之处在于可编辑角色数量较少，并且可以添加我们为该角色设计的表情，如图 2-66 所示。

图 2-66　可编辑角色添加表情

■ 如何添加角色动作

方法 1 操作步骤：选择官方角色 / 拟人角色 / 表情包角色 > 点击“所有” > 直接选择角色 / 输入关键词搜索角色 > 点击角色 > 在所有 / 对话 / 表情 / 坐姿 / 肢体中选择动作或搜索关键词搜索动作 > 点击选中的动作，如图 2–67 所示。

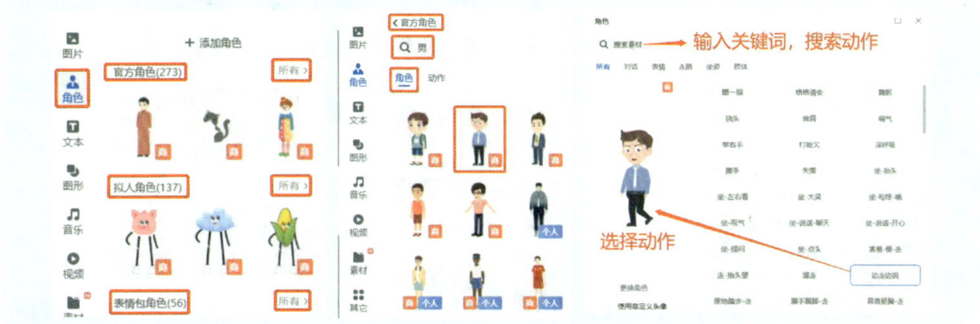

图 2–67　添加角色动作

方法 2 操作步骤：点击“+ 添加角色” > 选择官方角色 / 拟人角色 / 表情包角色 > 直接选择角色 / 输入关键词搜索、选择角色 > 点击角色 > 在所有 / 对话 / 表情 / 坐姿 / 肢体中选择动作或搜索关键词搜索动作 > 点击选中的动作，如图 2–68 所示。

图 2–68　添加角色动作

方法 3 操作步骤：点击“+ 添加角色” > 选择官方角色 / 拟人角色 / 表情包角色 > 输入关键词搜索、选择动作 > 点击角色与动作，如图 2–69 所示。

图 2-69 添加角色动作

■ 如何编辑角色动作

添加角色之后可以对角色进行编辑，如图 2-70 所示，其基本编辑方法与图片类似。

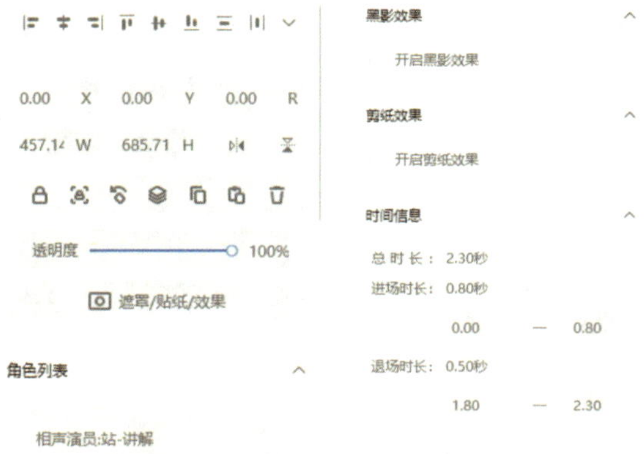

图 2-70 角色基础编辑

除了基本的编辑之外，我们在使用角色的过程中，通常需要该角色在画布上动起来，完整地展示该角色的某个动作表情，而最开始添加到画布的角色只能展示一部分动作，为什么呢？

这是因为，我们虽然添加了角色与动作，但是该动作的时长只有 1 秒钟，而一个角色的完整动作通常是在 3 秒钟左右。因此，我们需要在时间轴上将该角色的动作进度条拉长至 3 秒钟左右，并通过播放来调整时长，保证该角色的动作可以完整地展示出来。

如果需要该角色循环播放，可以点击“…”，然后选择循环播放。

如果需要继续在该角色后面添加别的动作，可以点击“+”添加新的动作，这样添加的动作可以保证整个角色在动作上的连贯性，如图 2–71 所示。

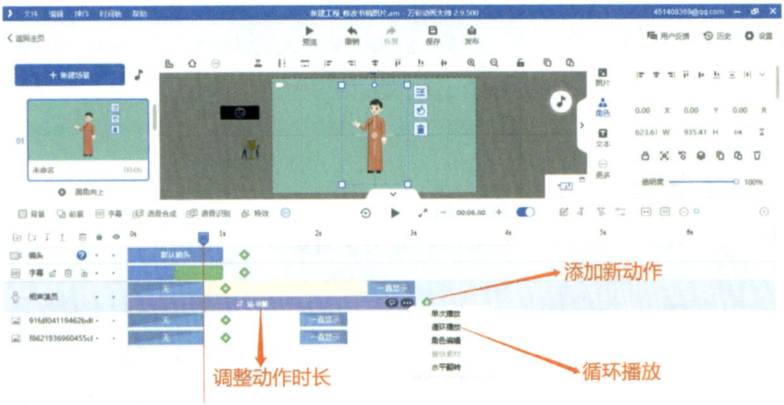

图 2–71 编辑角色动作

角色动作主要分为 5 个类别，分别是对话、表情、走路、坐姿、肢体，其中对话、表情、坐姿、肢体都是在固定位置展示动作，而走路是在走动的过程完成展示动作，这类动作比较特殊，要求角色要一边走动一边做动作。那么，如何让人物走起来呢？关于这个技巧我会在第 4 步详细讲解。

神奇文本

文本是指依据微课脚本在万彩动画大师的画布中添加的关键文字。

万彩动画大师中的文本分为四种类别，分别是基础文字、气泡文字、卡通文字和炸裂文字。

基础文字

■ 如何添加基础文字

具体操作步骤：点击“文本” > 选择“基础文字” > 点击“全部” > 从已有的 26 个文本模板中选择其中一个或者点击“添加文本” > 输入内容，如图 2–72 所示。

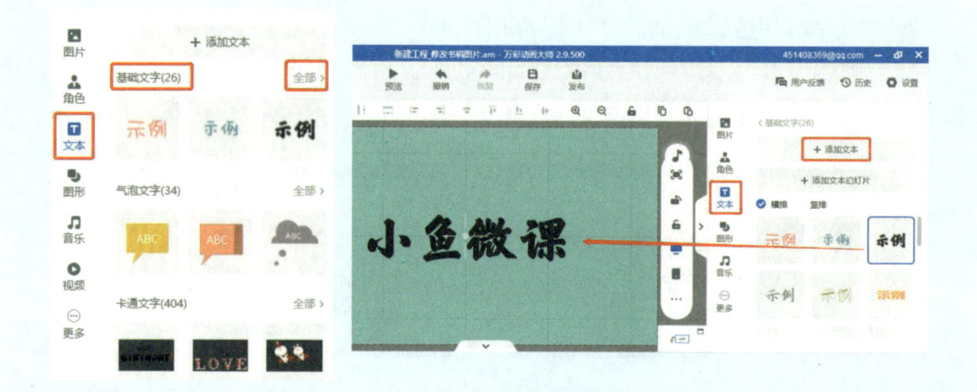

图 2-72 添加基础文字

■ 如何编辑文本内容

具体操作步骤： 选中文本 > 点击“编辑文本”图标 / 双击 / 按 insert 键 > 在光标处修改内容，如图 2-73 所示。

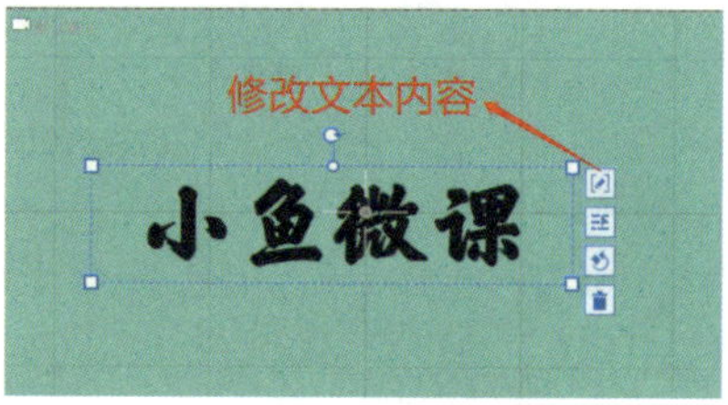

图 2-73 编辑文本内容

■ 如何设置文本格式

在修改内容的同时，如果需要修改字体、改变字号大小、改变字体颜色、对齐文本、加粗文本、让文字倾斜、给文字加下划线、增大 / 缩小行距、增大 / 缩小字距、等比例改变字号大小而不换行，可以参照图 2-74 中的标记进行操作，既可以在文本编辑栏进行编辑，也可以在点击文本编辑图表，进入文字编辑状态后在画布中进行编辑。

如果需要将某个文本的格式复制到其他文本中，可以使用文字编辑栏中的“格式刷”。

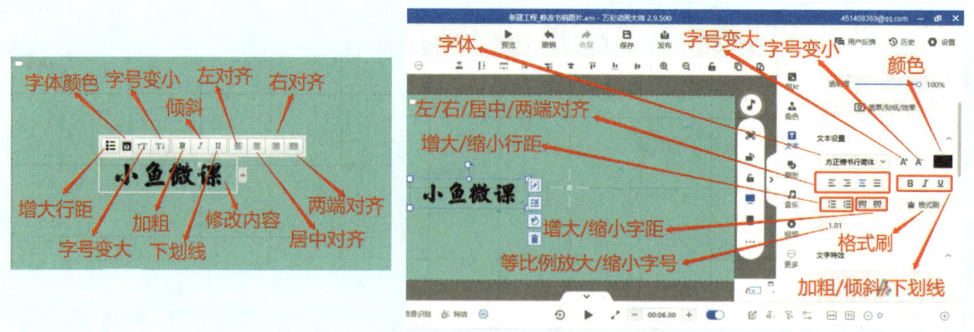

图 2-74 设置文本格式

■ 如何增加文本特效

具体操作步骤： 选中文本 > 选择“文字特效” > 选择一种文字特效，如图 2–75 所示。

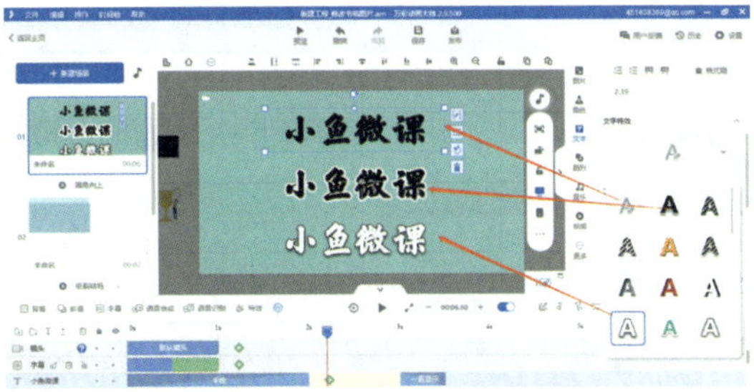

图 2–75　增加文字特效

■ 如何设置文本背景

具体操作步骤： 选中文本 > 选择“文本背景” > 点击背景旁边的颜色 > 选择填充方式（纯色填充 / 渐变填充）> 选择颜色 > 通过拖拽调整透明度，如图 2–76 所示。

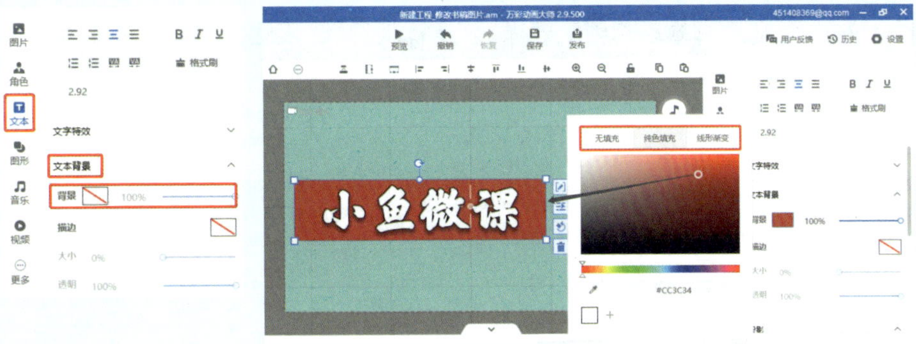

图 2–76　设置文本背景

■ 如何设置文本边框

具体操作步骤： 选中文本 > 选择“文本背景” > 点击描边旁边的颜色 > 选择纯色填充 > 选择颜色 > 调整边框大小和透明度，如图 2–77 所示。

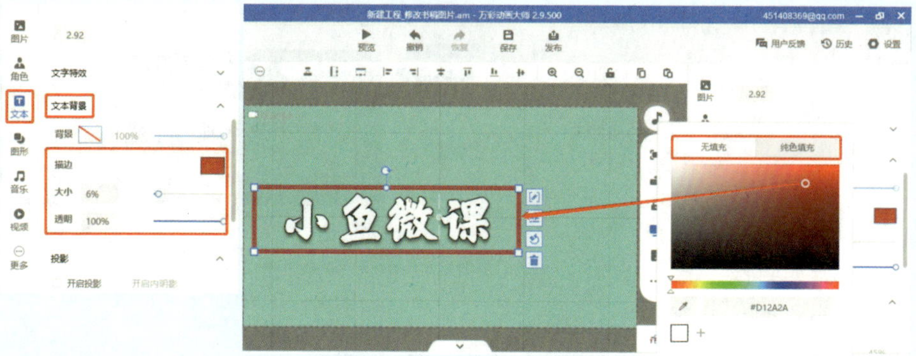

图 2-77 设置文本边框

除了以上这些文本编辑方式之外，如果还想调整文本的位置和透明度、旋转和锁定文本、添加黑影效果和剪纸效果，以及复制、粘贴、删除文本，可以参考图 2-78 进行编辑，其编辑方法与图片类似。

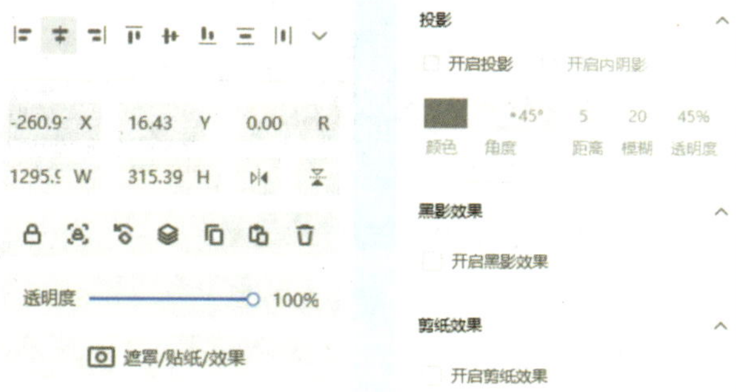

图 2-78 基础文字的基础编辑

气泡文字

■ 如何添加气泡文字

具体操作步骤： 点击“文本” > 选择“气泡文字” > 点击“全部” > 从已有的 34 个文本模板中选择其中一个 > 双击进入编辑状态 > 输入内容，如图 2-79 所示。

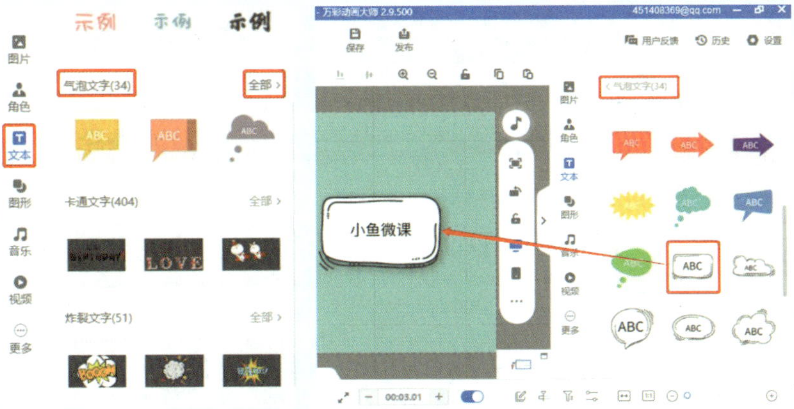

图 2-79 添加气泡文字

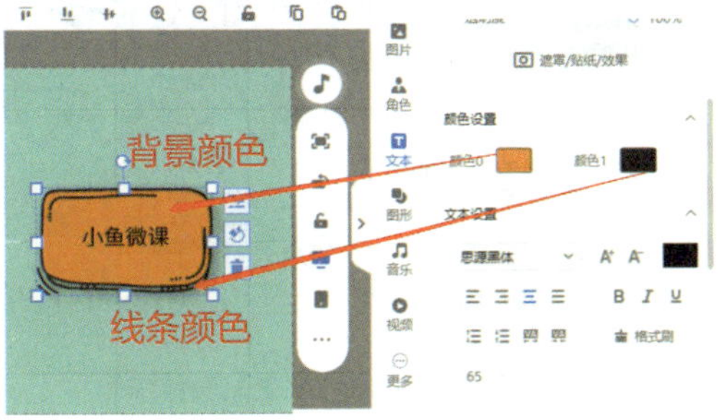

如何改变气泡颜色

具体操作步骤：点击“文本”>在文本编辑栏中选择“颜色设置”>在“颜色 0”选择背景颜色>在“颜色 1”选择线条颜色，如图 2-80 所示。

图 2-80 改变气泡颜色

如何增加投影效果

具体操作步骤：点击“文本”>在文本编辑栏中选择“投影”>勾选“开启投影”>设置颜色 / 角度 / 距离 / 模糊 / 透明度等数值，如图 2-81 所示，如果想要将外投影变为内阴影，勾选“开启内阴影”即可。

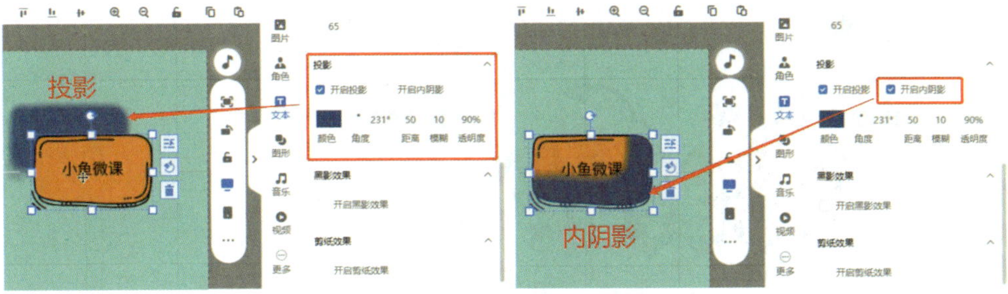

图 2-81 增加投影效果

卡通文字

■ 如何添加卡通文字

具体操作步骤：点击“文本”>选择“卡通文字”>点击“全部”>从已有的404个模板中选择其中一个/搜索关键词并选择一个卡通文字，如图2-82所示。

需要注意的是，卡通文字是万彩动画大师制作好的文字效果，其内容是不能编辑的。

图2-82 添加卡通文字

■ 如何让卡通文字循环播放

具体操作步骤：点击“卡通文字”>在文字编辑栏中选择“循环播放”>勾选“循环播放”，如图2-83所示。

图2-83 卡通文字循环播放

炸裂文字

如何添加炸裂文字

具体操作步骤：点击“文本”＞选择“炸裂文字”＞点击“全部”＞从已有的51个模板中选择其中一个/搜索关键词并选择一个炸裂文字，如图2-84所示。

与卡通文字一样，炸裂文字也是万彩动画大师制作好的文字效果，其内容是不能编辑的。

与卡通文字不同的是，炸裂文字在出现时自带爆炸/炸裂类效果。

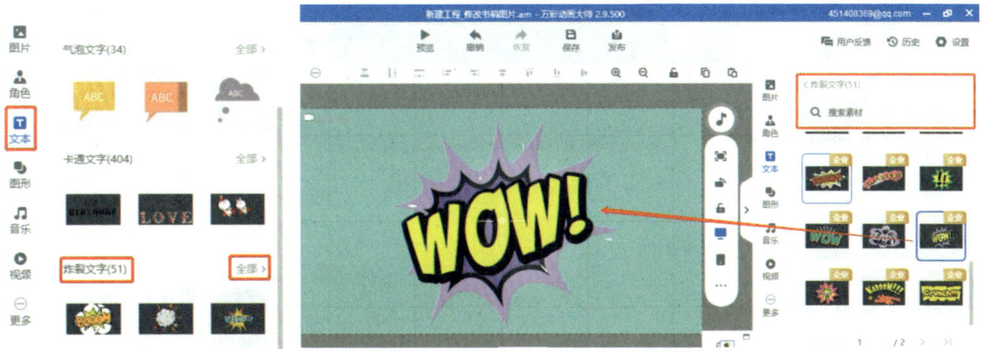

图2-84 添加炸裂文字

如何让炸裂文字循环播放

具体操作步骤：点击“炸裂文字”＞在文字编辑栏中选择“循环播放”＞勾选“循环播放”，如图2-85所示。

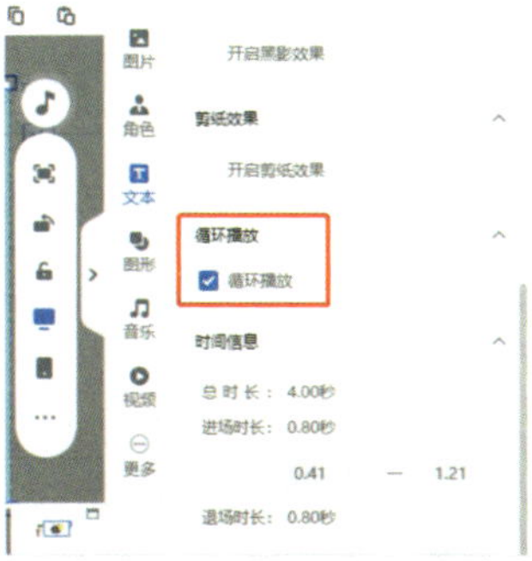

图2-85 炸裂文字循环播放

奇妙图形

万彩动画大师里共有11类1400多个图形，图形数量非常丰富。

其中，箭头71个、矩形9个、圆形15个、变体68个、对话框40个、特殊符号800多个、学科图形200多个（用于各个学科微课）、化学符号45个（用于化学微课）、数学符号45个（用于数学微课）、物理符号158个（用于物理微课）、逻辑流程图33个。

如何添加图形

具体操作步骤：点击“图形”＞选择图形类别＞选择一个图形＞单击即可添加到画布中，如图 2–86 所示。

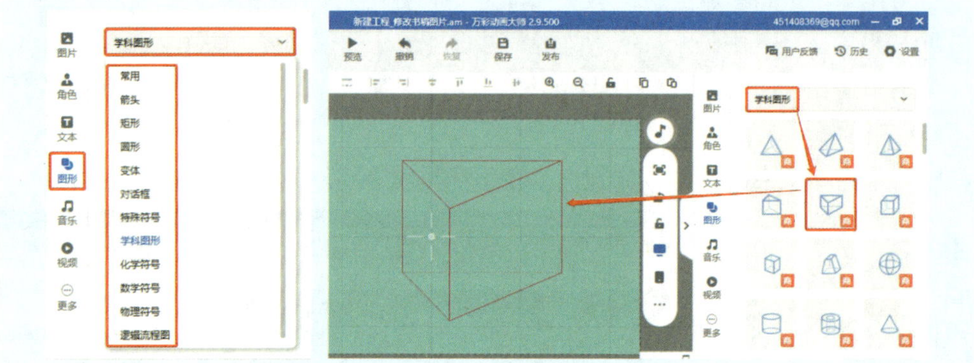

图 2–86 添加图形

如何改变图形颜色

具体操作步骤：点击“图形”＞在图形编辑栏中选择“填充”＞选择颜色、调整透明度＞在图形编辑栏中选择“描边”＞选择颜色、调整透明度，如图 2–87 所示。

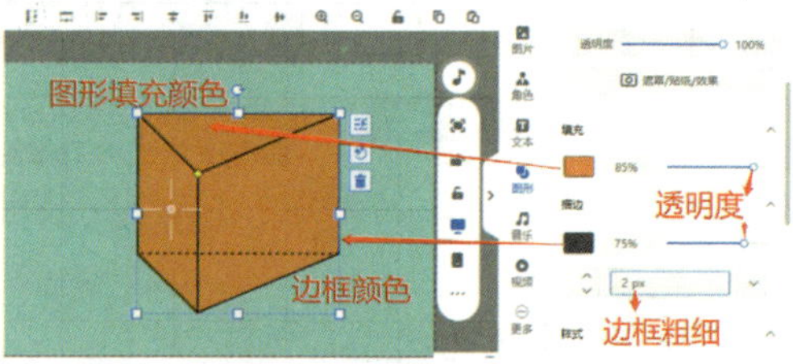

图 2–87 改变图形颜色

如何改变图形样式

具体操作步骤：点击“图形”＞在图形编辑栏中选择“样式”＞从样式菜单中选择一种样式，如图 2–88 所示。

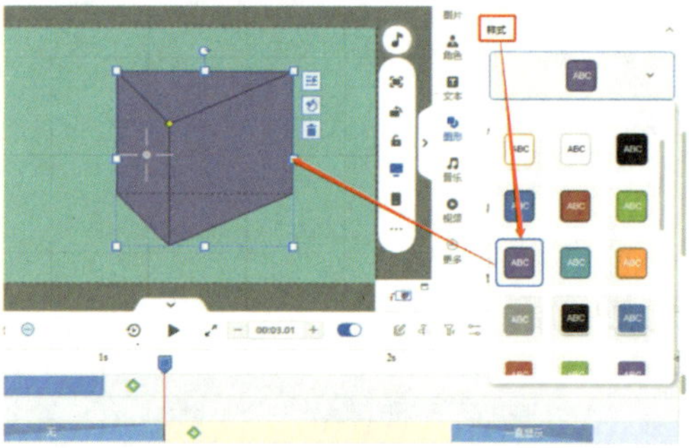

图 2–88 改变图形样式

如何添加点线动画

点线动画是指让图形按照某一种路径逐步出现的动画效果。

具体操作步骤：点击“图形”＞在图形编辑栏中选择“点线动画”＞点击“添加点线动画”即可添加 / 点击“清除点线动画”即可删除动画效果，如图 2–89 所示。

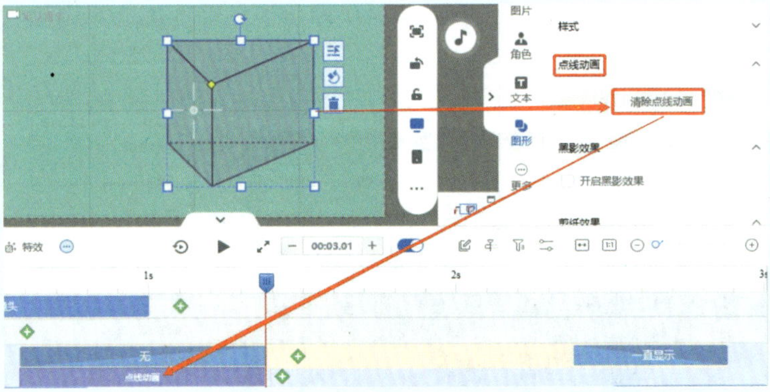

图 2-89 添加点线动画

动态视频

如何添加视频

具体操作步骤：点击“视频”>点击“+ 添加本地视频”>选择一个视频>点击“打开”，即可将视频添加到画布中，如图 2-90 所示。

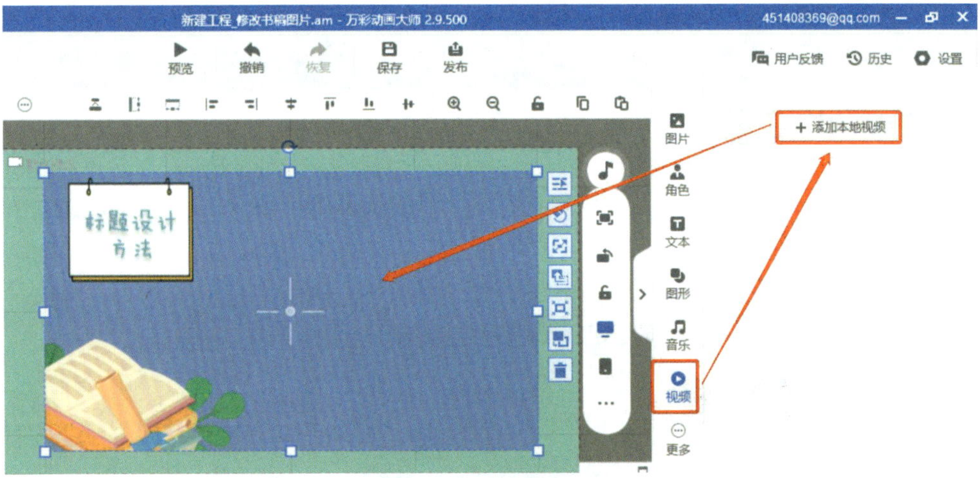

图 2-90 添加视频

如何编辑视频

调整音量操作步骤：点击“视频”>在视频编辑栏中选择“音 / 视频设置”>拖拽调节音量大小，如果视频独立播放，可勾选“独立播放”。

循环播放操作步骤：点击“视频”>在视频编辑栏中选择“循环播放”勾选“循环播放”，如图 2-91 所示。

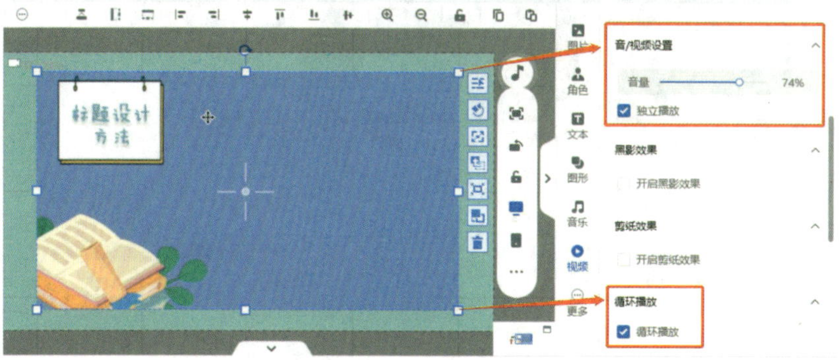

图 2-91 编辑视频

动态图片

万彩动画大师自带的动态图片共计 9 类 1889 个，其中，交通类 117 个，动物类 41 个，医疗健康类 280 个，教育培训类 104 个，节能环保类 128 个，商务金融类 103 个，生活娱乐类 496 个，互联网与信息技术类 338 个，其他 282 个。

■ 如何添加动态图片

具体操作步骤：点击“素材”>点击“动态图片”>点击“所有”>选择类别或搜索素材>点击选择该素材，即可将动态图片添加到画布中，如图 2-92 所示。

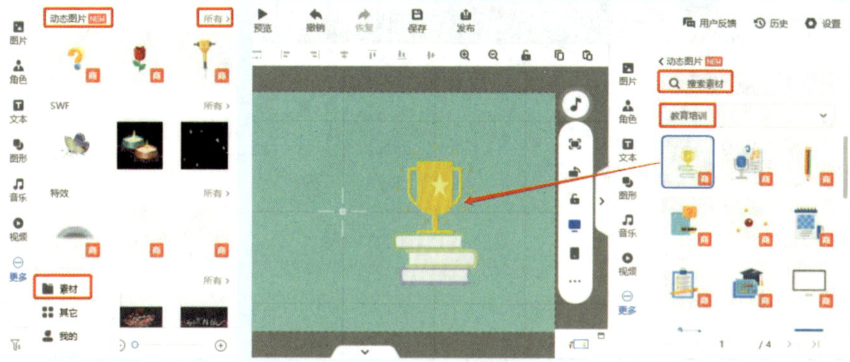

图 2-92 添加动态图片

如何编辑动态图片

具体操作步骤：选中“动态图片”> 在动态图片编辑栏中调整它的位置 / 大小 / 旋转角度 / 透明度 / 遮罩 / 贴纸 / 效果 / 黑影效果 / 剪纸效果，如图 2-93 所示。

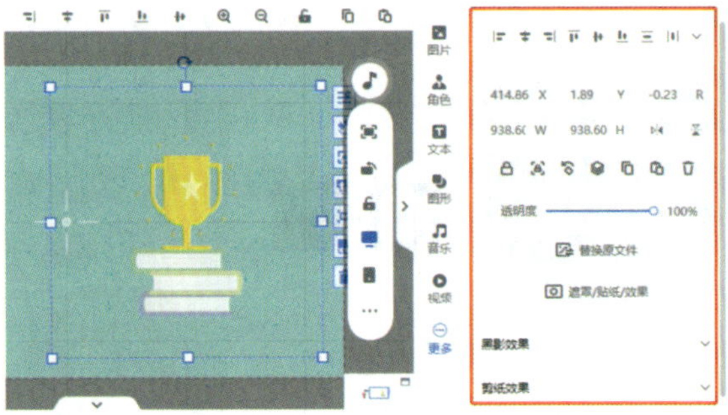

图 2-93 编辑动态图片

动态 SWF

万彩动画大师自带的 SWF 共计 43 类 2403 个，其中，海 23 个，烟 10 个，鱼 33 个，圣诞 70 个，昆虫 13 个，树木 43 个，气泡 14 个，气球 12 个，流星 7 个，云彩 13 个，人物 222 个，爱心 82 个，玫瑰 33 个，球体 18 个，窗帘 34 个，箭头 8 个，花果 81 个，荷花 107 个，落雨 28 个，蜜蜂 4 个，蜡烛 43 个，蜻蜓 12 个，蝴蝶 59 个，闪电 11 个，雪花 26 个，音乐 19 个，风车 6 个，飞鸟 79 个，动物 115 个，蒲公英 8 个，静态背景 15 个，场景特效 167 个，花—植物 303 个，动态背景 22 个，动感相框 75 个，商务办公 19 个，节日庆典 159 个，装饰—吊坠 88 个，繁星—夜空 87 个，落叶—花瓣 119 个，烟花—鞭炮 64 个，水滴—水泡 20 个，食物 32 个。

如何添加 SWF

具体操作步骤：点击“素材”> 点击“SWF”> 点击“所有”> 选择类别或搜索素材 > 点击选择该素材，即可将 SWF 添加到画布中，如图 2-94 所示。

如果需要添加万彩动画大师外部的 SWF，可以点击“+ 添加本地 SWF”，然后从文件夹中选择素材，点击“打开”即可。

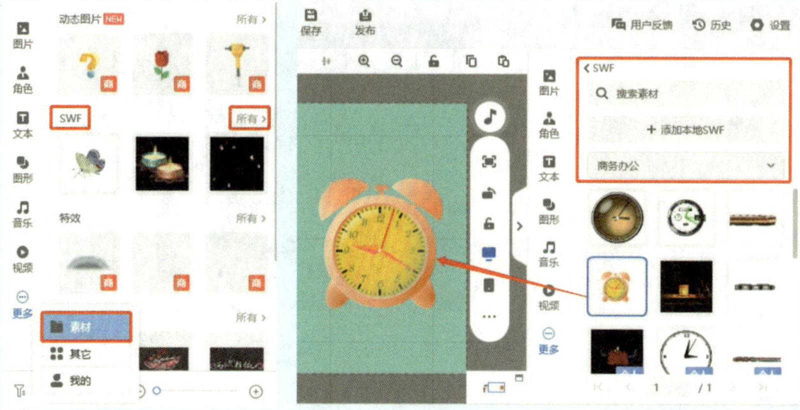

图 2-94 添加 SWF

如何编辑 SWF

具体操作步骤： 选中“SWF”> 在 SWF 编辑栏中调整它的位置 / 大小 / 旋转角度 / 透明度 / 遮罩 / 贴纸 / 效果 / 黑影效果 / 剪纸效果，如图 2-95 所示。

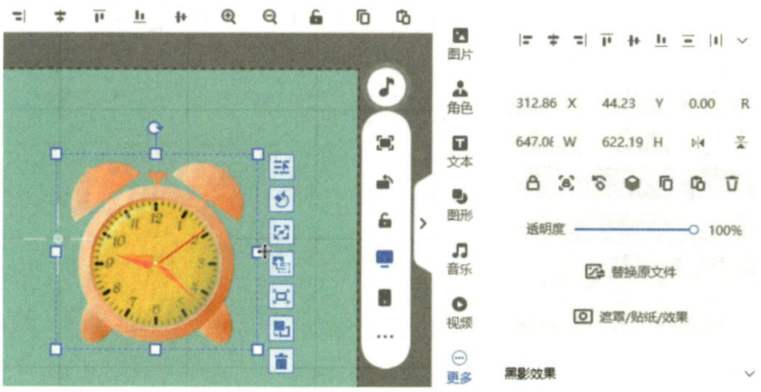

图 2-95 编辑 SWF

动态特效

万彩动画大师自带的特效共计 29 类 941 个，其中，光 10 个，水 69 个，火 84 个，风 13 个，太阳 7 个，雨雪 12 个，晕光 15 个，灯泡 2 个，烟花 5 个，白云 6 个，眩晕 3 个，飘叶 3 个，人物 41 个，动物 56 个，卡通类 251 个，爱心类 28 个，情绪符号 33 个，打击爆裂 28 个，烟雾爆炸 96 个，武打光晕 38 个，电影特效 1 个，刀光剑影 3 个，水泡气泡 15 个，繁星流星 10 个，水滴水纹 9 个，各种声音 10 个，泪花—汗水 17 个，闪电—电光 23 个，常用特效 53 个。

■ 如何添加特效

具体操作步骤： 点击“素材”＞点击“特效”＞点击“所有”＞选择类别或搜索素材＞点击选择该素材，即可将特效添加到画布中，如图 2–96 所示。

如果需要添加万彩外部的特效，可以点击“+ 添加本地特效”，然后从文件夹中选择素材，点击“打开”即可。

图 2–96 添加特效

■ 如何编辑特效

具体操作步骤： 选中“特效”＞在特效编辑栏中调整它的位置 / 大小 / 旋转角度 / 透明度 / 遮罩 / 贴纸 / 效果 / 黑影效果 / 剪纸效果，如图 2–97 所示。

图 2–97 编辑特效

动画组件

万彩动画大师自带的动画组件共计 13 类 2206 个，其中，婚恋 143 个，装饰字 132 个，花纹装饰 16 个，可爱卡通 102 个，爆炸风格 51 个，字幕特效 65 个，人物表情 168 个，卡通文字 404 个，网络文字 38 个，生日祝福 188 个，儿童成长 153 个，青春时光 81 个，3D 对象 665 个。

■ 如何添加动画组件

具体操作步骤： 点击“素材”＞点击“动画组件”＞点击“所有”＞选择类别

或搜索素材 > 点击选择该素材，即可将动画组件添加到画布中，如图 2-98 所示。

如果需要添加万彩动画大师外部的动画组件，可以点击“+ 添加本地动画组件”，然后从文件夹中选择素材，点击“打开”即可。

图 2-98 添加动画组件

如何编辑动画组件

具体操作步骤：选中“动画组件” > 在动画组件编辑栏中调整它的位置 / 大小 / 旋转角度 / 透明度 / 遮罩 / 贴纸 / 效果 / 黑影效果 / 剪纸效果 / 循环播放，如图 2-99 所示。

图 2-99 编辑动画组件

静态 SVG

万彩动画大师自带的 SVG 共计 21 类 2032 个，其中，灯 29 个，人物 146 个，动物 146 个，古典 47 个，器皿 68 个，家具 235 个，度假 81 个，建筑 223 个，果蔬 29 个，植物 375 个，乐器 6 个，玩具 14 个，体育用品 66 个，文化艺术 20 个，办公用品 158 个，交通工具 88 个，家居用品 44 个，医疗设备 61 个，自然景观 115 个，公共指示标识 71 个，装饰物 10 个。

■ 如何添加 SVG

具体操作步骤：点击“素材” > 点击“SVG” > 点击“所有” > 选择类别或搜索素材 > 点击选择该素材，即可将 SVG 添加到画布中，如图 2–100 所示。

图 2–100 添加 SVG

■ 如何编辑 SVG

具体操作步骤：选中“SVG” > 在 SVG 编辑栏中调整它的位置 / 大小 / 旋转角度 / 透明度 / 遮罩 / 贴纸 / 效果 / 点线动画 / 黑影效果 / 剪纸效果，如图 2–101 所示。

如果相对现有 SVG 素材进行编辑，需要下载万彩易绘大师。

图 2–101 编辑 SVG

工具（马赛克 / 模糊）

万彩动画大师自带的工具效果共计 10 个，分别是模糊、马赛克、黑白、放大镜、噪点、烟幕、动感模糊、挤压、高度、聚光灯。

■ 如何添加工具（马赛克 / 模糊）

具体操作步骤： 点击“更多”>点击“其他”>点击“工具（马赛克 / 模糊）”>点击选择某个工具，即可将工具添加到画布中，如图 2-102 所示。

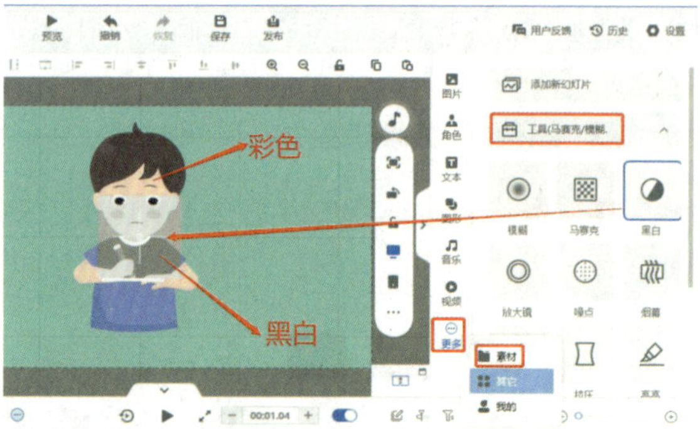

图 2-102 添加工具（马赛克 / 模糊）

■ 如何编辑工具（马赛克 / 模糊）

具体操作步骤： 选中“工具（马赛克 / 模糊）”>在工具（马赛克 / 模糊）编辑栏中调整它的位置 / 大小 / 旋转角度 / 透明度 / 遮罩 / 贴纸 / 效果 / 样式 / 变形 / 黑影效果 / 剪纸效果，如图 2-103 所示。

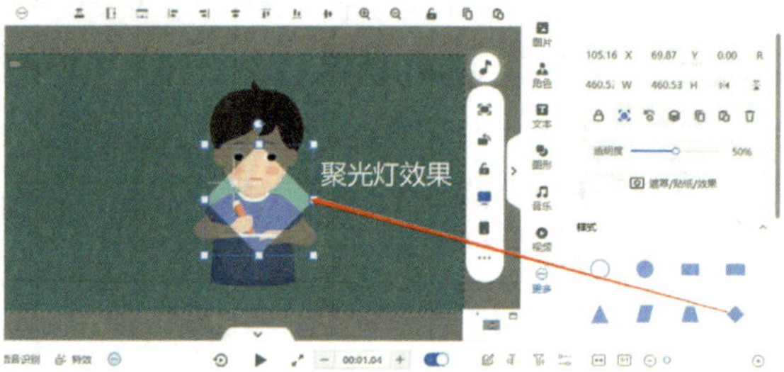

图 2-103 编辑工具（马赛克 / 模糊）

学科公式

公式是万彩动画大师的一大亮点，对于老师们制作数学微课、物理微课和化学微课的帮助非常大，其中包含 11 类公式，分别是分数、上标和下标、根式、积分、求和、括号、三角函数、导数符号、对数、矩阵和公式。

公式又包含数学、物理和化学三个学科的公式，如表 2-2、表 2-3、表 2-4 所示。

表 2-2 数学公式

类别	公式
通用公式	勾股定理、一元二次方程、圆的面积、求根公式、二项式定理、二项展开式、傅立叶级数、三角恒等式
常微分工程	隐式方程、显式方程、微分形式的一阶方程、通解、初值问题、显式变量可分离方程、微分形式变量可分离方程、一阶线性齐次微分方程、一阶线性非齐次微分方程、伯努利方程、全微分方程

续表

类别	公式
初等函数	幂函数、有理函数、对数函数、对数运算法则、对数恒等式、对数换底公式、常用对数、自然对数、常用对数与自然对数的关系、自然指数、自然指数函数
三角函数	倍角公式、半角公式、加法公式、和差化积公式、积化和差公式、余弦定理、正弦定理
平面几何	横截定理、角平分线定理、内接角定理、平面上两点之间距离
极限	极限运算法则、洛必达法则
导数 & 微分	导数、导数的记法、函数的求导法则
积分	不定积分、不定积分的性质、分部积分法、牛顿 – 莱布尼茨公式、定积分性质、积分中值定理、积分推广第一定理、积分推广第二定理
多元函数微分	N 维空间、欧氏距离、与零元之间欧氏距离、二元函数的连续性、二元函数的有界性、偏导数的定义、二阶偏导数、偏微分定义、全增量、全微分、拉格朗日余项、拉格朗日中值定理、隐函数、隐函数求导公式、隐函数的二阶导数、雅克比行列式、方向导数、梯度、拉格朗日函数
重积分	二重积分定义、二重积分计算、重积分性质、二重积分中值定理、二重积分换元法、三重积分定义、三重积分计算
曲线积分	对弧长的曲线积分、闭曲线上的曲线积分、第一类曲线积分的计算、第一类曲线积分的性质、对坐标的曲线积分、向量函数的曲线积分、第二类曲线积分的计算、第二类曲线积分的性质、两类曲线积分之间的关系
曲面积分	第一类曲面积分的计算方法、第二类曲面积分的计算方法、两类曲面积分之间的关系、高斯公式、第二类格林公式、斯托克斯公式、斯托克斯公式的向量形式
向量代数积分	向量与数的乘法、向量的模、两点之间距离公式、方向角 & 方向余弦、向量的数量积、向量的数量积性质、交换律、分配律、结合律、利用行列式计算向量积、向量积的模等于两倍三角形面积、向量的混合积、三向量的向量积、拉格朗日恒等式、拉格朗日恒等式推论

表 2-3 物理公式

类别	公式
匀变速直线运动	位移与时间的关系、速度与时间的关系、位移与速度的关系、平均速度、中间位移处的速度大小
自由落地运动	位移公式、速度公式、位移 - 速度公式
竖直上抛运动	基本规律、上升到最高点的时间、上升的最大高度
平抛运动	分速度、合速度、速度方向与水平方向的夹角、分位移、合位移、位移方向与水平方向的夹角
斜抛运动	速度、位移、轨迹方程
匀速圆周运动	线速度、角速度、周期、向心力加速度、向心力
万有引力定律	万有引力提供向心力、忽略地球自转影响、已知表面重力加速度和地球半径、已知环绕天体周期和轨道半径、已知环绕线体的线速度和轨道半径、已知环绕线体的角速度和轨道半径、已知环绕线体的线速度和周期
机械能	功、功率、动能、动能定理、重力势能、弹性势能
动量	动量、冲量、动量定理
机械振动 & 机械波	简谐振动回复力、加速度、简谐振动的周期、单摆周期、机械波
热学	阿伏伽德罗常数、分子的质量、分子的体积、球形体积模型直径、立方体模型边长、物质所含的分子数

续表

类别	公式
电磁学	元电荷、库仑定律、电场强度、点电荷的电场强度、电场力、电势、电势差、电场力做的功、电容定义 & 决定式、电容中的电场强度、粒子穿越电场的加速度、粒子穿越电场的运动时间、粒子离开电厂的侧移距离、粒子离开电厂时的偏角、电流强度、电阻、焦耳定律、磁场向心力、粒子圆周运动的半径、周期 & 频率 & 角速度公式、动能公式、电磁波的周期、电磁波的频率
光学	光在真空中的速率、折射率、光在介质中的速率、临界角、光子的能量、光电效应方程式、极限频率
原子学	波尔的原子理论、氢原子能级公式、氢原子轨道半径公式、裂变方程、聚变方程、爱因斯坦质能方程

表 2-4 化学公式

类别	公式
卤素	氯气、氯化氢、氧化还原反应、卤族元素
摩尔 & 反应热	摩尔、气体摩尔体积、物质的量浓度、反应热
硫 & 硫酸	硫、硫酸 & 硫酸盐
碱金属	钠、碱金属元素
氮 & 磷	氮气、氮 & 铵盐、硝酸、磷 & 磷酸
硅	硅及其重要的化合物
镁 & 铝	镁 & 铝的性质、镁 & 铝的重要化合物、硬水及其软化
铁	铁和铁的化合物、炼铁 & 炼钢
烃	甲烷、乙烯、乙炔
烃的衍生物	乙醇、醛

如何添加公式

具体操作步骤：点击“更多”>点击“其他”>点击“公式”>选择公式>修改公式符号>改变公式颜色>点击“确定”，即可将公式添加到画布中，如图 2–104 所示。

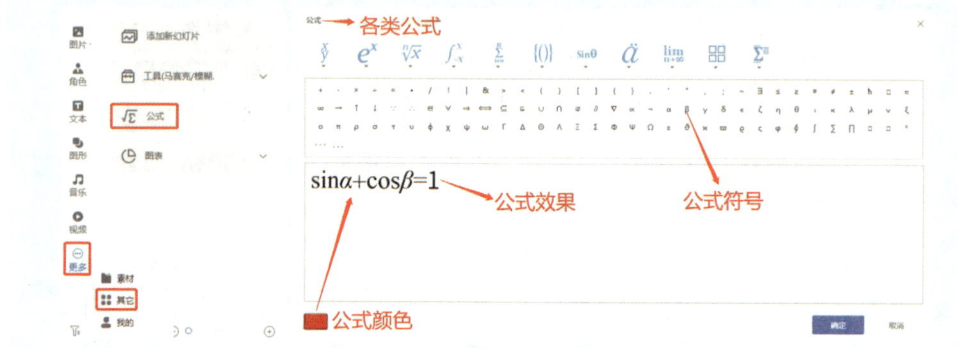

图 2–104 添加公式

如何编辑公式

具体操作步骤：选中“公式”>在公式编辑栏中调整它的位置/大小/旋转角度/透明度/遮罩/贴纸/效果/填充效果/黑影效果/剪纸效果，如图 2–105 所示。

图 2–105 编辑公式

数字图表

万彩动画大师自带图表，包含柱状图、散点图、饼图、折线图、面积图、堆叠图、雷达图、混合图、玫瑰图、表格、堆积图、热力图等。

如何添加图表

具体操作步骤：点击“更多”＞点击“其他”＞点击“图表”＞选择一个图表，即可将图表添加到画布中，如图 2–106 所示。

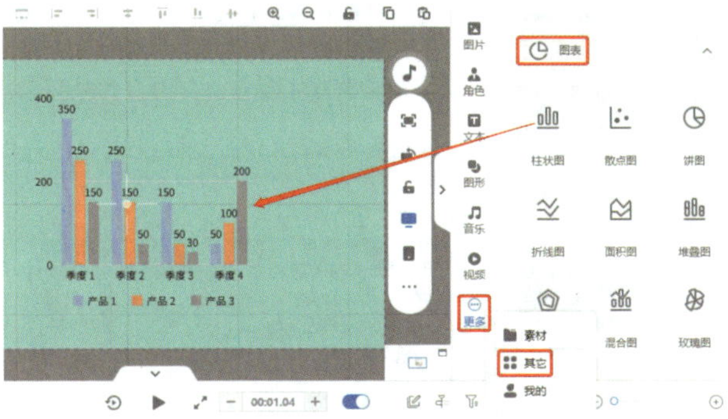

图 2–106 添加图表

如何编辑图表数据

具体操作步骤：选中“图表”＞在图表编辑栏中选择“图表”＞点击“编辑数据”＞在数据编辑对话框中编辑数据、调整图表格式，如图 2–107 所示。

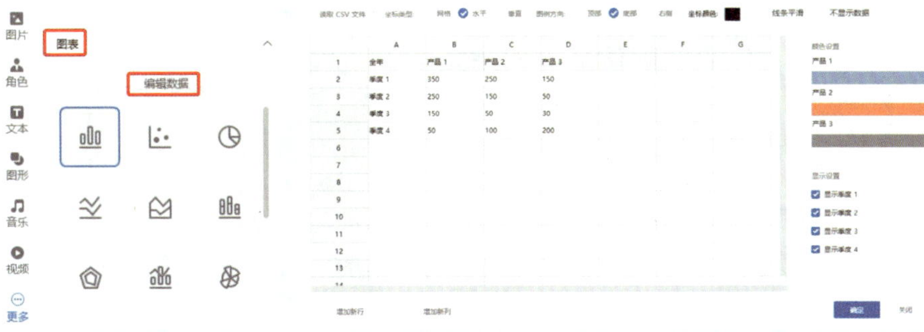

图 2–107 编辑图表数据

如何编辑图表文字

具体操作步骤：选中“图表”＞在图表编辑栏中选择“文本设置”＞调整字体、字号、颜色、对齐方式、行间距、字间距、加粗、倾斜、下划线，如图 2–108 所示。

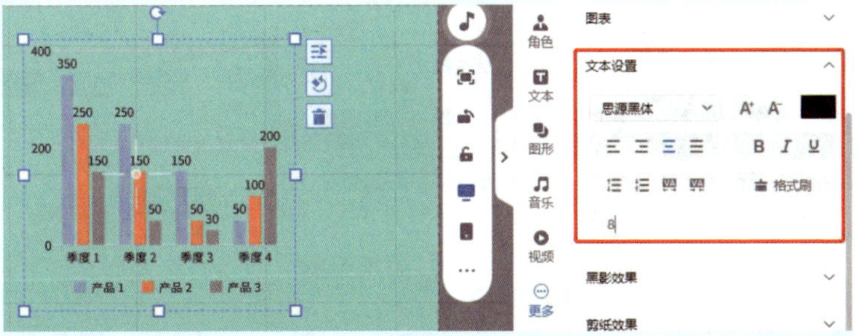

图 2–108 编辑图表文字

■ 如何编辑图表其他效果

具体操作步骤： 选中“图表”> 在图表编辑栏中调整它的位置 / 大小 / 旋转角度 / 透明度 / 遮罩 / 贴纸 / 效果 / 黑影效果 / 剪纸效果，如图 2-109 所示。

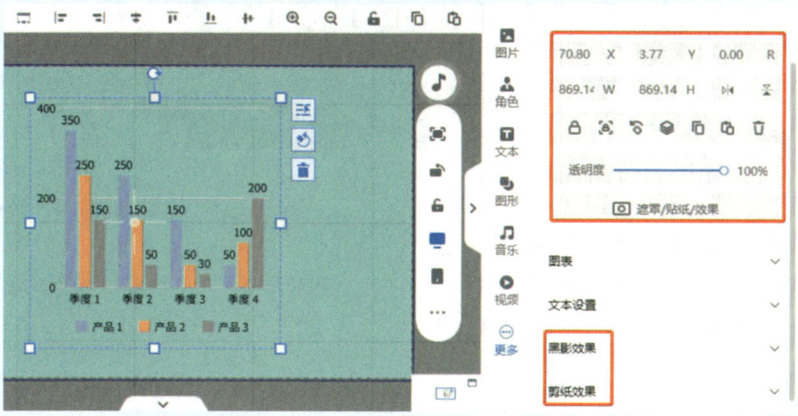

图 2-109 编辑图表其他效果

我的素材

对于我们在场景中收藏的素材，如果想要添加到画布中，可以点击“更多”> 点击“我的”> 直接选择或搜索素材 > 点击该素材，即可将它添加到画布中，如图 2-110 所示。

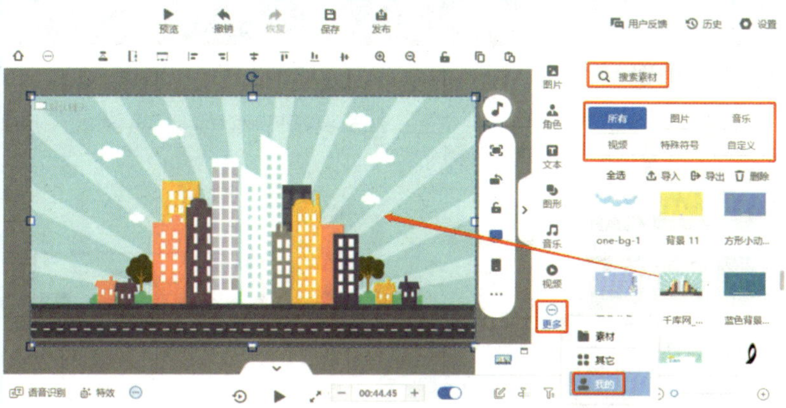

图 2-110 添加素材

炫酷特效

万彩动画大师自带的特效有两种，分别是顶部特效和底部特效，其中顶部特效包含烟花特效（60个）、光晕特效（60个）、闪电特效（60个）、雾气特效（60个）、雨雪特效（60个）、晕光特效（60个）、云彩特效（60个），而底部特效目前虽然只有背景特效（13个）这一种，但是可以将顶部特效移动到底部特效中，如图2–111所示。

图 2–111 顶部特效与底部特效

■ 如何添加顶部特效

具体操作步骤： 点击“特效”＞在顶部特效中选择一种特效＞点击“+”＞选择一个特效并点击它，即可将该特效添加到画布中，如图2–112所示。

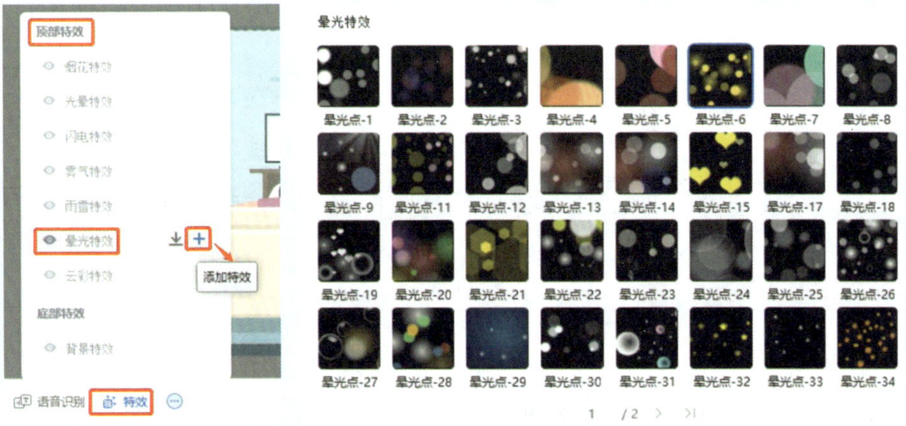

图 2–112 添加顶部特效

如何编辑顶部特效

具体操作步骤：在时间轴中点击该特效 > 在背景特效编辑栏中输入数值改变该特效的位置和缩放比例，如图 2–113 所示。

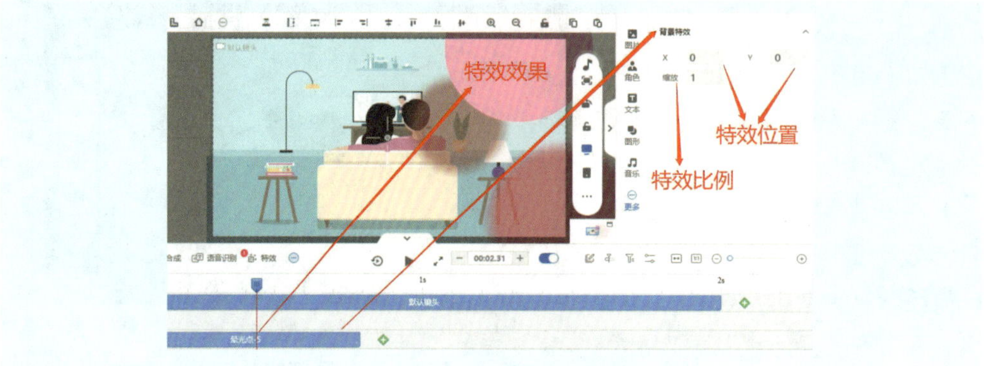

图 2–113　编辑顶部特效

如何添加背景特效

具体操作步骤：点击“特效” > 在底部特效中选择“背景特效” > 点击“+” > 从背景特效中选择一个特效并点击它 > 确定，即可将该特效添加到画布中，如图 2–114 所示。

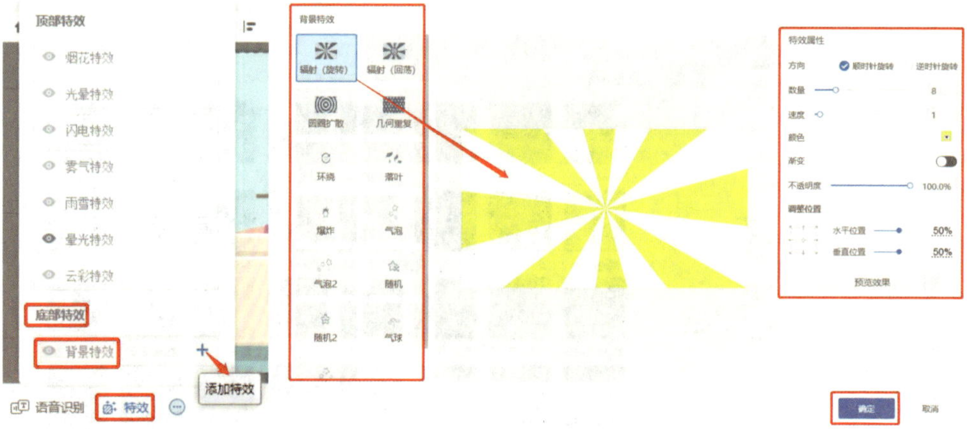

图 2–114　添加背景特效

如何编辑背景特效

具体操作步骤：在时间轴中点击该特效 > 在背景特效编辑栏中改变该特效的方向 / 数量 / 深度 / 颜色 / 渐变 / 透明度和位置，如图 2–115 所示。

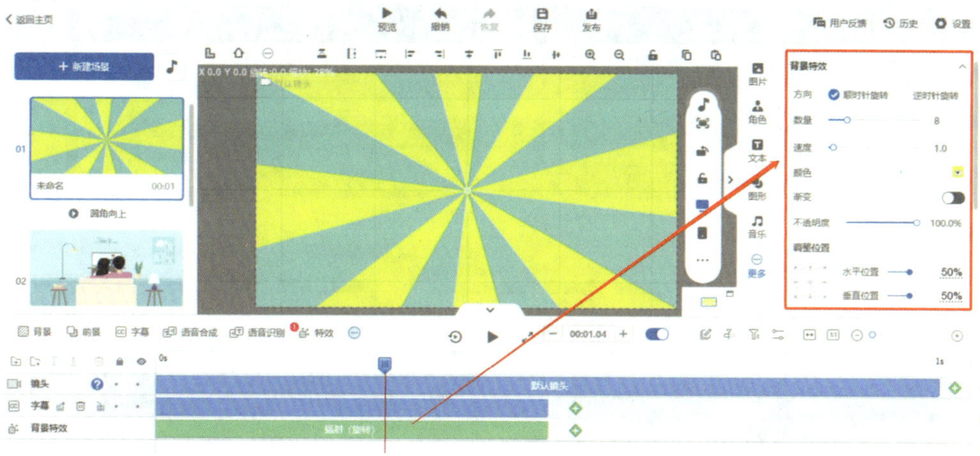

图 2-115 编辑背景特效

背景特效包含辐射（旋转）、辐射（回荡）、圆圈扩散、几何重复、环绕、落叶、爆炸、气泡、气泡 2、随机、随机 2、气球、法波 13 种特效，每种特效的效果不一样，参数也有所不同，在实际使用和编辑背景时要以该特效为准。

例如：辐射（回荡）可以编辑回旋角度，圆圈扩散可以编辑环宽，几何重复可以改变图形、大小、旋转、镂空等，环绕、落叶、爆炸、气泡、气泡 2、随机、随机 2、气球、法波可以更换图片、调整图片的宽度、高度、开始比例、结束比例、图片数量、自转速度和移动速度。

滤镜

滤镜是对微课素材的一种特殊处理，万彩动画大师自带的滤镜有四种，分别是空白滤镜、黑白滤镜、颜色滤镜和模糊滤镜。其中空白滤镜没有任何效果，它的作用在于添加其他三个滤镜之后，要想恢复正常画面可以添加空白滤镜来实现；黑白滤镜会将画布中的素材和背景变为灰色；颜色滤镜包含纯色填充、线形渐变和径向渐变，其作用在于改变画布的颜色；模糊滤镜是将画布中的元素变模糊。四种滤镜的效果，如图 2-116 所示。

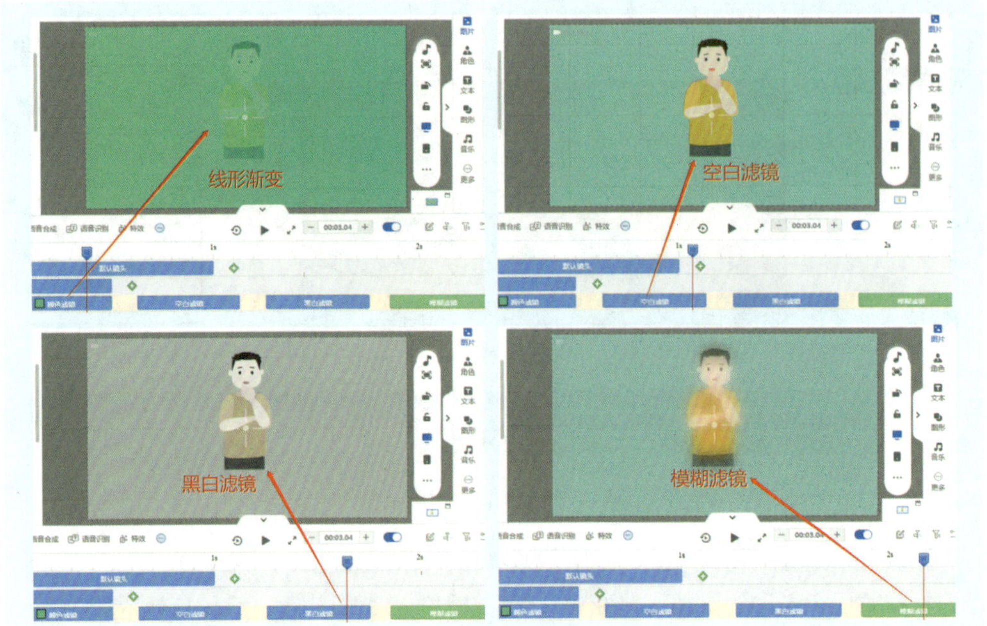

图 2-116 四种滤镜效果

■ 如何添加滤镜

具体操作步骤：点击“…”＞选择“滤镜”＞在时间轴上“滤镜”右面，点击“+”＞从滤镜中选择一个并点击它＞确定，即可将该滤镜添加到画布中，如图 2-117 所示。

图 2-117 添加滤镜

如何编辑滤镜

具体操作步骤： 在时间轴上点击该“滤镜”> 通过拖拽的方式改变滤镜的起点和终点 > 在滤镜编辑栏中改变滤镜透明度，如图 2-118 所示。

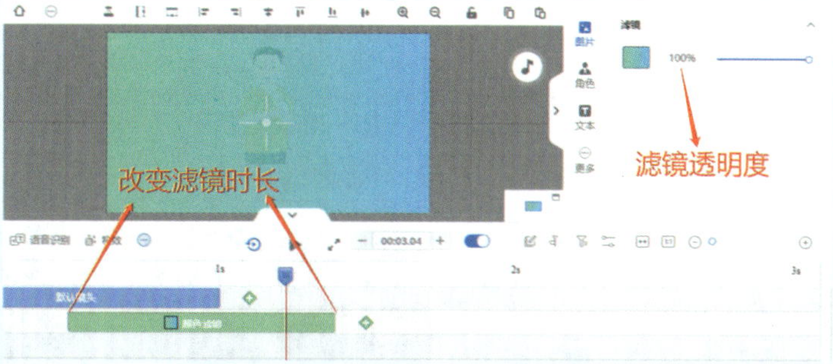

图 2-118 编辑滤镜

蒙版

蒙版是指针对整个画布，盖住一部分，留下一部分，万彩动画大师中的形状是指留下部分的形状。

万彩动画大师自带的 67 种蒙版，每种蒙版都可以针对蒙版颜色和透明度，以及光圈的滤镜、颜色、水平模糊、垂直模糊和透明度进行调整。

添加和编辑蒙版的操作步骤： 点击“…”> 选择“蒙版”> 在时间轴上“蒙版”右面，点击“+”> 从蒙版中选择一个蒙版 > 调整蒙版参数 > 点击“确定”，即可将该蒙版添加到画布中，如图 2-119 所示。

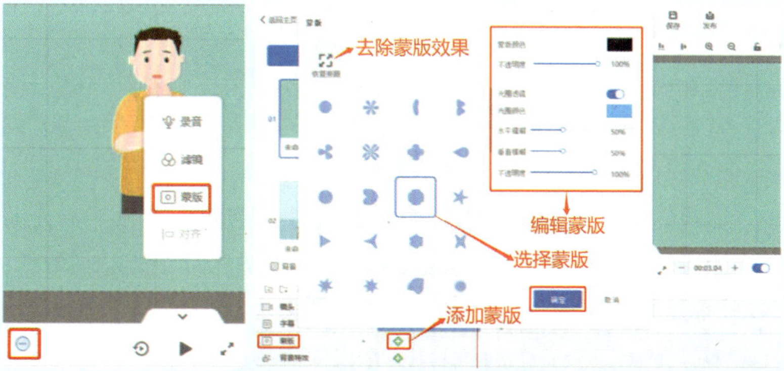

图 2-119 添加和编辑蒙版

前景

前景是相对于背景而言，它是指始终出现在画布上层的素材。万彩动画大师自带的前景共有 8 类 490 个，其中爱心 29 个，天空 20 个，星光 34 个，植物 120 个，人物 40 个，边框 153 个，灯笼 20 个，其他 74 个。

添加前景的操作步骤：点击“前景”> 在时间轴上“前景”右面，点击“+”> 从前景中选择一个前景或搜索前景，即可将该前景添加到画布中，如图 2-120 所示。

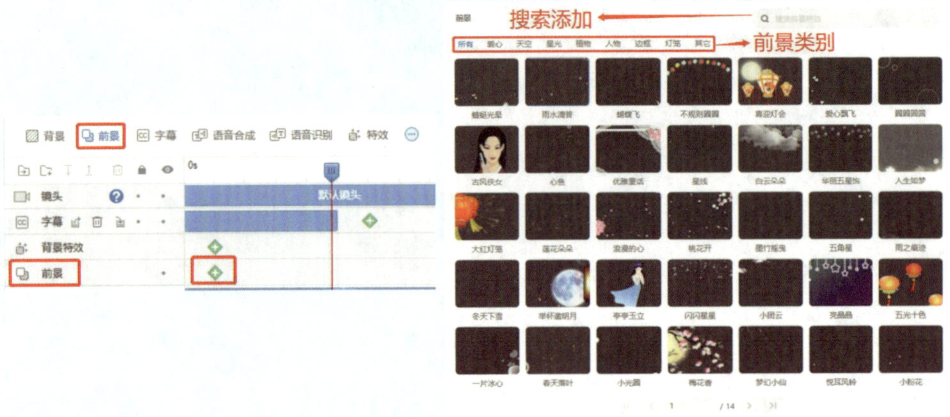

图 2-120 添加前景

STEP 04 设计动画

通过前面三个步骤的操作，我们已经根据微课脚本添加了场景，并且为每个场景添加了音频、字幕和素材，接下来我们要做的就是使用万彩动画大师中的动画效果，让每个素材依据脚本的设计“动”起来。

与 PPT 相同的是，万彩动画大师中的动画效果依旧分为三类，分别是进场效果、强调效果和退场效果；与 PPT 不同的是，万彩动画大师中的动画效果更加丰富，并且每个效果都是可以直接套用的，不用自己再去设计加工。

进场效果

进场效果指素材以什么样的方式进入画布，万彩动画大师自带进场效果（所有效果）240 个，其中，特殊效果 3 个，运动效果 30 个，擦除效果 6 个，场景效果 28 个，粒子效果 14 个，手势效果 4 个，渐变效果 20 个，文本效果 120 个，还有 15 个效果在所有效果中，没有被分配到任何一类效果中。

如何添加进场效果

操作步骤：在时间轴上选中“进场效果”＞双击“进场效果”＞从效果类别中选择一个合适的效果或搜索效果＞调整参数＞点击“确定”，即可为该素材添加进场效果，如图 2-121 所示。

图 2-121 添加进场效果

如何编辑进场效果

添加进场效果之后，可以通过拖拽进场动画的开始时间点和结束时间点来调整进场效果的起点、终点和时长，如图 2--122 所示。

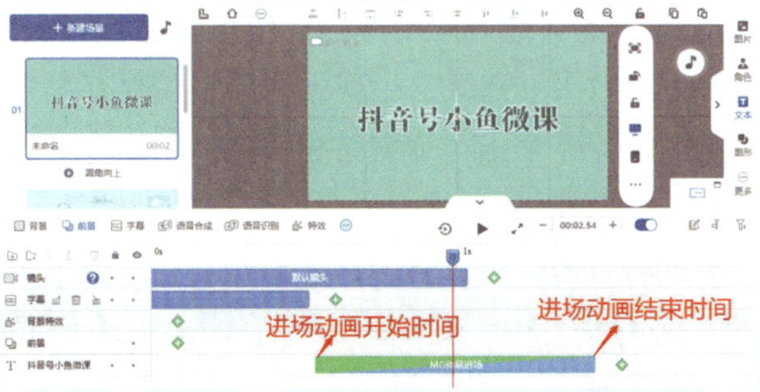

图 2-122 调整进场起点、终点和时长

如果对于添加的进场效果不满意，想要做细节的调整，可以双击这个进场效果，对它的参数进行编辑，虽然不同进场效果的参数是不一样的，但是编辑路径是一样的，如图 2–123 所示。

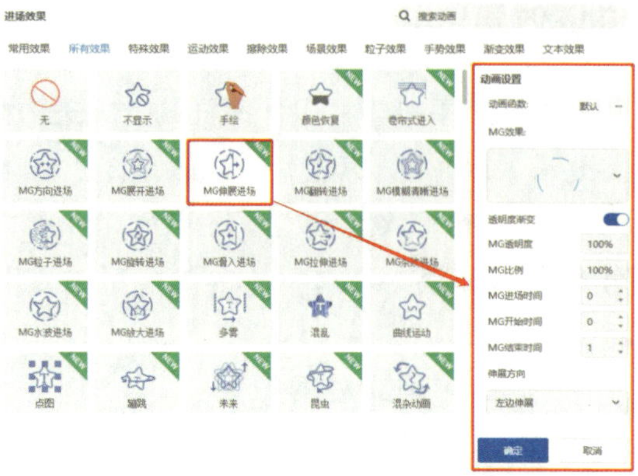

图 2–123 编辑进场效果参数

■ 如何批量编辑进场效果

选中要调整进场效果的素材 > 点击“批量修改动画效果” > 点击“进场效果” > 从进场效果中选择一个效果 > 调整参数 > 确定，如图 2–124 所示。

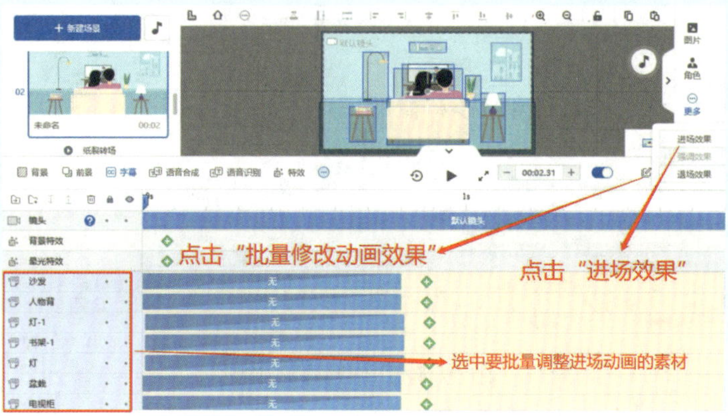

图 2–124 批量编辑进场效果

■ 进场效果解析

有时候“多”不一定是好事，反而会让大家产生“选择焦虑症”。

由于万彩动画大师里的进场效果非常多，很多人在选择进场效果时会比较迷茫，不知道应该选择哪个效果。造成这种现象的原因主要有两个，一个是我们对这些进场效果本身缺乏了解，一个是对于素材和效果的匹配缺少了解。

为了帮助解决这个问题，下面我将会选取一部分进场效果进行解析，如果想更加深入了解每一个进场效果，可以逐一尝试。

无：素材在进入画布时没有任何动画效果，直接出现在画布里面。

不显示：素材在进入画布时没有显示出来，也就是被隐藏了，等进场动画结束之后素材再出现。

手绘：素材以手持笔描绘的方式出现，其中包含手持笔的图片和描绘时的字体原色都是可以编辑的，如图 2–125 所示，点击“动画图形”选择手持笔图片。如果万彩动画大师自带的图片没有喜欢的，可以点击“添加图片”从外部添加。

速绘与手绘效果类似，不同之处在于手绘给人的感觉是在写字，而速绘是在描字。

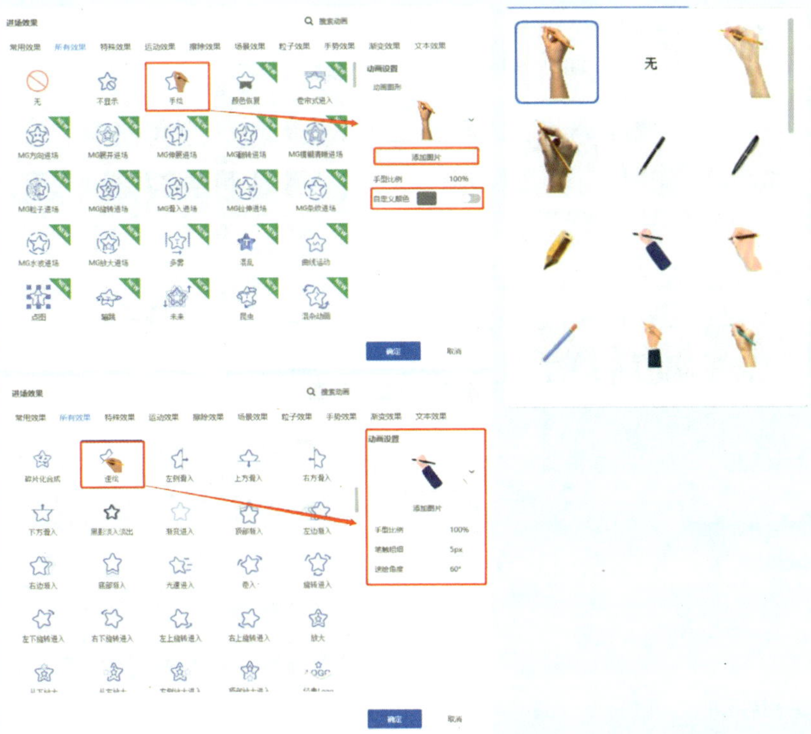

图 2–125 进场效果“手绘”

颜色恢复：素材以某一种颜色开始进场，在进场的过程中逐渐改变颜色，等进场效果结束时恢复字体设置好的颜色，如图 2–126 所示，恢复方向有 5 种，可以在动画设置中选择。

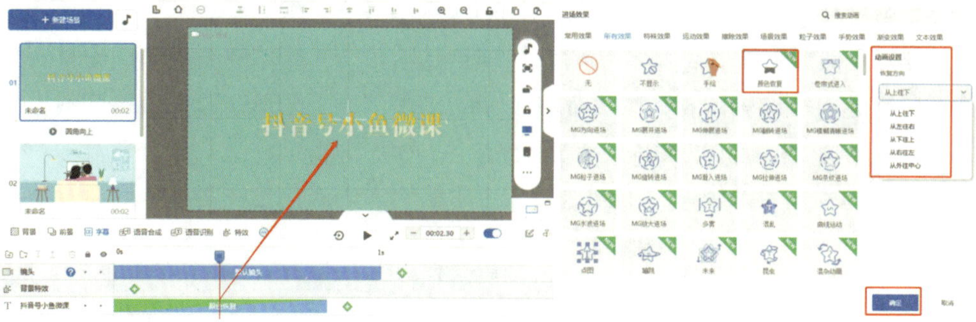

图 2-126 进场效果“颜色恢复”

MG 方向进场：素材从某个方向进入画布后展示一个 MG 效果，如图 2-127 所示，在动画设置中可以选择 MG 效果（共计 92 个）和进场方向（自左向右 / 自上到下 / 自右向左 / 自下到上）。

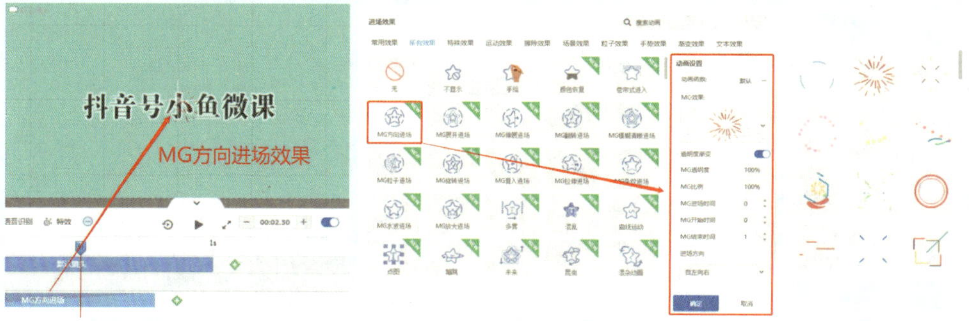

图 2-127 进场效果“MG 方向进场”

MG 展开进场：素材在从某个方向进场的同时逐步展开由小变大或由大变小，然后出现 MG 动画，如图 2-128 所示，在动画设置中可以选择 MG 效果（共计 92 个）和展开方向（展开 / 向上展开 / 向下展开 / 向左展开 / 向右展开）。

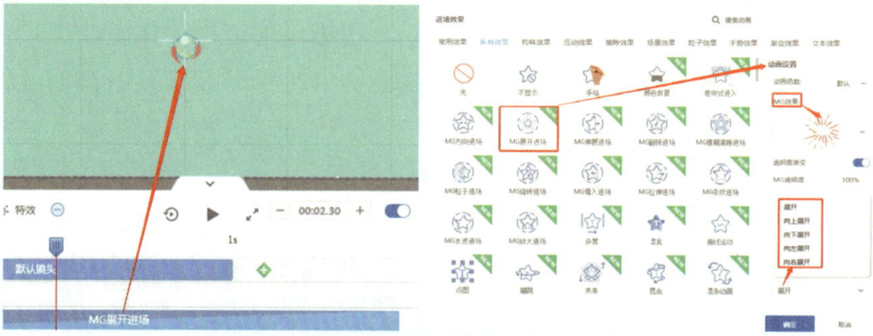

图 2-128 进场效果“MG 展开进场”

MG 伸展进场：素材在从某个方向进场的同时逐渐展示，然后由模糊到清晰，最后出现 MG 动画，如图 2-129 所示，在动画设置中可以选择 MG 效果（共计 92 个）和伸展方向（左边伸展 / 右边伸展 / 顶部伸展 / 底部伸展 / 中间伸展 / 扇形伸展 2 个）。

图 2-129 进场效果“MG 伸展进场”

MG 翻转进场：素材以某种方式在画布中间进行翻转，然后由模糊到清晰，最后出现 MG 动画，如图 2-130 所示，在动画设置中可以选择 MG 效果（共计 92 个）和翻转方式（水平翻转 / 垂直翻转）。

图 2-130 进场效果“MG 翻转进场”

MG 粒子进场：素材从颗粒状转变为正常形态，如图 2-131 所示，在动画设置中可以选择 MG 效果（共计 92 个）和进场方式（粒子进场 1/ 粒子进场 2/ 粒子沙漏 / 粒子凝华 / 奇妙粒子进场 / 燃烧进场）。

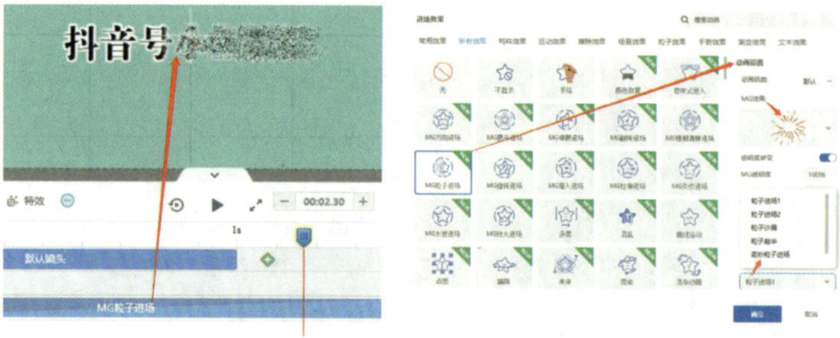

图 2-131 进场效果“MG 粒子进场”

多雾：素材从模糊到快速清晰，如图 2-132 所示。

曲线运动：素材以某种曲线（回旋效果 3 个、尘暴、径向运动）在画布内做运动，如图 2-133 所示。

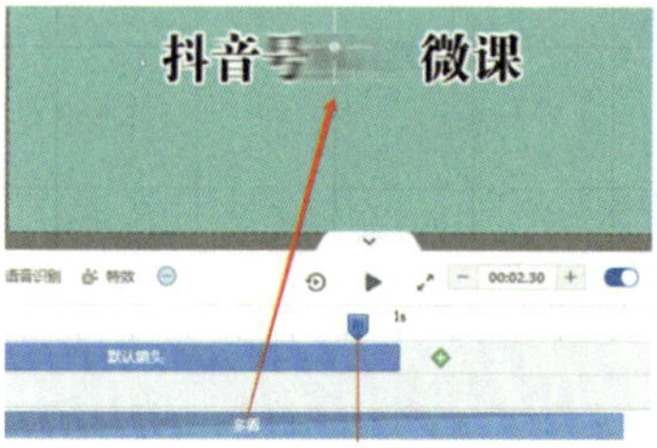

图 2-132 进场效果“多雾”

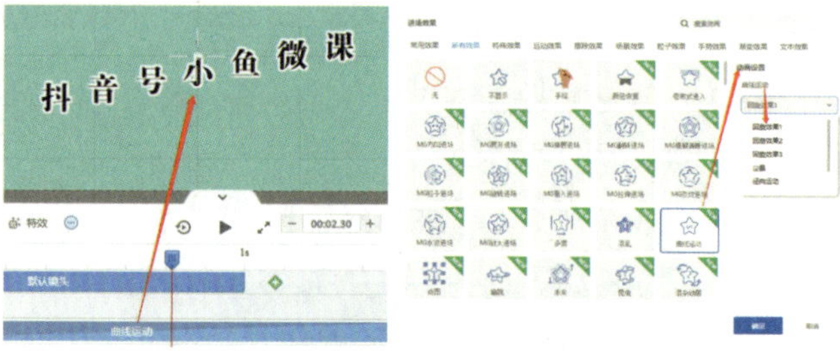

图 2-133 进场效果“曲线运动”

散射：素材从四面八方散乱地出现并最终归于平静，如图 2-134 所示。

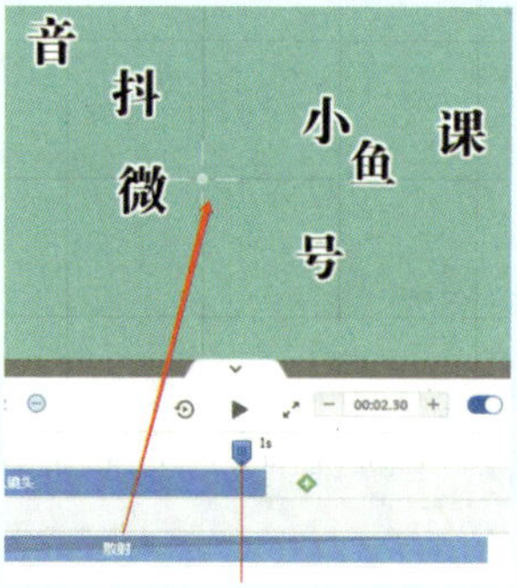

图 2-134 进场效果“散射”

图 2-135 进场效果“密集的泡泡”

密集的泡泡：素材背后出现很多泡泡，数量较多，分布密集，如图 2-135 所示。

速度：一些某颜色的形状从素材背后快速飞过，如图 2-136 所示。其中形状的颜色可选，速度线条的样式有三种，分别是线、箭头和方块。

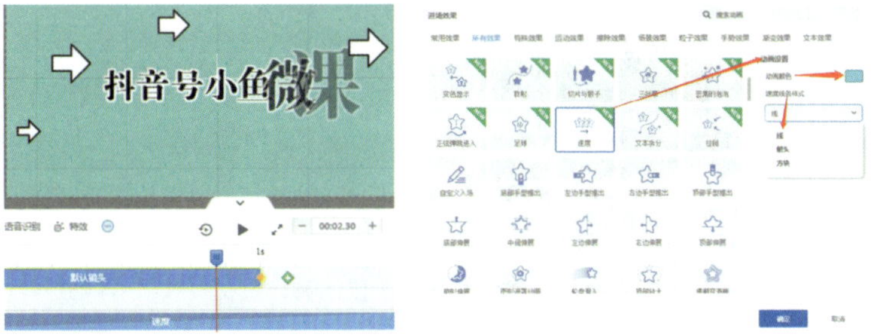

图 2-136 进场效果“速度”

底部手型推出：用手将素材从底部推入画布，其中的手形既可以套用万彩动画大师自带素材，也可以添加外部图片，如图 2-137 所示。除了底部手型推出之外，进场效果还有左边手型推出、右边手型推出、顶部手型推出，除方向外其他效果一致。

图 2-137 进场效果“底部手型推出”

左边伸展：素材从左边开始逐渐出现，如图 2-138 所示。除了左边伸展之外，进场效果还有底部伸展、中间伸展、右边伸展、顶部伸展。

扇形伸展：素材像扇子一样从某一点开始逐渐出现，如图 2-139 所示，可以在动画设置中调整参考点、运动方向（顺时针 / 逆时针）和开始角度。

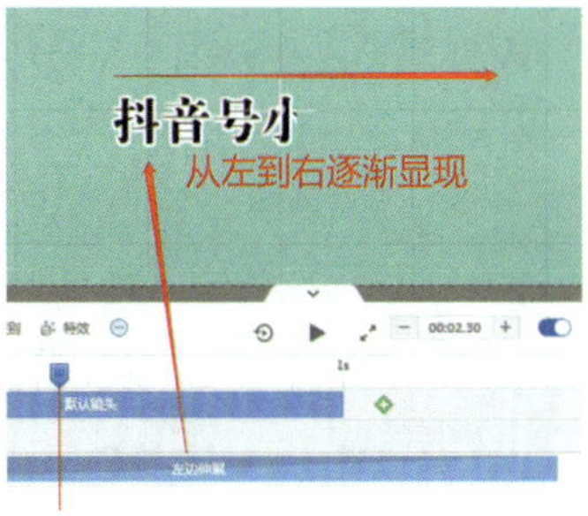

图 2-138 进场效果“左边伸展”

图 2-139 进场效果“扇形伸展”

顶部放大：素材从顶部开始出现，逐渐放大，然后回归正常大小，如图 2-140 所示，可以在动画设置中调整参考点。

黑影淡入淡出：是指素材以黑色逐渐出现，然后从黑色逐渐变为正常颜色，如图 2-141 所示。

图 2-140 进场效果“顶部放大”

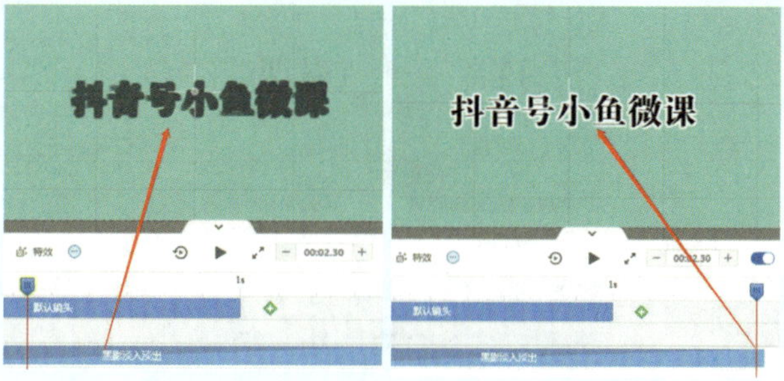

图 2-141 进场效果“黑影淡入淡出”

渐变进入：该素材从模糊到清晰、逐渐出现，如图 2-142 所示。除了渐变进入之外，还有顶部渐入、左边渐入、右边渐入、底部渐入。

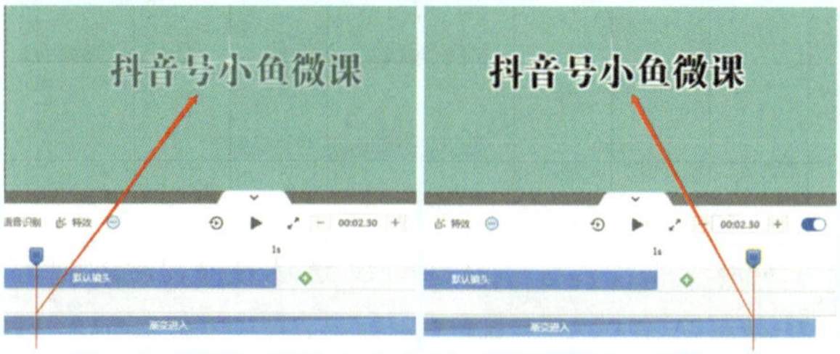

图 2-142 进场效果“渐变进入”

图 2-143 进场效果“光速进入”

光速进入：素材自右侧快速晃动进入画布，如图 2-143 所示。

卷入：素材自左侧快速旋转进入画布，如图 2-144 所示。

旋转进入：素材在画布中心旋转出现，如图 2–145 所示。除了旋转进入之外，还有左下旋转进入、右下旋转进入、左上旋转进入、右上旋转进入。

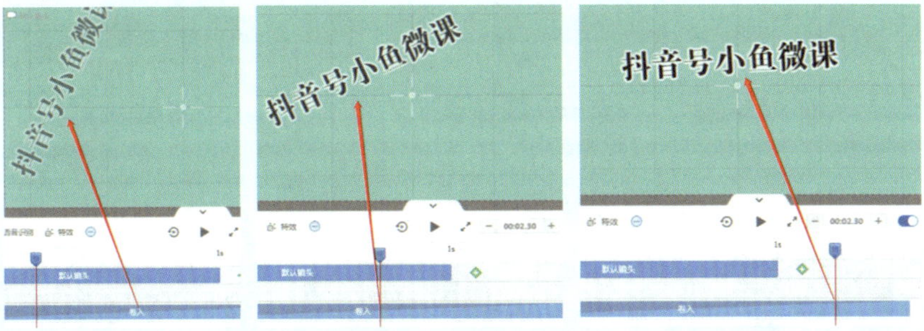

图 2–144 进场效果“卷入”

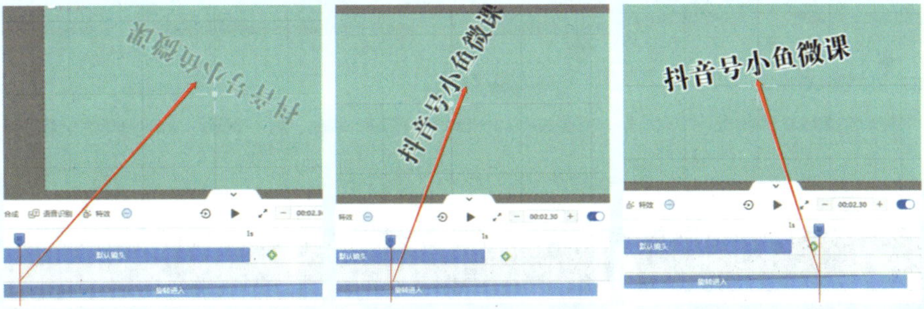

图 2–145 进场效果“旋转进入”

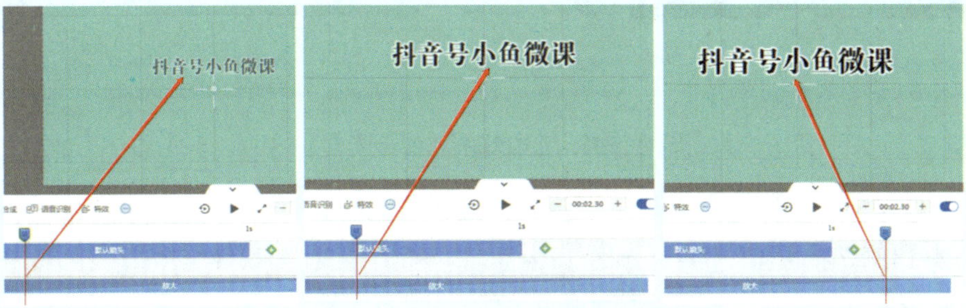

图 2–146 进场效果“放大”

放大：素材在画布中心逐渐放大出现，如图 1–146 所示。除了放大之外，还有从下放大、从左放大、右侧放大进入、顶部放大进入。

炫酷色彩：素材从模糊到清晰的过程，一堆彩色圆形作为前景从模糊到清晰、从小到大，再快速放大模糊消失在画布中，如图 2–147 所示。

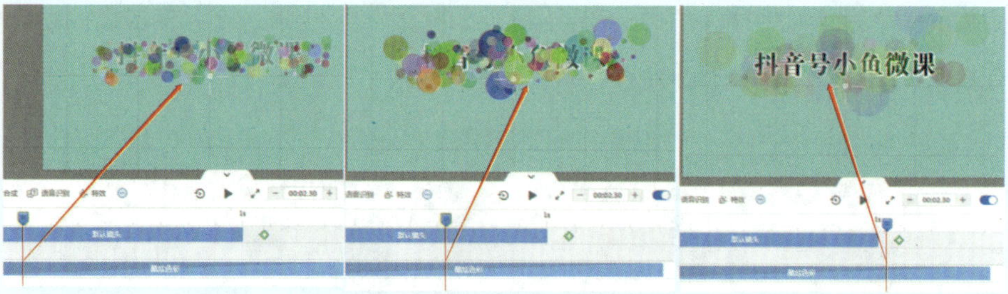

图 2-147 进场效果“炫酷色彩”

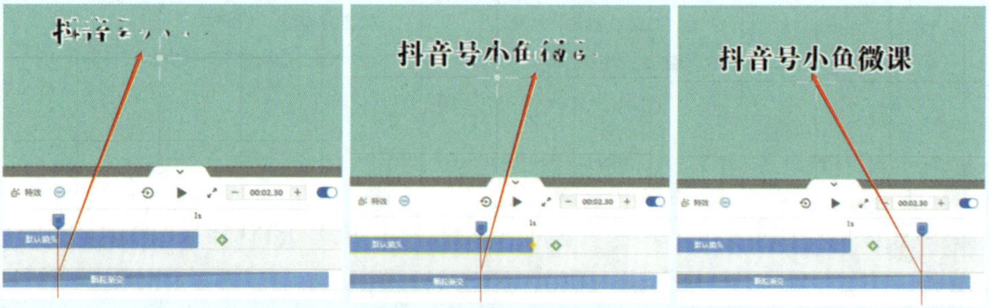

图 2-148 进场效果“颗粒渐变”

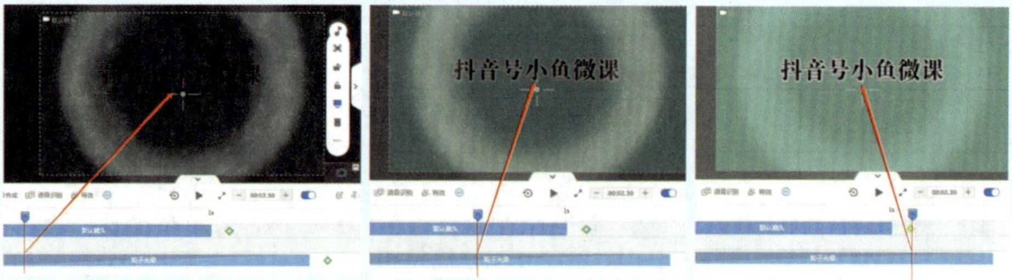

图 2-149 进场效果“粒子光晕”

颗粒渐变：素材像碎片一样从左到右、从四周到中间，碎片化出现在画布中，如图 2-148 所示。

粒子光晕：素材在黑色背景的动态粒子光圈（颜色可调整）中，从四周到中间，逐渐碎片化出现在画布中，如图 2-149 所示。

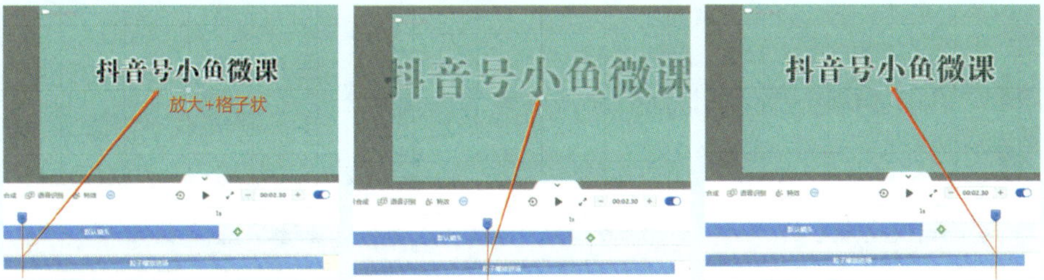

图 2-150 进场效果“粒子缩放进场”

粒子缩放进场：素材从正常大小被快速放大，而后恢复正常大小，同时素材被切割为格子状，如图 2-150 所示。

奇妙粒子进场：素材由一堆粒子转变而成出现在画布中，如图 2-151 所示。

百叶窗：素材像随机切割的百叶窗一样，以随意切割的状态进入画布并归于正常，如图 2-152 所示，在进场效果中共有 5 种百叶窗效果。

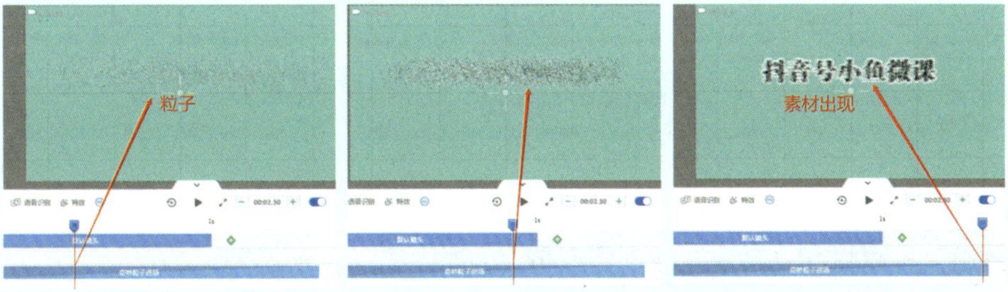

图 2-151 进场效果“奇妙粒子进场”

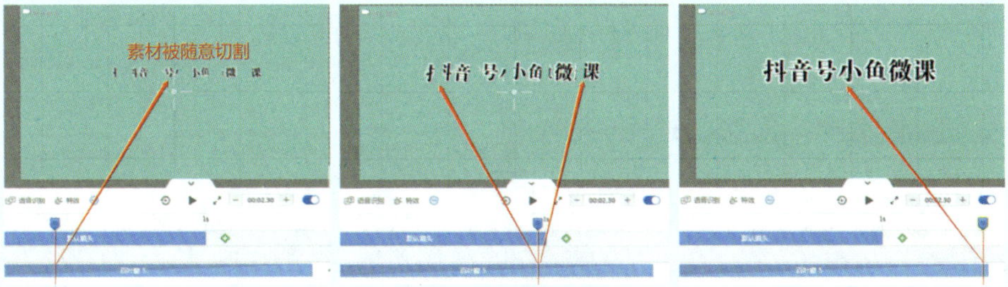

图 2-152 进场效果“百叶窗 5”

加强进入：素材在由小到大、由模糊到清晰、由倾斜到正常的过程中出现在画布中，如图 2-153 所示。

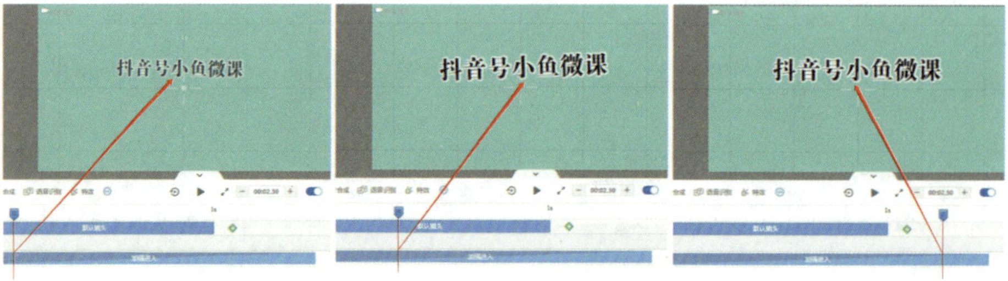

图 2-153 进场效果“加强进入”

弹跳进入：素材由模糊到清晰出现在画布中，在这个过程中伴随着素材多次大小变换，如图 2-154 所示。

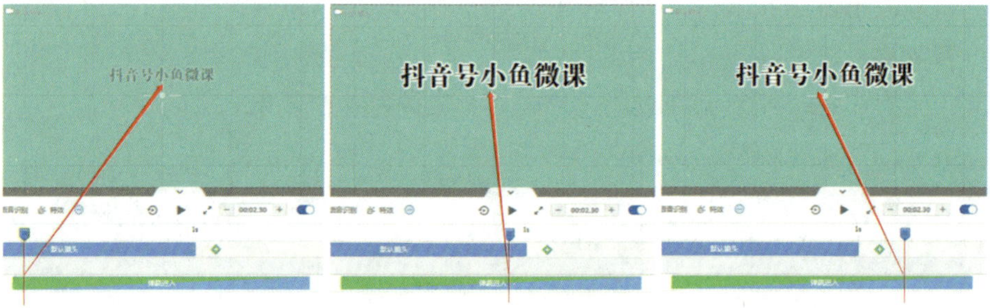

图 2-154 进场效果“弹跳进入”

跌入：素材从上方快速降落到画布中，如图 2-155 所示。

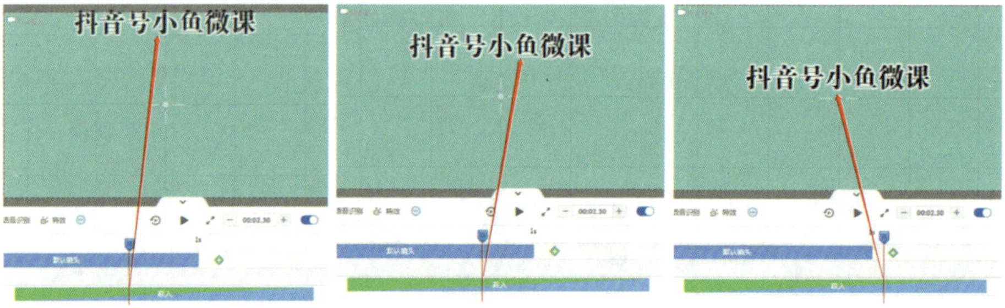

图 2-155 进场效果“跌入”

左边弹入：素材从左边向右侧滑动进入画布，动画的最后会有小幅度摆动，如图 2-156 所示。除了左边弹入，还有右边弹入、上边弹入。

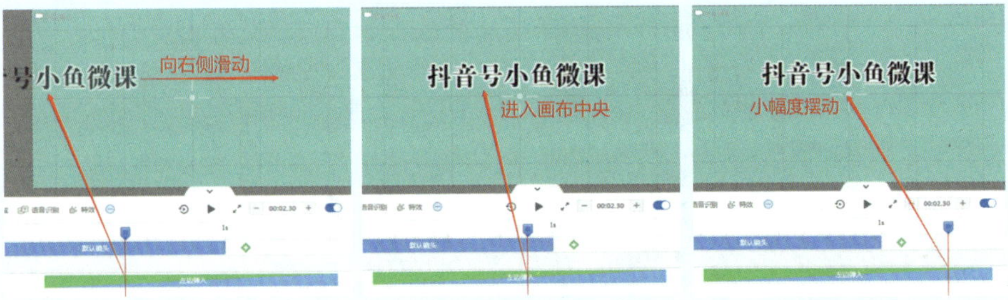

图 2-156 进场效果“左边弹入”

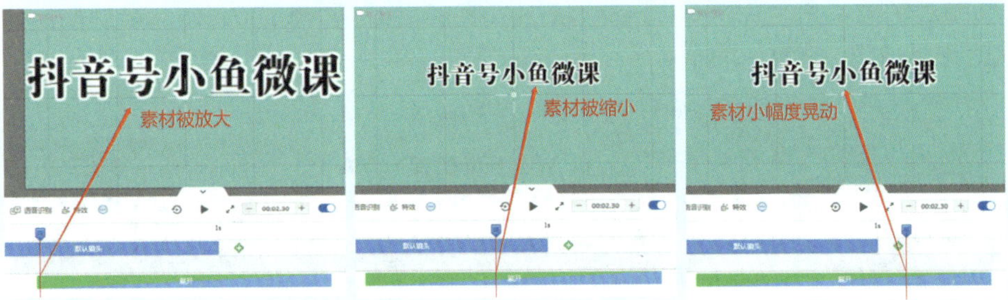

图 2-157 进场效果“展开”

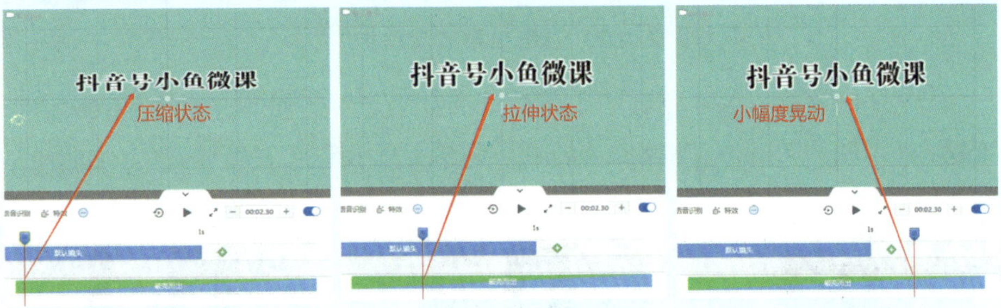

图 2-158 进场效果“破壳而出”

展开：被放大的素材逐步缩小进入画布，动画的最后会有小幅度摆动，如图 2-157 所示，除了展开还有向上展开。

破壳而出：素材像刚刚破壳而出的小鸡一样，从略微压缩到恢复正常，期间伴有小幅晃动。这是一个不错的动画效果，当不知道该选择哪个动画效果时，可以使用它，如图 2-158 所示。

方向进场：素材从某一个方向滑行进入画布，这是一个最普通的动画效果，有四个方向选择，分别是自左到右、自上到下、自右到左、自下到上，如图 2-159 所示。

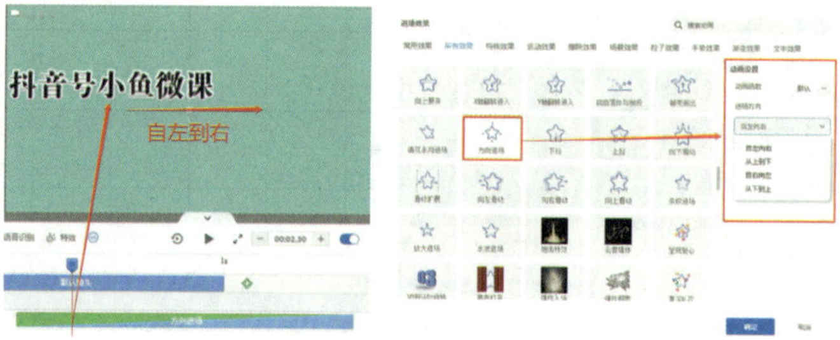

图 2-159 进场效果“方向进场”

滑动扩展：素材以横向压缩的状态从底部滑动进入画布中央，然后横向扩展恢复正常比例，如图 2-160 所示。

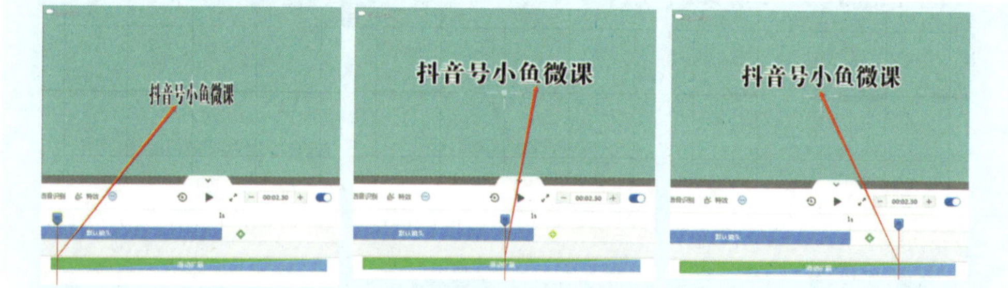

图 2-160 进场效果“滑动扩展”

3D 倒计时旋转：先在画布中出现倒计时的数字并且数字是动态翻转的，再出现素材，其中的数字颜色、数字数量都是可以在动画设置中进行修改的，如图 2-161 所示。

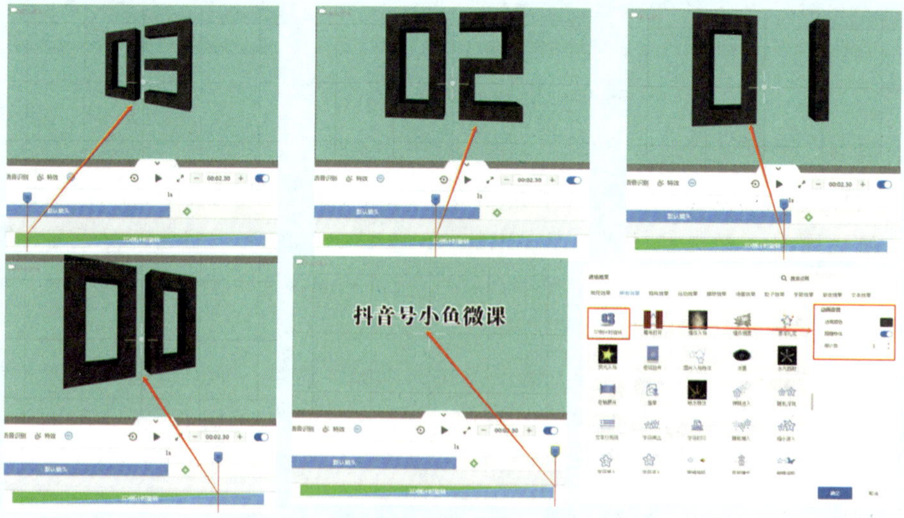

图 2-161 进场效果“3D 倒计时旋转”

幕布打开：先在画布中出现幕布，然后幕布从中间被徐徐拉开，逐渐出现素材，最后幕布消失，如图 2−162 所示。

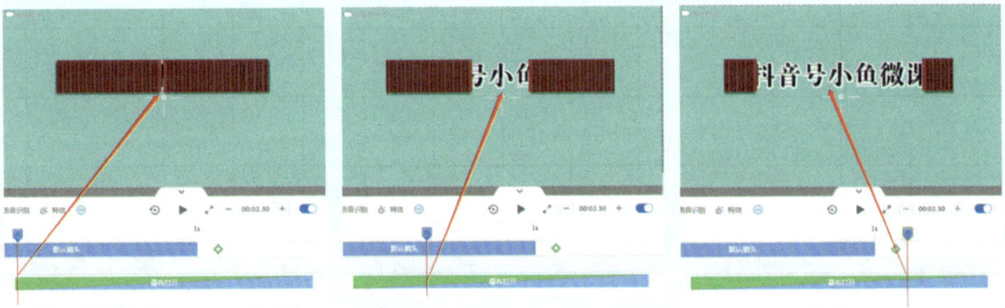

图 2−162 进场效果“幕布打开”

爆炸烟雾：先在画布中出现爆炸的烟雾，然后爆炸的烟雾被放大，出现浓烟滚滚的效果，最后随着烟雾消失素材出现在画布中，如图 2−163 所示。

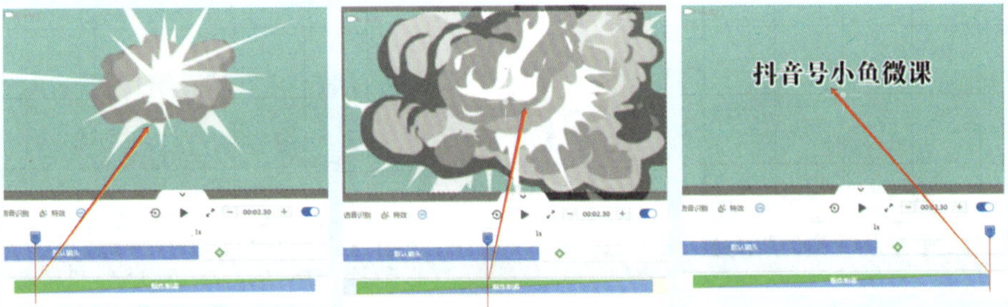

图 2−163 进场效果“爆炸烟雾”

泼墨：先在画布中出现墨，然后出现素材，最后泼墨放大、模糊直至消失，如图 2−164 所示。这个效果比较适合制作语文微课中的山水类古诗词微课。

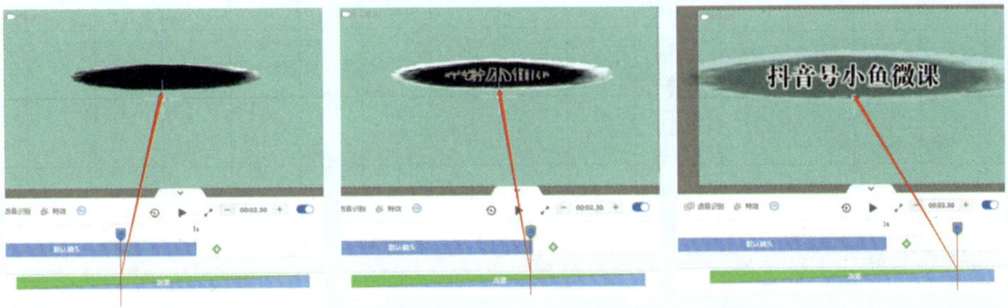

图 2−164 进场效果“泼墨”

卷轴展开：先在画布中出现卷轴，然后伴随着卷轴向两边展开，素材逐渐出现，最后卷轴模糊直至消失，如图 2-165 所示。这个效果比较适合制作语文微课。

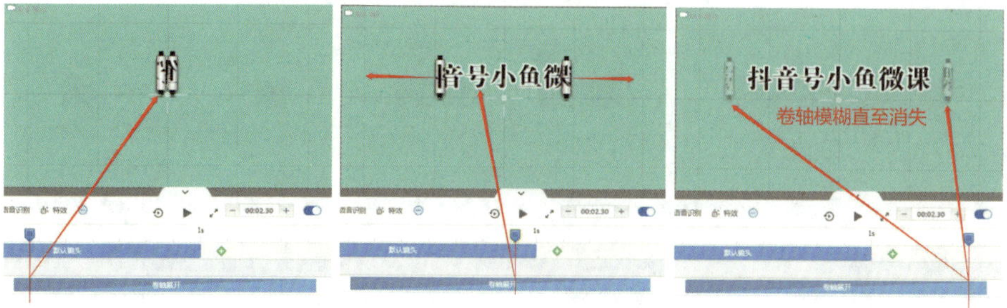

图 2-165 进场效果“卷轴展开”

盖章：先在画布右下方出现一个模糊印章，然后印章快速移动至画布中央并逐渐变得清晰，最后素材出现，印章向左下方移动、逐渐模糊直至消失，如图 2-166 所示。印章的大小随素材大小变换，素材越大印章越大；反之，素材越小印章也就越小。

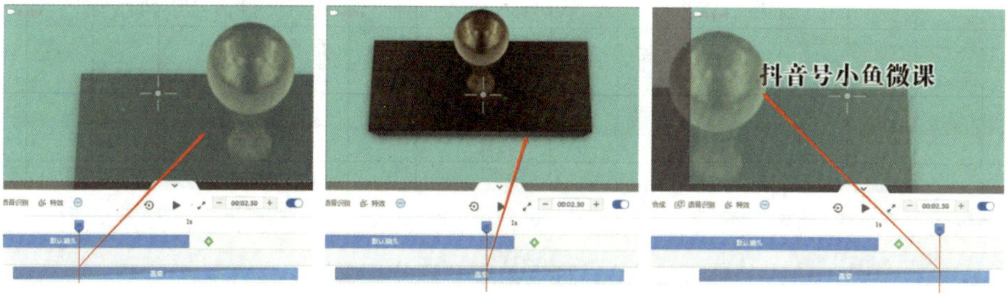

图 2-166 进场效果“盖章”

弹跳进入：素材从上方进入，在进入画布中央后弹跳 2 次并逐渐清晰，如图 2-167 所示。

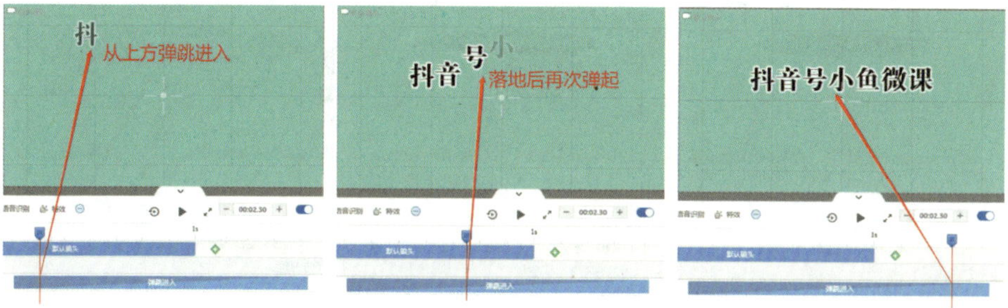

图 22-167 进场效果“弹跳进入”

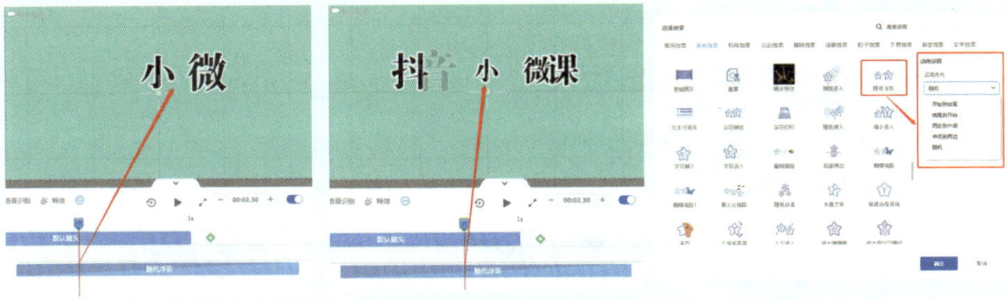

图 2-168 进场效果“随机浮现”

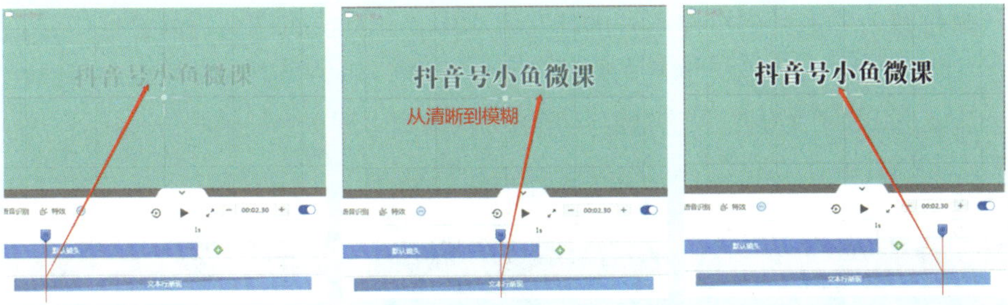

图 2-169 进场效果“文本行渐现”

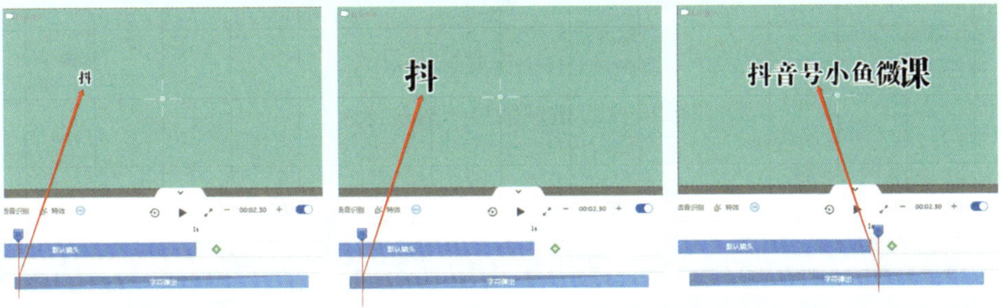

图 2-170 进场效果“字符弹出”

随机浮现：素材随机出现在画布中，如图 2-168 所示。这种随机是无序的、不确定的，如果想要确定的顺序，可以在动画设置中选择“开始到结尾 / 结尾到开始 / 两边到中间 / 中间到两边”。

文本行渐现：等于文本 + 行渐现，是指文本一行行出现，每一行都是从模糊到清晰，如图 2-169 所示。

字符弹出：文本逐一出现，每一个文字都是先放大后恢复正常，然后小幅度缩放 1 次，如图 2-170 所示。

字符打印：文本像打字机一样依次出现，每个文字都有一个从模糊到清晰的过程，如图 2-171 所示，这是使用最普遍的文本效果。

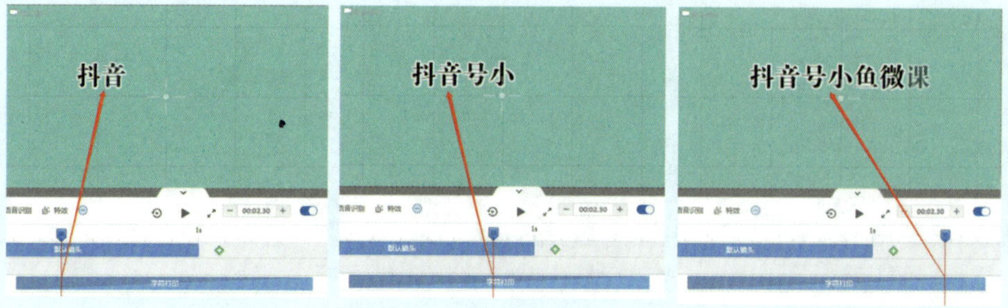

图 2-171 进场效果“字符打印”

随机掉入：素材随机掉落并出现在画布中，与“随机浮现”的效果类似，如图 2-172 所示。这种随机也是无序的、不确定的，如果想要确定的顺序可以在动画设置中选择“开始到结尾 / 结尾到开始 / 两边到中间 / 中间到两边”。

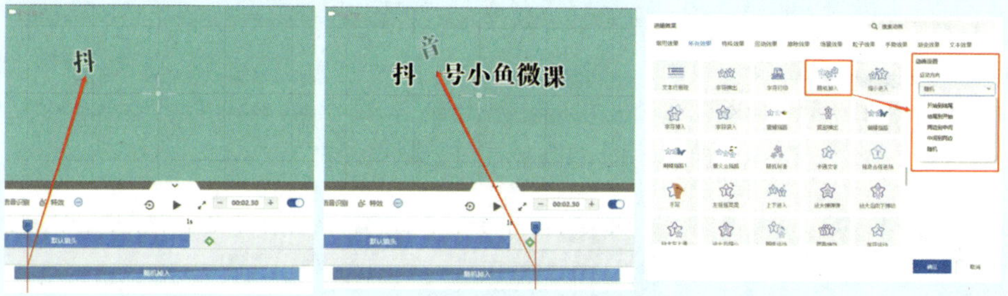

图 2-172 进场效果“随机掉入”

缩小进入：每一个文字从放大到缩小、从模糊到清晰，逐一出现在画布中，如图 2-173 所示。这个效果既可以是无序的，也可以是确定的，具体可以在动画设置的运动方向中选择。

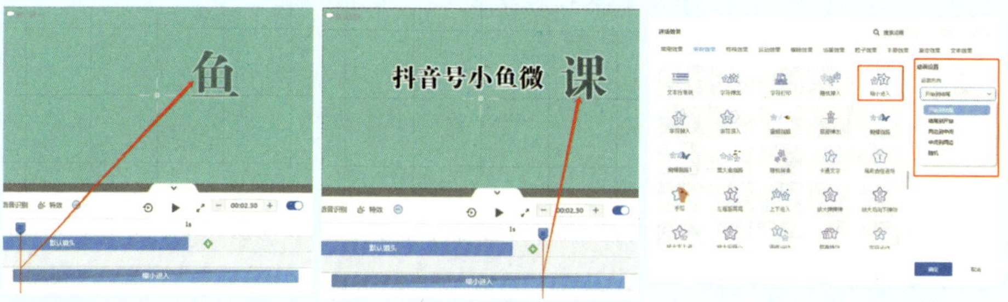

图 2-173 进场效果“缩小进入”

字符滚入：每一个文字逐一滚入画布中，如图 2-174 所示。这个效果既可以是无序的，也可以是确定的，具体可以在动画设置的运动方向中选择。

蜜蜂 / 蝴蝶 / 萤火虫指路：蜜蜂 / 蝴蝶 / 萤火虫会带领每一个文字逐一出现画布中，如图 2−175 所示。

层叠特效：每一行的文字重叠进入画布中央，然后每个文字被逐一拆分出来，如图 2−176 所示。

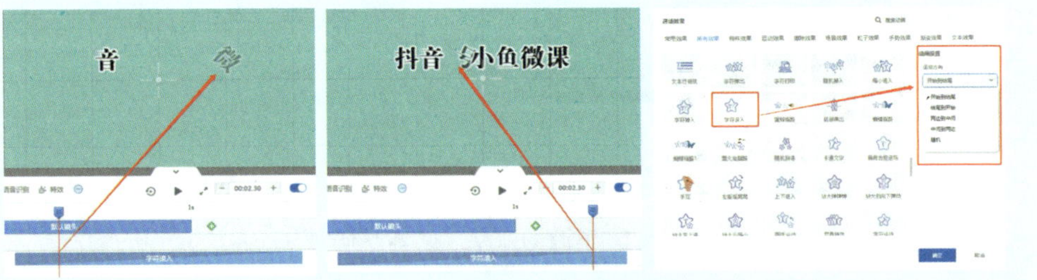

图 2−174 进场效果“字符滚入”

图 2−175 进场效果“蜜蜂 / 蝴蝶 / 萤火虫指路”

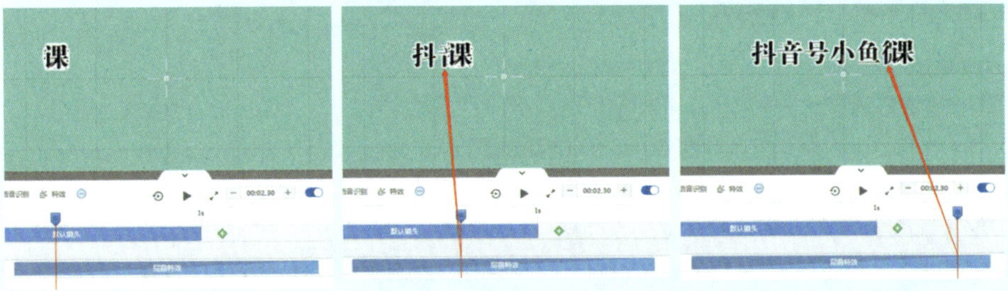

图 2−176 进场效果“层叠特效”

文本光标输入：先出现打字时的光标，然后出现文字，每个文字出现的时候好像在打印一样，如图 2−177 所示。

文本解码：先若隐若现地出现一些与本文无关的文字，然后出现文本，好像电影里面的解码一样，如图 2−178 所示。解码方式

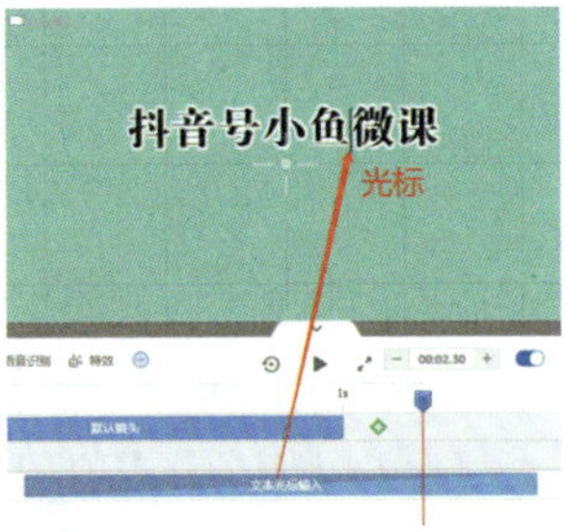

图 2−177 进场效果“文本光标输入”

有两种，一种是逐步，一种是掉落，两者效果略有区别。

文本解码与虚幻文字、文本破译效果这两个进场效果类似。

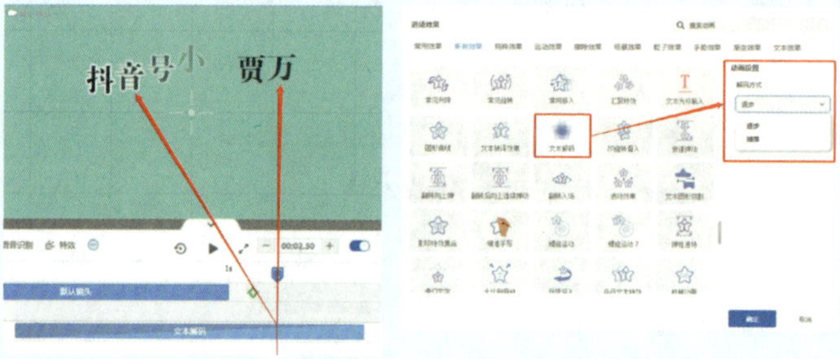

图 2-178 进场效果“文本解码”

幻影分和：两个模糊的文本从两侧出现，然后向中间移动并重合到一起，文字从模糊到清晰，如图 2-179 所示。其出现方式有三种，分别是整体出现、逐字出现、逐行出现。

幻影分和与幻影偏移、新幻影分离(二)、动感幻影这三个进场效果有相似之处。

图 2-179 进场效果“幻影分和”

除了以上这些进场效果之外，还有很多其他进场效果值得去探索和使用，包含移动伸缩、缩放特效、逐词特效、摆动旋转、旋涡运动、轮圈运动、波浪入场、波浪弹跳、动感、向上翻转后向下、弹上弹下、文本转弯、文本跟踪、轨迹动画、潜水艇、磕磕碰碰、螺旋入场、混乱进场、特殊效果、文字特效、优化滑入、简单组合特效、常见字体摇晃、分身动画、文本分割、小样特效、旋转缩放、旋转后左进、翻滚入场、滚动进入、呼吸运动记录器、随机特殊效果、随机入场、预设效果、弹出特效、原地旋转跳舞、路径运动、有机特效、逐字渐变、斜放大后斜向下、斜翻转后向左、斜弹动左进、新奇特效、扩大进入、移动效果、机械动画、多行文本特效、升降滚入、大比例缩放、虚幻文字、弹性进场、螺旋运动、精准手写、影印特效合集、文本图形切割、波动效果、翻转入场、翻转后连续向上弹动、翻转向上弹、快速弹动、

2D 旋转滑入、圆形曲线、汇聚特效、常用移入、常见旋转、常见升降、字符运动、圆弧运动、放大后缩小、放大左上进、放大后向下弹动、放大弹弹弹、上下进入、左摇摇晃晃、手写、稀奇古怪进场、卡通文字、随机拼凑、底部弹出、字符掉入、水光四射、图片入场特效、卷纸拉开、荧光入场、漂浮礼花等。

强调效果

强调效果指素材进入画布之后以什么样的方式来凸显自己，再次吸引学生的注意力。在万彩动画大师中，进场效果和退场效果只能有一个，而强调效果没有数量限制。

万彩动画大师自带强调效果（所有效果）440 个，其中，特殊效果 1 个，运动效果 38 个，场景效果 62 个，粒子效果 18 个，手势效果 4 个，渐变效果 3 个，表情效果 179 个，MG 效果 92 个，文本效果 36 个，还有 7 个效果在所有效果中，没有被分配到任何一类效果中。

■ 如何添加强调效果

操作步骤：在时间轴上点击代表强调效果的“+”号 > 从效果类别中选择一个合适的效果或搜索效果 > 调整参数 > 点击“确定”，即可为该素材添加强调效果，如图 2-180 所示。

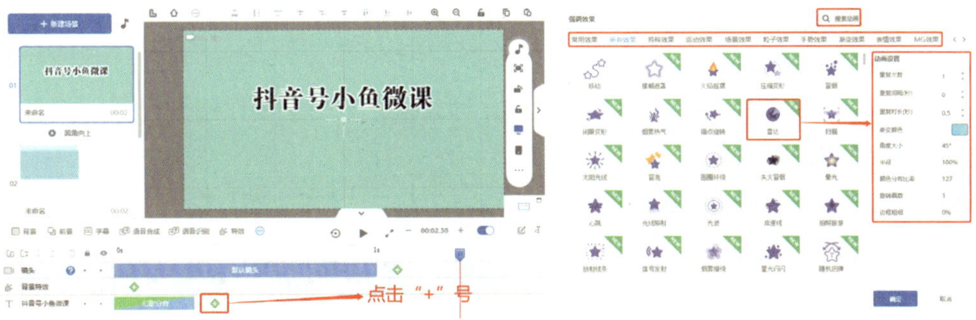

图 2-180 添加强调效果

■ 如何编辑强调效果

添加强调效果之后，可以通过拖拽强调动画的开始时间点和结束时间点来调整强调效果的起点、终点和时长，如图 2-181 所示。

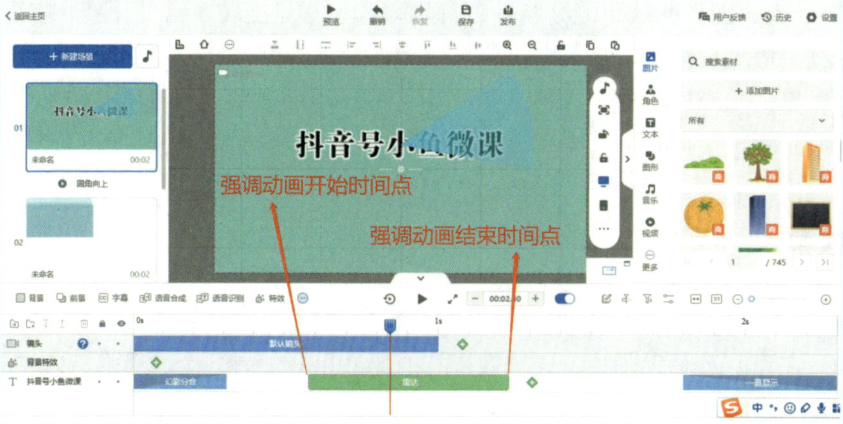

图 2-181 调整强调动画起点、终点和时长

如果对于添加的强调效果不满意，想要做细节的调整，可以双击这个强调效果，对它的参数进行编辑，虽然不同强调效果的参数是不一样的，但是编辑路径是一样的，如图 2-182 所示。

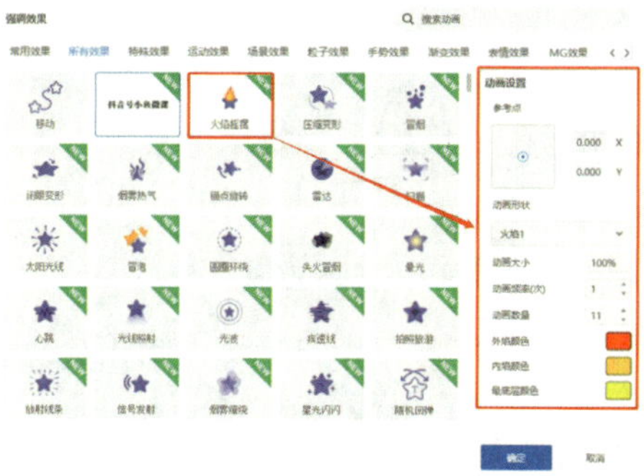
图 2-182 编辑强调效果参数

■ 强调效果解析

与进场效果一样，强调效果数量极多，为了便于选择合适的强调效果，此处选择一些常用、好用的强调效果进行解析。

移动：是所有强调效果中最特殊的一种效果，它的主要作用是让素材在画布中从一个位置移动到另外一个位置，并且可以通过调整素材起点和终点的大小，让素材在移动的过程中产生大小的变化，如图 2-183 所示。在使用移动效果时，关于动画设置的参数，我们一般选择默认，如果对移动效果有特殊要求，既可以从预设中选择，也可以通过对位移曲线、缩放曲线、旋转曲线、透明曲线、旋转圈数和旋转方向的设置来实现相应的移动效果。

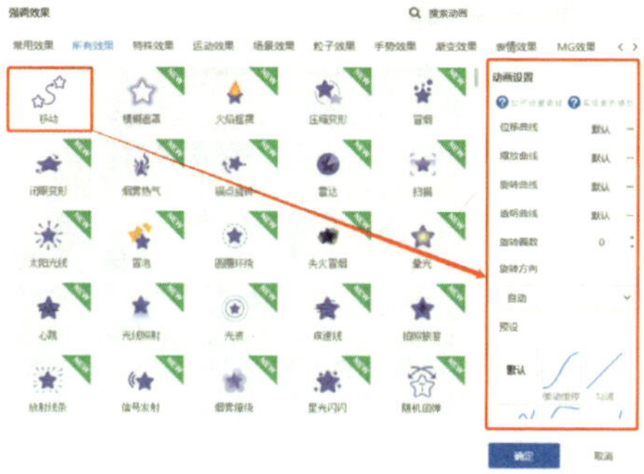
图 2-183 强调效果“移动”

为了便于具象了解移动效果的使用方法，我以制作微课时让人物走动为例，其操作步骤如下。

在素材栏中点击“角色”＞在角色栏中点击“添加角色”＞点击自己喜欢的角色＞在动作栏中选择“走路”＞点击动作“边走边说”＞人物加载到画布中，如图2–184所示。

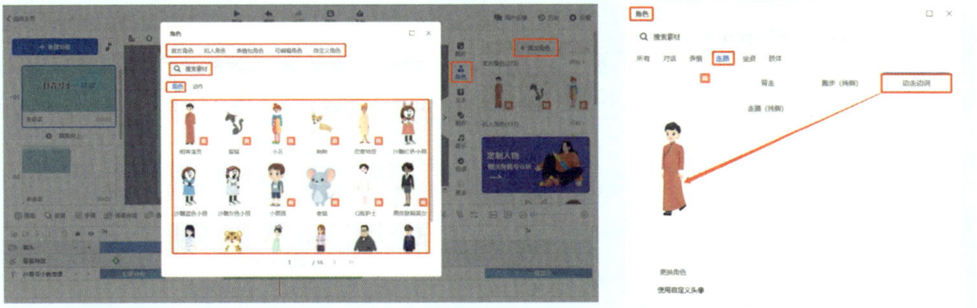

图 2–184 加载人物与走路动作

将角色水平翻转＞调整角色大小和位置＞点击“+”号＞点击“移动”效果＞点击“确定”＞调整人物位置的起点和终点＞调整人物起始位置的大小（通常人物大小是不变的，其他素材可以改变起始位置的大小）＞将边走边说拉长至3秒左右＞调整人物移动效果起点与终点，使其与边走边说的起始点保持一致＞预览，如图2–185所示。

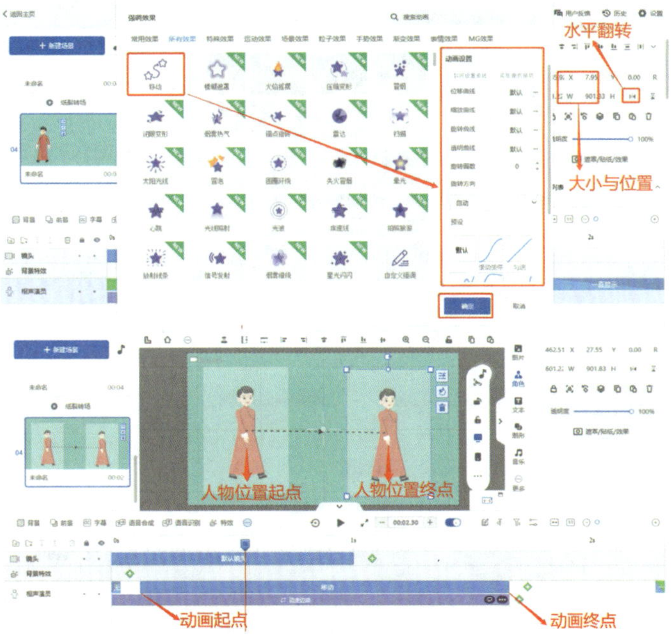

图 2–185 设置人物移动效果

烟雾热气：在素材的某个位置出现烟雾热气的效果，这个效果适合“炊烟袅袅”的场景，如图2–186所示，房子加上这个效果，给人一种正在做饭的场景，顿时感觉饭香扑面而来。

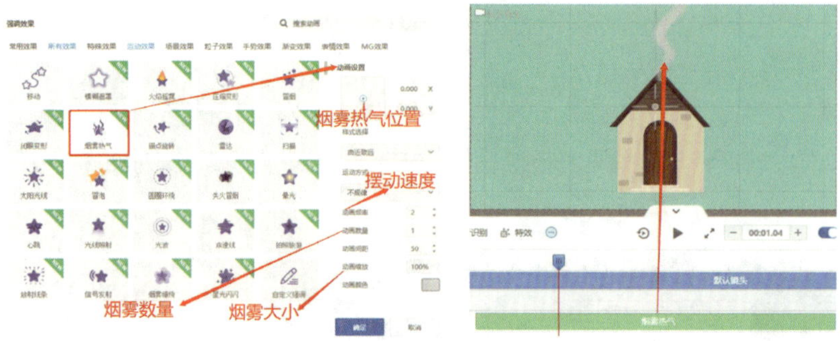

图 2-186 强调效果“烟雾热气”

扫描：素材被一个逐步延伸的形状覆盖，好像被扫描一样，有一些科技感，如图 2-187 所示。扫描的颜色、方向及边框粗细、扫描速度（扫描次数）可以在动画设置中修改。

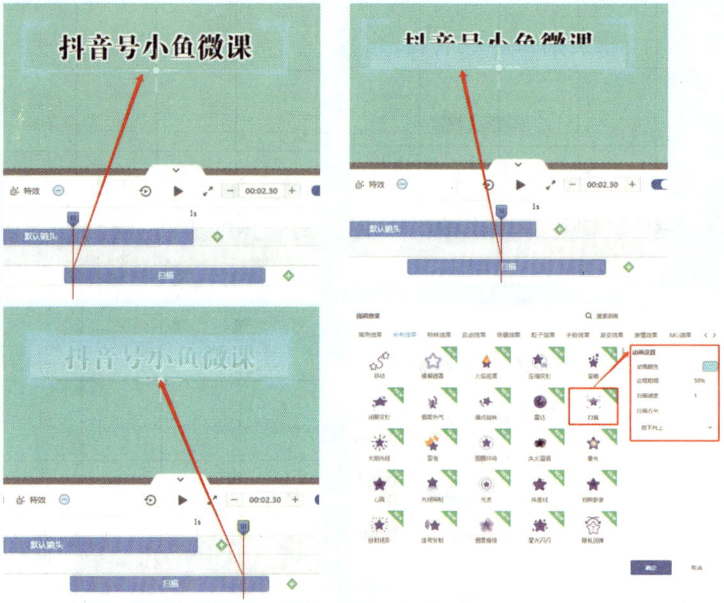

图 2-187 强调效果“扫描”

太阳光线：在素材背后有很多光线好像太阳光线一样，按照顺时针或逆时针方向旋转，如图 2-188 所示。光线的颜色、透明度、长度、角度、数量及光线的位置和运动方向可以在动画设置中修改，如果需要在某个素材背后添加一个金光闪闪的效果来强调该素材，可以使用这个强调效果。

圆圈环绕：在素材周围有一个圆圈环绕该素材旋转，如图 2-189 所示。圆圈的颜色、缩放（圆圈大小）、运动速度、线条间隔、线条个数及光线粗细和线条间隙可以在动画设置中修改。

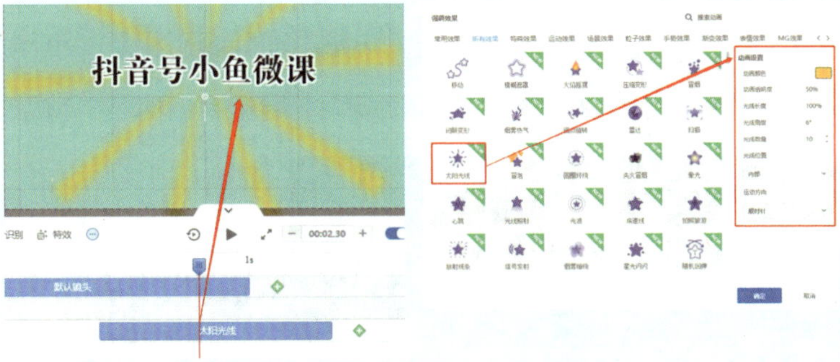

图 2-188 强调效果“太阳光线”

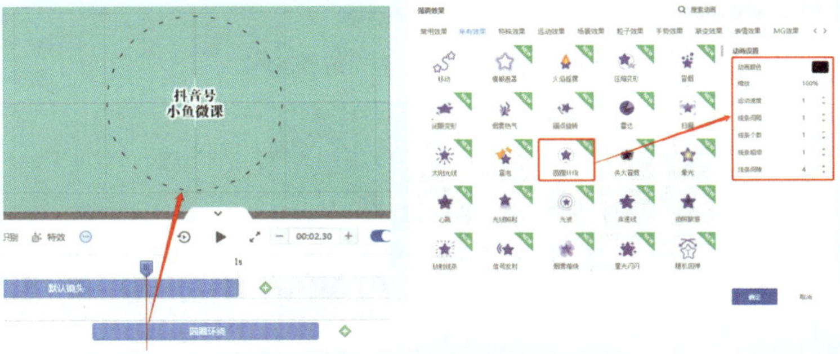

图 2-189 强调效果“圆圈环绕”

晕光：好像有一个手电筒照射在素材上，并且手电筒的灯光会有变化，如图 2-190 所示。灯光的参考点（位置）、颜色、运动速度、透明度、照射幅度及模糊度可以在动画设置中修改。

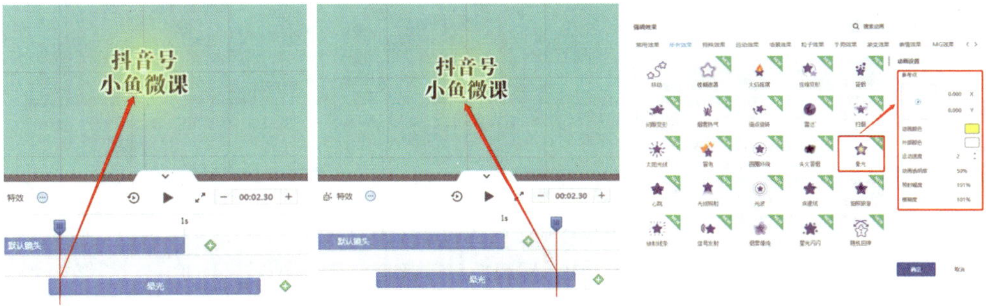

图 2-190 强调效果“晕光”

烟雾缭绕：在素材上方（前景）有一些圆圈逐渐浮现、放大至模糊、最终消失，如图 2–191 所示。圆圈的颜色、缩放（比例）、透明度、运动速度、密集程度可以在动画设置中修改。

底部手指点击：手指从底部出现，点击素材出现圆圈波纹的效果，如图 2–192 所示。在强调效果中，还有左边手指点击、右边手指点击、顶部手指点击。

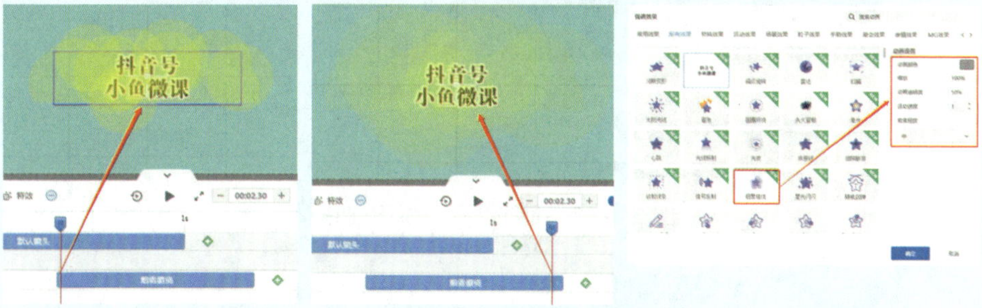

图 2–191 强调效果“烟雾缭绕”

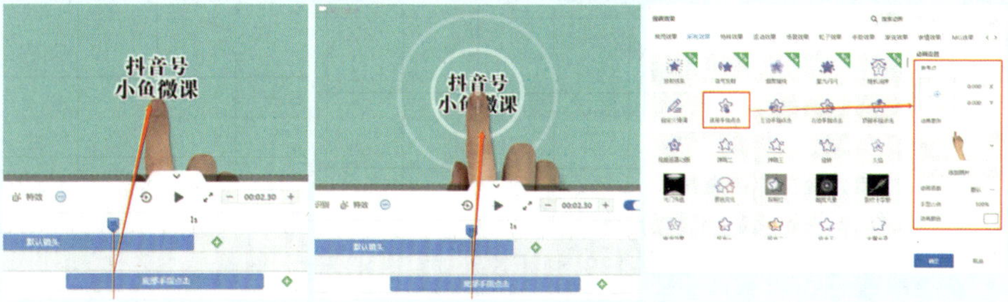

图 2–192 强调效果“底部手指点击”

探照灯：素材变暗之后有个探照灯从左到右照射过去，如图 2–193 所示。

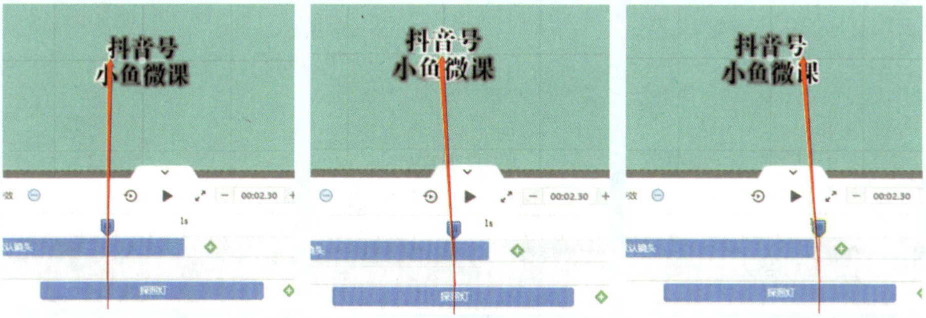

图 2–193 强调效果“探照灯”

水纹：素材上方有水纹出现，好像在平静的湖面投了一颗石子之后出现的波纹，使得该素材由清晰到模糊再到清晰，如图 2–194 所示。

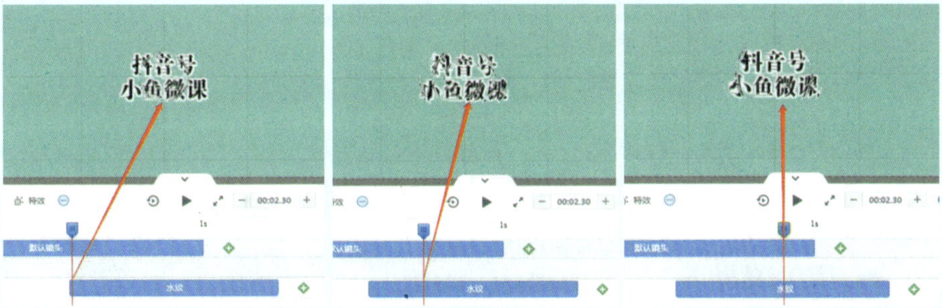

图 2-194 强调效果“水纹”

七彩风车：在素材四周出现四个风车，风车自动顺时针旋转，如图 2-195 所示，风车转动速度和单个风车的数量可以在动画设置中调整。

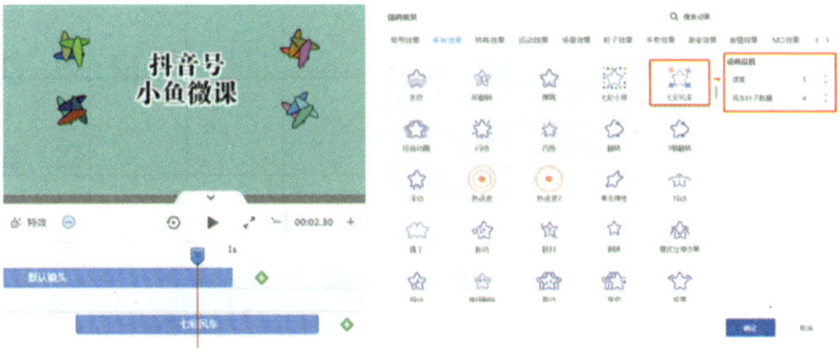

图 2-195 强调效果“七彩风车”

穿梭：素材向右侧移动消失，然后快速从左侧出现，好像在不同空间穿梭一样，如图 2-196 所示。

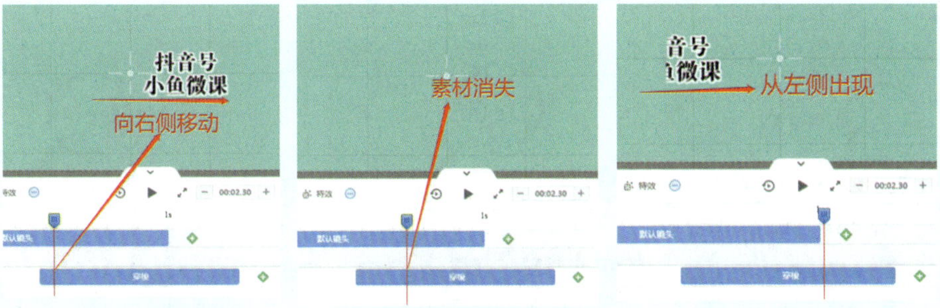

图 2-196 强调效果“穿梭”

光圈：有一个圆圈作为素材的前景从小变大，最后消失在画布中，如图 2-197 所示。圆圈的颜色和透明度可以在动画设置中调整。

闪闪发光：素材的下一个图层出现闪闪发光的效果，如图 2-198 所示。光的颜色可以在动画设置中调整，请注意这个效果跟太阳光线的效果是不一样的。

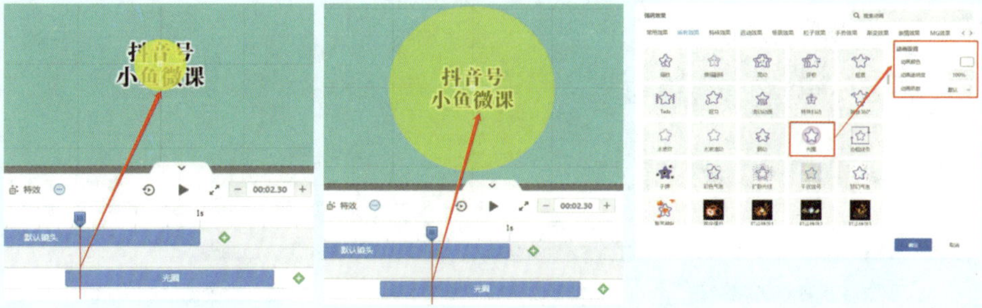

图 2-197 强调效果“光圈”

图 2-198 强调效果“闪闪发光”

放大镜：有一个放大镜从素材的左边出现滑动到右边，在滑动的过程中，凡是被放大镜覆盖的部分都会被放大，如图 2-199 所示。

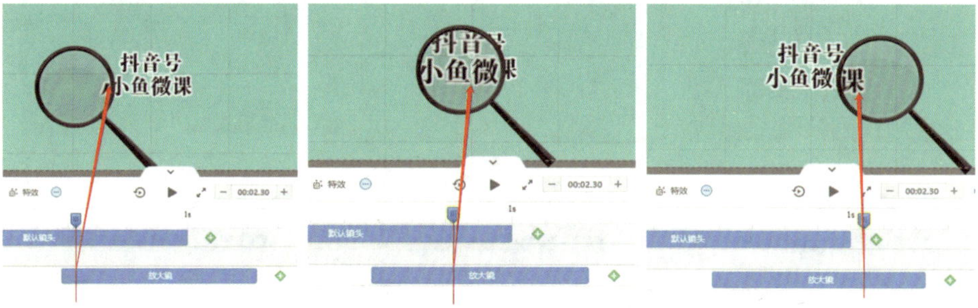

图 2-199 强调效果“放大镜”

字符翻转：按照文字的排列顺序，每一个文字逐一翻转，如图 2-200 所示。文字翻转顺序有 5 种，分别是从开始到结尾、从结尾到开始、两边到中间、中间到两边、随机。

文本音符弹奏：音符按照文字的排列顺序逐一敲打，并改变文字形状，如图 2-201 所示。音符图片（26 个）、位置（字符顺序，包含从开始到结尾和从结尾到开始）、音符数量和音符旋转可以在动画设置中调整。

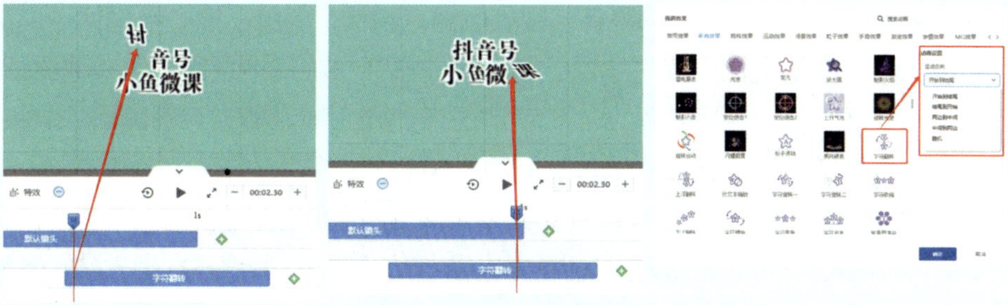

图 2-200 强调效果“字符翻转”

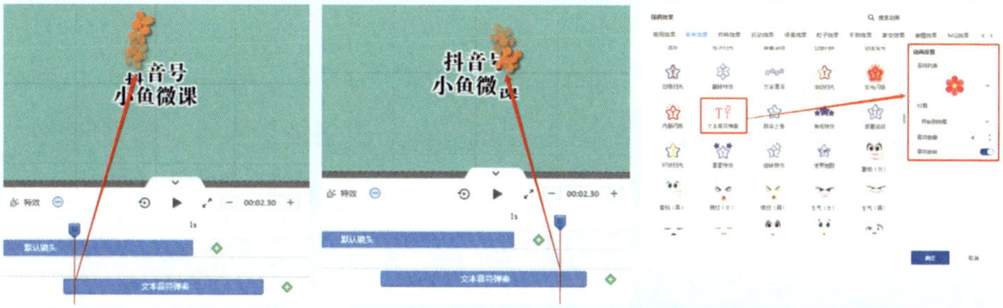

图 2-201 强调效果“文本音符弹奏”

表情效果：在万彩动画大师中有一系列表情效果，这些表情效果可以把素材拟人化，让素材出现相应的表情，如图 2-202 所示。选择某一个表情之后，可以在动画设置中调整表情位置、表情比例和动画透明度。

万彩动画大师中的表情效果包含了男女两个性别，每个性别又包含了害怕、愤怒、生气、睡着、惊讶、震惊、坏笑、大笑、委屈、大哭、撇嘴、疑惑、流口水、昏昏欲睡、激动、皱眉说话、丧气、搞怪、鬼脸、哈哈、高兴、开心、开心大笑、受伤、阴脸、亲亲、笑哭、哈哈大笑、猥琐、舔嘴巴、暗中观察、大声训斥、喜欢、心动、调皮、不知所措、可怜、思考、瞳孔放大、抬眼、难过、伤心、惊吓、训斥、见钱眼开、呼

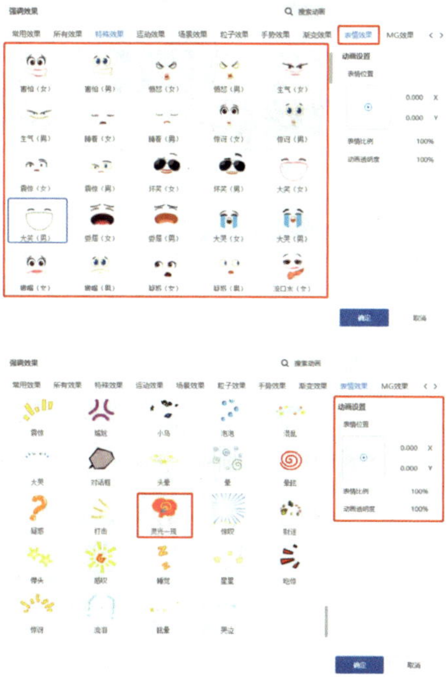

图 2-202 强调效果之“表情效果”

呼大睡、害羞、睡觉、略略、眯眼笑、微笑、得意地笑、笑脸、担心地说话、说话、委屈地说话、无奈地说话、高兴地说话、得意地说话、难过地说话、伤心地说话、羞涩地说话、吐舌头、生气地说话、激动地说话、开心地说话、笑着说话、取笑、龇牙、测温、要哭了、不开心、哭泣、眨眼、担心、破口大骂、难吃。

除此之外，还有一些“表情效果”不是拟人效果，更像是动图，包含生气、震惊、尴尬、小鸟、泡泡、混乱、大哭、对话框、头晕、晕、晕眩、疑惑、打击、灵光一现、惊叹、财迷、懵头、感叹、睡觉、星星、吃惊、惊讶、流泪、眩晕、哭泣。

为了更加具象地了解表情效果的使用方法，我们以三角形为例来详细讲解，其操作步骤如下。

在画布中添加一个三角形 > 在时间轴上点击“+”号，添加强调效果 > 在强调效果编辑栏中选择“表情效果” > 从里面选择一个表情效果 > 在动画设置中调整表情位置 > 点击“确定”，这个三角形就有了拟人化表情，如图 2–203 所示。

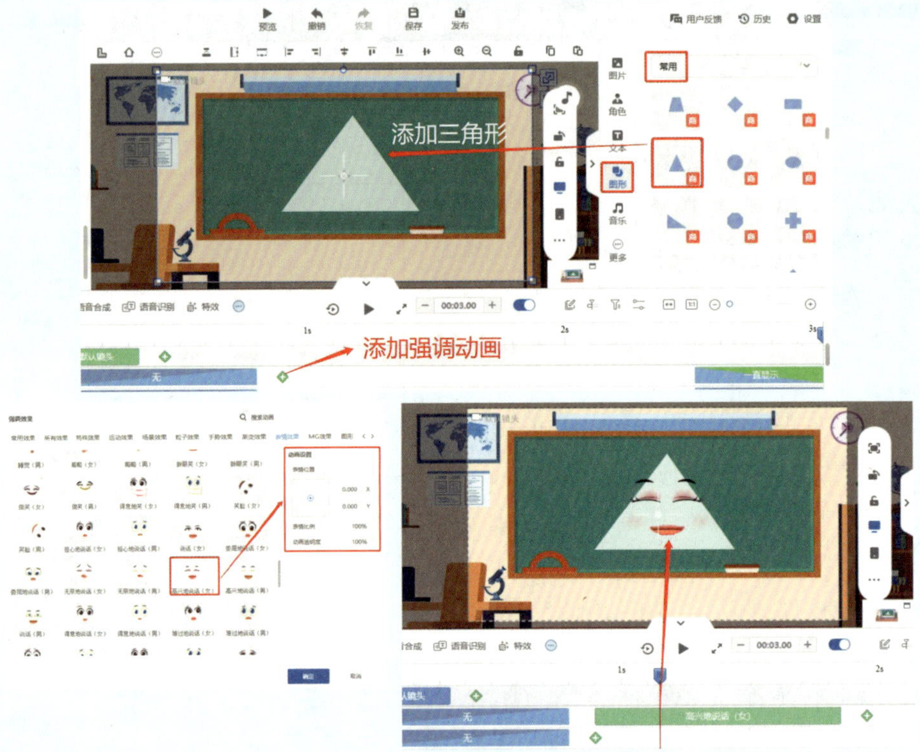

图 2–203 给三角形添加表情效果

除了以上这些强调效果之外，还有很多强调效果值得去探索和使用，包含以下几种。

常用效果：自定义强调、炫酷遮罩动画、弹跳二、弹跳三、旋转、火焰、光门传送。

运动效果：火焰摇摆、压缩变形、冒烟、闭眼变形、锚点旋转、3D 翻转、弹跳、七彩小球、综合动画、闪动、闪烁、翻转、X 轴翻转、浮动、热点波、热点波 2、果冻弹性、抖动、镜子、脉动、颤抖、倒映、橡皮拉伸效果、缩放、伸缩翻转、晃动、摇摆、Tada、摇匀、流动动画、特殊抖动、转体 360 度、水波纹、水波流动、颤动。

场景效果：雷达、冒泡、失火冒烟、心跳、光线照射、光波、疾速线、拍照旅游、放射线条、信号发射、星光闪闪、边框线条、子弹、彩色气泡、彩色光线、干扰信号、梦幻气泡、飘落枫叶、喜庆爆竹、打斗特效 5 个、火龙召唤、火光爆炸、萤火虫、烟花、烟花特效 3 个、麒麟之焰、火焰燃烧 2 个、内聚光线、优雅光线 2 个、心形环绕、飓风、冰晶特效、湖面倒影、雷电暴击、光波、发光、魅影火焰、魅影六击、定位炮击 2 个、上升气泡、旋转光波、旋转运动、闪耀烟雾、粒子运动、乘风破浪。

粒子效果：炫酷光晕、裂纹十字斩、电流效果、炫光一、炫光二、炫光三、金属光泽、流星光线、旧电视屏幕、主角光环、雪花飘落、柔风细雨、星神变、星光扩散、群星闪耀、龙卷风、水滴。

渐变效果：模糊遮罩、颜色变化。

MG 效果：蓝色圆圈、蓝色虚线圆圈、蓝山闪动线条 02、中心爆炸、中心散开、圆圈中心散开、圆圈逆时针转、多色线条、多色水滴 01、多色水滴 02、珊瑚红圆圈 01、珊瑚红直线、交叉线条、装饰—方框、装饰—圆圈扩散、装饰—线条、装饰—菱形、装饰—八叉散开、装饰—爆炸、装饰—爆炸 1、装饰—烟花、装饰—五角星、装饰—线汇集、装饰—多边形、装饰—升起、装饰—旋转、装饰—圆、装饰—圆 1、装饰—六边旋转、装饰—溅射、装饰—溅射 1、装饰—方形散开、装饰—三角、装饰—三角旋转、装饰—三角旋转 1、装饰—水滴圆圈、滴落散开、上浮、几何框—散开、几何图形—浮现、绿色圆圈、绿色线条中心散开、绿色矩形、绿色旋转圈、绿色旋转线条 01、绿色旋转线条 02、绿色水滴画圈、绿色水滴、六边形框、闪电线条中心散开、闪电线条、闪电线条 01、闪电线条 03、线条画圈、线条正方形 02、菱形、绿色水滴交叉、碎块散开、多边形 01、多边形 02、多边形 03、多边形逆时针转、多边形—旋转 01、多边形—旋转 02、长方形—缩小、旋转圆圈、旋转划圈、旋转方块、圆形、圆形散开、圆形跳动、圆形—中心散开、圆形—相撞打开、圆形—填满、螺旋线、三角形 01、三角形 02、三角形 03、三角形—闪现、三角形—浮动、三角形—向右移、三角形叠加、三角形—旋转、三角形框、双色弧线、双色波浪线 01、双色波浪线 02、水滴顺时针转、水滴逆时针转、水滴—旋转散开、水位扩散、水波。

文本特效：随机回弹、上浮翻转、行文本缩放、字符旋转 2 个、字符收缩、下沉翻转、字符螺旋、字符膨胀、字符波浪、背景图渲染、圣诞、彩蛋、地球仪、逐字发光、新奇特效、活跃、柱状扫光、屏幕滚动、边缘闪烁、边缘发光、边缘扫光、翻转特效、文字漂浮、流动扫光、发光闪烁、内部闪烁、数字上涨、有机特效、活塞运动、环状扫光、星星特效、旋转特效、世界地图。

退场效果

退场效果指素材以什么样的方式离开画布，万彩动画大师自带退场效果（所有效果）128 个，其中，特殊效果 4 个，运动效果 13 个，擦除效果 11 个，场景效果 3 个，粒子效果 11 个，手势效果 4 个，渐变效果 21 个，文本效果 52 个，还有 9 个效果在“所有效果”中，没有被分配到任何一类效果中。

■ 如何添加退场效果

操作步骤：在时间轴上选中“退场效果”> 双击“退场效果”> 从效果类别中选择一个合适的效果或搜索效果 > 调整参数 > 点击“确定”，即可为该素材添加退场效果，如图 2-204 所示。

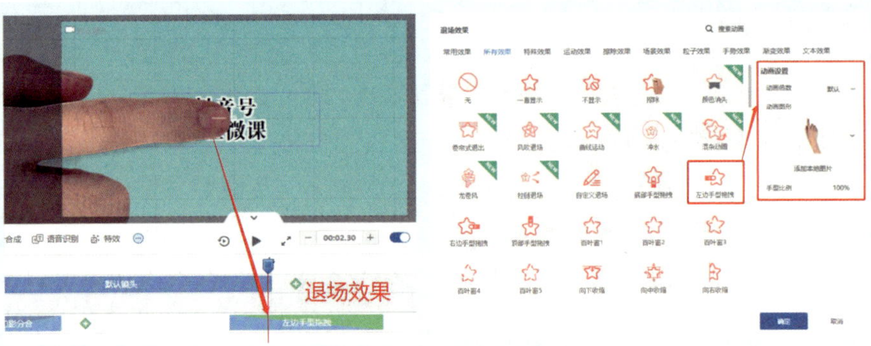

图 2-204 添加退场效果

■ 如何编辑退场效果

添加退场效果之后，可以通过拖拽退场动画的开始时间点和结束时间点来调整退场效果的起点、终点和时长，如图 2-205 所示。

如果对于添加的退场效果不满意，想要做细节的调整，可以双击这个退场效果，对它的参数进行编辑，如图 2-206 所示。虽然不同退场效果的参数是不一样的，但是编辑路径是一样的。

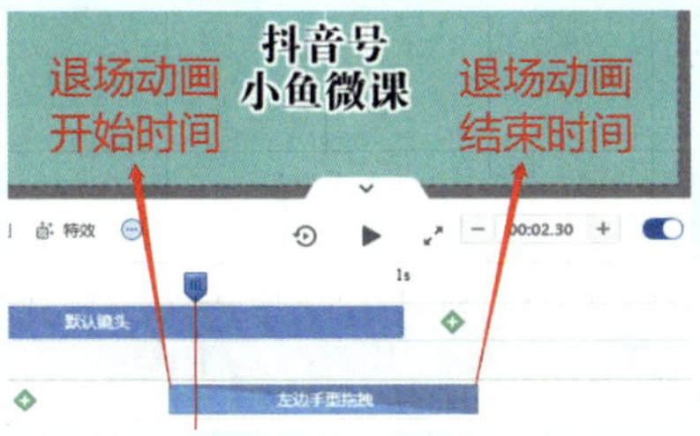

图 2-205 调整退场起点、终点和时长

图 2-206 编辑退场效果参数

如何批量编辑退场效果

选中要调整退场效果的素材 > 点击“批量修改动画效果” > 点击“退场效果” > 从退场效果中选择一个效果 > 调整参数 > 确定，如图 2-207 所示。

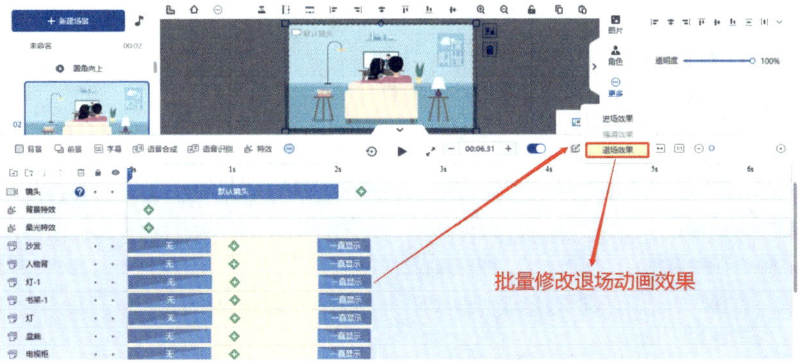

图 2-207 批量编辑退场效果

退场效果解析

退场效果与进场效果有很多相似之处，比如动画效果类别，以及具体的动画效果；不同之处在于两者的数量不一样，退场效果的数量要比进场效果少很多。因此，我们只需要从里面摘选几个退场效果做解析即可。

无：退场时没有任何动画效果，退场动画结束，素材直接消失在画布中。

一直显示：退场时没有任何动画效果，退场动画结束后素材依旧在画布中。

不显示：退场动画开始时素材直接消失在画布中，退场动画结束后，也没有出现。

擦除：退场动画开始时素材被一只“手”慢慢擦除，退场动画结束后，素材消失在画布中。这其中的动画图形“手”和手型比例都是可以在动画设置中编辑的，如图 2-208 所示。

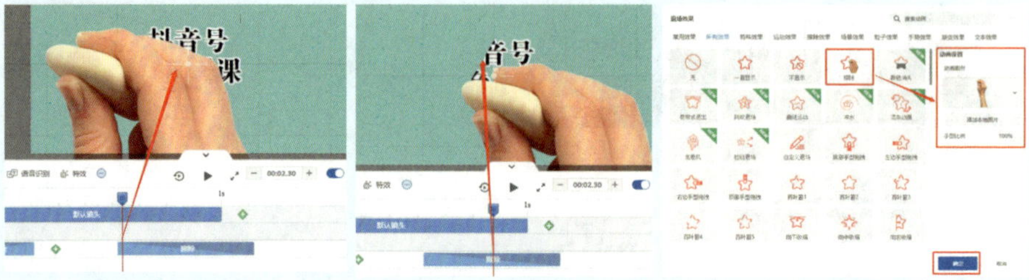

图 2-208 退场效果“擦除”

底部手型拖拽：退场动画开始时从底部出现一只“手”慢慢向上移动按住素材，然后拉动素材向下移动消失在画布中。这其中的动画图形“手”和手型比例都是可以在动画设置中编辑的，如图 2-209 所示。除了底部手型拖拽，还有左边手型拖拽、右边手型拖拽、顶部手型拖拽。

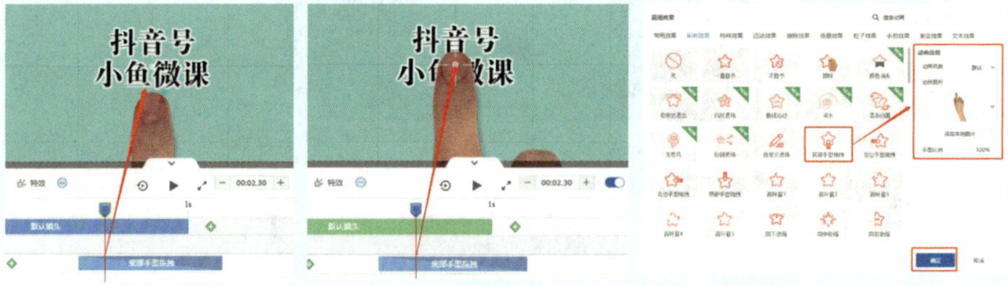

图 2-209 退场效果“底部手型拖拽”

炫酷色彩：退场动画开始时在素材底层出现一堆模糊的彩色圆形，然后这些彩色圆形逐渐清晰、放大并覆盖素材，最终素材消失，彩色圆形放大并逐渐模糊、消失在画布中，如图 2-210 所示。

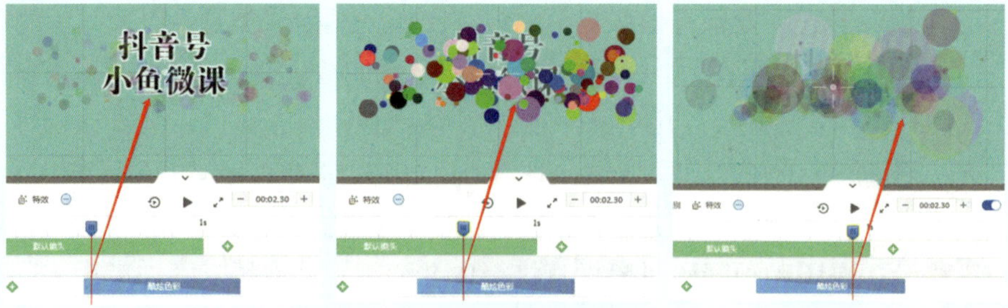

图 2-210 退场效果“炫酷色彩”

除了以上退场效果之外，在万彩动画大师中还有如下这些退场效果，时间允许的时候建议逐一尝试一下，毕竟我们知道的退场效果越多，用起来也就越方便。

运动效果：风吹退场、花屏退场、弹出、下边弹出、左边弹出、右边弹出、顶部弹出、X 轴翻转退出、Y 轴翻转退出、转折、镜花水月退场、缩小退场、水波退场。

擦除效果：百叶窗 5 个、向下收缩、向中收缩、向右收缩、向左收缩、向上收缩、扇形收缩。

场景效果：爆炸烟雾、图片爆炸、卷轴蜷缩。

粒子效果：炫酷退场、粒子退场、粒子沙漏退场、粒子升华、粒子爆炸、颗粒渐变、粒子层叠退场、粒子缩放退场、燃烧退场、奇妙粒子退场。

渐变效果：颜色消失、卷帘式退出、清晰变模糊、黑影淡入淡出退场、渐变退出、底部淡出、左侧淡出、右侧淡出、顶部淡出、光速退出、卷出、旋转退出、左下旋转退出、右下旋转退出、左上旋转退出、右上旋转退出、缩小、底部缩小退出、左侧缩小退出、右侧缩小退出、顶部缩小退出。

文本效果：曲线运动、冲水、混杂画面、龙卷风、拉链退场、字符模糊消失、文本行消失、拉链式退出、字符掉出、随机掉出、缩小退出、卡通动漫、稀奇古怪退场、上下退出、字符运动退场、常用移出、文本光标删除、圆形曲线、文本破译效果、扩散特效、2D 旋转滑出、翻转出场、影印特效合集、螺旋运动 2 个、虚幻退场、升降滚出、多行文本特效、机械动画、幻影退场、新奇特效、路径运动—机械、路径运动、幻影分合、幻影偏移、垂直幻影分离、随机特殊特效、弹回特效、翻滚退场、滚动退出、旋转缩放、小样特效、优雅滑出、文字特效、流水式退场、螺旋退场、潜水艇、轨迹动画、文本追踪、轮圈运动、旋涡退场、逐词特效。

其他：自定义退场、图形遮罩动画、轮盘滑出、顶部缩小、碎片化退出、下方滑出、左方滑出、右方滑出、上方滑出。

玩转镜头

我们日常所说的镜头有两个意思，一个是指相机的镜头，一个是指拍摄的镜头，前者我们称之为光学镜头，后者我们称之为镜头画面，本书所讲的镜头主要指后者。

镜头是一种语言，能够帮助我们更好地塑造微课画面，在拍摄类微课中为了塑造良好的画面，需要运用景别、运镜技巧等构建镜头画面，这些技巧较为复杂，我会在第三章详细讲解。

这里所讲的镜头主要是指万彩动画大师中的“镜头”这个功能，在万彩动画大师中，要想让画布中不同位置的素材产生关联塑造场景，就需要用到镜头。那么，在万彩动画大师中如何添加和编辑镜头，镜头效果又有哪些类别呢？

■ 如何添加镜头

操作步骤：在时间轴上找到镜头 > 在默认镜头后面点击“+” > 从当前视角 / 默认视角 / 跟随镜头 / 默认镜头中选择一个即可，如图 2-211 所示。

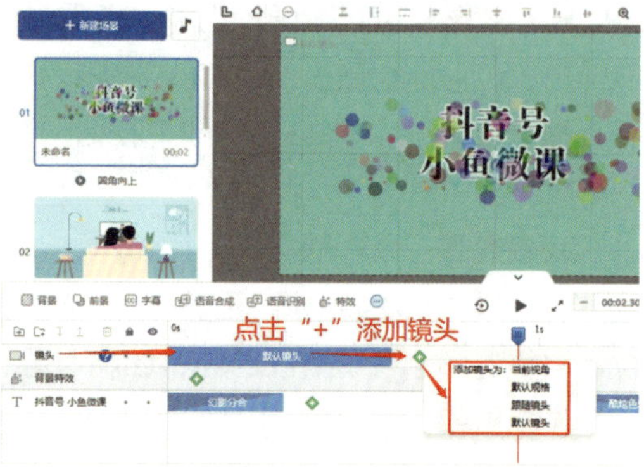

图 2-211 添加镜头

■ 如何编辑镜头

想要改变镜头的时间节点和镜头时长，可以在时间轴上点击要编辑的镜头，然后拖拽镜头起点、终点即可。

想要改变镜头在画布中的位置和旋转角度，可以在画布中选中镜头直接拖拽或在右侧的镜头编辑栏中编辑镜头参数，如图 2-212 所示。

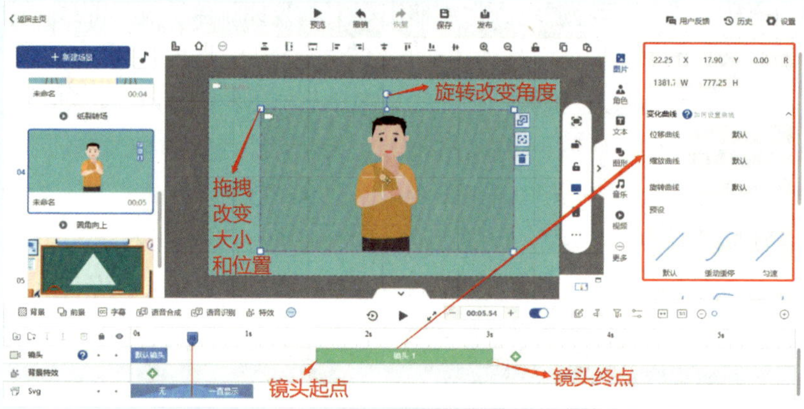

图 2-212 编辑镜头

■ 镜头效果解析

根据镜头的使用效果，我把万彩动画大师中的镜头效果分为四类，分别是画面平移、画面放大、画面缩小和画面旋转。

画面平移：在画面的不同位置添加镜头，在镜头切换的过程中构建画面平移的效果，如图 2–213 所示，平移的方向不一定是从左到右，还可以是从右到左、上下平移、对角线平移等。

图 2–213 画面平移镜头效果

画面放大： 素材不变，在上一个镜头上添加一个更小的镜头，在镜头切换的过程中构建画面逐渐被放大的效果，如图 2–214 所示，镜头 1 比默认镜头要小，这样才能放大素材的某个部位。

图 2–214 画面放大镜头效果

画面缩小： 素材不变，在上一个镜头上添加一个更大的镜头，在镜头切换的过程中构建画面逐渐被缩小的效果，如图 2–215 所示，镜头 1 比默认镜头大，从默认镜头切换到镜头 1 的过程中，素材“缩小”。

图 2–215 画面缩小镜头效果

画面旋转： 素材不变，在上一个镜头上添加一个旋转不同角度的镜头，在镜头切换的过程中构建画面旋转的效果，如图 2–216 所示，从默认镜头切换到镜头 1 的过程中画面旋转，最后素材以另外的角度出现在画布中。

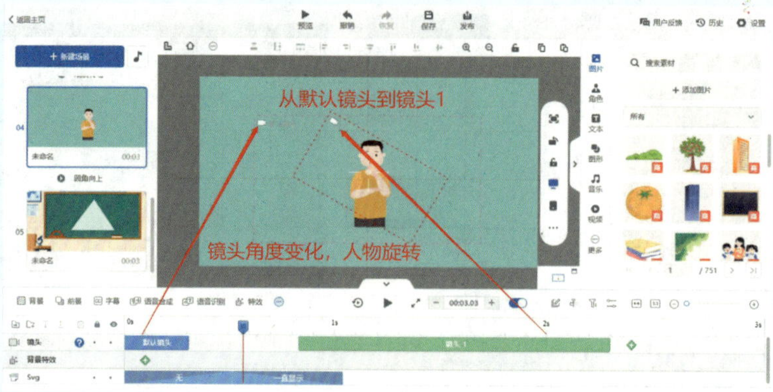

图 2-216 画面旋转镜头效果

STEP 05 生成视频

当我们依据前面的四个步骤，为微课添加了场景，并且把每一个场景的音频、字幕、素材、动画全部设置完毕之后，就可以播放、预览微课效果，并用万彩动画大师来生成视频了。

■ 播放与预览

如图 2-217 所示，点击最上方的“预览”会弹出“小屏预览”和“全屏预览”，点击“小屏预览”可以用小屏幕的方式预览所有场景的效果，点击“全屏预览”可以用全屏的方式预览所有场景的效果。

如果想要预览本场景的效果，可以点击时间轴上的“从最开始播放当前场景”“当前位置播放单场景”“当前场景全屏预览”。

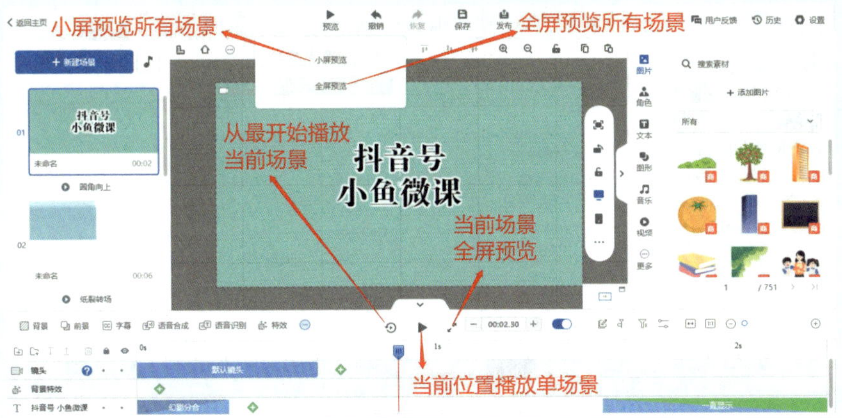

图 2-217 播放与预览

■ 保存工程文件

与 PPT 一样，用万彩动画大师制作微课最重要的工作之一就是要及时保存工程文件，防止在出现断电、电脑死机、系统卡顿、软件闪退等状况后素材丢失的情况。

我们既可以随时按住 Ctrl+S 键，又可以点击“保存”来保存工程文件。

■ 发布生成视频

操作步骤：点击“发布”或按住 Ctrl+Shift+P> 在“发布作品”中选择“本地视频”> 添加视频封面 > 选择保存位置 > 选择帧率 > 渲染选择“快速”> 格式选择“mp4”> 清晰度选择 1080P 或自定义 > 点击“发布”，如图 2-218 所示。

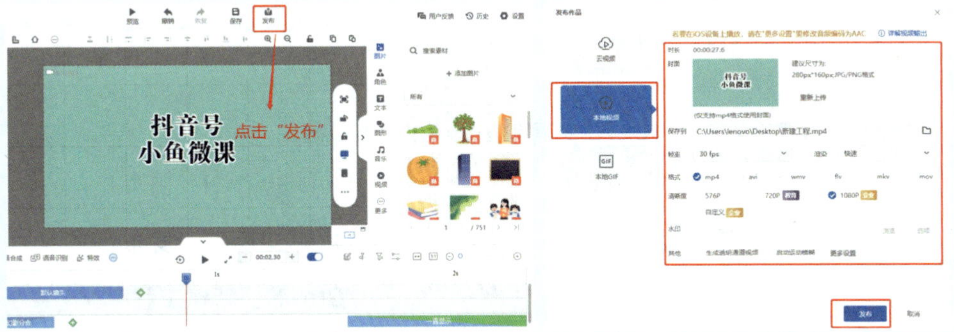

图 2-218 发布生成视频

如果对于视频有更多要求，可以点击“其他”里面的“更多设置”，对视频的质量，视频编码器和码率，音频编码器、采样率和码率进行设置，如图 2-219 所示。

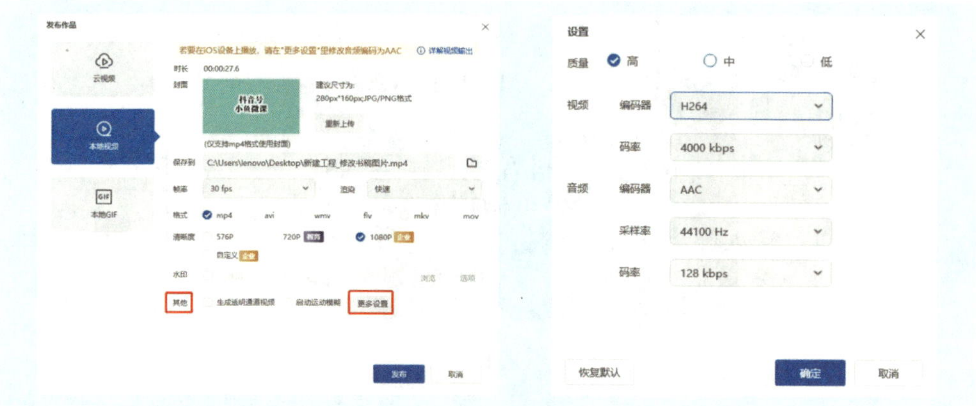

图 2-219 更多设置

除了可以生成本地视频之外，万彩动画大师还可以生成云视频和本地 GIF。

云视频可以上传到万彩动画大师的云服务器，随时随地在云端查看视频。

使用本地 GIF 可以将万彩动画大师中的某些素材变成动图，用到其他微课制作工具中。比如想要用万彩动画大师中的某个角色，我们可以打开万彩动画大师，在右侧的角色里面（官方角色 / 拟人角色 / 表情包角色 / 可编辑角色）中选择一个具体的角色，并点击想要使用的动作，把它加载到画布里面；然后把动作拉开，保持在 3 秒左右，点击播放确保动作完整；点击发布，选择本地 GIF；帧率选择 30，清晰度选择自定义 1920×1080，其他勾选“生成透明通道 GIF”；点击发布就能生成人物动图，接下来可以把它放到任何一个微课工具里去使用。

■ 常用快捷键

要想轻松高效地制作微课，一定要用好万彩动画大师里的快捷键，常用快捷键如表 2-5 所示。

表 2-5 万彩动画大师常用快捷键

Ctrl+C：复制	Ctrl+Shift+H：首页
Ctrl+X：剪切	Ctrl+Shift+P：发布
Ctrl+V：粘贴	Ctrl+N：新建工程
Ctrl+Z：撤销	Ctrl+O：打开工程
Ctrl+Y：还原	Ctrl+Q：合并工程

续表

Space：播放	Ctrl+W：关闭工程
Delete：删除物体	Ctrl+S：保存工程
Shift：多选	Shift+T：语音合成

3

CHAPTER

真人出镜，三个阶段打造网红微课

真人出镜微课脚本

录制前期，精心准备

录制中期，精彩呈现

录制后期，精细剪辑

真人出镜是指微课里面有真实人物出现，他们通过面对镜头讲解或表演的方式来呈现微课内容。

相较于无人出镜和拟人出镜这两种微课形式而言，真人出镜的效果更好，获奖概率更大，同时对于老师的要求也更高。

根据真人出镜的录制场景，我把真人出镜分为三种形式，分别是口播、录播和情境表演。

口播是指一个人面对镜头讲解内容，它的背景大多是真实的，跟口播类短视频很像。

录播也是一个人面对镜头讲解内容，不同之处在于它的背景是虚拟的，这就需要用到绿幕抠图。

因此，口播是用手机或摄像机直接录制的，而录播往往是前期用手机或摄像机录制，后期绿幕抠图；或者用电脑连接摄像头或摄像机进行录制，录制的同时绿幕抠图形成虚拟背景。前者在录制的时候不需要软件，后者在录制的时候需要用到可以绿幕抠图的录屏软件，比如 OBS、抖音直播伴侣，或者在录制结束后去除背景，比如用剪映的画中画功能。

情境表演是指多人出镜，每个人扮演不同的角色，呈现不同的内容。它的背景是真实的，往往是用手机或者摄像机进行拍摄的。

无论是口播、录播还是情境表演，要想录制精品微课或在大赛中获奖，就必须克服以下 7 个问题。

1．录制设备：录制微课的预算是多少？准备用什么设备拍摄视频，是手机、摄像机还是电脑，有没有外接摄像头？准备用什么设备收音，有没有专业的麦克风？准备用哪些辅助工具，要不要准备补光灯、电脑支架？应该准备什么样的背景，是虚拟的还是真实的？

2. 录制软件：用什么软件录屏？这些软件是收费的还是免费的？应该如何使用？

3. 讲解技巧：如何自然地面对镜头？如何流畅地表达微课内容？如何自然地使用肢体动作？什么样的着装和妆容是比较合适的？

4. 拍摄技巧：如何巧妙地使用镜头，有哪些运镜技巧和窍门？微课画面是什么样子的，应该如何构图，人物应该放在哪个位置？拍摄不同内容时的高度、角度、景别应该如何选取？

5. 剪辑技巧：录制的视频用什么软件剪辑，这个软件是收费的还是免费的，剪辑的时候应该注意什么，有哪些高效的剪辑技巧？

6. 录制流程：拍摄前需要准备什么？拍摄中需要注意什么？拍摄后需要做些什么工作？

7. 录制团队：单兵作战还是团队作战？如果是团队作战的话，分工协作的依据是什么？脚本写好了吗？团队达成共识了吗？

录制一门微课很简单，但是想要录制一门能够获奖的精品微课并不容易。

为了解决这些问题，这一章既会讲解口播、录播和情境表演这三种形式的脚本应该如何撰写，又会围绕录制流程分别讲解录制前的准备工作、录制时的各类技巧和录制后的剪辑技巧。

通过学习本章内容，不但可以制作精品微课上传到内部平台并参赛获奖，还能制作短视频上传到抖音等外部平台，积累粉丝、快速变现。

第一节 真人出镜微课脚本

通常情况下，脚本包含三类信息，分别是基本信息、微课内容和方式效果说明，粗略看来所有的脚本都是一样的，实则不然。

实际上，每个人的人生脚本是不一样的，每一类微课的脚本也是不一样的。

脚本是场景化的产物，它因形式而不同，也随场景而变化，不同形式、不同场景的微课，其脚本是不一样的。

不但无人出镜、拟人出镜、真人出镜这三种形式的脚本不一样，而且真人出镜中的口播、录播和情境表演这三种形式的脚本也不一样。

哪怕是同一种形式的微课，因微课内容、个人习惯等问题，其脚本也会有所差异。因此，本节提供的三类微课脚本模板仅供参考，在实际使用时还请灵活应用。

口播类微课脚本模板

如表 3-1 所示，这是真人出镜的口播类微课脚本模板，主要包含两大部分。

■ 第一部分——基本信息

包含微课标题、撰写人员、微课形式、微课类型、微课时长、画幅比例、环境道具、录制设备和剪辑工具。

微课标题：以微课主题为基础，使用主题要点法、效果吸引法、疑问好奇法或比喻修辞法优化之后的标题，其作用在于让学员清晰地了解微课价值，吸引学员主动学习。

撰写人员：参与脚本撰写的主要人员，主要作用有两点：一个是微课大赛中作品评审需要填写此类信息，另一个是在微课片头或片尾讲明团队成员分工。

微课形式：可以直接填写“真人出镜—口播”。

微课类型：微课可以分为知识、任务、问题、技巧、工具、产品等类型，学员可以从中选择一个合适的微课类型填写。

微课时长：在正式拍摄制作之前可以预估一下时长，用字数除以语速基本上可以预估出来，拍摄后根据实际时长填写即可，预估时长的作用在于把控微课时间，保证一门微课在 5 分钟 ~8 分钟。

画幅比例：主流画幅有两种，一种是横屏的 16 ∶ 9，一种是竖屏的 9 ∶ 16，如果是在公司内部平台分享，通常采用 16 ∶ 9；如果是在外部平台，比如抖音上分享，可以设置为 9 ∶ 16。

环境道具：主要是指录制环境、背景、服装和道具等。录制环境可以是公司的会议室、办公室、工位、车间，可以是家里的书房、卧室、客厅，也可以是商场、街道等场所；背景可以是纯色的幕布，也可以是书架；服装要根据微课主题准备，比较保险的肯定是商务正装；道具依据微课内容制作准备，主要分为两类：一类是帮助塑造个人 IP，一类是帮助传递重点知识。

录制设备：主要指录制的硬件设备，包含拍摄器材、收音设备、灯光设备、辅助器材等。拍摄器材可以是手机，也可以是摄像机、单反相机；收音设备可以是拍摄器材自带的收音，也可以是耳机、领夹麦、高端录制器材；灯光设备主要是指补光灯，其作用在于营造良好的光线环境，提升颜值；辅助器材包含手机支架或三脚架、提词器等设备。

具体采用哪些设备取决于预算、可协调资源等因素，不可一概而论。

剪辑工具：微课剪辑工具非常多，然而功能强大并且免费的并不多，这里推荐剪映。

■ 第二部分——脚本说明

包含微课结构、解说词、画面内容、时长和效果说明这五个方面。

微课结构：微课的开场、正文和结尾，其作用在于厘清微课结构并针对不同内容进行设计和制作。

解说词：微课的字幕内容，通常音频与字幕内容是一样的，只不过音频是口语化表达，字幕是书面化表达。

画面内容：在微课界面上可以看到的素材，包含人物讲解的视频和凸显重点知识的素材，例如文字、图片、视频等。

时长：某个模块的时长，其作用在于明确重点，以保证重点内容占用较长时间。

效果说明：包含设备数量、位置，拍摄的高度、角度、景别、画面构图和光线，镜头的运用和变化，以及对录制者在表情、眼神、手势等动作上的要求。

表 3-1 真人出镜—口播类微课—脚本模板

基本信息					
微课标题		撰写人员		微课形式	
微课类型		微课时长		画幅比例	
环境道具					
录制设备					
剪辑工具					

脚本说明				
微课结构	解说词	画面内容	时长	效果说明
微课开场				
微课正文				
微课结尾				

录播类微课脚本模板

如表 3-2 所示，这是真人出镜的录播类微课脚本模板，主要包含两大部分。

■ 第一部分——基本信息

包含微课标题、撰写人员、微课形式、微课类型、微课时长、画幅比例、环境道具、录制设备和剪辑工具。

微课标题、撰写人员、微课类型、微课时长、画幅比例、剪辑工具与口播类一样。

微课形式：可以直接填写“真人出镜—录播”。

环境道具：录播类微课的背景往往是虚拟背景，可以是静态图片，也可以是动态视频。

录制设备：可以用手机或摄像机录制，后期用剪映绿幕抠图；也可以直接用电脑外接摄像头或摄像机，在录制的同时直接绿幕抠图形成虚拟背景。

■ 第二部分——脚本说明

包含 PPT 页数、PPT 内容、解说词、时长、效果说明这五个方面。

PPT 页数：PPT 总共有多少页。

PPT 内容：学员在微课界面上可以看到的素材，包含文字、图片、图标、图示、形状、视频等。

解说词：学员在录制时需要说的话，解说词最终会变成微课的音频和字幕。

时长：预估该页 PPT 的时长。

效果说明：与口播类一样。

表 3-2 真人出镜—录播类微课—脚本模板

基本信息					
微课标题		撰写人员		微课形式	
微课类型		微课时长		画幅比例	
环境道具					
录制设备					
剪辑工具					

脚本说明				
PPT 页数	PPT 内容	解说词	时长	效果说明
1				
2				
……				
N				

情境表演类微课脚本模板

如表3-3所示，这是真人出镜的情境表演类微课脚本模板，主要包含两大部分。

■ 第一部分——基本信息

包含微课标题、撰写人员、微课形式、微课类型、微课时长、画幅比例、角色介绍、环境道具、录制设备和剪辑工具。

微课标题、撰写人员、微课类型、微课时长、画幅比例、环境道具、录制设备、剪辑工具与口播类一样。

微课形式：可以直接填写“真人出镜—情境表演”。

角色介绍：主要是介绍各个角色的称谓、职务、人物关系等事项，便于整个团队从整体上了解各个角色，以更好地表演自己的角色。

■ 第二部分——脚本说明

包含场景、幕、机号、高度、角度、景别、构图、光线、运镜、角色表演、台词、音乐、时长、剪辑说明。

场景：表演环境，一个环境就是一个场景。

幕：每个场景里面包含不同的情节，每一个情节可以算作一幕，比如在教室这个场景里面，两个同学有说有笑地聊天是一幕，聊着聊着突然发生口角进而怒气冲冲准备动手属于这个场景的第二幕。

机号：当拍摄设备较多时会对它们进行编号，以便于让不同设备拍摄不同角度。

高度：镜头与人物的高低对比。

角度：镜头与人物正面形成的夹角，有正面拍摄、侧面拍摄、背面拍摄等角度。

景别：人物在镜头里面的大小和比例。

构图：人物在镜头中的位置，其作用在于突出某一个素材、塑造某种氛围、调动学员的情绪。

光线：人物给的光感是清晰的还是模糊的，光线有顺光、逆光、背光等方式。

运镜：镜头的运用技巧，适合动态镜头的拍摄，常用运镜技巧有推、拉、摇、移、跟。

角色表演：在某个场景下，该角色应该如何具体表演，包含面部表情、肢体动作等。

台词：演员表达的内容，后期还会加上字幕。

音乐：背景音乐和节点音效，其作用在于凸显微课重点、调动学员情绪。

时长：该场景预计时长，便于指导全员、把控重点。

剪辑说明：在视频拍摄结束后，每一个场景、每一幕应该呈现什么效果，每一个镜头应该如何剪辑、如何优化。

表 3-3 真人出镜—情境表演类微课—脚本模板

基本信息					
微课标题		撰写人员		微课形式	
微课类型		微课时长		画幅比例	
角色介绍					
环境道具					
录制设备					
剪辑工具					

脚本说明												
场景	机号	高度	角度	景别	构图	光线	运镜	角色表演	台词	音乐	时长	剪辑说明
第一幕												
1												
2												
3												
第二幕												
1												
2												
3												
第三幕												
1												
2												
3												

无论是口播、录播还是情境表演，在依据脚本录制视频时，其录制流程均可分为前、中、后三个阶段：录制前期需要准备环境和设备、选择形式；录制中期需

要运用拍摄技巧和讲解技巧，并且需要使用相关软件；录制后期需要用软件对录制的视频进行剪辑。

为了便于更好地了解相关知识，下面的内容会把三种形式混合到一起，以录制流程为主线，讲解真人出镜在录制前、中、后三个阶段需要掌握的知识和技能。

第二节
录制前期，精心准备

在正式录制之前，学员需要根据脚本准备录制微课需要用到的设备和背景（环境）。

录制设备

手机：手机是录制口播类微课最常用的设备，其主要作用是拍摄人物和背景等画面。随着科技的发展，手机的配置越来越高，操作越来越简单，使用相机功能录制的视频效果也越来越好；在使用手机的同时再用上美颜、滤镜等功能，就可以美美地录制视频。

作为日常生活和工作的重要工具，每个人最少都有一部智能手机，而且使用非常娴熟。因此，选择使用手机录制微课，不需要再额外购置单反相机或摄像机，可以降低我们的财务成本和学习成本。

手机支架：在使用手机录制静态视频时，为了保证视频质量、保证画面的稳定输出，学员需要准备一个手机支架，支架越重稳定性越好。

云台：在使用手机录制动态视频时（边走边拍），为了保证画面的稳定性，防止抖动和画面模糊等情况出现，学员需要准备一个云台，通过云台来完成一些简单的运镜。

提词器：录制口播类微课最难的是记词，我在刚开始录制口播类微课时要求自己一条过、不 NG，为此花费了大把时间把微课内容背得滚瓜烂熟，可是在录制的时候我发现，即便是倒背如流，还是会出现一些小意外，比如卡顿、忘词、突然自由发挥等。

所以后来我就要求自己背一段录一段，可是这样录制出来的微课感觉整体上衔接不是很顺畅。

如何面对镜头自如讲解不 NG 呢？我一直被这个问题困扰，直到有了提词器。

无论是在前面放一个电视机或电脑作为提词器，还是在手机上使用悬浮提词器，都可以帮助自己更加流畅地完成微课的录制，提高微课录制效率。

摄像机：无论是口播还是情境表演，在财务预算允许的情况下，可以准备一个摄像机，大部分摄像机录制的画面质量比手机录制的要好。

三脚架：保持摄像机的稳定，保证画面的稳定输出。三脚架越重稳定性越好，带轮子的三脚架还可以平滑运镜，避免移动时镜头晃动。

电脑：电脑是录制录播类微课的关键设备，制作微课既要通过电脑外接摄像头和麦克风录制画面和声音，又要使用电脑里的软件绿幕抠图、录制视频，还要在后期使用电脑剪辑视频。

电脑支架：使用电脑录制视频时，为了保证摄像头高度与录制者的视线齐平，需要使用电脑支架，除此之外，电脑支架还有散热的作用。

摄像头：使用电脑录制录播类视频时，电脑自带摄像头的清晰度不高，为了让画面更加清晰，可以为电脑连接一个高清摄像头。我用的是某品牌的一款摄像头，画面效果（尤其是清晰度）比电脑自带摄像头好太多了。

录音设备：虽然手机或摄像机自带录音功能，但是有时候录音效果不是很好，为此，在财务条件允许的情况下，可以准备一些录音设备，比如领夹麦、麦克风等。我在录制微课时用的是某品牌的一款电容麦，录音效果非常好，性价比非常高。

补光灯：一个人在现实世界里的颜值可以通过化妆来提升，而一个人在视频世界里的颜值除了靠美颜功能之外，还要靠光线，无论是哪种形式的视频微课，只要想提升个人颜值，就需要良好的光线。因此，补光灯是不可或缺的设备。

我在录制微课时，会在前面摆放两个补光灯来增加自己的面部光线。

绿布：无论影视拍摄还是视频录制，要想使用虚拟背景、随意更换背景，就要使用绿幕抠图的技术。因此，一块绿布作为背景必不可缺。

小道具：为了提升画面张力，让自己讲解得更加生动有趣，可以准备一些传递知识或塑造 IP 的小道具，比如折扇、知识卡片等。

录制背景（环境）

口播类微课：以纯色背景或书架为主，纯色背景可以是一面白墙，可以是纯色的幕布，书架尽量选择开放式，避免用带玻璃易反光的书架。

录播类微课：录播往往采用虚拟背景，主要分为三种类型，分别是 PPT、图片和视频。用 PPT 做背景时可以一边讲解一边翻页，将微课内容和讲解同步录制下来；用图片或视频作为背景，需要注意图片与视频的切换，保证微课的变化。无论哪种，虚拟背景都需要用绿幕抠图才能实现。

口播类微课和录播类微课需要十分安静的录制环境，没有噪音。

情境表演：它的背景主要有三种，分别是厅堂、办公室和室外。

厅堂包括办公大厅、前台、公共办公区、工位、门店、教室等场所，其主要作用是拍摄一个人的工作或多人对话，在角色上平级较多。

办公室包含领导的独立办公室、老师的办公室、会议室等场所，其主要作用是拍摄多人对话，在角色上上下级或师生关系比较多。

室外包含办公楼外面、街道、运动场等场所，其主要作用是拍摄人物的进场和退场场景。

除此之外，在正式录制之前还需要确定录制视频时人物的主要姿态，如坐着拍、站着拍还是走着拍。

第三节 录制中期，精彩呈现

准备好拍摄微课的设备、背景（环境）和形式之后，接下来就要开始录制微课了，在录制微课时，需要用到三大技巧：拍摄技巧、讲授技巧和 OBS 使用技巧。

拍摄技巧

视频拍摄是三类微课形式中最简单也是最难的，拍一段视频很简单，想要拍好却很难。这是因为想要拍出好视频，一方面需要学习并掌握大量的拍摄技巧，另一方面还需要不断地研究和实践，只有不断地学习和综合运用这些技巧才能有所提高。

对于本书而言，我并不想在本章穷尽所有讲述与拍摄有关的技巧，一方面是很多技巧使用的概率不大，另一方面是只要掌握了基础知识，能够完成入门的拍摄，后面自己可以去各个平台延伸学习。

因此，关于拍摄技巧本章主要围绕画幅比例、拍摄高度、拍摄角度、拍摄距离（景别）、画面构图、光线设计、运镜技巧这七个维度进行最简单、最基础、最常用的讲解。

■ 画幅比例

画幅比例是指录制的视频比例，用电脑或摄像机录制的视频大多是 16 ：9 的画幅比例；用手机录制的视频有两类，一个是横屏拍摄 16 ∶ 9 的画幅比例，一类是竖屏拍摄 9 ∶ 16、1 ∶ 2.2 等画幅比例，如图 3-1 所示。

图 3-1 画幅比例

到底采用横屏还是竖屏，主要看微课平台或比赛要求，根据实际要求做规划，提前选择横屏拍摄还是竖屏拍摄。

■ 拍摄高度

仰拍：镜头在被拍摄主体下方，当要展现被拍摄主体的高大时，比如要突出人物身高可以采用仰拍。

平拍：镜头与被拍摄主体处于同一水平线上，以平视的角度来拍摄。平拍更加贴近工作和生活，无论站姿、蹲姿还是卧姿都要以被拍摄人物的眼睛为中心点。

平拍所构成的画面效果，接近于人们观察事物的视觉习惯，它所形成的透视感比较正常，不会使被拍摄主体因透视变形而遭到歪曲和损害。

有时候平拍也会把处于同一水平线上的各种景物压缩在一起，缺乏空间透视效果，不利于层次感的表现。

俯拍：以一个较高的角度从上往下拍摄被拍摄主体，俯拍视野开阔，用来表现浩大的场景，有其独到之处。

■ 拍摄角度

正面拍摄：镜头与被拍摄主体视平线（或中心点）一致。正面拍摄的镜头优点是画面显得端庄，构图具有对称美，用来拍摄人物，能比较真实地反映人物的正面形象，缺点是立体感差。

侧面拍摄：从与被拍摄主体视平线成直角的方向拍摄，分为左侧和右侧。侧拍有利于勾勒对象的侧面轮廓，增加画面动态效果。

斜面拍摄：是介于正面、侧面之间的拍摄角度。斜拍能够在一个画面内同时表现被拍摄主体的两个侧面，给人以鲜明的立体感，是最常见的拍摄角度。

背面拍摄：拍摄被拍摄主体的背面，适用于情境表演中构造人物远去的场景。

■ 拍摄距离（景别）

拍摄距离（景别）是指相机和被拍摄主体之间的距离。在使用同一焦距的镜头时，相机与被拍摄主体之间的距离越近，相机能拍摄到的范围就越小，被拍摄主体在画面中占据的位置也就越大；反之，拍摄范围越大，被拍摄主体显得越小。

通常根据选取画面的大小、远近，可以把拍摄距离（景别）划分为特写、近景、中景、全景和远景，如图 3-2 所示，以拍摄人物为例。

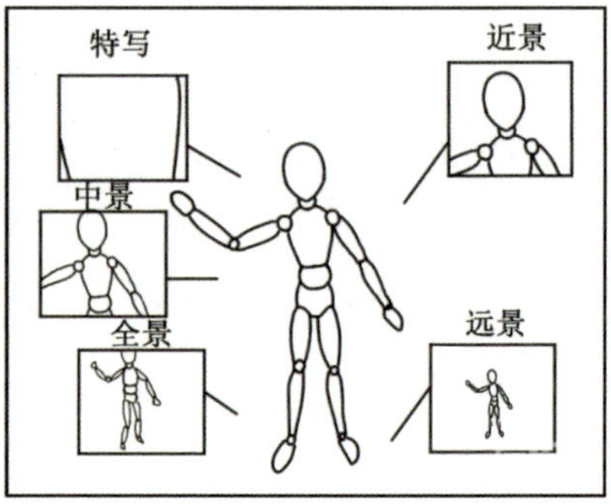

图 3-2 拍摄距离（景别）以人物为例

特写：拍摄人体肩部以上的头像为取景参照，突出强调人体某一个局部或相应的物体细节、景物细节等。

近景：拍摄胸 / 腰部以上的画面，用于表现景物的某一局部。

中景：拍摄人物小腿以上部分的画面，重点展示人物上身动作。

全景：展示人物全身或较小场景全貌的画面，在全景中可以看清人物动作和所处的环境。

远景：一般是把整个人和环境拍摄在画面里面，常用来展示环境全貌，视野宽广，人物较小。

■ 画面构图

中心构图：被拍摄主体处在画面的最中心位置，这类画面更加严谨平衡，很有仪式感，适合拍摄人物。

对称构图：对称式构图是形式上的构图，并非数学上的对称，具有平衡、稳定、相呼应的特点。对称元素可以是人物和环境，人物摆放位置并非一定是画面正中心。

对角线构图：将取景范围用对角线联系起来，如同“太极”，物品上下错落摆放。

三分构图：将画面的横向和纵向平均分成三份，线条交叉处（1、2、3、4）叫作趣味中心。在观看微课时，学员的目光会优先被吸引到趣味中心的位置，所以在拍摄时尽可能将被拍摄主体安排在趣味中心的附近。

当然，在使用三分法构图时也可以将被拍摄主体放置在黄金分割线处（红色线条），这样的话从视觉上看会比较美观一些，让画面整体比较“透气”，拍摄时留白让画面构图更加好看，如图 3-3 所示。

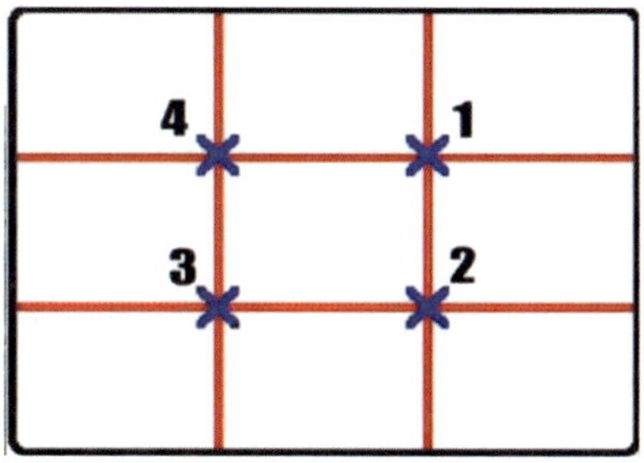

图 3-3 三分构图

留白是指为使整个作品画面、章法更为协调精美而有意留下相应的空白，给人留有想象的空间。

框架构图：是指将被拍摄主体利用框架框起来，引导学员注意框内景象，直接向学员展示视频主题。这种构图方法会让观众产生一种窥视的感觉，让画面充满神秘感，引起学员的观看兴趣。

曲线构图：是指利用画面中的线条去引导学员的目光，让他的目光最终可以汇聚到画面的焦点。引导线并不一定是具体的线，只要是有方向性的、连续的东西，都可以称之为引导线。

■ 光线设计

不同的方向角度会有不一样的光线，常见光线有四种，分别是顺光、侧光、逆光和顶光。

顺光：从摄像机后面射来的光线。因为被拍摄主体的所有部分都沐浴在直射光中，面对相机部分到处有光，所得结果是一张缺乏影调层次的影像。用顺光，特别是高的顺光拍摄面部时，可能不好看。

顺光的最大特点是被拍摄主体受光均匀，色彩还原真实、饱和，但缺乏应有的空间感和立体感，也不利于表现被拍摄主体的质感。

此外，顺光还使被拍摄主体的明暗变化不大，容易产生灰平的影调。

在人像摄影中，顺光常作辅光；在建筑摄影中，顺光因缺乏立体感而为忌用的光。

侧光：从被拍摄主体的左侧或右侧射来的光线，与被拍摄主体、摄像机成 90 度左右的水平角度。

侧光在被拍摄主体上形成明显的受光面、阴影面和投影。画面明暗配置和明暗反差鲜明清晰，景物层次丰富，空气透视现象明显，有利于表现被拍摄主体的空间深度感和立体感。

光线从被拍摄主体的侧前方射来，与被拍摄主体成 45 度左右的角度时，称为前侧光，也称斜侧光。这种光线比较符合人们日常的视觉习惯。在前侧光的照明下，被拍摄主体大部分受光，投影落在斜侧面，有明显的影调对比，明暗面的比例也比较适中，可较好地表现被拍摄主体的立体形态和表面质感。这种光线在人物摄影中使用比较普遍，在运用时，可以以侧光为主光，正面有辅助光补助，以取得轮廓线条清晰、影调层次丰富、明暗反差和谐的效果，从而较好地表现人物的外形特征和内心情绪。

正侧光是指光线与被拍摄主体成 90 度左右的角度。在正侧光的照明下，投影落在侧面，景物的明暗阶调各占一半，能比较突出地表现被摄景物的立体感、表面质感和空间纵深感，造型效果好。如采用正侧光拍摄风光照片，画面层次丰富，立体感和空间感很强，若景物光对比太大，应注意画面反差的调节。一般来说，90 度的侧光不宜拍人像，因为正侧光会使人的脸部形成一半明一半暗的“阴阳脸”，很不美观，但有时用正侧光也能较好地表现人物的性格特征和精神面貌。

后侧光是指光线与被拍摄主体成 135 度左右的角度。此时被摄物的 1/3 面积受光，2/3 面积在暗处，明暗对比强烈，投影很有表现力，能表现被拍摄主体的轮廓。

逆光：是一种由于被拍摄主体恰好处于光源和照相机之间的状况，这种状况极易造成被摄主体曝光不充分，一般应尽量避免在逆光条件下拍摄视频。

顶光：即来自顶部的光线，与景物、摄像机成 90 度左右的垂直角度。人物在这种光线下，其头顶、前额、鼻头很亮，下眼窝、两腮和鼻子下面完全处于阴影之中，造成一种反常奇特的形态。因此，一般都避免使用这种光线拍摄人物。

调整光线有“三灯布光法”，如图 3-4 所示。

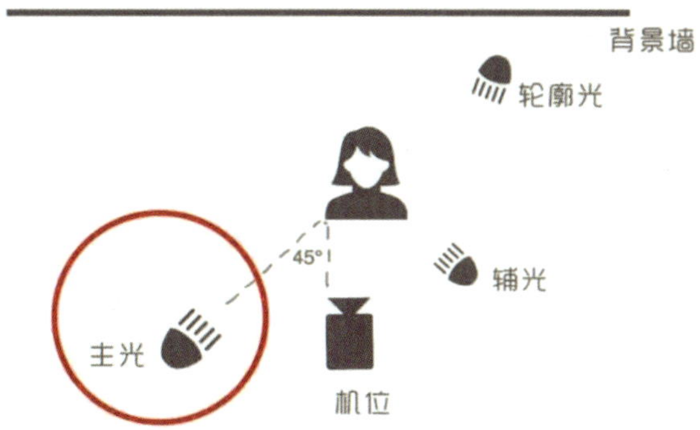

图 3-4 三灯布光法

主灯： 主光能够将主体最亮的部位或轮廓打亮，通常放在主体的侧前方，在主体与摄像机之间 45 度 ~90 度范围。

辅灯： 亮度比主光小，放在主光相反的地方，作为补光对未被主光覆盖的主体暗部进行补光提亮，主辅灯的光比通常为 2 ∶ 1 或 4 ∶ 1。

轮廓灯： 用于打亮人体的头发和肩膀等轮廓，增强画面的层次感和纵深感，位置在主体后侧和主光相对的地方。

除此之外，还有便携灯、反光伞、无影罩、尖嘴罩，可以辅助我们更好地调整光线。

便携灯： 拍外景的灯光，体积小、重量轻、方便携带。

反光伞： 通常置于主灯或辅灯上，用于形成柔和的散射光。

无影罩： 将一半透光的白布制作成的灯罩套于灯头上，形成简便直接的散射光线转换装置。

尖嘴罩： 作用和无影罩相反，装在灯头前，形成聚光的效果。

■ 运镜技巧

运镜是指运用摄像机镜头的运动调整微课画面的调焦方式。

摄像机的运动可以分成纵向运动的推镜头、拉镜头、跟镜头，横向运动的摇镜头、移镜头，垂直运动的升降镜头，不同角度的悬空镜头、俯仰镜头，不同对象的主观镜头、客观镜头，以及空镜头、变焦镜头等。

推镜头： 被拍摄主体位置不动，镜头由远及近向被拍摄主体推进，逐渐推成近景或特别的镜头，主要用于描述细节、突出主体、制造悬念等。

拉镜头： 被拍摄主体不动，构图由小景别到大景别过渡，视觉上容纳更大的信息，营造一种远离被拍摄主体的效果。

跟镜头：画面中的被拍摄主体在运动中被拍摄，镜头跟随其运动方式一起运动。可以全面详尽地展现被拍摄主体的动作、表情、运动方向。

摇镜头：摄影机放在固定的位置，摇摄全景或者跟着被拍摄主体的移动进行摇摄（跟摇），它常用于介绍环境或突出人物行动的意义和目的。

左右摇一般适用于表现浩大的群众场面或壮阔的自然美景，上下摇则适用于展示高大建筑的雄伟或悬崖峭壁的险峻。

移镜头：摄影机沿水平面做各个方向的移动拍摄，可以把行动着的人物和景位交织在一起，它可以产生强烈的动态感和节奏感，便于展现各个角度。

升降镜头：上升镜头是指摄影机从平摄慢慢升起，形成俯视拍摄，以显示广阔的空间；下降镜头则相反。

它们大多用于拍摄大场面的场景，能够改变镜头和画面的空间，有助于加强戏剧效果。

悬空镜头：摄像机在被拍摄主体上空移动拍摄，这种镜头的拍摄会产生史诗般恢宏的气势。

俯仰镜头：俯视镜头一般被称为鸟瞰镜头，感情色彩上可以表现出阴郁、压抑等情绪；仰视镜头一般被称为仰瞻镜头，在感情色彩上往往有舒展、开阔、崇高、景仰的感觉。

主观镜头：是将镜头当成剧中人的眼睛，直接“目击”生活中其他人或事物活动的场景，这种镜头最擅长表现影片角色的内心感受。

客观镜头：视点不带明显的导演主观色彩，也不采用角色的观点，对于被拍摄对象的展示完全是以一种旁观者的角度，其语言功能在于交代和客观叙述。

空镜头：指没有人的镜头。

变焦镜头：摄影机的位置不变，通过焦距的变化，使被拍摄主体在不改变与摄像机的距离的情况下，快速地拉远或推近。

讲授技巧

讲授技巧是指面对镜头讲解微课内容的技巧，主要分为两种，一种是语言表达，一种是非语言表达。

假设已经接受过面授培训的技巧培训，并且具备大量的面授经验，本节内容主要在面授技巧的基础上做一些简单的补充和场景化修订。

■ 语言表达技巧

在语言表达上我们要避免吐字不清晰、发音含糊不清、语速过慢、断断续续等情况。要尽量做到内容简洁、吐字清晰、简单易懂、语速适当、抑扬顿挫等要点。

在拍摄视频时，想要一条过很难，NG 是一种正常情况，那么 NG 之后如何跟前面的内容衔接上，以便于后期剪辑呢？

这里给大家介绍一下录制的小技巧，可以提高效率：每次 NG 之后，默数 10 秒留一个简短的空白期再开始录制，每次重新录制的时候从 NG 的位置前置 10 秒重新讲解微课内容。

■ 非语言表达技巧

着装：如果喜欢（或讨厌）某个人就会喜欢（或讨厌）他的全部，包括还没有观察到的方面，这种倾向叫作光环效应。同样的道理，如果学员喜欢一个老师的着装和声音，可能也会喜欢他的课程内容。光环效应注重第一印象，如果老师最开始给学员留下好印象，后续信息在很大程度上会被消解掉。

想要录制一门优质微课，以下几个着装要点一定要注意。

（1）服装要庄重大方、简单、整洁。

（2）不要穿丝质反光的衣服，不要穿带条纹或者带点状的衣服，不要穿着绿色或者接近绿色的衣服。

（3）服装要利于无线麦克风的佩戴，服装材质太滑会导致无线麦克风掉落，太紧有可能会导致无线麦克风与衣物的摩擦产生声音，影响录制效果。

（4）服装颜色要和 PPT 背景颜色区分开，要注意色差不能过大，比如深色 + 白色的就是正确的，衣服颜色过浅会影响屏幕的录制效果。

（5）西装和衬衫之间形成色差，比如深色西装搭配浅色衬衫，或者浅色西装搭配深色衬衫，这样的搭配可以使培训师在镜头中显得更有层次感。

妆容：面授培训中对于男女老师的要求依旧适用于微课。对于男老师而言，一定要刮掉胡子、保持面部清洁，一定要打理头发、避免颓废；对于女老师而言，一定要化淡妆，要避免擦拭带油性的护肤化妆品，如果头发较长的话最好梳个辫子，避免录制视频时被长长的头发遮挡视线，然后频繁出现用手拨弄头发的现象，同时尽量不要佩戴反光的饰品。

表情：研究表明，严肃冷漠的表情会反作用于老师的心态，使原来较为轻松愉快的心境变得沉重起来，进而这种消极的心境又会使大脑皮层细胞受到抑制，使许多先前储存在大脑中的信息难以提取出来，即使是事先准备好的内容，也会讲得干干巴巴，甚至丢三落四，漏洞百出。同时，面无表情的微课会使师生之间的心理距离增大，给学生一种疏远感、拒绝感，大大降低培训效果。

老师要有表情管理意识，无论男老师还是女老师都要做到以下两点：第一，表情自然；第二，面带微笑。同时一定要避免严肃、咬嘴唇、一直低头、紧皱眉头等表情的出现。

眼神：很多老师在刚开始录制微课时要么不看摄像头，要么一直看摄像头，这样是不对的，应该表现自然一些，常看摄像头，偶尔换个动作，要保持适当的变化。

声音：如果老师发音不清晰、不准确，语音语调不恰当，微课效果势必受到影响，因此，老师的声音要做到清晰流畅，要有抑扬顿挫，在音量、语速、语调上要给自己提要求。

音量：最终的音量是由老师录制的音量和学员电脑或手机端的音量决定的，因此，在录制微课时，音量适当、能听清楚即可。

语速：要用稍快一些的语速进行讲解，因为语速太慢会使学员觉得无聊，这时候他们可能会做一些其他的事情，然后慢慢地注意力就不在微课上面了。

语调：录制微课时要有清晰的发音，在重点内容上要做到抑扬顿挫，也就是要做到咬重音和停顿这两个动作。

手势：在面授培训中，因为空间中的视觉差异，老师的动作在学员眼中会被缩小，所以往往要求老师的手势要大开大合；而在录制微课中，因为镜头的原因，老师的动作会在学员眼中放大，所以手势的幅度要变小一些，同时要保证自己的手势在镜头范围之内。

老师可以经常用的手势有打招呼、夸奖（竖大拇指）、抱拳感谢、挥手再见等。

站/坐姿：关于站姿，老师要做到站定的时候抬头、挺胸、避免频繁晃动身体等。

关于坐姿，老师要做到两点：第一，要坐稳并挺直背部，避免频繁晃动身体；第二，老师要和电脑之间保持 0.8 米左右的距离，保证自己腰部以上的位置出现在镜头中。

OBS 使用技巧

开启 OBS 之旅

认识 OBS

OBS 的全称是 Open Broadcaster Software，是一个可以用于视频录制和直播的免费开源软件。

使用 OBS 不仅可以录制屏幕和声音，还可以录制真人出镜视频，通过绿幕抠图功能随意更换视频背景，无限创建视频场景。

OBS最重要的五个功能是场景、来源、混音器、转场特效和控件，如图3-5所示，本节内容也将重点围绕这五个功能的使用技巧展开讲解。

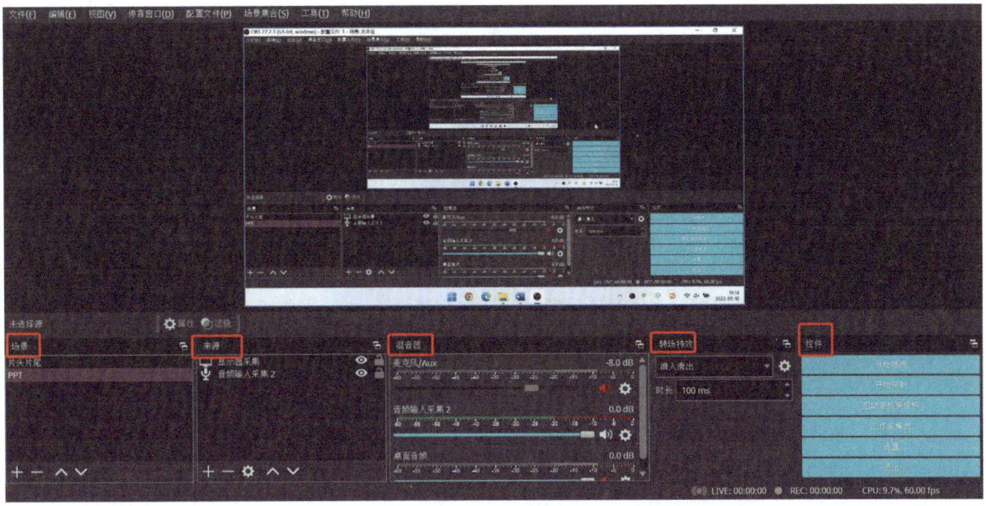

图 3-5 OBS 最重要的五个功能

下载 OBS

如图 3-6 所示，在网页中输入网址（https://obsproject.com/）进入 OBS 官网之后，根据自己电脑的系统选择相应的版本，点击即可下载，本书所用版本为 OBS27.2.1（64-bit，windows）。

目前 Linux、Mac 和 Windows Builds 都是可以使用 OBS 的。

图 3–6　下载 OBS

■ 安装 OBS

双击 OBS 安装软件 > 在弹出的安装对话框中点击 “next” > 继续点击 “next” > 选择安装位置，点击 “Install” > 开始安装 > 点击 “finish” 完成安装，如图 3–7 所示。

图 3–7　安装 OBS

编辑场景

在使用万彩动画大师制作微课时，我们先要添加场景，然后才能在画布上尽情勾勒创造精美的动画。

与万彩动画大师一样，要使用 OBS 录制视频，也需要创建场景后才能在画布中捕获内容并进行编辑，如图 3–8 所示。

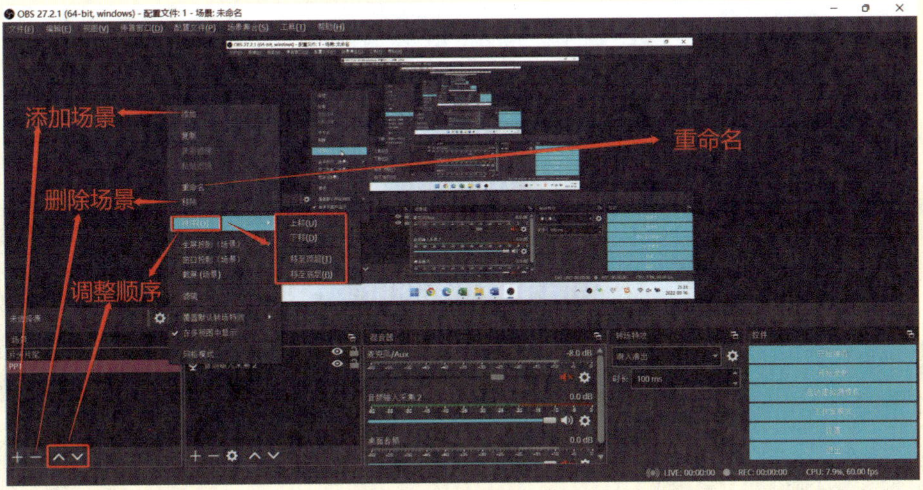

图 3–8 OBS 编辑场景

添加场景：点击“+”号或选中场景 > 右击 > 选择“添加”。

删除场景：点击“–”号或选中场景 > 右击 > 选择“移除”。

调整场景顺序：点击“∧ / ∨”或选中场景 > 右击 > 点击“排序” > 选择“上移 / 下移 / 移至顶部 / 移至底部”。

编辑名称：选中场景 > 右击 > 点击“重命名”。

根据需要创建任意数量的场景，并为它们命名以轻松区分它们，例如录制屏幕、真人出镜。

需要注意的是，所有场景在 OBS 中不能共享一个名称。因此，如果将某一个场景命名为“真人出镜”，则其他场景不能再使用“真人出镜”这个名称，即便是复制该场景，得到的名称也是“真人出镜 2”。

编辑来源

在万彩动画大师里创建场景之后，就可以在该场景的画布中添加和编辑素材来勾勒画布了。

与万彩动画大师一样，在 OBS 里创建场景之后，单击选择该场景，就可以根据脚本在场景右侧的“来源”里面选择要捕获的内容添加到画布中，并对它们进行编辑了。

如图 3-9 所示，在 OBS 里可以捕获的内容有图像、图像幻灯片放映、场景、媒体源、文本、显示器采集、浏览器、游戏源、窗口采集、色源、视频采集设备、音频输入采集、音频输出采集共计 13 个“源”，每一类“源”都有其独特的作用。

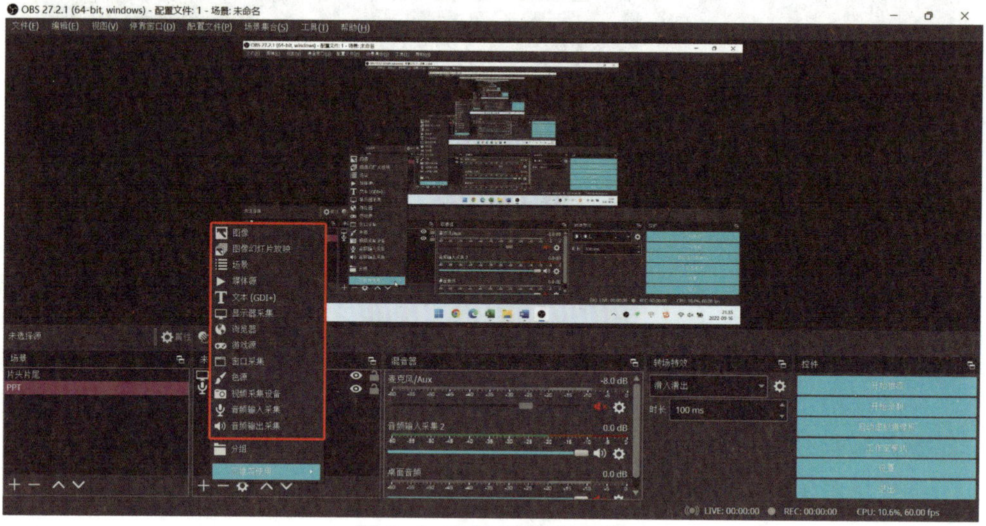

图 3-9 OBS 可捕获内容

图像： 通过图像可以在画布中添加与微课相关的图片，这些图片可以作为录播类微课的静态背景，是录播类微课中最常用的功能之一。

图像幻灯片放映： 通过图像幻灯片放映可以在画布中添加多张图片，并使这些图片像播放 PPT 一样在 OBS 里播放，在直播时可以用这个功能播放 logo、设置水印，在录制微课时使用频率不高。

场景： 通过场景可以将一个已经设定好的场景作为整体添加到画布中作为其中的一个素材，如果要录制较为复杂的场景，比如两个自己面对面对话，可以尝试使用这个功能，在录播类微课中使用频率不高。

媒体源：通过媒体源可以在画布中添加与微课相关的视频，这些视频可以作为录播类微课的动态背景，是录播类微课最常用的功能之一。

文本：通过文本可以在画布中添加文字，这些文字可以跟其他背景素材配合使用。

显示器采集：通过显示器采集可以录制电脑屏幕上的内容，比如录制某个软件的操作过程、录制某个浏览器界面、录制电脑上的窗口画面、一边播放 PPT 一边讲解，是录播类微课最常用的功能之一。

浏览器：它是一个可以直接添加到 OBS 的 Web 浏览器，可以执行各种自定义布局、图像、视频甚至音频任务。任何可以编程为在普通浏览器中运行的东西（当然，在合理范围内），都可以直接添加到 OBS 中，通过输入网址可以录制某个浏览器的部分画面，在录播类微课中使用频率不高。

游戏源：通过游戏源可以在画布中采集任意全屏应用程序或特定窗口，在录播类微课中使用频率不高。

窗口采集：通过窗口采集可以在画布中录制已经打开的窗口，在录播类微课中使用频率不高。

色源：通过色源可以在画布中添加某种颜色的形状，虽然这些形状可以作为人物或文字的纯色背景，但是在录播类微课中使用频率不高，因为在使用 OBS 之前往往会提前制作好背景素材。

视频采集设备：通过视频采集设备，可以让老师出现在画布中，通过它的滤镜功能可以实现绿幕抠图，再添加前面讲到的图像 / 媒体源 / 显示器采集，就可以在虚拟背景（静态图片背景 / 动态视频背景 / 翻动的 PPT）上真人出镜讲解微课内容了，这是录播类微课最常用的功能之一。

音频输入采集：通过音频输入采集，可以在录制微课时完成声音的录制，是录播类微课最常用的功能之一。

音频输出采集：通过音频输出采集，可以录制电脑内部的声音，比如在录制某个视频时同步录制它的声音，是录播类微课最常用的功能之一。

在上面的 13 个“源”中，图像、媒体源、文本、显示器采集、视频采集设备、音频输入采集、音频输出采集这 7 个“源”是录制微课时最常用的，一般会详细讲解；

而图像幻灯片放映、场景、浏览器、游戏源、窗口采集、色源这 6 个“源”使用频率较低，如果有兴趣可以研究一下。

■ 图像添加与编辑

添加图像：点击“来源”框底部的“+”号 > 选择“图像” > 选择“新建”或“添加现有” > 点击“确定” > 点击“浏览” > 选择要添加的图片 > 点击“打开” > 点击“确定”，即可将该图片添加到画布中，如图 3-10 所示。

“图像”源支持以下图像格式：bmp/tga/png/jpeg/jpg/gif。

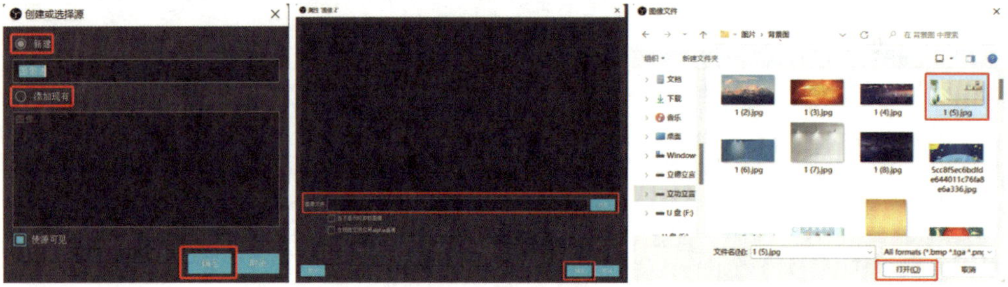

图 3-10 添加图像

变换图像：在画布上点击“图像” > 右击 > 选择“变换” > 根据需求选择功能，如图 3-11 所示。

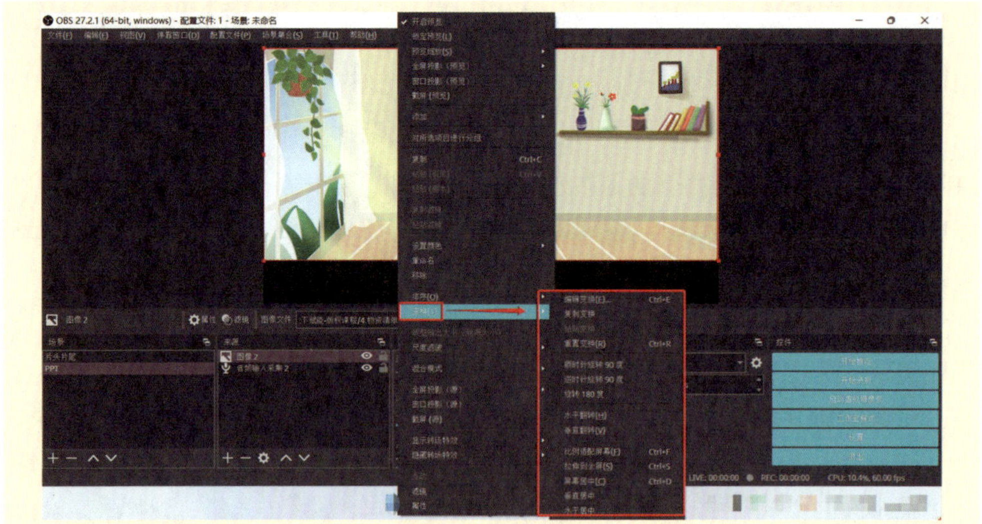

图 3-11 变换图像

（1）想要旋转图像可以选择“顺时针旋转 90 度”/“逆时针旋转 90 度”/“旋转 180 度”。

（2）想要翻转图像可以选择“水平翻转”/“垂直翻转”。

（3）想要图像铺满整个画布可以选择“拉伸到全屏”。

（4）想要粗略改变图像位置、大小，可以在单击图像出现红色边框之后，直接拖拽改变。

（5）想要粗略裁剪图像，可以按住 Alt 键并拖动边界框。

（6）想要精细化改变图片位置、大小，旋转或裁剪图片，可以在“变换”中选择“编辑变换”，然后输入数值，即可对图片进行相应的调整，如图 3-12 所示。

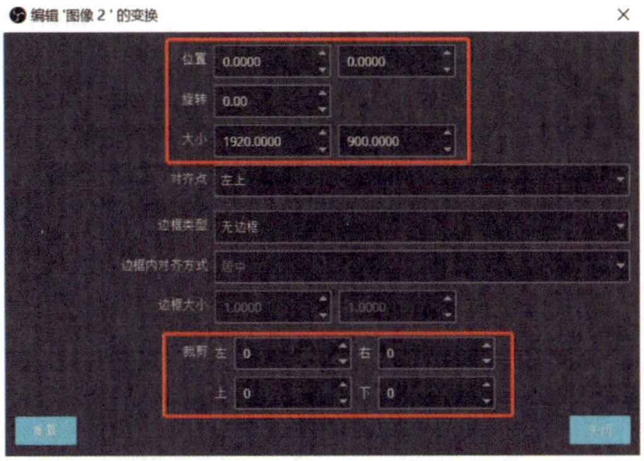

图 3-12 编辑“图像”的变换

滚动图像： 想让添加的图片在画布上滚动播放，不一定要把它做成视频或动图，按照这个步骤操作就可以。

操作步骤：在画布上点击“图像”>右击>选择“滤镜”>点击左下角“+号”>选择“滚动”>设置参数，即可让图像在画布上滚动起来，如图 3-13 所示。

图 3-13 滚动图像

正数正向滚动、负数反向滚动，数值越大滚动速度越快，通过限制宽度和限制高度可以调整图像在滚动期间的画面，勾选“循环”则该图像会一直循环滚动。

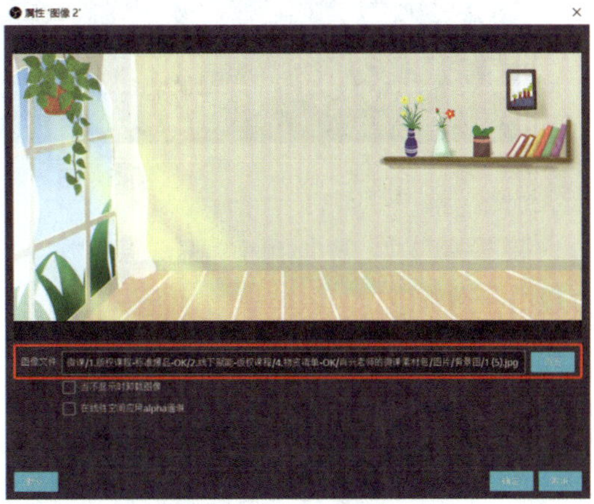

图 3-14 更换图像

更换图像： 在画布上点击“图像”>右击>选择“属性”>点击“浏览”即可重新选择图像，如图 3-14 所示。

删除图像：方法 1 操作步骤：在画布上点击“图像” > 右击 > 选择“移除” > 点击“是”。

方法 2 操作步骤：选择要删除的图像 > 在“来源”上点击“–”号 > 点击“是”。

方法 3 操作步骤：选择要删除的图像 >Delete 键 > 点击“是”，即可删除图像。

■ 媒体源添加与编辑

媒体源是将各种不同的媒体类型添加到场景中，当前支持的文件类型包括以下两类。

视频：mp4/ts/mov//flv/mkv/avi/gif/webm。

音频：mp3/aac/ogg/wav。

添加媒体源：点击“来源”框底部的“+”号 > 选择“媒体源” > 选择“新建”或“添加现有” > 点击“确定” > 点击“浏览” > 选择要添加的视频 > 点击“打开” > 点击“确定”，即可将该视频添加到画布中，如图 3–15 所示，想要视频循环播放，勾选“循环”即可。

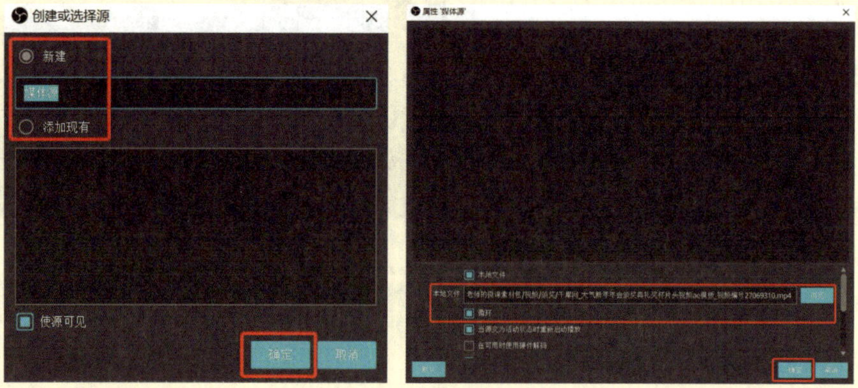

图 3–15 添加媒体源

变换媒体源：在画布上点击“媒体源”> 右击 > 选择“变换”> 根据需求选择功能，如图 3–16 所示。

（1）想要旋转媒体源可以选择“顺时针旋转 90 度”/“逆时针旋转 90 度”/“旋转 180 度”。

（2）想要翻转媒体源可以选择“水平翻转”/“垂直翻转”。

（3）想要媒体源铺满整个画布可以选择“拉伸到全屏”。

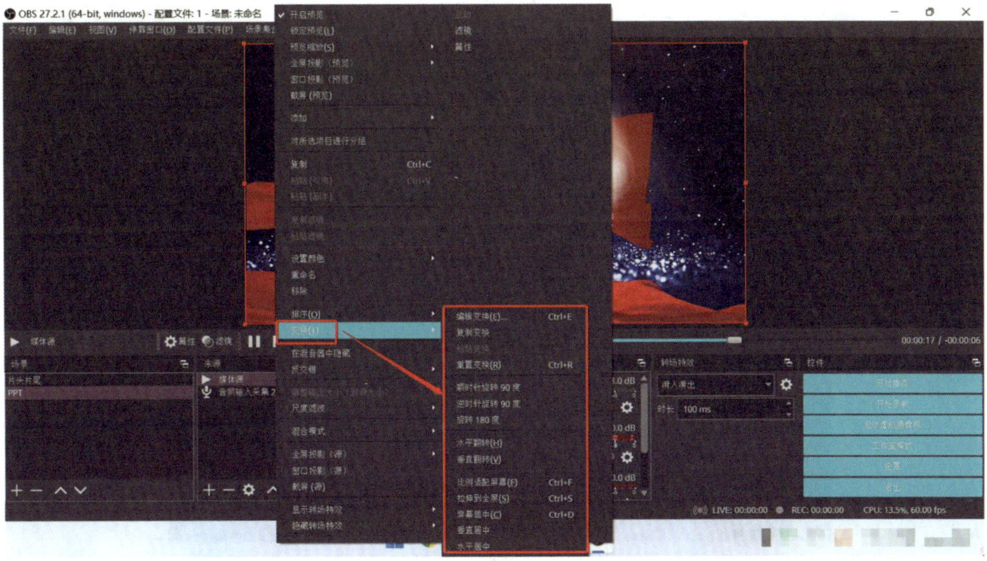

图 3-16 变换媒体源

（4）想要粗略改变媒体源位置、大小，可以在单击媒体源出现红色边框之后，直接拖拽改变，将图片作为背景，媒体源作为视频填充组合时这个功能尤为重要。

（5）想要粗略裁剪媒体源，可以按住 Alt 键并拖动边界框。

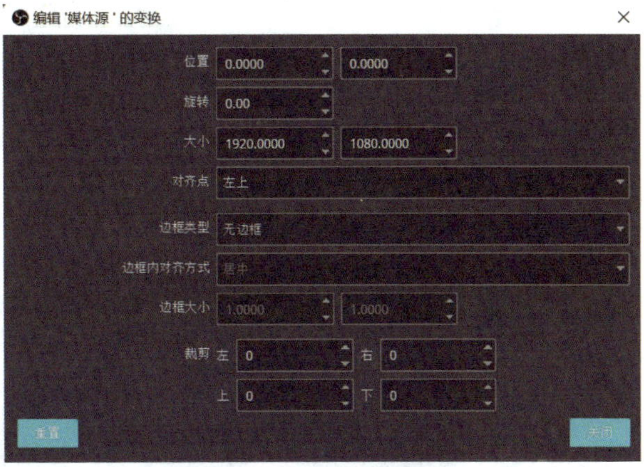

图 3-17 编辑变换媒体源

（6）想要精细化改变媒体源位置、大小，旋转或裁剪媒体源，可以在“变换”中选择“编辑变换”，然后输入数值，即可对媒体源进行相应的调整，如图 3-17 所示。

滚动媒体源：想让添加的媒体源在画布上滚动播放，按照这个步骤操作即可。

操作步骤：在画布上点击“媒体源” > 右击 > 选择“滤镜” > 点击“效果滤镜”左下角“+”号 > 选择“滚动” > 设置参数，即可让媒体源在画布上滚动起来，如图 3-18 所示。

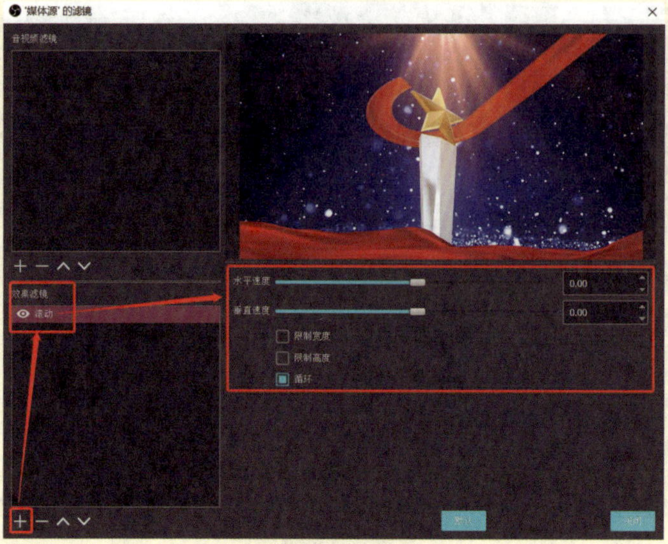

图 3-18 滚动媒体源

正数正向滚动、负数反向滚动，数值越大滚动速度越快，通过限制宽度和限制高度可以调整媒体源在滚动期间的画面，勾选“循环”则该媒体源会一直循环滚动。

更换媒体源：在画布上点击“媒体源”＞右击＞选择“属性”＞点击“浏览”即可重新选择媒体源，如图 3-19 所示。

图 3-19 更换媒体源

不用媒体源自带声音：有时候添加的视频自带背景音乐，而在录制视频的时候不想使用它，怎么办呢？除了在混音器中进行设置之外，还可以这样设置。

操作步骤：在画布上点击“媒体源”> 右击 > 选择“在混音器中隐藏”。

删除媒体源：方法 1 操作步骤：在画布上点击“媒体源”> 右击 > 选择“移除”> 点击“是”。

方法 2 操作步骤：选择要删除的媒体源 > 在“来源”上点击“-”号 > 点击“是”。

方法 3 操作步骤：选择要删除的媒体源 >Delete 键 > 点击“是”，即可删除媒体源。

■ 文本添加与编辑

添加文本：点击“来源”框底部的“+”号 > 选择“文本”> 选择“新建”或“添加现有”> 点击“确定”> 选择“字体”> 在“文本”处输入内容 > 选择文本颜色 > 调整透明度，如需渐变色可勾选“渐变”并增加颜色 > 选择背景颜色 > 调整背景透明度 > 选择对齐方式 > 点击“确定”，即可将文本添加到画布中的某个位置，如图 3-20 所示。

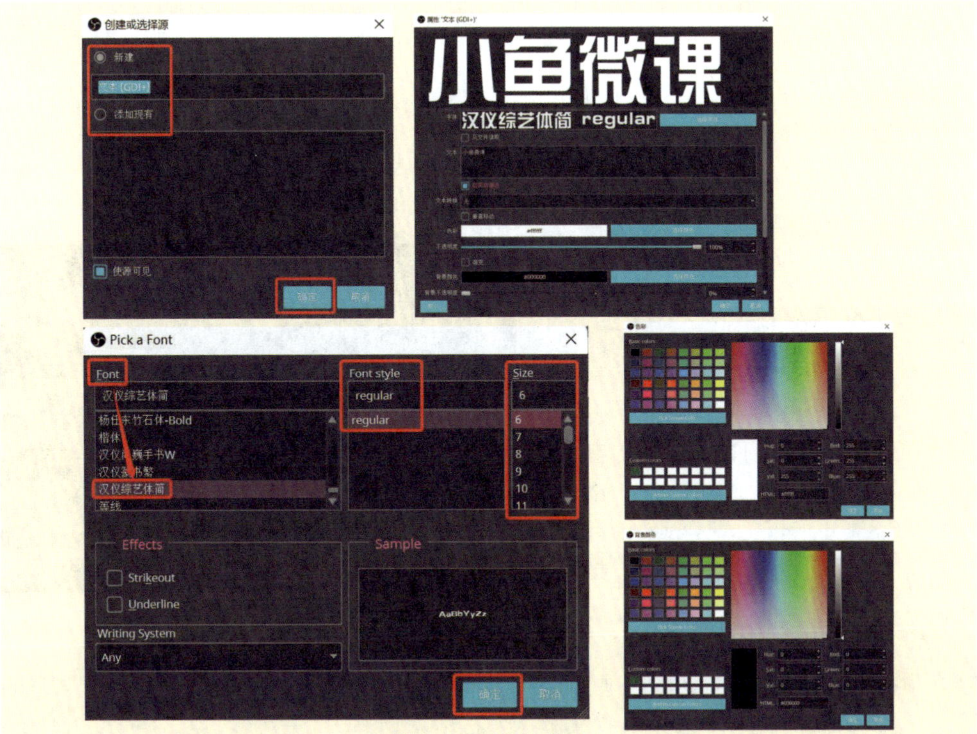

图 3-20　添加文本

变换文本：在画布上点击“文本” > 右击 > 选择“变换” > 根据需求选择功能，如图 3–21 所示。

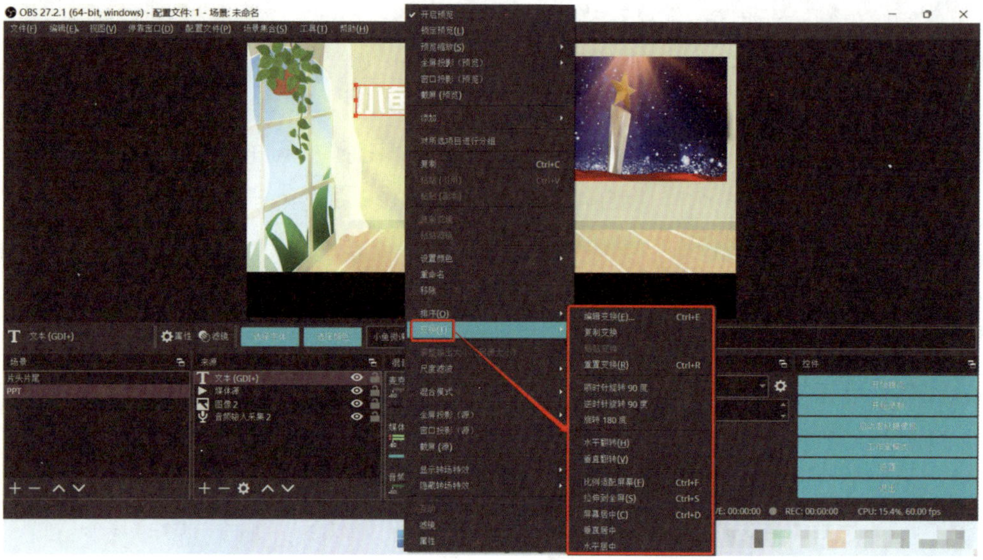

图 3–21 变换文本

（1）想要旋转文本可以选择“顺时针旋转 90 度”/“逆时针旋转 90 度”/“旋转 180 度”。

（2）想要翻转文本可以选择“水平翻转”/“垂直翻转”。

（3）想要文本铺满整个画布可以选择“拉伸到全屏”。

（4）想要粗略改变文本位置、大小，可以在单击文本出现红色边框之后，拖拽改变。

（5）想要粗略裁剪文本，可以按住 Alt 键并拖动边界框。

（6）想要精细化改变文本位置、大小，旋转或裁剪文本，可以在“变换”中选择“编辑变换”，然后输入数值，即可对文本进行相应的调整，如图 3–22 所示。

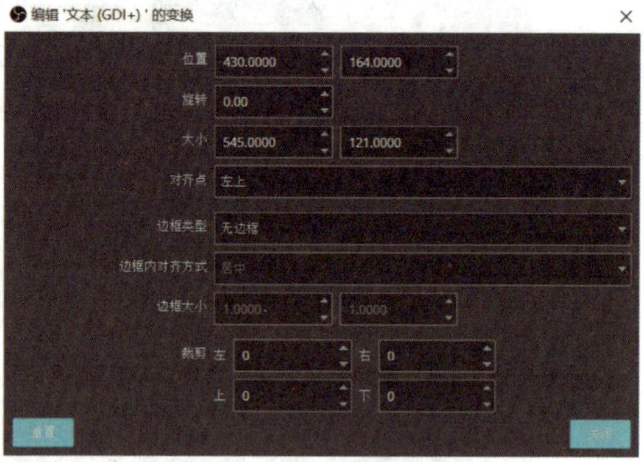

图 3–22 “文本”的编辑变换

滚动文本：想让添加的文本在画布上滚动播放，按照这个步骤操作即可。

操作步骤：在画布上点击“文本” > 右击 > 选择“滤镜” > 点击“效果滤镜”

左下角“+”号 > 选择“滚动” > 设置参数，即可让文本在画布上滚动起来，如图 3-23 所示。

正数正向滚动、负数反向滚动，数值越大滚动速度越快，通过限制宽度和限制高度可以调整文本在滚动期间的画面，勾选“循环”则该文本会一直循环滚动。

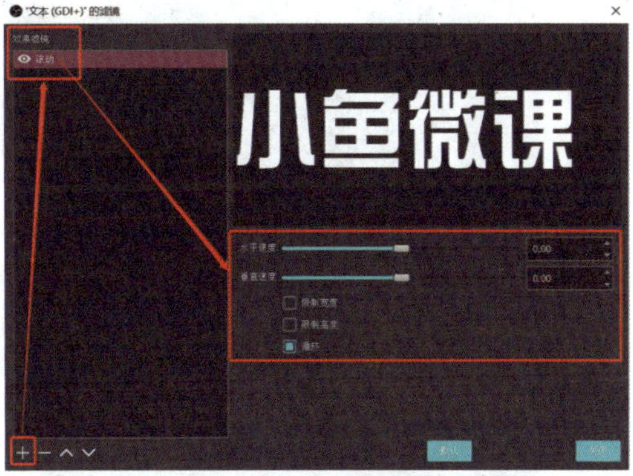

图 3-23 滚动文本

更改文本：在画布上点击“文本” > 右击 > 选择“属性” > 重新输入内容 > 点击“确定”，即可更改文本内容，如图 3-24 所示。

删除文本：方法 1 操作步骤：在画布上点击“文本” > 右击 > 选择“移除” > 点击“是”。

方法 2 操作步骤：选择要删除的文本 > 在“来源”上点击“-”号 > 点击“是”。

方法 3 操作步骤：选择要删除的文本 >Delete 键 > 点击“是”，即可删除文本。

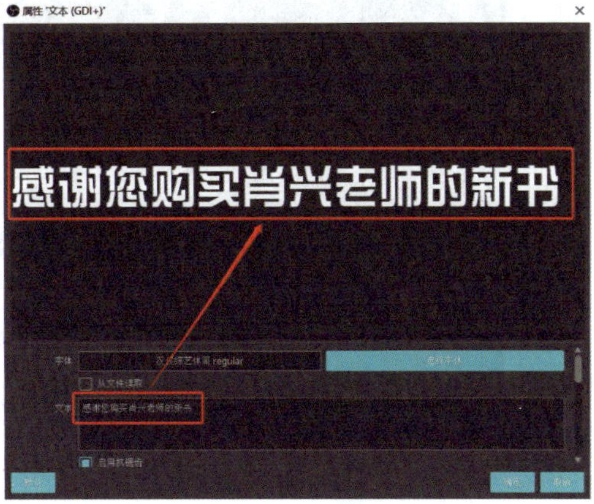

图 3-24 更改文本

显示器采集添加与编辑

添加显示器采集：点击“来源”框底部的“+”号 > 选择“显示器采集” > 选择“新建”或“添加现有” > 点击“确定” > 在“捕获方式中选择“自动” > 选择要捕获的显示器，如需显示鼠标可勾选“显示鼠标指针” > 点击“确定”，即可将显示器采集添加到画布中的某个位置，如图 3-25 所示。

需要注意的是，每个场景只能添加一个显示器采集，如果需要在多个场景中录屏，要确保使用“添加现有”。

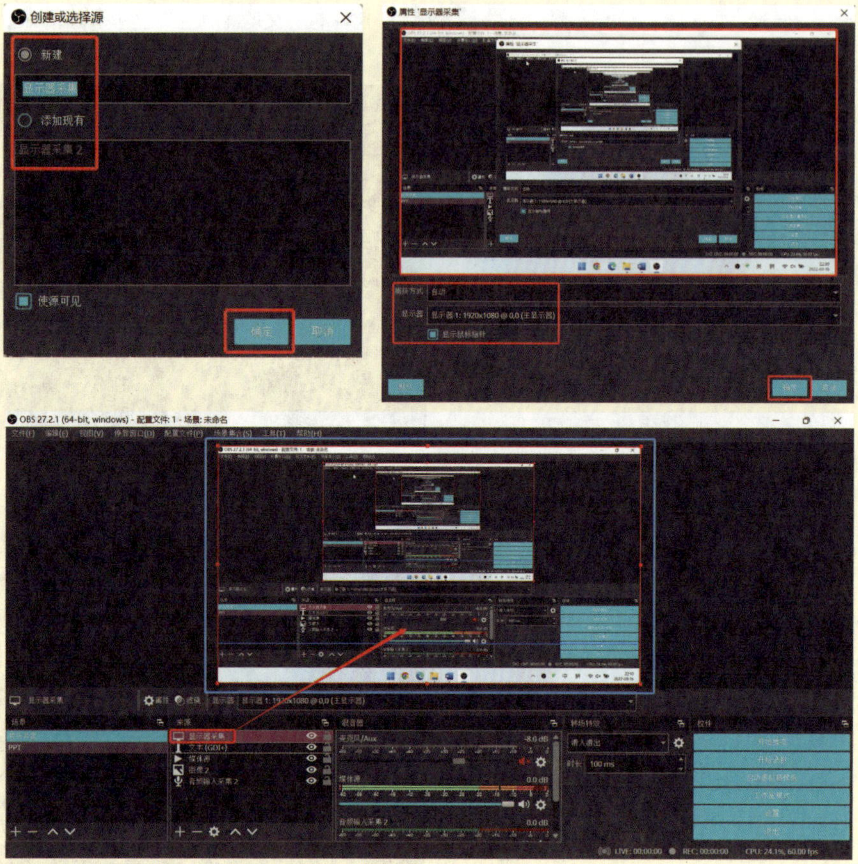

图 3–25 添加显示器采集

删除显示器采集：方法 1 操作步骤：在画布上点击“显示器采集”> 右击 > 选择“移除”> 点击“是”。

方法 2 操作步骤：选择要删除的显示器采集 > 在“来源”上点击“–”号 > 点击“是”。

方法 3 操作步骤：选择要删除的显示器采集 >Delete 键 > 点击“是”，即可删除显示器采集。

■ 视频采集设备添加与编辑

添加视频采集设备：点击“来源”框底部的“+”号 > 选择“视频采集设备”> 选择“新建”或“添加现有”> 点击“确定”> 在“设备”中选择要应用的摄像头 > 点击“确定”，即可将视频采集设备添加到画布中的某个位置，如图 3–26 所示。

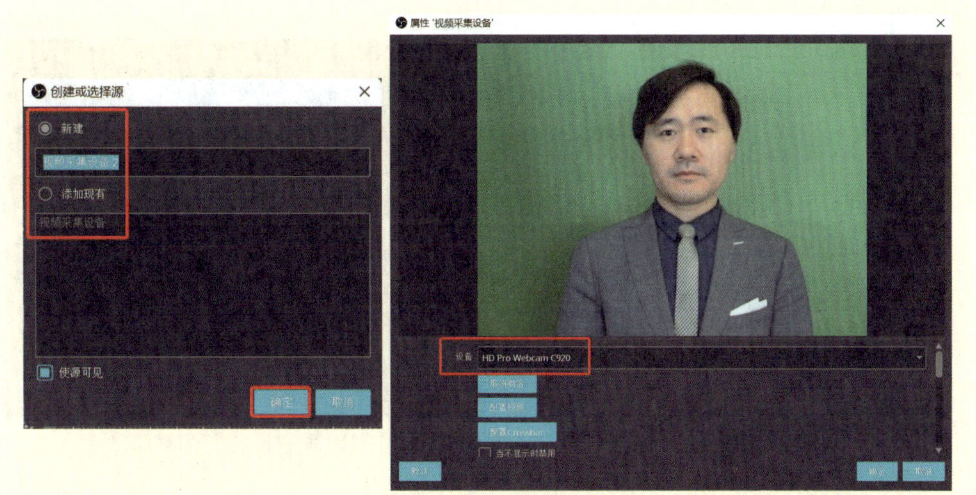

图 3-26 添加视频采集设备

变换视频采集设备： 在画布上点击“视频采集设备” > 右击 > 选择“变换” > 根据需求选择功能，如图 3-27 所示。

图 3-27 变换视频采集设备

（1）想要旋转视频采集设备可以从 “顺时针旋转 90 度” / “逆时针旋转 90 度” / “旋转 180 度” 中选择。

（2）想要翻转视频采集设备可以选择“水平翻转”或“垂直翻转”。

（3）想要粗略改变视频采集设备位置、大小，可以在单击视频采集设备出现红色边框之后，拖拽改变。

（4）想要粗略裁剪视频采集设备，可以按住 Alt 键并拖动边界框。

（5）想要精细化改变视频采集设备的位置、大小，旋转或裁剪视频采集设备，可以在“变换”中选择“编辑变换”，然后输入数值，即可对视频采集设备进行相应的调整，如图 3–28 所示。

图 3–28 “视频采集设备”的编辑变换

更改视频采集设备：在画布上点击“视频采集设备”＞右击＞选择“属性”＞重新选择“设备”＞点击“确定”，即可更改视频采集设备，如图 3–29 所示。

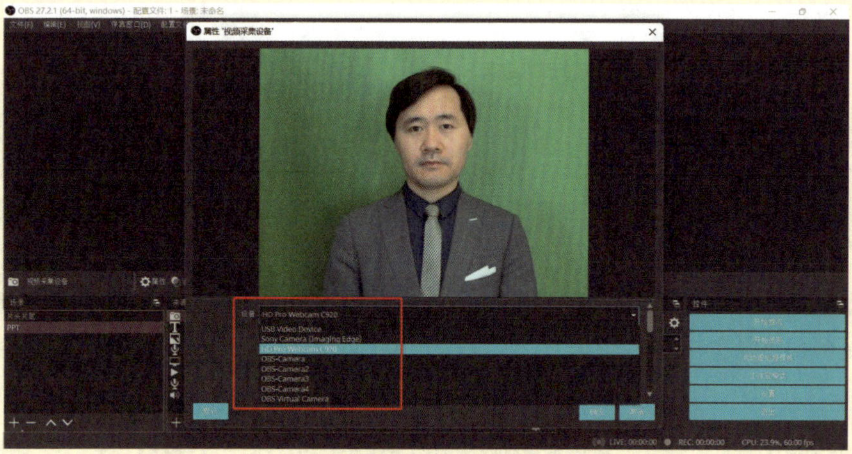

图 3–29 更改视频采集设备

绿幕抠图：在画布上选中“视频采集设备”＞右击＞选择“滤镜”＞在“效果滤镜”中点击左下角的“+”号＞选择“色度键”＞在“关键的颜色类型”中选择绿色＞调整“相似度”数值＞调整“平滑”数值＞将“不透明度”设置为 10000，即可实现绿幕抠图，将图片或视频作为背景，如图 3–30 所示。

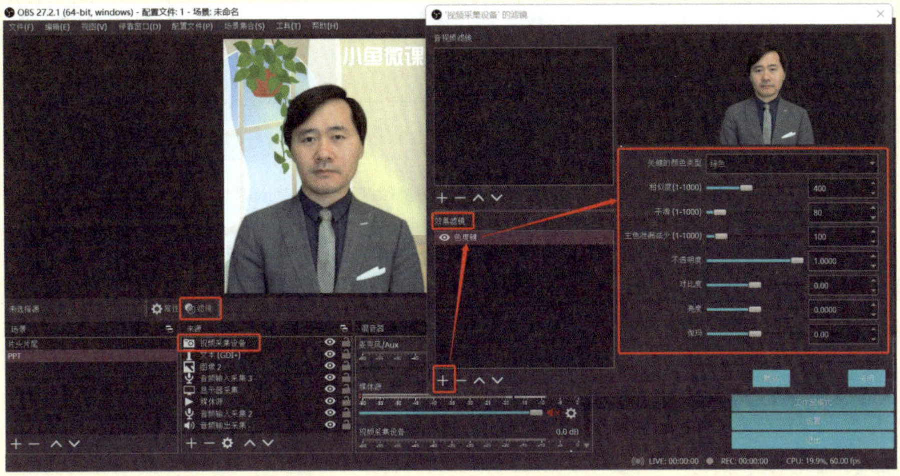

图 3–30 绿幕抠图

“色度键”用于删除源的某种颜色并使其透明。

如果需要调整人物的画面效果，可以通过改变“主色泄漏减少 / 对比度 / 亮度 / 伽马”的数值来完成。

想要调整人物画面的“饱和度”和“色调偏移”，可以在“效果滤镜”的“色彩校正”中进行设置。

相似度：相似度为 1 时背景不变，相似度为 1000 时人物和背景同时消失，相似度在 400 左右能够去除绿幕背景，受衣服、光效等因素影响，具体数值以实操为准。

平滑：使用相似度绿幕抠图之后，对于细节的调整可以使用平滑功能。

主色泄露减少：数值越小人物越真实，数值为 1000 时背景和人物都会变成灰色。

不透明度：数值为 0 时人物消失在画面中，数值为 1 时人物 100% 出现在画面中。

对比度：画面黑与白的比值，也就是从黑到白的渐变层次，比值越大，从黑到白的渐变层次就越多。

亮度：画面的整体亮度，亮度值为 0 时画面变黑，亮度值为 1 时画面变白。

伽马：红绿蓝三原色的亮度，伽马值为 –1 时画面极度黑暗，伽马值为 1 时画面极度明亮。

饱和度：色彩的鲜艳程度，饱和度越大图像彩度越大，饱和度越小图像灰度越大。

色调：画面颜色的色彩效果，通过色调可以改变人物面部和衣服的颜色。

使用 OBS 绿幕抠图有两点最难，一是光线的设计布局，一是数值调整，这两个都需要找到最佳实践并记录下来，尤其是色度键里面的数值，每次找到好的数值都要记录下来，以便下次使用。

如果觉得摄像头输入有点模糊，并且想要提高整体清晰度，可以在滤镜中添加锐化，并使用不同的值进行测试。

如果不知道如何设置这些数值，可以选择使用默认数值。

删除视频采集设备：方法 1 操作步骤：在画布上点击“视频采集设备” > 右击 > 选择“移除” > 点击“是”。

方法 2 操作步骤：选择要删除的视频采集设备 > 在“来源”上点击“-”号 > 点击“是”。

方法 3 操作步骤：选择要删除的视频采集设备 >Delete 键 > 点击“是”，即可删除视频采集设备。

■ 音频输入采集添加与编辑

添加音频输入采集：点击“来源”框底部的“+”号 > 选择“音频输入采集” > 选择“新建”或“添加现有” > 点击“确定” > 在“设备”中选择要应用的麦克风 > 点击“确定”，即可将“音频输入采集”添加到“混音器”中，添加成功就可以录制音频了，如图 3-31 所示。

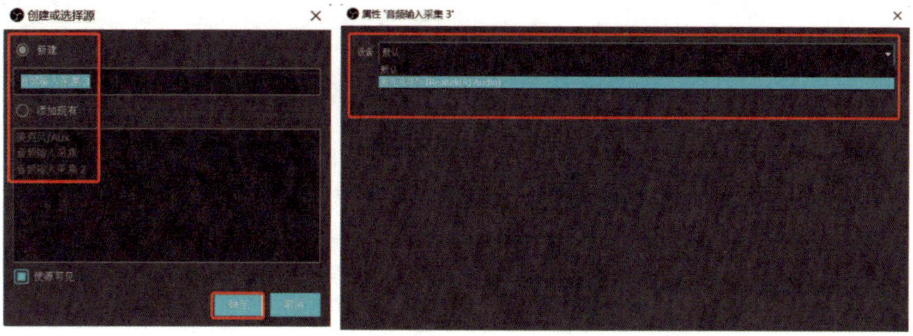

图 3-31　添加音频输入采集

更改音频输入采集：在来源框中点击“音频输入采集” > 右击 > 选择“属性” > 重新选择“设备” > 点击“确定”，即可更改音频输入采集。

删除音频输入采集：方法 1 操作步骤：在“来源”上选择要删除的音频输入采集 > 点击“-”号 > 点击“是”。

方法 2 操作步骤：在“来源”上选择要删除的音频输入采集 >Delete 键 > 点击“是”，即可删除音频输入采集。

■ 音频输出采集添加与编辑

添加音频输出采集：点击“来源”框底部的“+”号 > 选择“音频输出采集” > 选择“新建”或“添加现有” > 点击“确定” > 在“设备”中选择要应用的扬声器 > 点击“确定”，即可将“音频输出采集”添加到“混音器”中，添加成功就可以录制电脑上的音频了，如图 3-32 所示。

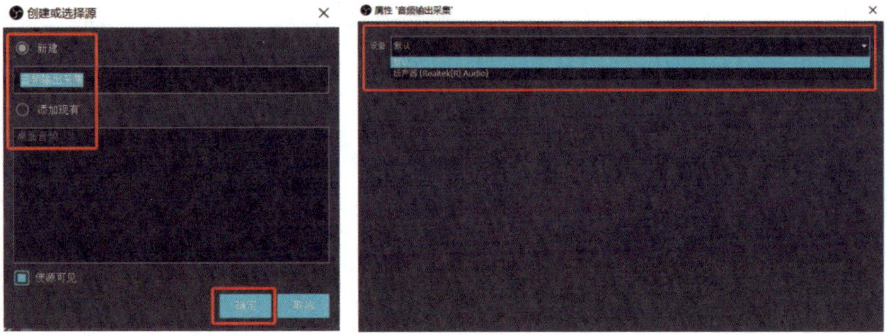

图 3-32 添加音频输出采集

更改音频输出采集：在来源框中点击“音频输出采集” > 右击 > 选择“属性” > 重新选择“设备” > 点击“确定”，即可更改音频输出采集。

删除音频输出采集：方法 1 操作步骤：在“来源”上选择要删除的音频输出采集 > 点击“-”号 > 点击“是”。

方法 2 操作步骤：在“来源”上选择要删除的音频输出采集 >Delete 键 > 点击“是”，即可删除音频输出采集。

■ 调整图层

在画布上添加要捕获的内容之后，如果需要对它们的图层进行调整，调整方法有以下 3 种。

方法 1 操作步骤：在“来源”框中选择要调整的“源” > 拖拽到相应图层。

方法 2 操作步骤：在“来源”框中选择要调整的“源” > 点击“来源”框底部的 ∧ / ∨。

方法 3 操作步骤：在“来源”框或画布中选择要调整的“源” > 右击 > 选择“排序” > 从“上移 / 下移 / 移至顶层 / 移至底层”中选择一个。

混音器

混音器是一个直观的调音台，它的主要作用是对声音进行管理，包含外部输入和电脑输入的声音。

混音器带有每个源的滤波器，如噪声门、噪声抑制和增益，通过 VST 插件支持实现完全控制。

默认情况下，OBS 设置为捕获桌面音频和麦克风，如果使用的是 macOS，则需要一个额外的 App 来捕捉桌面音频，这是由于 macOS 中的限制，这些限制不提供桌面音频设备的直接捕获方法。

混合器中的每个入口由以下 5 个部分组成。

音量：当音频通过信号源时亮起的彩色条形图。

推子：该源的音量滑块，用来调整音量大小。

静音按钮：扬声器图标，用于在不调整推子的情况下将音源静音，点击“扬声器”图标，使其变红即可，如图 3-33 所示。

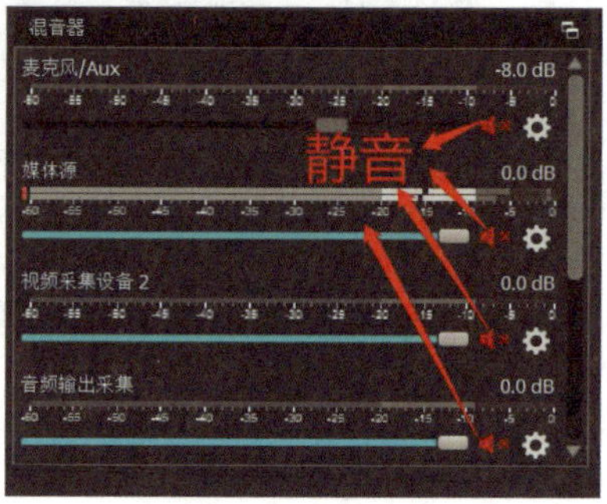

图 3-33 静音

“选项”按钮：为源提供额外的设置。

音量级别：由推子或音量百分比数调整的确切值，以分贝为单位测量，由 3 个主要部分组成，以绿色、黄色和红色区域表示。

红色区域：应避免进入此区域，因为这个区域的音量听起来令人不舒服。

黄色区域：应该一直留在这里，偶尔进入红色区域。

绿色区域：其他所有内容，包括音乐、游戏音频和警报音效，应保留在此处。

替换设备：要想改变该声源的录制设备，可以在混音器栏中点击“设置” > 选择属性 > 在“设备”中选想要替换的设备 > 点击“确定”，如图 3-34 所示。

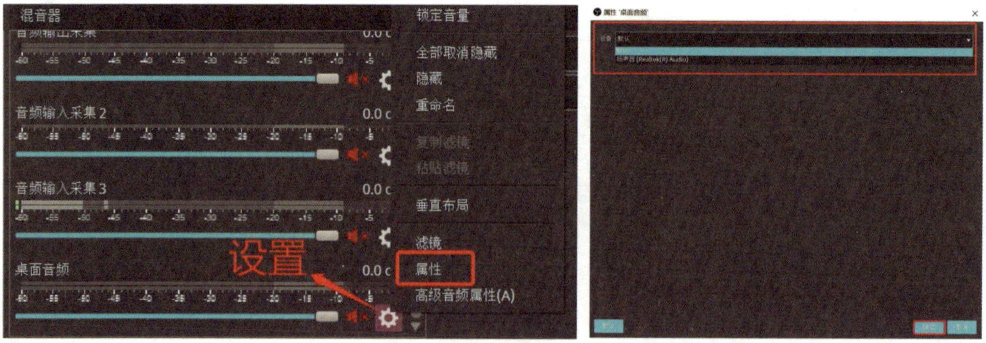

图 3-34 替换设备

转场特效

转场特效是指场景之间的转换效果，动画效果和转场需要的时长可以在转场特效栏中设置。

操作步骤：在转场特效列表中选择一个动画效果 > 点击右侧“设置” > 选择“属性” > 选择动画方向，可以预览效果 > 点击“确定” > 更改转场动画时长，如图 3-35 所示。

动画时长越小场景之间转换越快，动画时长越大场景之间转换越慢。

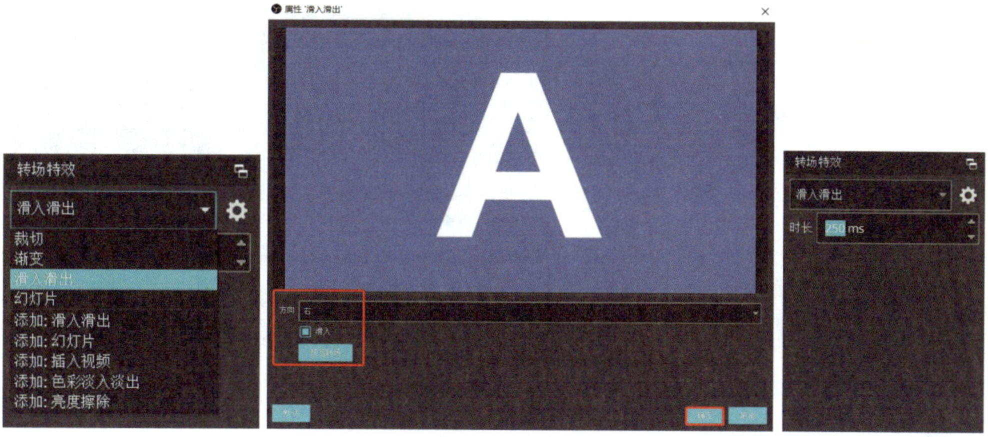

图 3-35 转场特效

OBS 控件

■ 录制视频

在控件栏点击“开始录制”就可以录制视频了，点击“停止录制”停止录制视频，如图 3-36 所示。

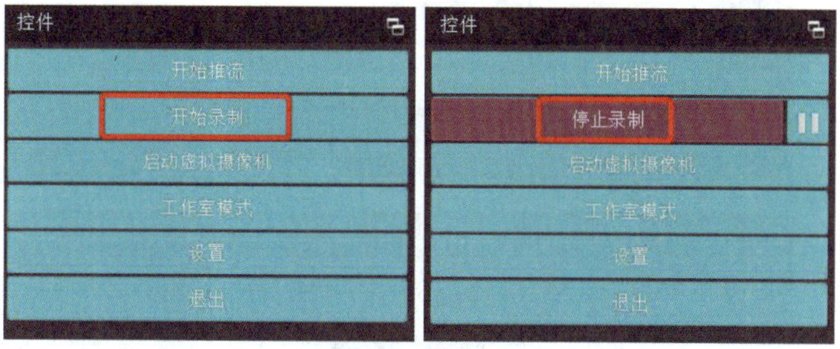

图 3-36 录制视频

■ 查看视频

想要查看生成的视频，可以点击“文件”，然后选择“显示录像”，就可以在存储视频的文件夹中查看录制的视频了，如图 3-37 所示。

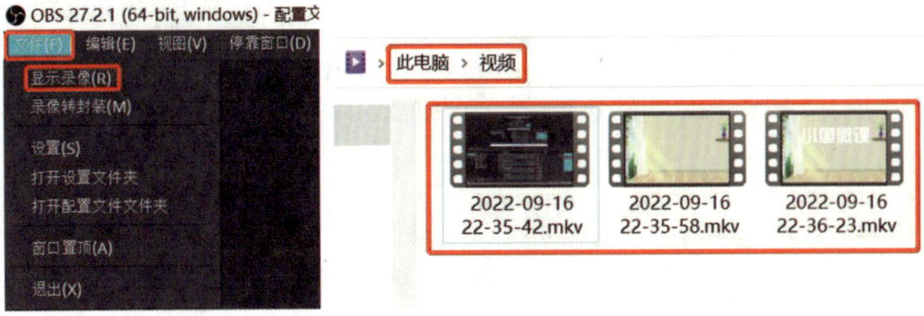

图 3–37 查看视频

■ OBS 设置

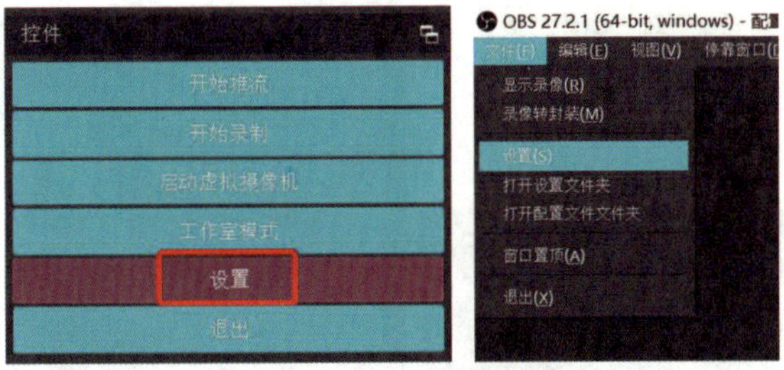

图 3–38 OBS 设置

想要更改视频存储位置，或者对视频、音频和快捷键等进行设置，可以在“控件”栏中点击“设置”，也可以点击“文件”，然后选择“设置”，如图 3–38 所示。

想要更改 OBS 对录像、音频、视频、快捷键的参数设置，可以在打开的“设置”栏中分别选择输出、音频、视频、热键，并对其中的参数进行设置，如图 3–39 所示。

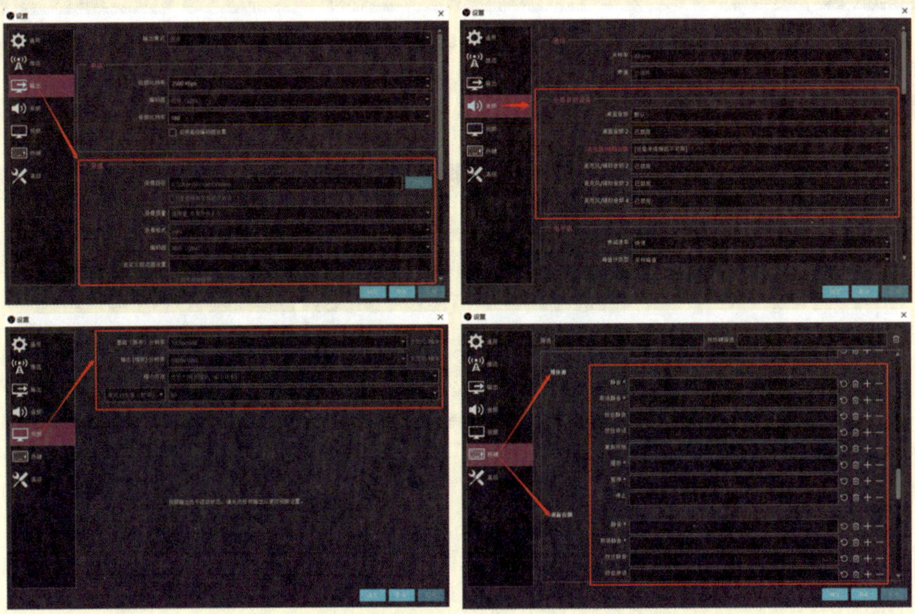

图 3–39 录像、音频、视频、快捷键参数设置

如果“设置—音频—全局音频设备”中音频选择了相同的设备，那么音频输入 / 输出捕获源可能会产生回声效果。

如果想让别的设备调用 OBS 画布内容，可以使用“虚拟摄像头”。

如果不仅要录制微课，还想使用 OBS 直播推流，可以在“设置—推流”输入直播链接和串流密钥，然后在控件中点击“开始推流”就可以直播了。

如果想在直播的同时录像，可以在“设置—通用—输出”中勾选“推流时自动录像”。

■ 快捷键

如果想提高使用 OBS 的效率，下面这些快捷键一定要记住。

复制源：Ctrl+C

粘贴源：Ctrl+V

编辑转换：Ctrl+E

重置转换：Ctrl+R

适合屏幕：Ctrl+F

拉伸到屏幕：Ctrl+S

屏幕居中：Ctrl+D

裁剪源：按住 Alt 并拖动边界框（边缘应变为绿色）

拉伸源：按住 Shift 键并拖动边界框

■ 抖音直播伴侣

除了 OBS 之外，抖音直播伴侣在录制微课和直播上的功能也十分强大，二者的界面和功能差不多，我专门录制过一个介绍抖音直播伴侣的短视频，若有兴趣可以作为延伸学习的一部分，如图 3-40 所示。

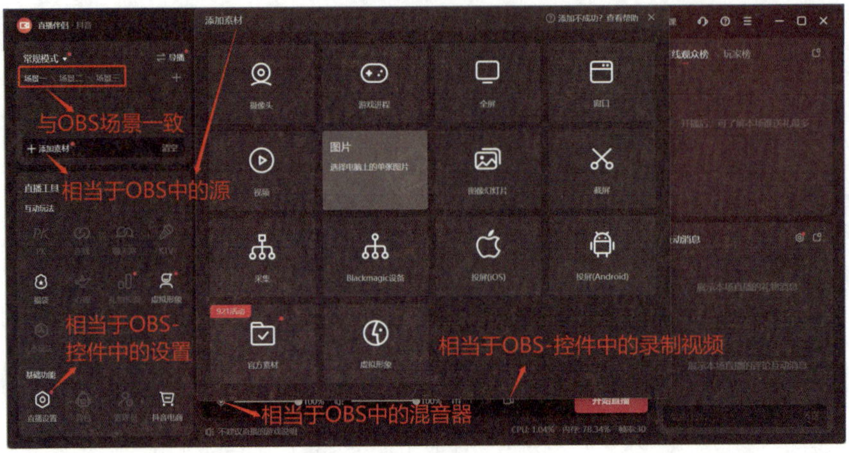
添加素材
与OBS场景一致
相当于OBS中的源
图片
Blackmagic设备
投屏(iOS)
投屏(Android)
相当于OBS-
控件中的设置
相当于OBS-控件中的录制视频
相当于OBS中的混音器

图 3–40 抖音直播伴侣

第四节
录制后期，精细剪辑

经过多年的发展，尤其是短视频爆火之后，剪映、快影、爱剪辑、快剪辑、剪辑大师、小影、美摄等各种各样的小白款剪辑软件走进了人们的生活，视频剪辑变得越来越容易上手。

根据我使用各种软件剪辑视频的经历，最终决定选择剪映作为微课录制后期的剪辑工具。

剪映作为抖音官方推出的视频编辑工具，带有全面的剪辑功能，既能剪切视频、改善画面效果，又能机器人配音、快速生成字幕，还带有动画、贴纸、特效、转场效果、滤镜、美颜效果，以及丰富的视频和音乐资源。更重要的是，剪映不但有手机版，还有电脑版，而且操作非常简单，完全可以轻松地在电脑上直接剪辑微课。

虽然剪映是小白软件、容易上手，但是要想用好它，在使用初期还是要静下心来认真地研究、实践，这样才能掌握更多技巧。

其实剪映与 PPT、万彩动画大师和 OBS 一样，都是制作微课的工具，要想熟能生巧、运用自如，贵在研究、重在坚持。

开启剪映之旅

鉴于平时剪辑微课多数是在电脑上进行的，因此本书主要讲电脑版剪映的使用技巧。

■ 下载剪映

如图 3−41 所示，登录剪映官网（https://lv.ulikecam.com/）之后，选择剪映专业版，点击立即下载，就可以下载电脑版剪映了。

图 3−41 剪映官网

■ 安装剪映

如图 3−42 所示，双击剪映安装包，选择安装路径，勾选“同意剪映专业版的用户许可协议及隐私政策”，点击“立即安装”，即可完成剪映的安装。

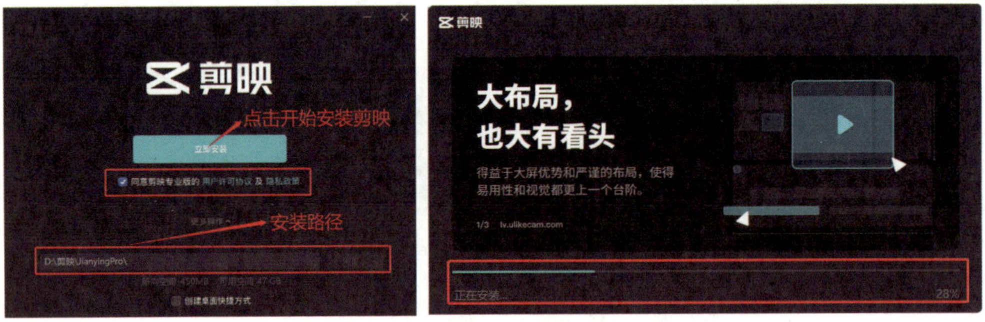

图 3−42 安装剪映

■ 登录剪映

如图 3−43 所示，点击“点击登录账户”，选择二维码登录或手机验证码登录，用抖音扫码或输入手机号码、验证码就可以登录剪映了。

图 3–43 登录剪映

剪映使用技巧

如图 3–44 所示，打开剪映之后，点击“本地草稿”，然后点击“开始创作”就可以进入剪映编辑界面对微课进行编辑了。

如果想要修改已经剪辑的微课视频，可以从“剪辑草稿”中选择该视频，点击即可重新进入微课的编辑界面进行剪辑。

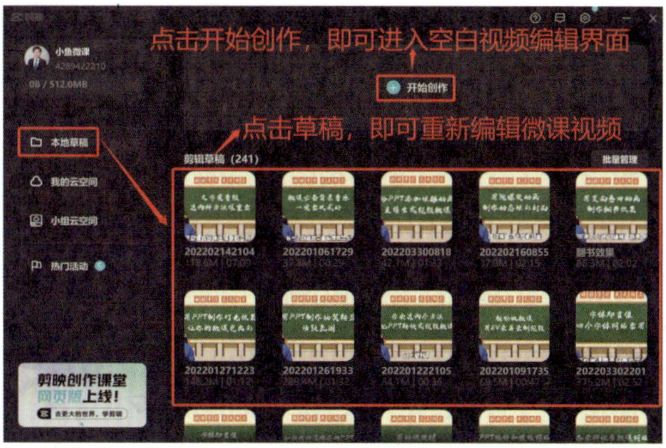

图 3–44 所示 开始创作

剪映编辑界面划分为四个区域，分别是素材区、时间轴编辑区、效果控件区和视频预览区，如图 3–45 所示。

图 3-45 剪映编辑界面

其中，时间轴编辑区的功能分为两类，分别是素材编辑和整体编辑。素材编辑包含撤销、恢复、分割、删除、定格、倒放、镜像、旋转、裁剪和录音，这些功能我会结合视频与音频编辑详细讲解；整体编辑包含自动吸附、联动、预览轴和时间线，在了解具体素材的编辑技巧之前，有必要了解这四个功能的作用。

自动吸附：使素材像磁铁紧紧地“连接”在一起。点击“打开自动吸附”之后，两个相邻的素材会头尾严丝合缝地“吸附”在一起，素材之间没有间隙；点击“关闭自动吸附”之后即使两个素材离得很近，也不会“吸附”在一起。通常情况下，我们会选择“打开自动吸附”，如果添加的素材不需要完全和时间轴上的其他素材对齐，可以关闭“自动吸附”功能。

联动：让视频与其他素材联动。点击“打开联动”之后，素材会随着视频移动，目前电脑版剪映只支持文本与视频之间的联动。

预览轴：预览视频画面效果。点击“打开预览轴”之后，预览轴在哪个时间点就可以看到哪个时间点的画面效果；点击“关闭预览轴”之后，只能通过时间轴指针的移动来预览画面效果。

时间线：改变素材的相对长度。如果视频素材过长不方便预览，可以点击“时间线缩小”把素材的相对长度变短；如果素材太短不便于编辑，可以点击“时间线放大”把素材的相对长度变长。

素材区有 8 个模块，分别是媒体、音频、文本、贴纸、特效、转场、滤镜、调节。素材区将是剪辑微课的主要路径，关于剪映的使用技巧主要围绕这 8 个模块展开。

编辑视频

剪映里面关于编辑视频的功能非常多，在编辑视频时应该先用哪个后用哪个呢？

在剪辑多个视频之后，我总结出来一个基本原则：先整体后局部。也就是添加视频之后要先完成对于视频的整体性编辑，比如裁剪、倍速等；然后再分割视频并依据脚本完成局部编辑，比如定格、倒放、镜像、裁剪、动画、调节、抠图等。

■ 添加视频

使用剪映添加的视频分为两类，一类是剪映内部的视频，一类是剪映外部的视频。外部视频通常是录制好的微课视频，是主要素材；内部视频是剪映自带的视频，属于辅助素材。

添加外部视频方法 1： 选中视频直接拖拽到轨道上。

添加外部视频方法 2： 点击“媒体”>选择“本地”>点击“导入”>在目标文件夹里面选择想要添加的视频（可多选）>点击“打开”，单击视频可以在播放器中预览>选中视频，点击“+”号，即可将视频添加到轨道上，如图 3-46 所示。

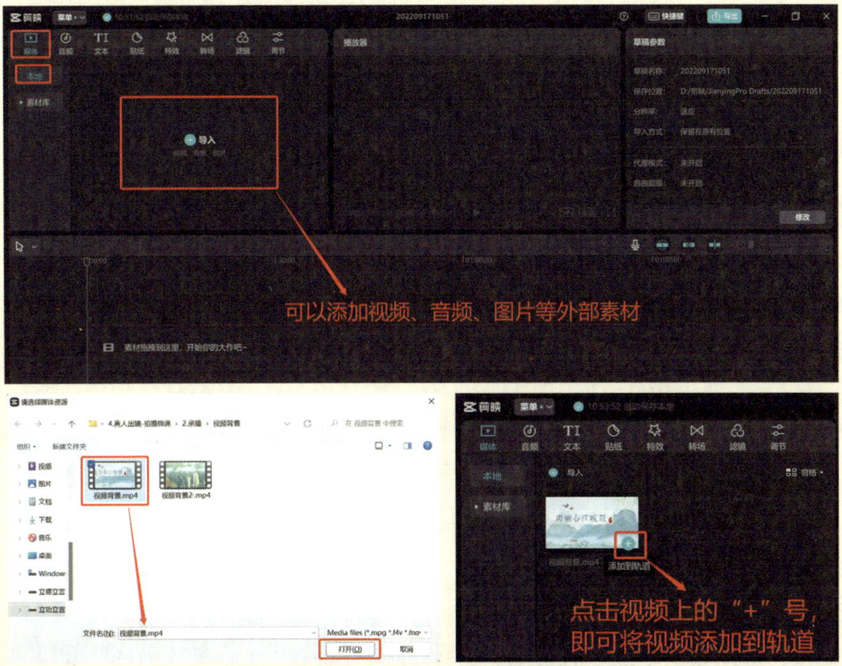

图 3-46 添加外部视频

以上方法除了可以添加外部视频之外，还可以添加外部音频和图片类素材。

添加内部视频方法：点击“媒体”＞选择“素材库”＞按照素材类别搜寻或输入关键词搜索想要添加的视频素材，＞单击视频可以在播放器中预览＞选中视频，点击“+”号，即可将视频添加到轨道上，如图 3-47 所示。

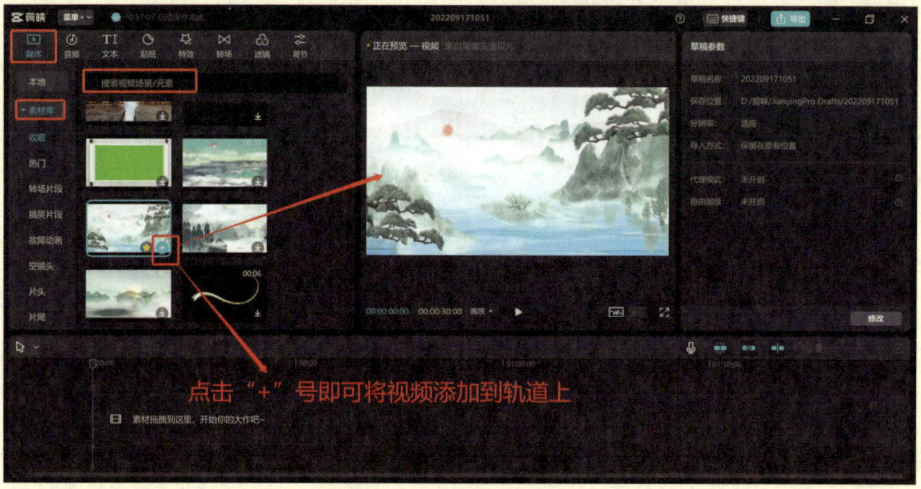

图 3-47 添加内部视频

剪映内部视频的数量非常多，大部分属于“隐身”状态，如果在热门、转场片段、高效片段、故障动画、空镜头、片头、片尾、蒸汽波、绿幕素材、节日氛围、配音片段等类别中搜索不到自己想要的素材，可以直接搜索。

比如，想要语文微课片头，可以搜索关键词“山水＋古风”；想要数学微课片头，可以搜索关键词“数学公式”；想要英语微课片头，可以搜索关键词“卡通”；想要科技风格的片头，可以搜索关键词“科技”。

■ 剪辑视频

添加视频之后，可以依据微课脚本使用时间编辑轴上的功能对视频进行剪辑，包含分割、删除、定格、倒放、镜像、旋转、裁剪、替换、分离音频、关闭原声和封面。

分割视频：录制视频时因为状态调整、口误等原因会重复录制某个片段的微课，对于这些多余的部分，可以使用剪映里面的分割功能，将视频剪辑成多段的视频，以便删除它们。

如图 3-48 所示，当时间轴指针停留在某个位置时，点击“分割”即可。

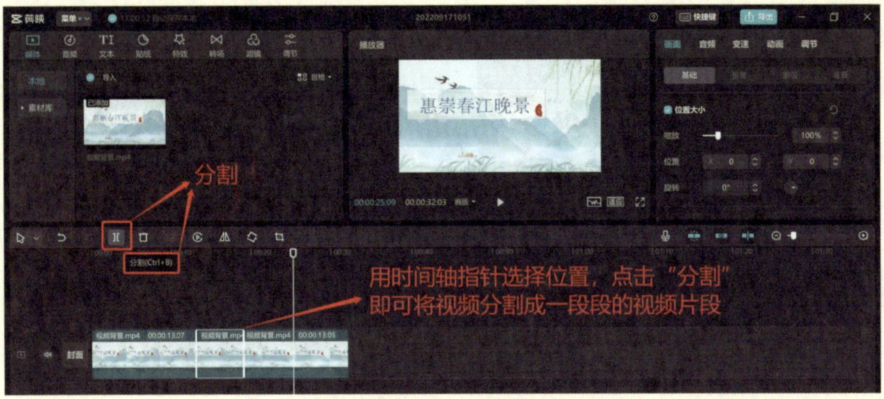

图 3-48 分割视频

删除视频：将视频分割成多段视频片段之后，选中需要删除的视频，点击“删除”或按 Delete/Backspace 键，即可删除多余视频，如图 3-49 所示。

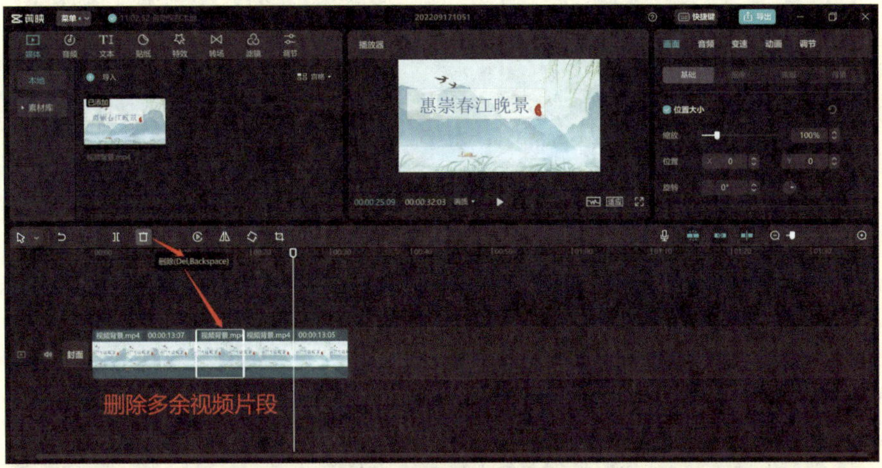

图 3-49 删除视频

定格视频：在执行“分割”操作之后，将前一个素材的最后一帧（也就是最后一个画面）延长一段时间，成为静止画面（默认为 3 秒），如图 3-50 所示。

在静止画面的上一层加上一些素材来提升微课效果。

倒放视频：将某个视频片段倒叙播放，由于这个过程会占用较多电脑内存，因此，有的电脑可能会有一点卡，倒放的视频片段越长卡得越厉害，如图 3-51 所示。

图 3-50　定格视频

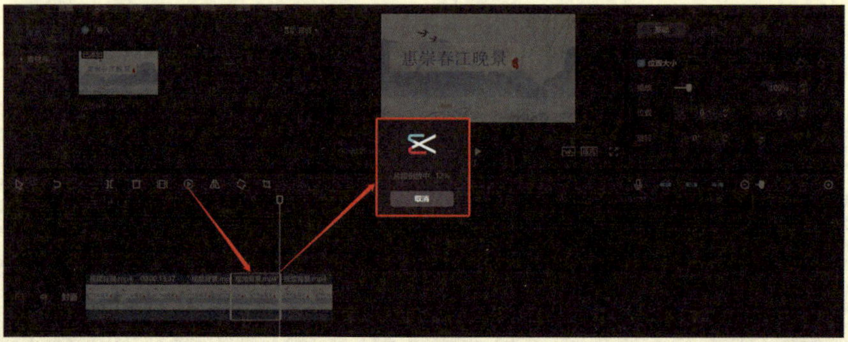

图 3-51　倒放视频

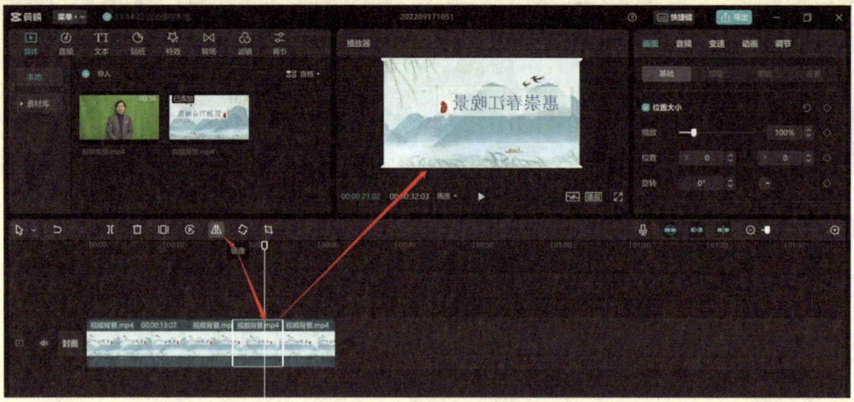

图 3-52　镜像呈现

镜像呈现：对选择的视频画面执行镜面对称操作，也就是呈现视频在镜子里面的效果，如图 3-52 所示。

旋转视频：将选中的视频画面顺时针旋转，每点击一次旋转 90 度，如图 3-53 所示，这是点击两次旋转 180 度的效果。

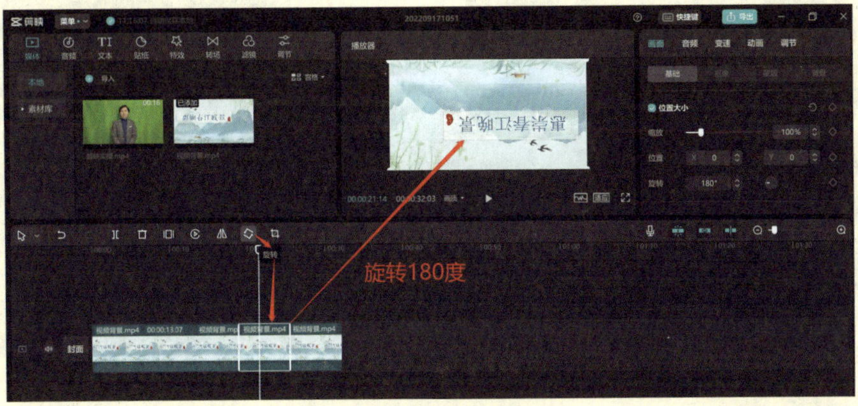

图 3-53　旋转视频

图 3-54　裁剪视频

裁剪视频：想要裁剪选中的视频画面，可以点击“裁剪”在弹出的裁剪界面中选择“旋转角度”和“裁剪比例”完成对画面的裁剪，如图 3-54 所示。

在旋转角度这里，通过拖拉和输入数值的方式可以完成画面旋转；在裁剪比例这里，选择“自由”可以通过拖拽的方式自由选择画面，选择某一个比例则只能按照固定比例裁剪视频。

关闭原声：关闭视频自带的声音（也就是录制的声音），关闭原声之后可以重新配音，如图 3-55 所示。

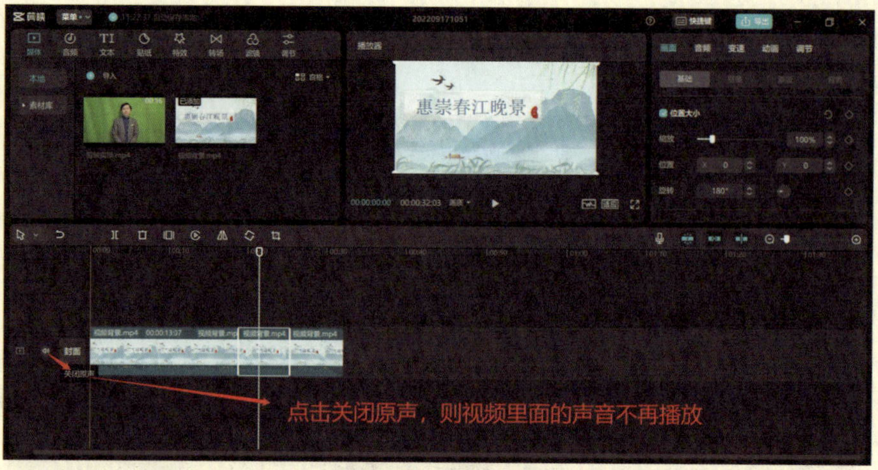

图 3-55 关闭原声

替换片段：替换认为不合适的视频片段，当在预览视频的过程中对某个片段不满意想要替换的时候可以使用这个功能。

具体操作步骤：选中想要替换掉的视频 > 右击 > 选择“替换片段” > 在打开的文件夹中选择一个视频 > 点击“打开”，即可完成视频的替换，如图 3-56 所示。

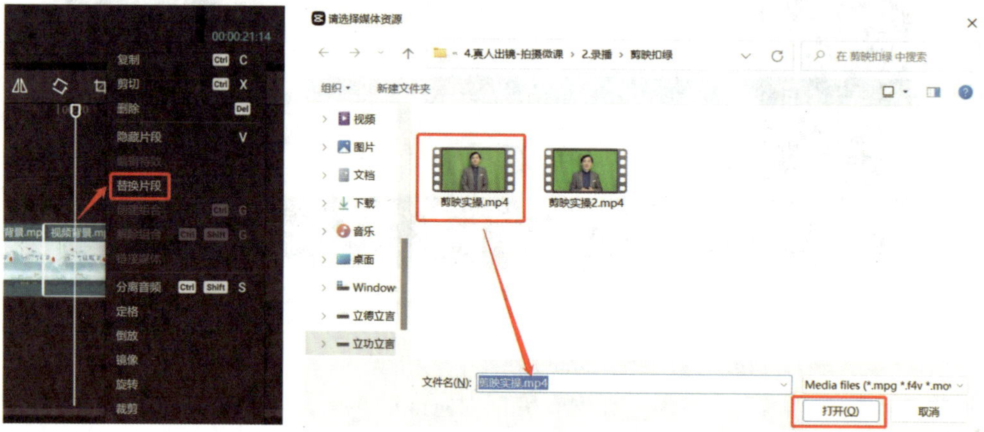

图 3-56 替换片段

分离音频：将视频中的音频分离出来以便于单独编辑。

具体操作步骤：选中想要编辑的视频 > 右击 > 选择“分离音频”，即可将音频分离出来，如图 3-57 所示。

如果想要将从视频中分离出来的音频重新恢复到视频里面，可以选择该视频，右击之后选择“还原音频”。

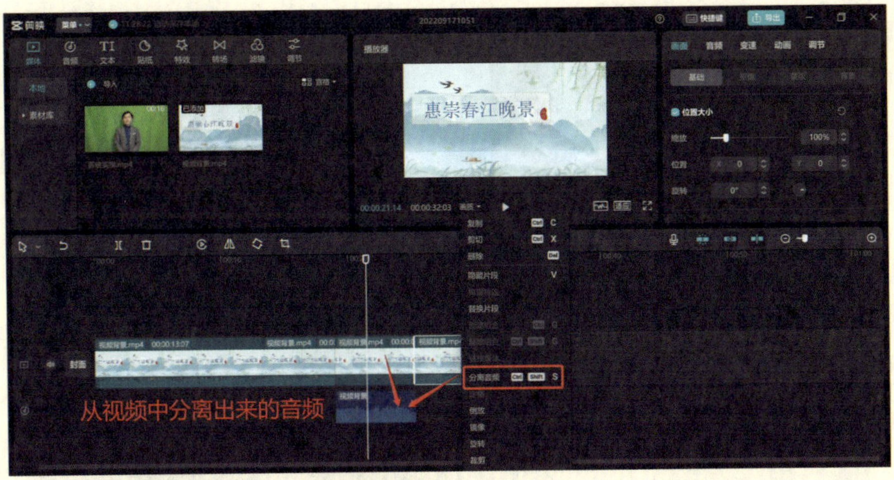

图 3–57 分离音频

撤销：撤销当前操作，回到上一步。

恢复：撤销某个操作之后，重新回到这个阶段。

封面：给视频添加封面，封面有两种，一种是从视频帧中选择，一种是将自己制作的图片上传为图片，如图 3–58 所示。

视频帧选择封面：点击“封面” > 点击“视频帧” > 选择其中一帧的画面作为封面。

上传图片作为封面：点击“封面” > 点击“本地” > 选择图片作为封面。

另外，对于封面不满意可以点击“去编辑”，在“封面设计”中对封面和文本进行编辑。

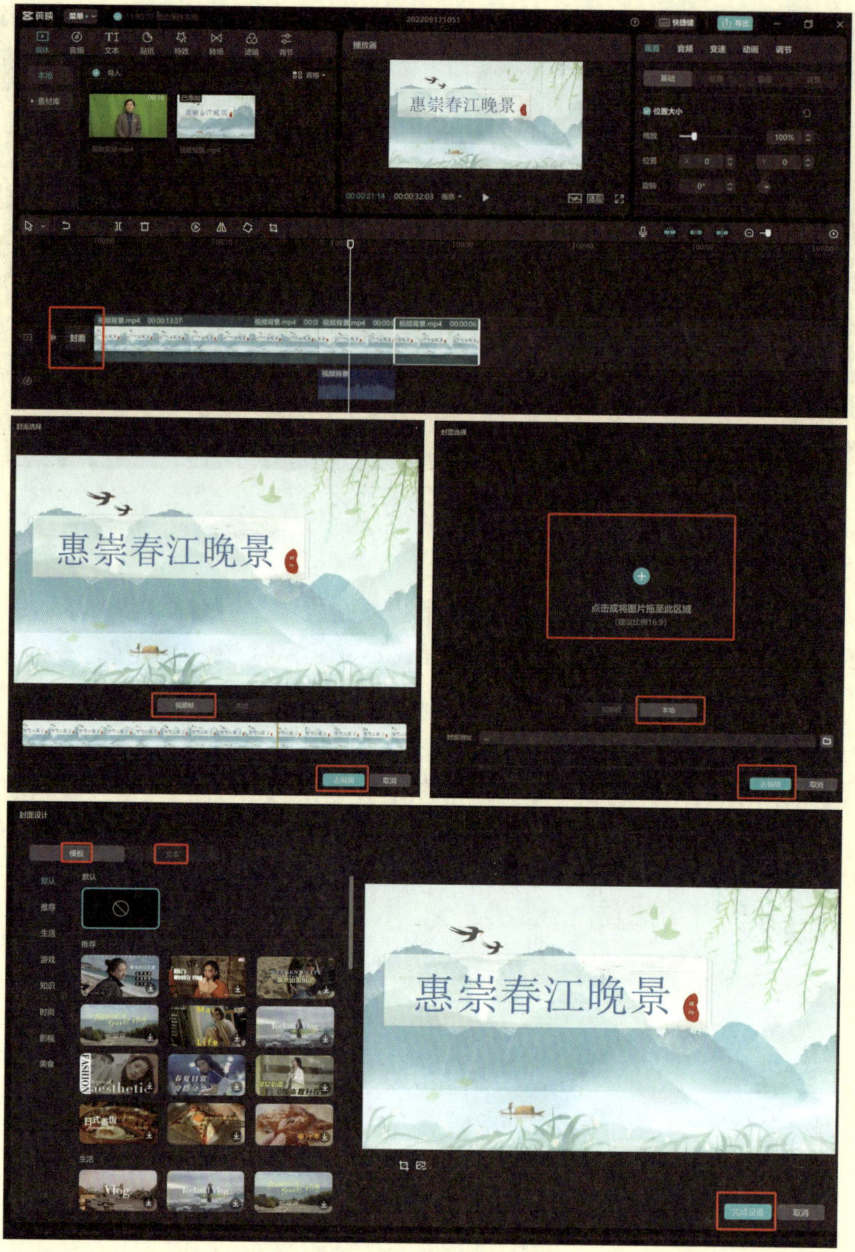

图 3-58 封面设计

对视频进行剪辑之后，如果想要进一步提升视频效果，可以在时间轴编辑区选中该视频，然后在效果控件区围绕画面、音频、变速、动画、调节这五项功能对视频进行编辑。

■ 画面效果控件

画面效果控件里面包含四类控件，分别是基础、抠像、蒙版和背景，其中基础里面有包含缩放、位置、旋转、混合模式、不透明度、视频防抖和磨皮、瘦脸的美颜功能，抠像包含色度抠图和智能抠像，如图 3–59 所示。

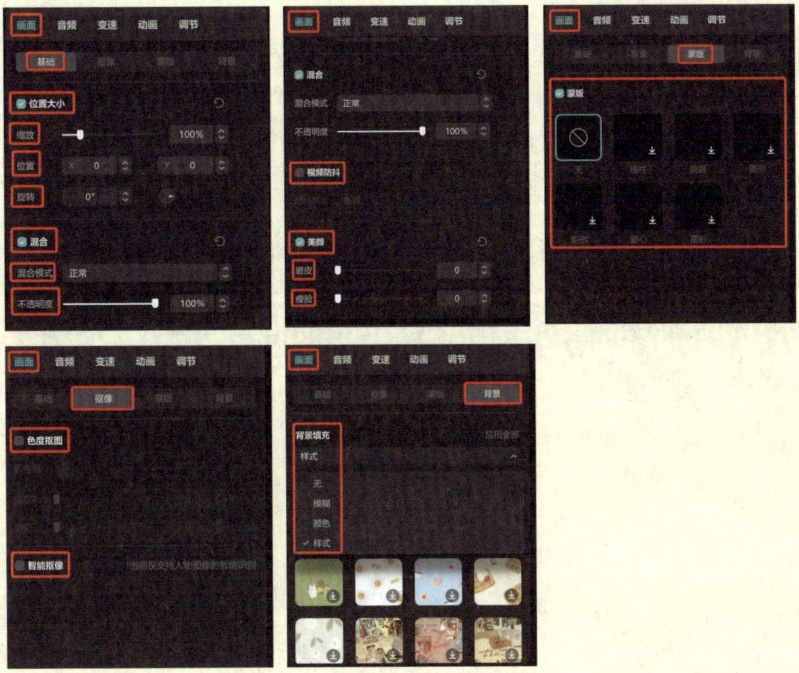

图 3–59 画面效果控

缩放：想要粗略改变视频大小，可以在“画面 > 基础 > 位置大小 > 缩放”中拖拽指针；想要精细改变视频大小，可以在“画面 > 基础 > 位置大小 > 缩放”中直接输入相应的数值，数值的下限是 1%，上限是 500%，如果想继续放大视频比例就需要点击数值右侧的“∧”。

位置：想要改变视频的位置，可以在“画面 > 基础 > 位置大小 > 位置”中根据需求在 X 和 Y 中输入相应的数值。

旋转：想要旋转视频，改变角度，可以直接在“画面 > 基础 > 位置大小 > 旋转”输入数值，也可以通过旋转数值右侧的按钮进行调整。

混合模式：混合模式是对画面效果的综合性调整，包含正常、变亮、滤色、变暗、叠加、强光、柔光、颜色加深、线性加深、颜色减淡、正片叠底共计 11 种模式，如图 3–60 所示，这是正常模式和正片叠底模式的画面效果对比。

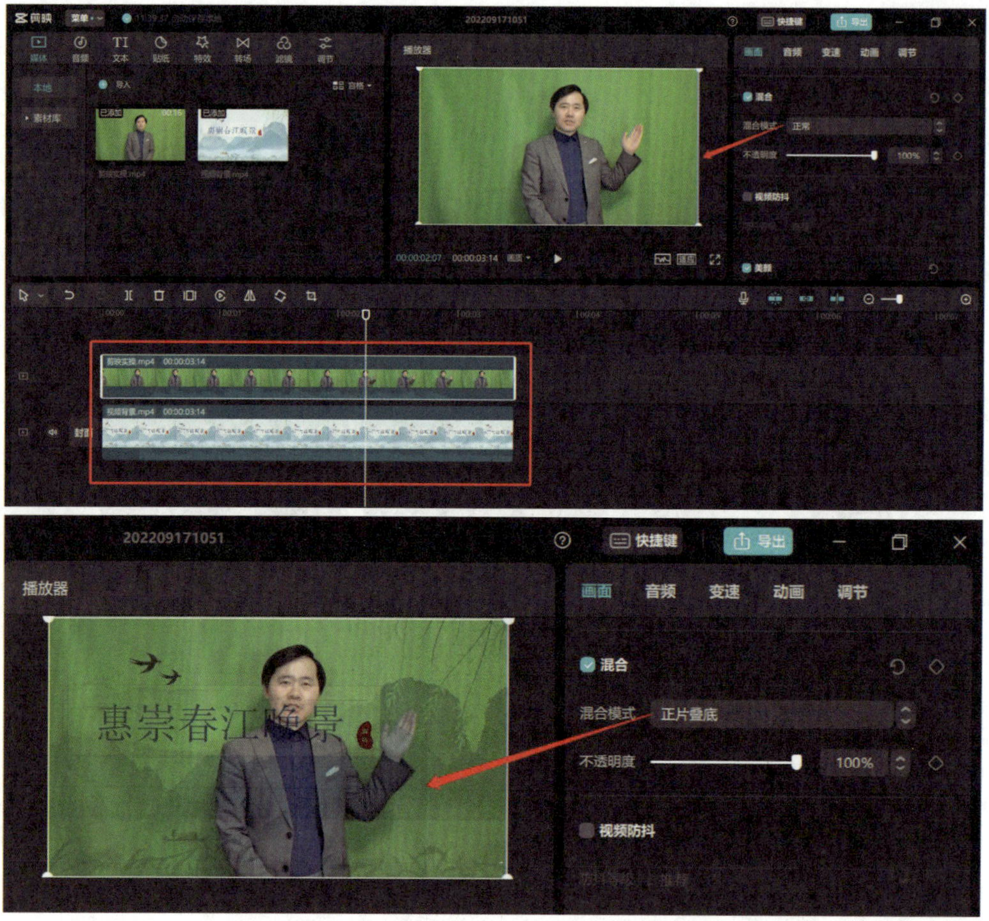

图 3–60 正常模式 VS 正片叠底模式

不透明度：想要粗略改变视频透明度，可以在“画面 > 基础 > 混合 > 不透明度”中拖拽指针；想要精细地改变视频透明度，可以在“画面 > 基础 > 混合 > 不透明度”中直接输入相应的数值，数值的下限是 0%，上限是 100%。

视频防抖：如果拍摄的视频有轻微抖动，可以在“画面 > 基础”中勾选“视频防抖”；剪映里面的防抖有三个，分别是推荐、裁切最少、最稳定，一般选择推荐模式即可。

图 3–61 美颜效果对比图

美颜：如果想改善人物的面部效果，比如磨皮和瘦脸，可以在“画面 > 基础 > 美颜 > 磨皮 / 瘦脸”中直接拖拽指针或输入数值即可，如图 3-61 所示，上图是没有美颜的效果，下图是磨皮和瘦脸数值均为 100 的效果，需要注意的是美颜要适度。

色度抠图：如果录制的视频背景是纯色的，想要把背景抠掉，可以在“画面 > 抠像 >”中勾选“色度抠图”，点击“取色器”选取要抠掉的背景颜色，然后通过拖拽指针或输入数值的方式调节“强度”就可以了，如图 3-62 所示，上图是绿色背景视频，下图是删除绿色背景，并将强度调整为 84 之后的视频效果。

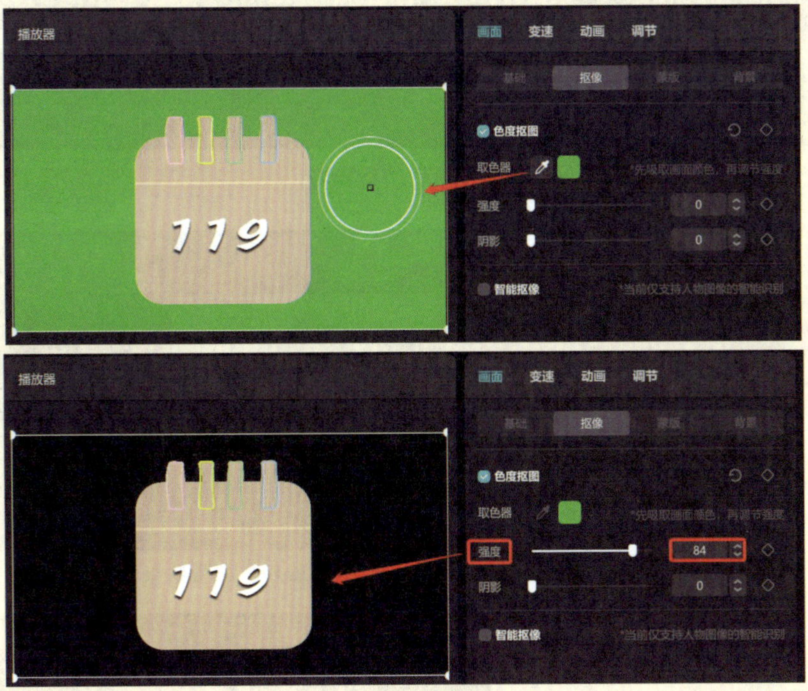

图 3-62　色度抠图

智能抠像：色度抠图抠除的是某种颜色，除去该颜色之外的素材都会保留下来，而智能抠像是删除人物以外的所有素材，其效果如图 3-63 所示。

图 3-63 智能抠像

蒙版：用某种形状遮挡画面的一部分，以形成某种画面效果。剪映里面有 6 种蒙版可以使用，分别是线性蒙版、镜面蒙版、圆形蒙版、矩形蒙版、爱心蒙版和星形蒙版。添加蒙版之后，可以通过调整位置、旋转角度、羽化程度来调整画面效果，如图 3-64 所示，这是选用线性蒙版，将 X 轴位置调整为 53、Y 轴 −277、旋转 −65 度、羽化 100 的画面效果。

图 3-64 蒙版效果示意图

如果镜像使用蒙版效果可以点击“反转”，想要取消蒙版效果，可以点击“重置”。

背景：视频最底层的画面效果。剪映里面有 4 类背景可以使用，分别是无、模糊、颜色和样式。

图 3-65 视频无背景

无是视频没有背景，此时背景为黑色，如图 3-65 所示。

模糊是指将整个视频画面进行模糊处理并作为视频的背景，根据模糊程度分为 4 种，如图 3-66 所示。

图 3-66 模糊效果示意图

颜色是用某种颜色作为视频的背景，如图 3-67 所示。

样式是用某种样式作为视频的背景，如图 3-68 所示。

图 3-67 颜色效果示意图

图 3-68 样式效果示意图

■ 音频效果控件

与“素材区”中的音频不同，这里的“音频”只针对视频自带的原声音频；通过音量、淡入时长、淡出时长、音频降噪和变声这 5 个控件的调节，可以改变音频效果，如图 3–69 所示。

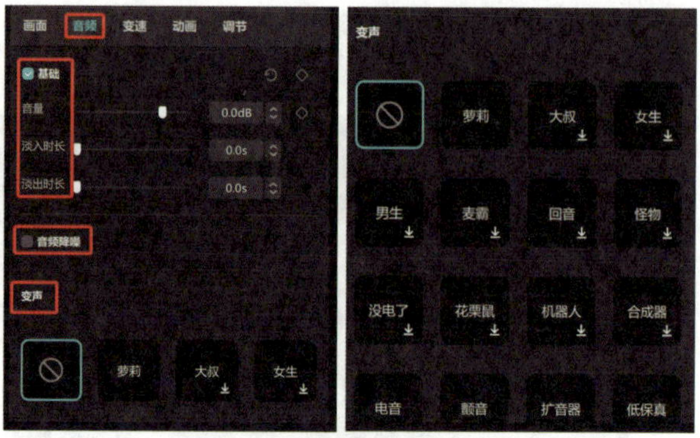

图 3–69　音频效果控件

音量：通过拖拽输入数值可以改变选中视频的音量，如图 3–70 所示。

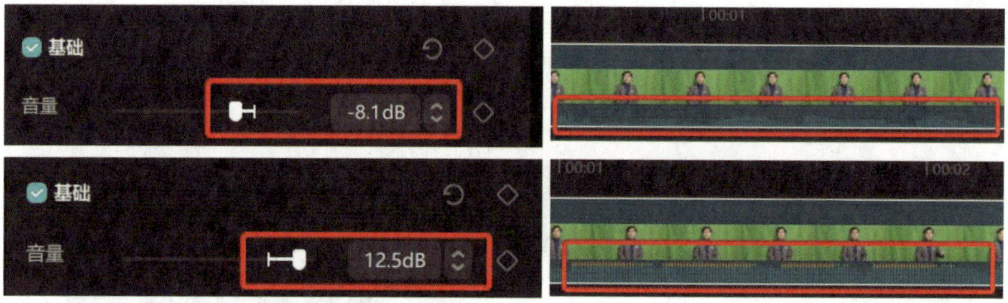

图 3–70　音量大小效果对比

淡入时长：从开始位置的 0 音量逐渐增加到最大音量的时间长度，如图 3–71 所示。

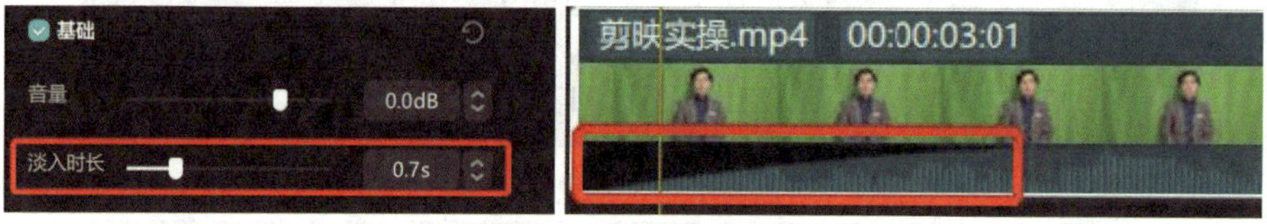

图 3–71　淡入时长效果

淡出时长：从最大音量逐渐减小到结尾时音量为 0 的时间长度，如图 3–72 所示。

图 3–72　淡出时长效果

音频降噪：降低音频的噪声，如果录制的音频有噪声可以使用这个功能。

变声：改变视频的原声效果，剪映里面的可变声音角色与效果有萝莉、大叔、女生、男生、麦霸、回音、怪物、没电了、花栗鼠、机器人、合成器、颤音、扩音器、低保真、黑胶。

■ 变速效果控件

当认为视频语速过快或过慢的时候，可以通过变速效果控件来调整视频的播放速度。剪映里的变速效果控件包含常规变速和曲线变速，其中常规变速包含倍数、时长、声音变调，曲线变速包含无、自定义、蒙太奇、英雄时刻、子弹时间、跳接、闪进、闪出这 8 类效果，如图 3-73 所示。

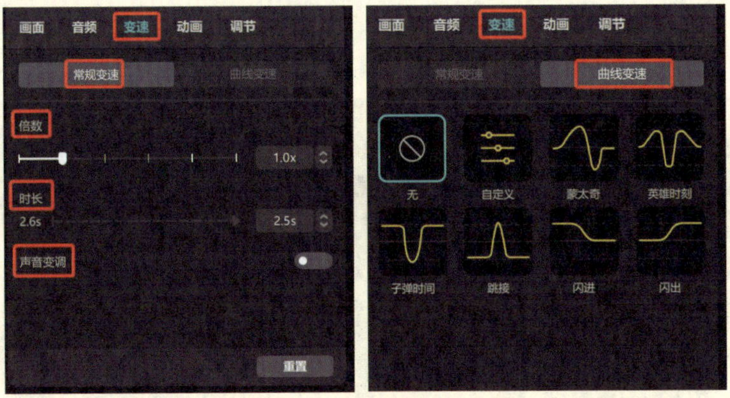

图 3-73 变速效果控件

倍数与时长：倍数是指视频将以原视频几倍的速度播放，它的范围在 0.1 到 100 之间。时长与倍数成反比关系，当倍数变大时，时长变小；当倍数变小时，时长变大，如图 3-74 所示。

图 3-74 倍数与时长

需要注意的是，剪映里面的变速只是辅助功能，最重要的还是原视频的拍摄，只能在原视频的基础上适当改变倍数和时长，改变太大会影响视频效果。

声音变调：当视频倍数改变之后，开启声音变调功能就会改变视频原声的声调，声音变调仅支持 0.1~4.9 的倍数，超过 4.9 倍就是显示“当前倍速不支持，关闭变调”。

曲线变速：常规变速的变化比较平稳，而曲线变速则是在多个节点发生较大的变化。操作者可以从已有模式中选择一个模式，也可以选择自定义模式然后调节数量与变化幅度，如图 3-75 所示。

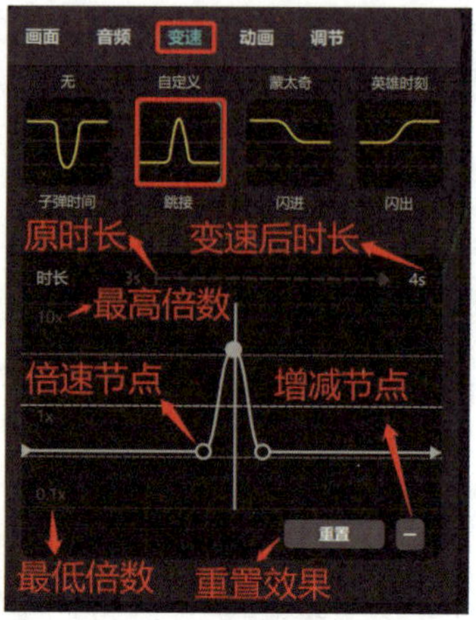

图 3-75 自定义变速曲线

动画效果控件

与 PPT 页面切换效果类似，剪映里面的动画效果分为入场动画、出场动画和组合动画，如图 3-76 所示，选择动画效果之后，还可以通过拖拽或输入数值的方式调整动画时长。

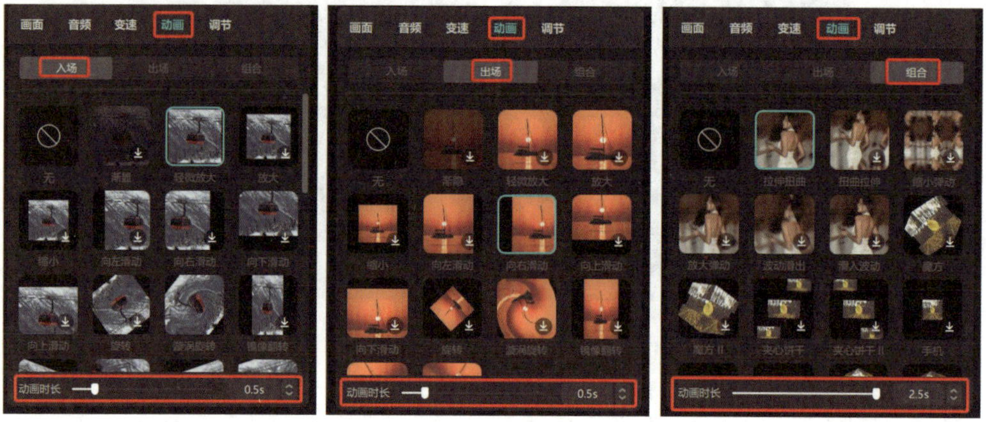

图 3-76 动画效果控件

入场动画效果：视频以什么方式进入，包含无、渐显、轻微放大、放大、缩小、向左滑动、向右滑动、向下滑动、向上滑动、旋转、旋涡旋转、镜像翻转、向上转入、雨刷、钟摆、向右甩入、向下甩入、动感放大、动感缩小、向右下甩入、向左下甩入、向右上甩入、轻微抖动、上下抖动、左右抖动、抖动下降、向右转入、向左转入等效果。

出场动画效果：视频以什么方式消失，包含无、渐隐、轻微放大、放大、缩小、向左滑动、向右滑动、向上滑动、向下滑动、旋转、旋涡旋转、镜像翻转、向上转出等效果。

组合动画效果：同时兼具入场动画和出场动画效果，比如滑入波动是指以滑入的方式进入，再以波动的方式消失。组合动画效果包含无、拉伸扭曲、扭曲拉伸、缩小弹动、放大弹动、波动滑出、滑入波动、魔方、夹心饼干、四格翻转、手机、水晶、绕圆圈、斜转、翻转、立方体、叠叠乐、海盗船、旋转降落、降落旋转、旋转缩小、缩小旋转、方片转动、四格转动、左右分割、小陀螺、上下分割、三分割、荡秋千、形变缩小、形变左缩、形变右缩、抖入放大、小火车、滑滑梯、回弹伸缩、旋转伸缩、晃动旋出、旋入晃动、弹入旋转、旋转回吸、哈哈镜、缩放、左拉镜、右拉镜、转圆圈、悠悠球、旋出渐隐、上升旋转、旋转上升、转入转出、缩小转出、向左缩小、向右缩小、下降向左、向左下降、下降向右、向右下降、百叶窗、碎片滑动等效果。

■ 调节效果控件

与 OBS 里的滤镜类似，调节效果控件的主要作用是改善画面效果，剪映里面的调节包含三类，分别是基础、HSL 和曲线，如图 3-77 所示。

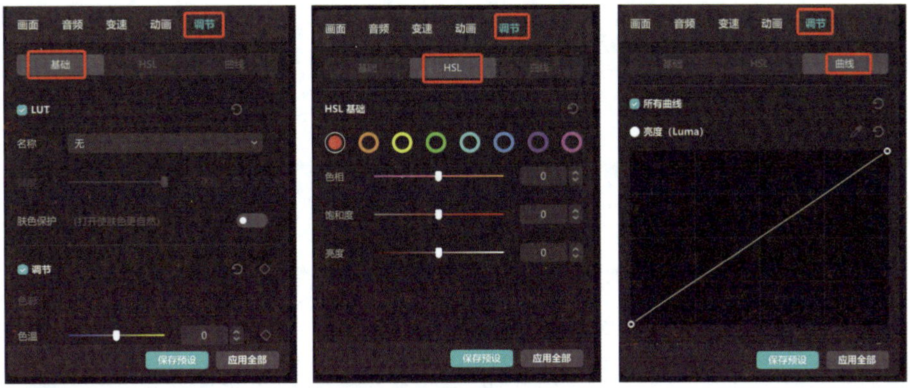

图 3-77 调节效果控件

基础调节控件包含 LUT 和调节两个控件，LUT 里面可以使用的是“肤色保护”功能，勾选打开之后，可以让肤色更自然；调节包含色彩、明度和效果，其中色彩又包含色温、色调、饱和度，明度包含亮度、对比度、高光、阴影、光感，效果包含锐化、颗粒、褪色、暗角，如图 3-78 所示。

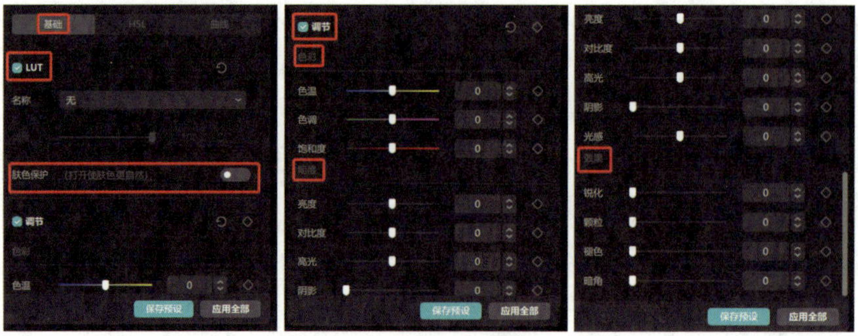

图 3-78 基础调节控件

色温：通过拖拽或输入数值，可以调节画面与人物的色彩，使它们在蓝色与黄色之间变化，想让人物面部变黄可以使用这个功能。

色调：通过拖拽或输入数值，可以调节画面与人物的色彩，使它们在绿色与紫色之间变化。

饱和度：通过拖拽或输入数值，可以调节画面与人物的色彩，使它们在灰色与红色之间变化，想让人物面部稍微红润一些可以使用这个功能。

亮度：通过拖拽或输入数值，可以调节画面与人物的明亮度，使它们在黑灰色与特别明亮之间变化。

对比度：通过拖拽或输入数值，可以调节画面与人物的明亮度，使它们在暗灰色与特别明亮之间变化。

高光：通过拖拽或输入数值，可以调节画面与人物的明亮度，使它们在略暗与稍亮之间变化。

阴影：通过拖拽或输入数值，可以调节画面与人物的明亮度，使它们在略暗与正常画面之间变化。

光感：通过拖拽或输入数值，可以调节画面与人物的明亮度，使它们在略暗与特别明亮之间变化。

锐化：使画面出现凹凸不平的颗粒、有立体感。

颗粒：使画面出现不规则颗粒，没有立体感。

褪色：使画面变得略显灰暗。

暗角：四个角落变成较浅的黑颜色。

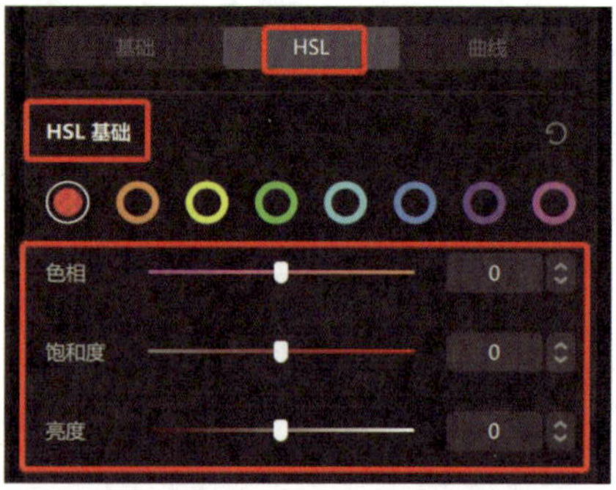

图 3-79 HSL 调节控件

HSL 是以某种颜色（红、橙、黄、绿、青、蓝、紫、粉）为基础，调节画面中与该颜色相关的色相、饱和度和亮度，如图 3–79 所示。

色相：选择某种颜色之后，可以依据色相变化条上的颜色调节画面颜色。

饱和度：选择某种颜色之后，可以依据饱和度变化条上的颜色调节画面明度。

亮度：选择某种颜色之后，可以依据亮度变化条上的颜色调节画面亮度。

曲线包含亮度、红色通道、绿色通道和蓝色通道，当鼠标放在曲线上方时，通过点击“+”可以添加点，通过拖拽移动各个通道曲线上的点，可以改变画面效果，如图 3–80 所示。

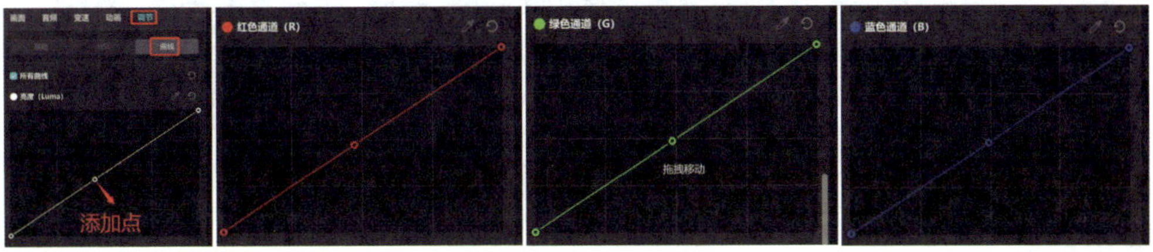

图 3–80 曲线调节控件

■ 预览视频

完成对视频的编辑后，可以在视频预览区（播放器）预览视频效果，也可以对视频进行编辑，如图 3–81 所示。

拖动视频四个小角中的任意一个可以改变视频大小和位置，选中旋转按钮可以旋转视频改变视频角度。

左侧时间为时间轴指针所在的时间节点，右侧时间为视频总时长。

点击“画质”可以选择性能优先或画质优先，性能优先是指优先保证播放流畅度，画质优先是指优先保证画面分辨率。

点击“▶”可以播放预览视频，点击“适应”可以选择视频的画幅比例。剪映里的画幅比例有 11 种，分别是适应、自定义、16 ∶ 9、4 ∶ 3、2.35 ∶ 1、2 ∶ 1、1.85 ∶ 1、9 ∶ 16、3 ∶ 4、5.8 寸、1 ∶ 1，其中适应是指自动适应画布大小，自定义是指在草稿参数里自定义视频分辨率，16 ∶ 9 是最适合的微课画幅比例，9 ∶ 16 适合作为短视频的画幅比例，如图 3–81 所示。

点击左下方的按钮可以全屏播放视频，观看视频效果。

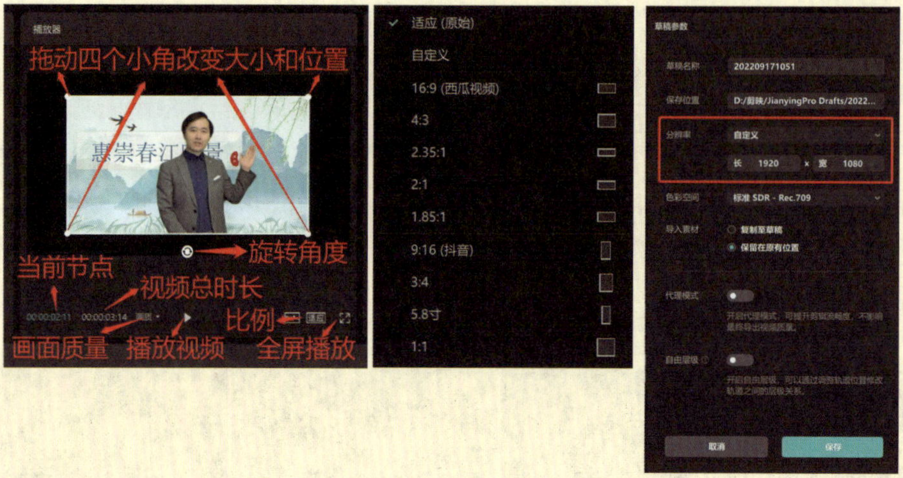

图 3-81 预览视频

编辑音频

完成视频的编辑和预览之后，根据微课脚本为视频添加背景音乐和音效等音频，并对它们进行编辑。

■ 添加音频

当时间轴指针停留在相应位置后，既能添加剪映自带的背景音乐和音效，又能使用剪映添加外部音频。

添加内部背景音乐：点击“音频”>点击“音乐素材”>浏览或搜索关键词找到一首合适的背景音乐>点击音频右下角的“+”，即可将音频添加到时间轴编辑区，如图 3-82 所示。

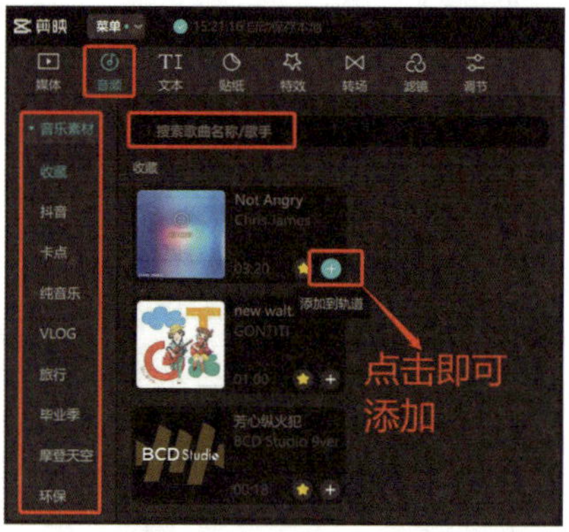

图 3-82 添加剪映内部背景音乐

剪映本身自带的背景音乐种类数量非常多，包含抖音、卡点、运动、VLOG、旅行、摩登天空、美食、美妆 & 时尚、儿歌、萌宠、混剪、游戏、国风、舒缓、轻快、动感、可爱、伤感、悬疑、纯音乐、清新、治愈、搞怪、炫酷、亲情、爵士、影视、浪漫、流行，操作者可以根据自己的微课特点搜寻背景音乐。需要注意的是，微课的背景音乐最好是轻快的纯音乐，过于高昂、过于悲凉、带有歌声的都不太适合作为微课的背景音乐。

我自己在听完剪映里所有的音乐之后，选出来这些背景音乐作为推荐。

卡点音乐：适合节奏感非常强的微课，包含 Horizon,distance、Bubble Music、Seeping in London、Bass Dance、Canyons、Purpose 等。

VLOG：适合案例故事类微课，包含 Melancholy、A Thousand Miles、Monsieur、Melody、Solicitous、Sunrise、Summermode、Lo 等。

美食旅行：适合知识类微课，包含 Trip（Original Mix）、Always Partners、Sunny Jim、Happy Balloon、Fresh、That Positive Feeling 等。

儿歌萌宠：适合中小学微课，包含 Misterio、Annen Polka、Sunny Side Up、My love、Children Folk Acoustic、Pick Up and Play、Golden Childhood Days、Creep 等。

游戏混剪：适合大气磅礴的微课，包含 Heart of Courage、Victory、Bubble Music、Star Sky 等。

轻快舒缓：适合轻松快乐的微课，包含 My Love、inspiring Upbeat、Light Ukulele& Happy、Bass Dance、Lakeside Cabin、Future、Snowman 等。

添加内部音效：点击“音频”>点击“音效素材”>浏览或搜索关键词找到一个合适的音效>点击音频右下角的“+”，即可将音频添加到时间轴编辑区，如图 3-83 所示。

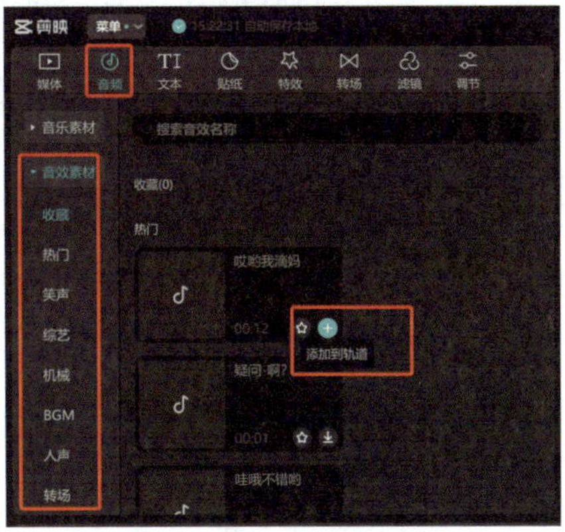

图 3-83 添加剪映内部音效

剪映本身自带的音效也很多，包含综艺、笑声、机械、BGM、人声、转场、游戏、魔法、打斗、美食、动物、环境音、手机、悬疑、乐器、交通、生活、科幻、运动。

除了这两个方式之外，也可以通过“抖音收藏”和“链接下载”的方式使用抖音里面的音频。

添加外部音频：如果想要添加外部音频作为背景音乐或音效，可以按照如下步骤操作。

点击“媒体”>点击“本地”>点击“导入”>在目标文件夹中选择一个音频>点击“打开”，即可将该音频添加到剪映里面，如图 3-84 所示。

图 3–84 添加外部音频

如果想要将某个视频里的音频作为真人讲解或背景音乐，可以按照如下步骤操作：点击“音频” > 点击“音频提取” > 点击“导入” > 选择视频 > 点击“打开” > 提取音频 > 点击音频右下角“+”，将提取的音频添加到剪映里面进行编辑，如图 3–85 所示。

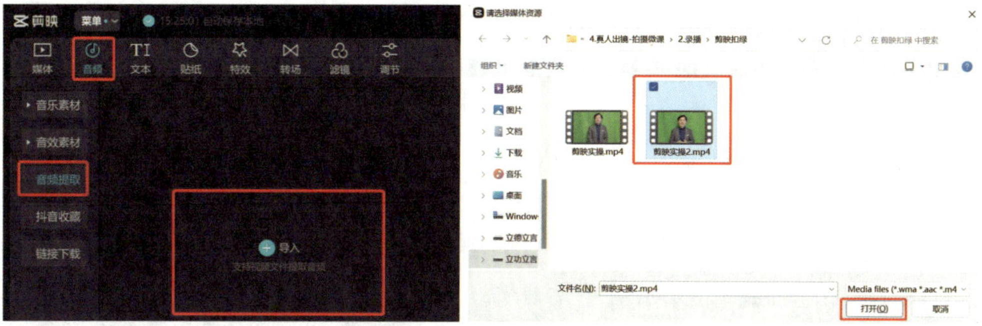

图 3–85 从视频中提取音频

录制音频： 如果导入的微课视频没有录制或者某段录音效果不好，可以在剪映里面录音作为微课音频或替换不好的音频。

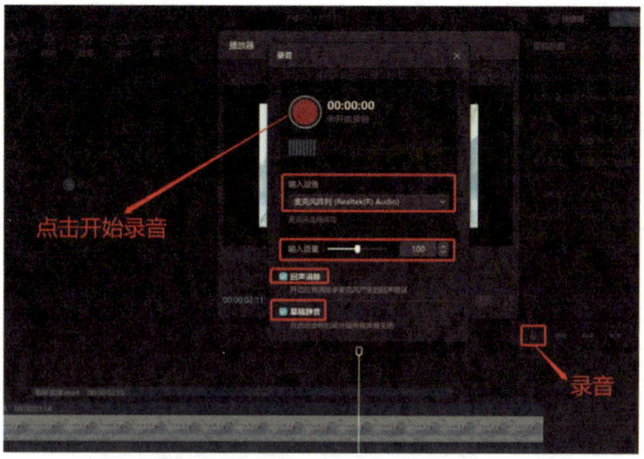

图 3–86 录制音频

具体操作步骤：点击“录音”图标 > 选择“输入设备” > 调整“输入音量” > 勾选“回声消除”和“草稿静音” > 点击红色按钮开始录音，如图 3–86 所示。

剪辑音频

成功添加音频之后，就可以在时间轴编辑区对音频进行剪辑了，音频剪辑主要包含分割音频、删除音频和音频踩点，其中分割音频、删除音频与视频剪辑类似。

音频踩点的意思是踩视频的节奏点，卡住音乐的重音节奏点去填补画面，让视频声画同步，画面随着音乐的节奏变换，操作者只需要将时间轴指针放到相应的位置，并点击“手动踩点”就可以给音频添加踩点了，如图 3-87 所示。

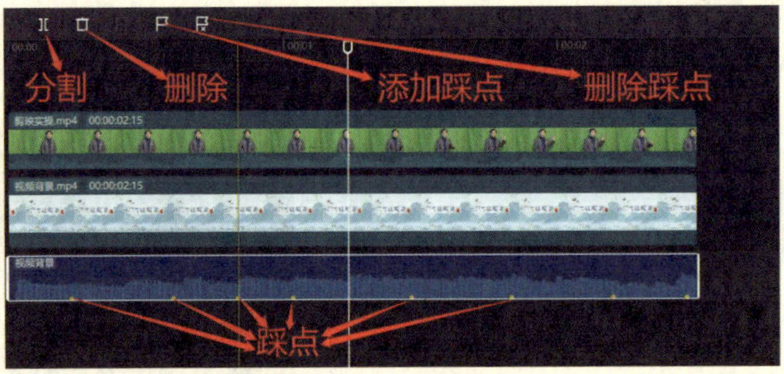

图 3-87 音频踩点

音频效果调节

完成音频的剪辑之后，还可以在效果控件区调节音频效果，跟视频里面的“音频”与“变速”一样，音频效果调节包含音量、淡入时长、淡出时长、音频降噪、变声、倍数、声音变调等效果控件。

编辑文本

有了视频画面和音频之后，微课已经实现了音画同步，接下来还需要给微课添加关键字和字幕等文本，并对它们进行编辑。

添加文本

使用剪映添加的文本可以分为三类，一类是自定义文本，一类是套用文字模板，一类是一键生成的字幕。

添加自定义文本操作步骤： 点击“文本”＞点击“新建文本”＞选择“默认文本”或从“花字”中选择一个样式＞点击右下角的“+”，即可将关键字添加到时间轴编辑区，如图 3-88 所示。

如果选择“默认文本”，那么添加之后，除了要在效果控件区编辑文本内容之外，还需要编辑文本样式。

选择“花字”之后只需要在效果控件区编辑文本内容，因为“花字”剪映设计好了样式模板，所以在添加关键字时首选“花字”，其次是“默认文本”。

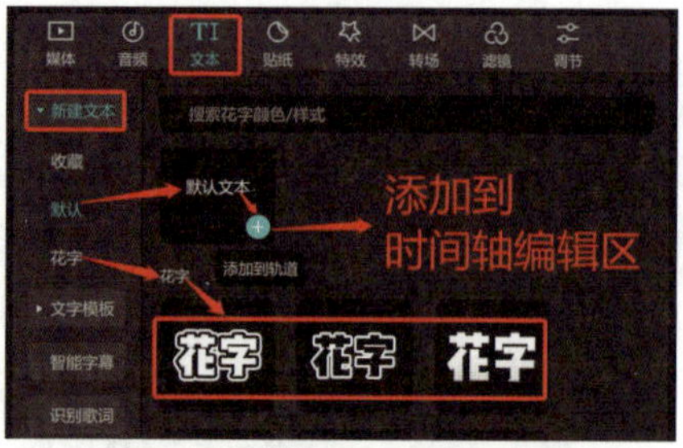

图 3-88 添加自定义文本

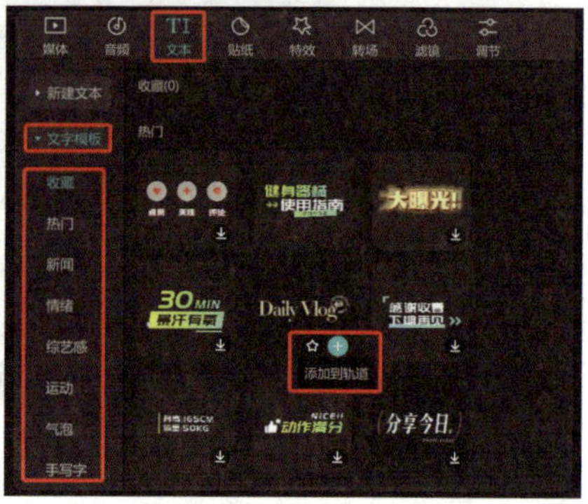

图 3-89 套用文字模板

套用文字模板操作步骤：点击“文本”>点击“文字模板”>从众多模板中选择一个模板>点击右下角的“+”，即可将该模板添加到时间轴编辑区，如图 3-89 所示。

与“音乐素材”一样，剪映里面的文字模板也包含很多类别，分别是热门、片头标题、片中序章、片尾谢幕、字幕、综艺感、情绪、好物种草、美食、标签、时间地点、任务清单、新闻、弹窗、卡拉 OK、情侣、节日等，操作者可以从里面选择合适的模板进行套用。

一键添加字幕操作步骤：点击“文本”>点击“智能字幕”>选择“识别字幕”>点击“开始识别”，即可在时间轴编辑区添加与音频匹配的字幕，如图 3-90 所示。

如果时间轴编辑区已经有字幕，想要清除以前的字幕重新生成字幕，还需要勾选“同时清空已有字幕”。

除此之外，如果还想输入音视频对应的文稿自动匹配画面或者识别音乐中的歌词，可以分别在智能字幕中的文稿匹配和识别歌词中进行尝试。

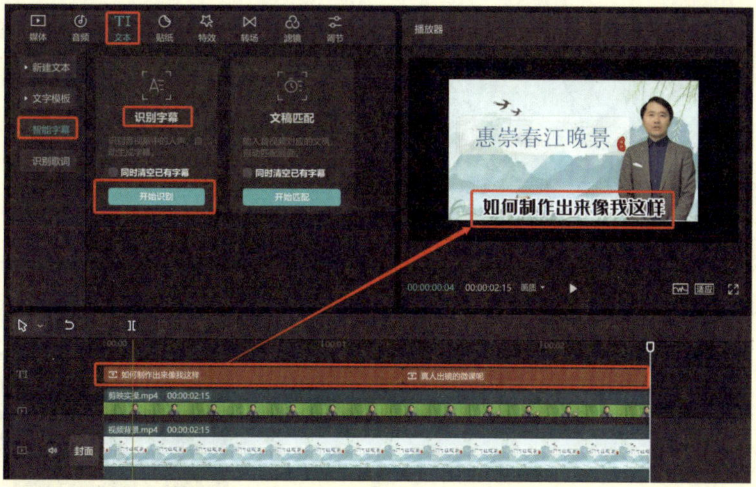

图 3-90　一键添加字幕

■ 剪辑文本

成功添加文本之后，就可以在时间轴编辑区对文本进行剪辑了，主要包含分割文本、删除文本，其操作方法与视频剪辑类似。

■ 字幕效果控件

使用“智能字幕”添加的字幕内容会有错别字需要修改、内容过长需要分割、内容被分割成需要合并等方面需求，此时我们可以在字幕效果控件中，使用快捷键进行操作。

修改错别字：在“字幕”中单击需要修改的字幕内容 > 直接修改错别字，即可小范围修改错别字，如图 3-91 所示。

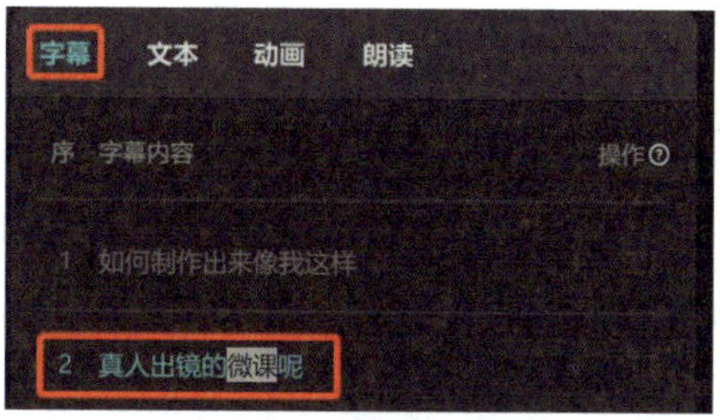

图 3-91　修改错别字

查找替换错别字：点击“查找替换” > 在“查找”里面输入需要被替换的文字 > 在“替换为”里面输入替换后的文字 > 点击“全部替换”，即可大范围修改错别字，如图 3-92 所示。

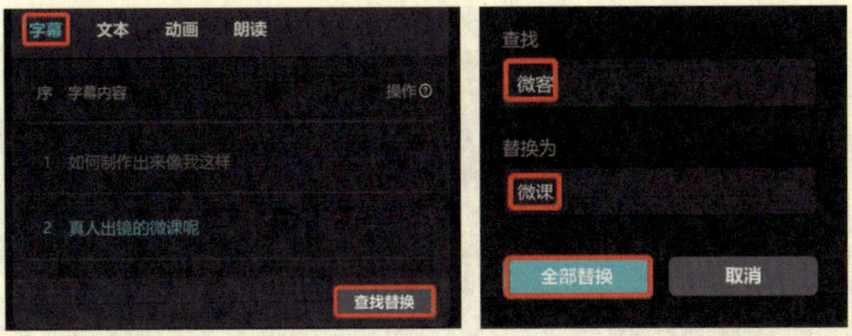

图 3-92 查找替换错别字

分割字幕： 单击需要分割的字幕内容 > 将光标置于需要分割的位置 > 按 Enter 键。

合并字幕： 单击需要合并的字幕内容 > 将光标置于句首 > 按 Backspace 键。

新增 / 删除： 点击字幕内容右侧“+”可新增字幕 / 点击“删除”可删除字幕，如图 3–93 所示。

文字换行： 单击需要换行的字幕 > 将光标置于需要换行的位置 > 按 Ctrl+Enter 键。

退出编辑： 将光标置于句首 / 句尾 > 按 Enter 键。

播放与暂停： 双击序号开始播放，单击序号暂停播放。

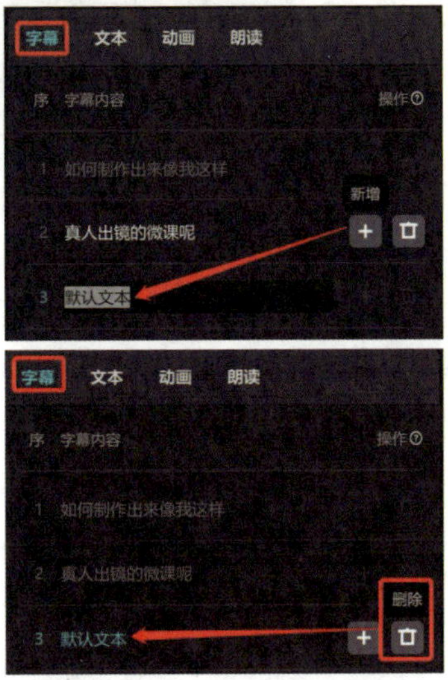

图 3–93 新增 / 删除文本

■ 文本效果控件

无论是新添加的关键字还是智能字幕，都可以在文本效果控件中改变文字的内容、字体、样式、颜色、排列、大小、位置、旋转角度、透明度、描边、背景、阴影，套用气泡和花字。

与常规文字不同的是字幕的文本效果既可以单独修改，也可以整体修改，勾选“文本、排列、气泡、花字应用到全部字幕”则意味着只要修改一行字幕的文本效果，则整个字幕的文本效果都会改变，如图 3–94 所示。

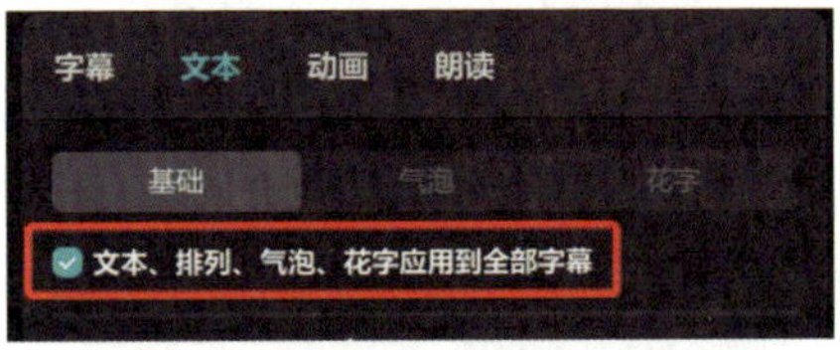

图 3–94 整体修改字幕文本效果

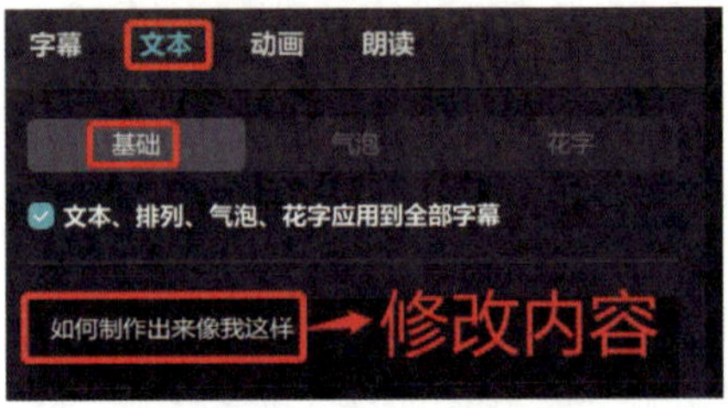

图 3–95 改变文字内容

改变文字内容：点击“文本”＞点击“基础”＞在文本编辑栏中修改内容，如图 3–95 所示。

改变文字字体：点击“文本”＞点击“基础”＞在“字体”里面选择字体＞点击“下载”符号＞点击字体出现“V”表明字体应用成功，如图 3–96 所示。

图 3–96 改变文字字体

剪映里的字体非常丰富，主要分为三类，分别是最近使用的字体，剪映预设字体和系统字体，剪映预设和系统字体都带有中文和英文字体。

改变文字样式：点击“文本”＞点击“基础”＞在“样式”中对字体进行加粗、加下划线、倾斜设置，如图 3–97 所示。

改变文字颜色：点击“文本”＞点击“基础”＞在“颜色”编辑栏中选择相应颜色，如图 3–98 所示。

图 3–97 改变文字样式

图 3–98 改变文字颜色

给文本添加轮廓：点击“文本”>点击“基础”>勾选“描边”>选择轮廓颜色>调整轮廓粗细，如图 3-99 所示。

给文本添加背景：点击“文本”>点击“基础”>勾选“边框”>选择背景颜色>调整透明度，如图 3-100 所示。

给文本添加阴影：点击“文本”>点击“基础”>勾选“阴影”>选择阴影颜色>调整透明度 / 模糊度 / 距离 / 角度，如图 3-101 所示。

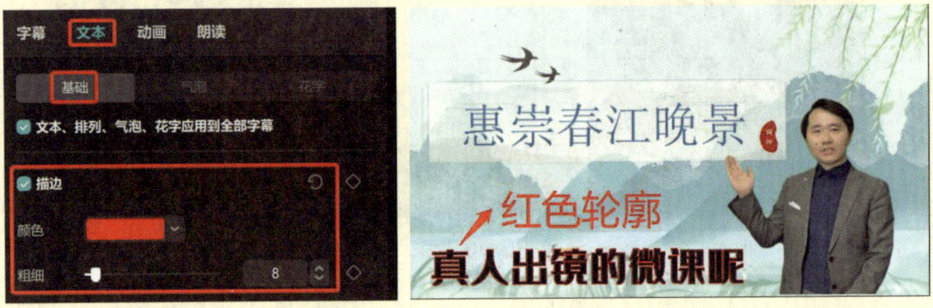

图 3-99　给文本添加轮廓

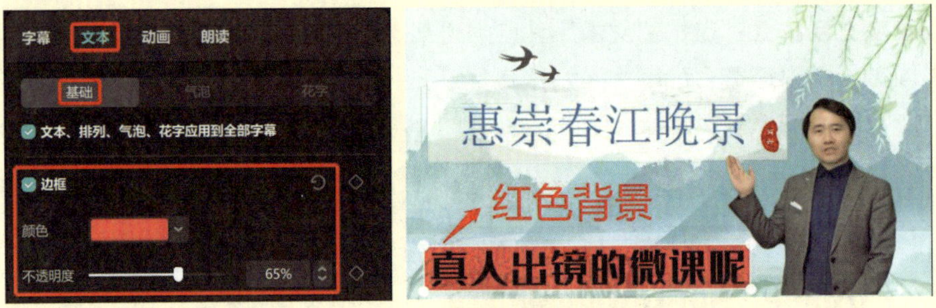

图 3-100　给文本添加背景

图 3-101　给文本添加阴影

改变文字透明度：点击“文本”>点击“基础”>勾选“混合”>通过拖拽或输入数值的方式调整文字透明度，如图 3–102 所示。

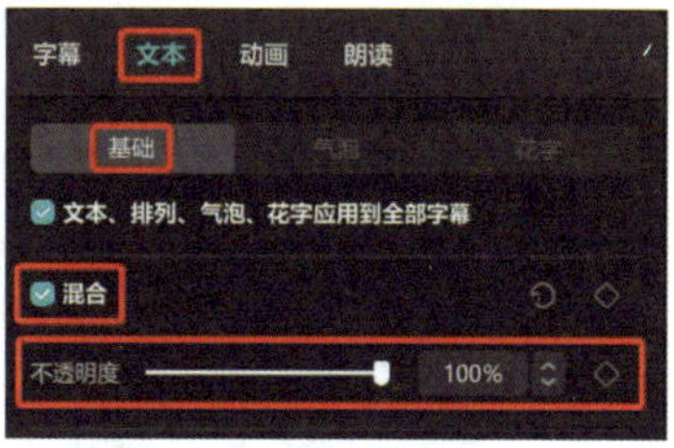

图 3–102 改变文字透明度

如果觉得逐一设置文字的背景、轮廓、阴影和透明度太麻烦，想要使用模板一次性设置好，可以使用预设样式。

使用预设样式：点击“文本”>点击“基础”>在“预设样式”中选择相应样式，如图 3–103 所示。

设置文字排列方式：点击“文本”>点击“基础”>勾选“排列”>设置字间距 / 行间距 / 对齐方式，如图 3–104 所示。

设置文字位置大小：点击“文本”>点击“基础”>勾选“位置大小”>调整缩放 / 位置 / 旋转，如图 3–105 所示。

图 3–103 使用预设样式

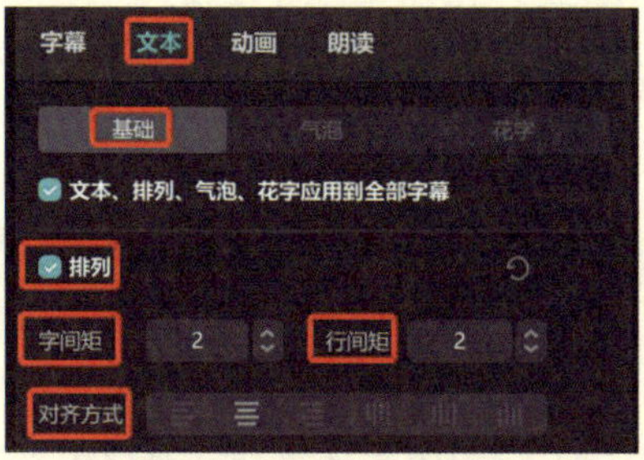

图 3–104 设置文字排列方式

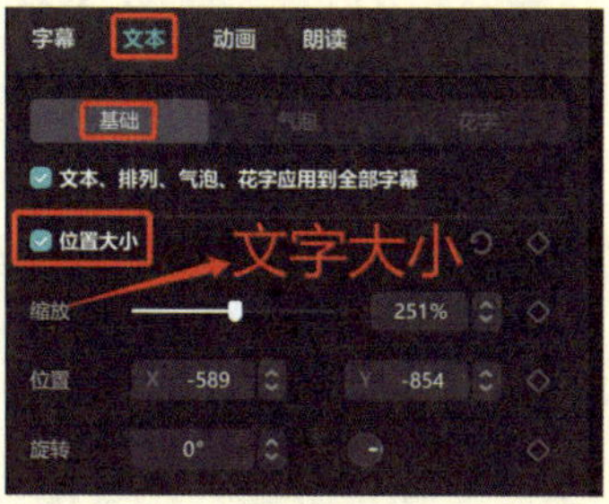

图 3–105 设置文字位置大小

如果不想让自己的文字循规蹈矩，想要让它变的有记忆点，可以使用气泡。

添加气泡效果：点击“文本”>点击“气泡”>选择合适的气泡，如图 3–106 所示。

添加花字效果：点击“文本”>点击“花字”>选择合适的花字效果，如图 3–107 所示。

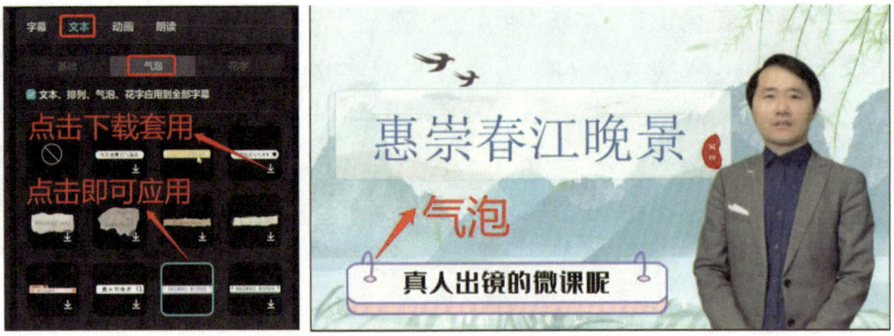

图 3-106 添加气泡效果

图 3-107 添加花字效果

动画效果控件

文本动画包含入场动画、出场动画与循环动画。

入场动画： 文本以什么方式进入画布，包含卡拉 OK、发光模糊、缩小、水平翻转、随机弹跳、向右缓入、逐字彰显、闪动、模糊、滚入、飞入、向下溶解、羽化向右擦开、羽化向左擦开、弹入、弹簧、随机飞入、随机打字机、故障打字机、溶解、泡泡机、弹性伸缩、波浪弹入、生长、空翻、弹弓、爱心弹跳、音符弹跳、圆形扫描、开幕、螺旋上升、渐显、轻微放大、收拢、放大、旋入、向左滑动、向右滑动、向上滑动、向下滑动、日出、向左擦除、向右擦除、向上擦除、向下擦除、旋转飞入、打字机。

出场动画： 文本以什么方式从画布消失，包含发光模糊、放大、水平翻转、随机弹跳、渐隐、向右缓出、逐字虚影、闪动、模糊、闭幕、滚出、飞出、向上溶解、羽化向右擦开、羽化向左擦开、弹出、弹簧、随机飞出、随机打字机、故障打字机、弹性伸缩、溶解、波浪弹出、生长、空翻、弹弓、圆形扫描、螺旋下滑、向左擦除、向右擦除、向右滑动、向左滑动、打字机、旋转飞出、向下擦除、向上擦除、日落、向下滑动、向上滑动、旋出、放大、缩小、轻微放大、展开。

循环动画： 文本以什么方式在画布中循环播放，循环动画与入场动画和出场动画不能同步使用。

循环动画包含投影颤抖、颤抖、波浪、超强波浪、折叠、超强晃动、环绕、渐变散射、随机弹跳、吹泡泡、色差故障、逐字放大、故障闪动、晃动、调皮、弹幕滚动、字幕滚动、轻微跳动、心跳、摇荡、跳动、摇摆、闪烁、旋转、钟摆、雨刷、翻转。

通过拖拽或输入数值可以调整入场动画、出场动画和循环动画的速度。

■ 朗读效果控件

无论原来的微课是真人配音还是机器人配音，如果不喜欢原来微课的声音，可以使用“朗读”改变微课的声音。

操作步骤：选择要朗读的文本 > 点击“朗读” > 点击角色适应效果 > 点击“开始朗读”即可，如图 3–108 所示。

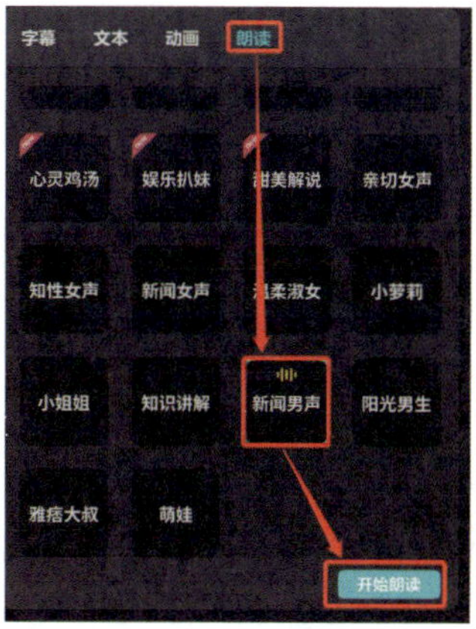

图 3–108 朗读效果

朗读中的角色既有包含广西表哥、粤语男声、天津小哥、河南大叔、西安掌柜、东北老铁、重庆小伙、台湾女生在内的地方口音，又有包含甜美女孩、激扬男声、清新歌手、说唱小哥、春节甜妹在内的歌唱方式，还有包含亲切女声、知性女声、新闻女声、温柔淑女、小姐姐、知识讲解、新闻男生、阳光男声、雅痞大叔在内的标准普通话。如果微课里有小朋友的角色，可以使用小萝莉、动漫小新、动漫海绵、萌娃这四个角色。

编辑贴纸

如果想在微课的关键位置添加动图，可以使用剪映自带的贴纸功能。

■ 添加贴纸

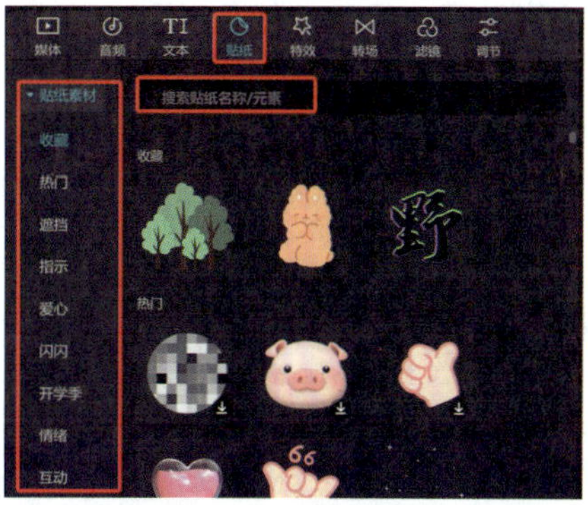

图 3–109 添加贴纸

既可以直接搜索关键词寻找贴纸，也可以按照类别寻找贴纸，找到合适的贴纸后，点击贴纸右下角“+”就可以应用到画布中，如图 3–109 所示。

剪映里面的贴纸非常多，包含热门、搞笑综艺、春日、遮挡、抖音赞赏、提示图形、闪闪、旅行、手账、爱心、Vlog、美食、炸开、综艺字、恐怖综艺、游戏、正能量、穿搭、美妆、婚礼、生日、界面元素、日韩综、清新手写字、线条画、电影字幕、梦幻、动感线条、潮酷字、萌娃、狗头、开学季、烟花、蒸汽波、边框、萌宠、漫画、技能、人脸装饰、土酷、X 月你好、节气、箭头等类别，每一类贴纸又包含数十个具体的效果。

■ 剪切贴纸

剪切贴纸包含分割、删除、镜像三个功能，与剪切视频类似。

■ 贴纸效果控件

想要调整贴纸的大小、位置和旋转角度，可以点击“贴纸”，勾选“位置大小”，然后在缩放 / 位置 / 旋转中进行设置即可，如图 3–110 所示。

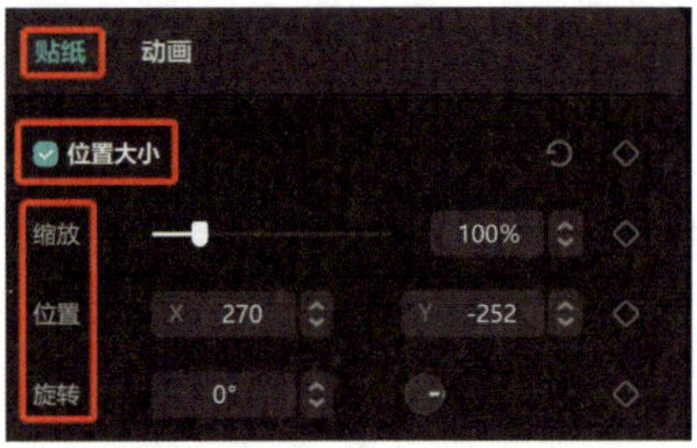

图 3–110 贴纸效果控件

■ 动画效果控件

与文本动画类似，贴纸动画效果包含入场动画、出场动画和循环动画。

入场动画包含弹入、弹簧、向左滑动、向下滑动、向上滑动、向右滑动、旋入、放大、缩小、轻微放大、渐显。

出场动画包含弹出、弹簧、向右滑动、向左滑动、向下滑动、向上滑动、旋出、放大、缩小、轻微放大、渐隐。

循环动画包含轻微跳动、雨刷、字幕滚动、弹幕滚动、钟摆、摇摆、闪烁、心跳、跳动、翻转、旋转、颤抖。

通过拖拽或输入数值可以调整入场动画、出场动画和循环动画的速度。

编辑特效

如果想为微课画面添加特殊效果，可以使用剪映自带的特效功能。

■ 添加特效

操作步骤：点击“特效”＞点击“特殊效果”＞按照类别寻找特效＞找到合适的特效后，点击该特效右下角“+”就可以应用到画面，如图 3–111 所示。

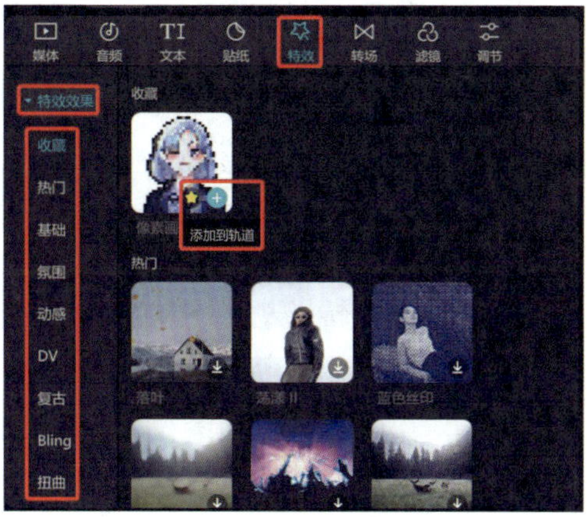

图 3–111 添加特效

剪映里面的特效非常多，包含热门、基础、氛围、动感、DV、Bling、综艺、复古、爱心、自然、潮酷、边框、电影、金粉、光影、分屏、冬日、暗黑、纹理、漫画、新年等类别。每一类特效又包含数十个具体的效果，等待去探索使用。

这些特效既可以单独使用，也可以叠加使用。

■ 剪切特效

剪切特效包含分割、删除两个功能，与剪切视频类似。

■ 特效效果控件

不同特效的参数是不一样的，添加特效之后，要想优化特效效果，可以在时间轴编辑区选中该特效，然后在特效效果控件中通过拖拽或输入数值的方式调整特效效果，以箭头放大镜为例，其参数如图 3–112 所示。

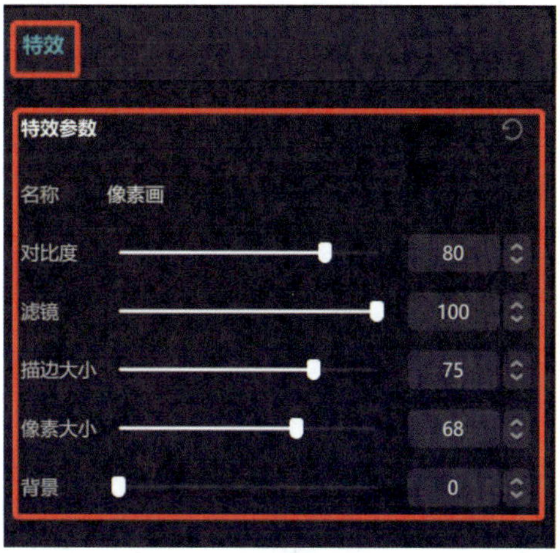

图 3–112 特效效果控件

编辑转场

如果想为相邻的两段视频添加转场效果，可以使用剪映自带的转场动画。

■ 添加转场

操作步骤：点击“转场”＞点击“转场效果”＞按照类别寻找特效＞找到合适的转场效果后，点击该转场右下角“+”就可以应用到视频中，如图 3–113 所示。

剪映里面的转场动画包含基础转场、综艺转场、运镜转场、特效转场、MG 转场、幻灯片和遮罩转场，每一类转场又包含数十个具体的转场效果。

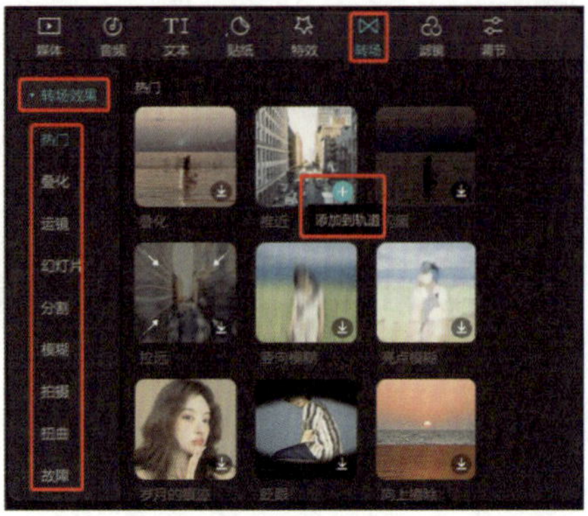

图 3–113 添加转场

■ 转场效果控件

想要调整转场时长，可以在时间轴编辑区选中转场效果，然后在转场效果控件中通过拖拽或输入数值的方式调整转场动画时长，如图 3–114 所示。

图 3–114 转场效果控件

编辑滤镜

如果想改善微课画面颜色，可以使用剪映自带的滤镜功能。

■ 添加滤镜

操作步骤：点击“滤镜”＞点击“滤镜库”＞按照类别寻找滤镜＞找到合适的滤镜后，点击该滤镜右下角“+”就可以应用到视频画面中，如图 3–115 所示。

剪映里面的滤镜非常多，包含精选、高清、美食、影视级、Vlog、风景、复古、黑白、胶片、风格化。每一类滤镜又包含数十个具体的效果，等待去探索使用。

这些滤镜既可以单独使用，也可以叠加使用。

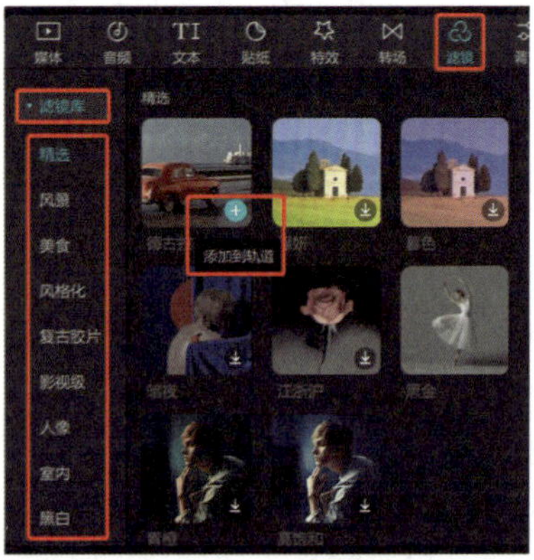

图 3–115 添加滤镜

■ 剪切滤镜

剪切滤镜包含分割、删除两个功能，与剪切视频类似。

■ 滤镜效果控件

想要调整滤镜强度，可以在时间轴编辑区选中滤镜，然后在滤镜效果控件中通过拖拽或输入数值的方式调整强度，如图 3−116 所示。

图 3−116 滤镜效果控件

导出视频

在剪映中完成对视频各个维度的编辑之后，接下来需要导出该视频。

进入导出界面有三种方式。

方式 1：单击窗口左上角的菜单 > 文件 > 导出。

方式 2：单击窗口右上角的“导出”按钮进行导出。

方式 3：使用快捷键“Ctrl+E”导出文件。

进入导出界面后操作步骤：编辑作品名称 > 选择导出路径 > 选择视频分辨率 / 码率 / 编码 > 格式选择 MP4 > 选择帧率 > 点击“导出”即可生成视频，如图 3−117 所示。

图 3−117 导出视频

分辨率：和照片一样，视频也是由一帧一帧的照片构成的，而组成数码照片的基本单位叫作像素。视频的分辨率就是指视频画幅的大小，一般其他参数相同的情况下，分辨率越高，视频就越大。

码率：也称采样频率，采样频率越高，得到的画面就越接近真实世界。

格式：视频的编码格式，尽管其他参数都一样，编码格式不同，导出视频的大小也会有差异，如果视频将来需要播放，一定要确保播放设备上有和视频编码格式对应的解码器。

保存：剪映会在每一次用户进行更改操作时自动保存工程文件，并且在用户关闭剪映客户端时自动保存最新的工程文件，下一次打开剪映的时候直接点击草稿文件就可以继续编辑了。

快捷键

为了提高使用剪映的效率，下面这些快捷键一定要记住。

分割：Ctrl+B，批量分割：Ctrl+shift+B，复制：Ctrl+C，剪切：Ctrl+X，粘贴：Ctrl+V。

删除：Delete，撤销：Ctrl+Z，恢复：Ctrl+shift+Z，手动踩点：Ctrl+J，轨道放大：Ctrl+“+”。

轨道缩小：Ctrl+“–”，播放/暂停：空格键，创建组合：Ctrl+G，解除组合：Ctrl+shift+G。

新建草稿：Ctrl+N，导入媒体：Ctrl+I，分离/还原音频：Ctrl+shift+S，字幕拆分：Enter。

全屏/退出全屏：Ctrl+shift+F，字幕拆行：Ctrl+Enter，导出：Ctrl+E，退出：Ctrl+Q。

CHAPTER 4

微课设计，一个公式讲透微课设计底层逻辑

截至撰写本书，我已经累计培训、辅导了上万名学员制作微课，在这上万门微课中，既有优秀的获奖微课，也有质量一般的落榜微课，通过对这些微课的分析和对比，结合我本人制作微课的经验，我发现，凡是能够获奖的优秀微课都在有意无意地遵循一种微课设计的底层逻辑。

经过长期的研究和实践，我终于找到了微课设计的底层逻辑，并用一个公式把它表示出来：微课设计 = 背景 +(素材 × 排版 × 配色)+ 音频 + 字幕 + 动画。

因此，本章的内容主要围绕微课设计公式中的背景设计、素材选取、排版设计、颜色搭配、音频设计、字幕设计、动画设计进行讲解；同时为了制作出画面精美、音质优良的精品微课，我还准备了一些优秀微课作品网站。

第一节 一个公式搞定微课设计

无论用哪种工具制作什么形式的微课，它都会有一个最小单元。

PPT 的最小单元是一页 PPT，万彩动画大师的最小单元是一个场景或镜头，真人出镜的最小单元是一个镜头。

任何一个最小单元的微课设计都是有底层逻辑的，可以用一个公式来表示。

微课最小单元设计（单页 PPT/ 单个场景 / 单个镜头）= 最底层的背景 +（背景上面的素材 × 排版 × 配色）+ 音频 + 字幕 + 动画。

本节的内容主要围绕微课设计公式中的背景设计、素材选取、排版设计、颜色搭配、音频设计、字幕设计、动画设计这七个方面进行讲解。

巧用背景定风格

微课背景分为两类，一类是静态背景，一类是动态背景。

静态背景

静态背景是指微课背景是静态不动的，主要包含纯色背景、渐变背景和图片背景。

纯色背景：微课最底层的背景是某一种特定的颜色。

在选取背景颜色时尽量选取明亮色，避免深色、暗色，因为明亮色容易吸引目光，而深暗色给人一种压抑的感觉，如图 4–1 所示。

渐变色背景：微课最底层的背景是由多种颜色构成的，并且这些颜色之间可以完美搭配、良性过渡。

在选取渐变的颜色时也要尽量选取明亮色，如图 4–2 所示。

图 4–1 纯色背景示例

图 4–2 渐变色背景示例

图片背景：微课最底层的背景是由一张图片构成。

选取图片是一个非常困难的事情，难点有三。其一是图片要和微课内容匹配，不能脱离内容盲目选择好看的图片；其二是图片要和场景搭配，比如室内人物对话场景的背景图片要选取一个办公室图片而非山水图片；其三，图片的选择是无穷无尽的，永远会有一张图片比现在这张图片更好看，不能在这上面花费太多的时间，除了日常的积累和经验之外，要在选取图片时给自己限定时间或数量，规定自己在几分钟之内选定一张背景图片，或者规定自己在多个图片中选择一张图片作为微课背景，如图 4–3 所示。

图 4–3 图片背景示例

图 4–4 动图背景示例

动态背景

微课的关键在于变化二字，相较于静态背景而言，动态背景的变化程度更好，微课效果也更好。

动态背景是指微课背景是动态变化的，主要包含动图背景和视频背景。

动图背景：微课最底层的背景是一张动图。很多获奖微课都会使用动图作为微课的背景，因为动图变化性极好，而且动态的质量较小，素材较多，只要选对动图，微课画面效果就会大大提升，如图 4–4 所示。

视频背景：微课最底层的背景是一个视频。视频种类有很多，最适合做背景的视频主要有两类，一类是虚拟视频，比如带有科技感的视频适合讲解内容；一类是外景视频，比如车水马龙的视频适合讲解微课背景，如图 4–5 所示。

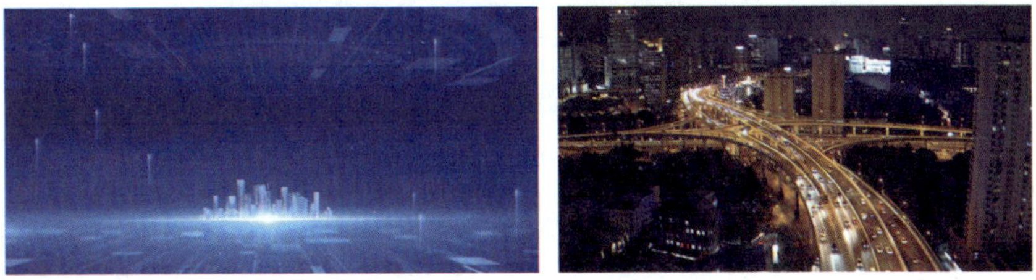

图 4–5 虚拟视频与外景视频

妙用素材提美感

与背景一样，微课素材也可以分为两类，一类是静态素材，一类是动态素材。

静态素材

静态素材是指素材本身没有任何动态变化的微课素材，包含图片、图标、图示、图表、文字、气泡、表格、形状等。

■ 图片素材

与背景图片一样，作为微课素材在选取图片时要与微课内容、风格匹配。

获取图片资源的方式主要有三种，一种是自己拍摄的照片 / 制作的图片，一种是电脑截图，还有一种是在图片网站下载的图片。

电脑截图的方法很多，我自己常用的截图方式有两种，分别是微信截图和屏幕截图，其中微信截图的快捷键是 Alt+A，屏幕截图的快捷键是 PrintScreen。

图片网站有很多，为了更好地找到自己想要的图片，下面这些网站不妨去尝试一下。

Freepik：https://www.freepik.com/，这是一个适合所有人的图形网站，无论

人是虚拟图片还是真实图片，无论是单张还是整套人物动作，都可以在这里面找到。它可以提供高质量的插图、照片、图标、模型和演示文稿模板，如图 4-6 所示。

图 4-6 Freepik

Unsplash：https://unsplash.com/，这是一个免费的照片网站，里面有超过 200 万张免费的高分辨率图像，如图 4-7 所示。

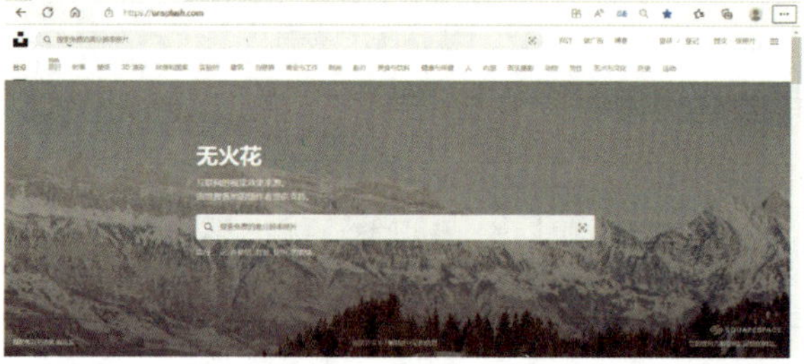

图 4-7 Unsplash

Pexels：https://www.pexels.com/zh-cn/，这是一个摄影人分享素材图片和视频的网站，素材质量非常高，Pexels 上的所有照片和视频都可以免费用于商业用途，如图 4-8 所示。

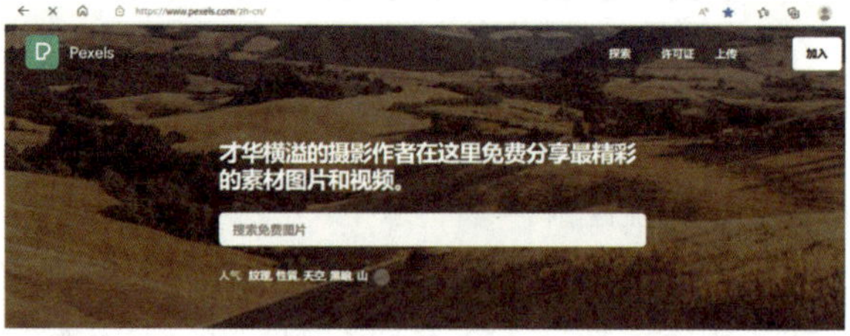

图 4-8 Pexels

Pixabay：https://pixabay.com/zh/，这里面有超过 250 万张优质图片和视频素材，可以轻松应对各种微课设计场景，如图 4-9 所示。

图 4–9 Pixabay

觅元素： https://www.51yuansu.com/，这是一家专注做高清 png 免抠设计元素及背景免费下载的设计素材网站，提供位图、透明背景素材、高清 png、图片素材、漂浮元素、装饰元素、标签元素、字体元素、图标元素等免抠设计元素的下载。

觅元素经过两年多的良好发展，现在已经是一个拥有 500 万设计元素和百万以上设计背景的素材网站，本着满足用户需求提供高质量的 PNG 设计元素之外，还致力于降低广大设计师获取设计素材成本，让国内几千万设计师在做设计的时候可以省时、省力。“一种会员、全站特权”是觅元素网站的特色，只需要一种 VIP 就可以下载网站任意素材，如图 4–10 所示。

图 4–10 觅元素

Cleanpng： https://www.cleanpng.com/，这里面有超过 300 万张透明的 PNG 图像。Cleanpng 中的所有透明图像都可以免费下载，并且无限制，不需要注册电子邮箱，也不需要使用账户登录，如图 4–11 所示。

图 4–11 cleanpng

Stickpng：https://www.stickpng.com，这是一个充满活力的创意人士社区，分享 42256 个免费透明 PNG 图片，可以免费下载，并在你的个人非商业或教育项目中使用，如图 4-12 所示。

图 4-12 Stickpng

Humaaans：https://www.humaaans.com/，可以自由拼接创造人物图片，无论是发型、着装还是姿势都可以改变，用这个网站可以给自己混合搭配一整套人物动作，如图 4-13 所示。

图 4-13 Humaaans

快设计：https://sheji.tuchong.com/，如果想免费给微课设计一个封面，可以使用快设计，这是一个免费图片设计网站，只要套用模板并做好内容的修改就可以快速设计微课封面和宣传海报，如图 4-14 所示。

图 4-14 快设计

Removebg：https://www.remove.bg/zh，这是一个既能抠图又能添加背景的

网站，只要上传要删除背景的图片，系统就会自动帮助消除图片背景，并且还可以更换图片背景，操作简单且实用，如图 4-15 所示。

图 4-15 Removebg

图标素材

与图片一样，在使用图标时一定要找与内容匹配的图标。

下面这几个图标网站会非常有帮助。

iconfont 阿里巴巴矢量图标库：https://www.iconfont.cn/，这里面的图标素材非常多，既有官方图标，又有单色图标和多色图标，除了图标之外，还有矢量插画库、3D 插画库、Lottie 库，如图 4-16 所示。

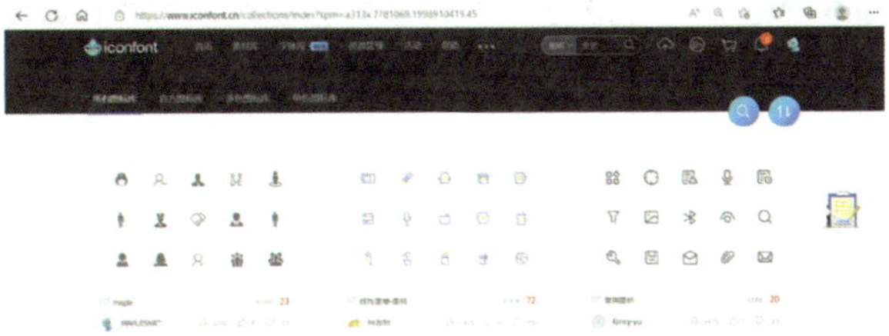

图 4-16 iconfont 阿里巴巴矢量图标库

图标 8：https://icons8.com/，这是一个包含图标、插图、照片、音乐多种素材在内的网站，这里面既有静态图标也有动态图标，如图 4-17 所示。

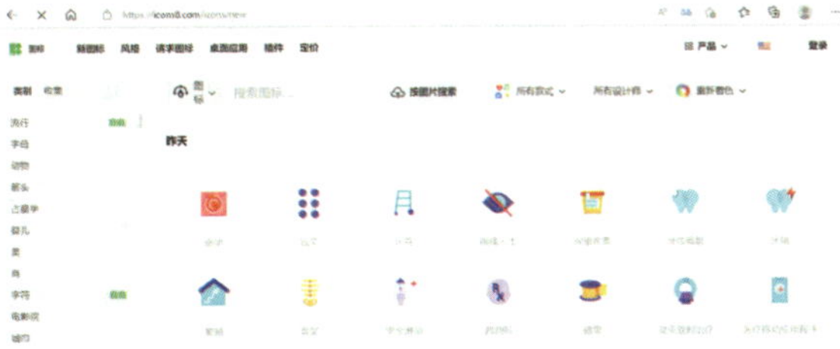

图 4-17 图标 8

Emojipedia：https://emojipedia.org/，表情符号百科是世界上排名第一的表情符号参考网站，如图 4-18 所示。

图 4-18 Emojipedia

■ 图示素材

图示素材是指用合适的结构图去表示微课内容的逻辑关系，以方便学员结构化记忆微课内容，如图 4-19 所示。

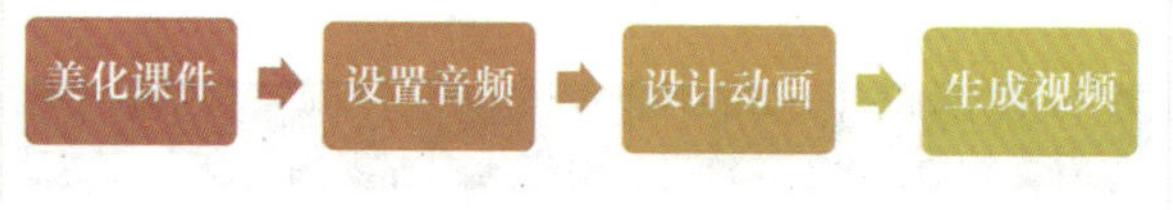

图 4-19 图示示例

■ 图表素材

图表素材是指用图表来表示微课中出现的数据，并呈现数据之间的变化，给图片加上背景之后会更加美观，如图 4-20 所示。

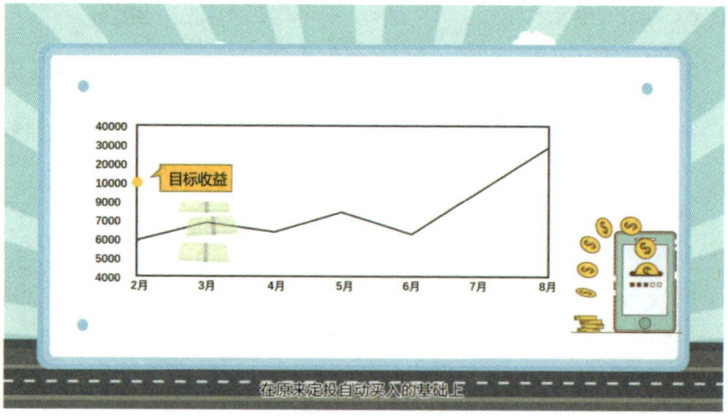

图 4-20 图表示例

■ 文字素材

文字素材是对微课内容的具体表述，文字设计包含字数、字体、字号、颜色等维度。

字数：微课标题的最佳字数是 5~15 个字，字数太多则需要分成主副标题；微课内容字数不要太多，要学会提炼关键词，切忌文字堆砌。

字体：微课里面的字体可以分为两类，分别是衬线字体和无衬线字体。

衬线字体是指在笔画开始和结束的地方有额外的装饰，笔画的线条粗细有所不同，适合小字时使用，投影时清晰度不高，常见的衬线字体有宋体、方正粗宋等。

无衬线字体是指字体在笔画开始和结束的地方没有装饰，笔画线条粗细相同，适合大字时使用，投影时更美观，无衬线字体干净、简洁、有冲击力，也可以用于标题，常见的无衬线字体有黑体、微软雅黑等。

如果微课里面有数字，优先使用英文 Arial 字体和微软雅黑。

为了获取更多更好看的字体，这几个字体软件可以尝试用起来：字体管家、猫啃网、字魂网、字由、字加、iFonts、找字网、模板王字库。

字号：微课标题尽量在 36 号以上，微课内容尽量在 18 号以上。

颜色：文字不是一个孤立的素材，它要跟微课主题及其他素材进行整体的搭配。一般来讲，主题色可以搭配黑、白、灰色，最主要的是一定要做到深浅搭配，将微课内容凸显出来。

■ 气泡素材

气泡素材是指与文字搭配使用的边框，可以是无背景边框，也可以是用背景的边框。

单纯使用文字难以凸显文字，同时美观度也会差一些，而用上气泡之后，就可以将文字的美观凸显出来，如图 4-21 所示。

图 4-21 气泡示例

■ 表格素材

使用表格可以结构化呈现具体的数据，很多人在微课里面用表格的时候直接插入，不做美化，这是不对的，在使用表格时一定要进行美化，如图 4-22 所示。

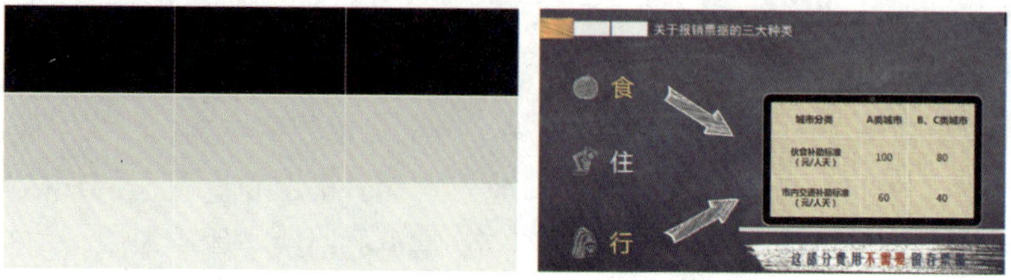

图 4-22 未经美化的表格 VS 美化后的表格

■ 形状素材

形状是一个非常奇妙的素材，通过形状与文字之间的搭配，可以将微课做得更加美观，而且形状的可塑性非常强，如图 4-23 所示，同样的内容“举个例子”，在使用不同形状搭配之后，微课画面效果是不一样的。

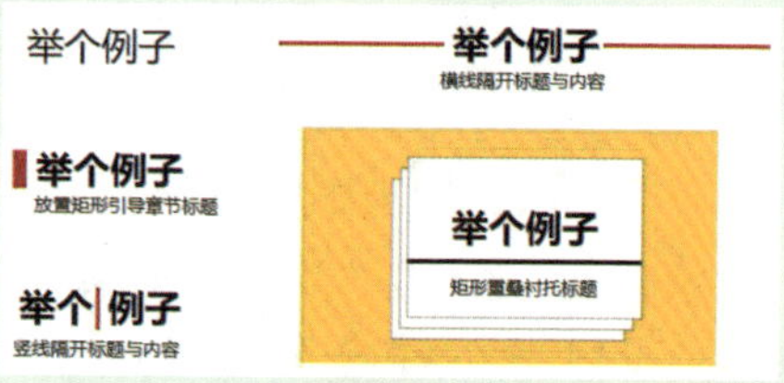

图 4-23 形状示例

■ 动态素材

动态素材是指素材本身产生动态变化的微课素材，包含人物、视频和动图。

人物：动态人物包含两类，一类是虚拟人物，比如万彩动画大师里的角色；一类是真实人物，比如真人出镜录制的人物。

视频：视频除了可以作为微课的动态背景之外，还可以用来呈现微课的具体内容或引发学员思考。

视频的来源主要有两种，一种是自制作的视频，一种是从影视剧或网站中下载的视频。

动图：是指动态变化的图片，除了可以作为微课背景之外，还可以与微课内容配合使用，提升微课画面的动态效果。

为了获得更多更好的优质视频和动图，下面这几个网站一定要记好。

黑罐头：https://www.heycan.com/home，这是一个一站式素材共享平台，提供贴纸、花字、音效等影像创作相关素材，后续还会提供文字模板、视频等更丰富的素材，如图 4-24 所示。

图 4-24 黑罐头

千库网：https://588ku.com/，这是一个深受用户欢迎的 PNG 图片素材网站，以“做设计，不抠图”为口号，以免抠 PNG 元素为核心，衍生出背景图库设计模板、艺术字库、原创插画、办公文档、视频、音频等细分设计素材，包含免抠元素、背景图、免抠艺术字、GIF 动图、摄影图、插画、元素库、设计库、3D 素材库、视频、音频、办公 PPT，网站素材原创商用，快速下载，正版授权，如图 4-25 所示。

图 4-25 千库网

熊猫办公：https://www.tukuppt.com/，这个网站的内容覆盖了 PPT 模板、Excel 模板、Word 模板、广告模板、背景图片、免抠元素、优质配图、视频模板、音效配乐等素材，跟千库网一样，都属于综合性的微课素材网站，如图 4-26 所示。

图 4-26 熊猫办公

Unscreen：https://www.unscreen.com/，这是一个可以快速删除视频背景和动图背景的网站，上传素材之后，系统会自动消除背景，如图 4-27 所示。

图 4-27 Unscreen

巧用排版定布局

关于微课排版布局的方法和技巧我在第一章和第三章已经讲过了。

妙用配色提品质

配色是一件非常难的事情，即便是专门学过相关知识，想要搭配好看的颜色也很难。怎么办呢？在这里推荐 6 个网站，可以帮助快速完成配色。

中国色：zhongguose.com

颜色解析：http://khroma.co/generator/

纯色选取：https://vanschneider.com/colors

颜色搭配：http://tool.c7sky.com/webcolor/

一键配色：https://colorsupplyyy.com/app/

渐变配色：https://webgradients.com/

巧用音频提效果

微课主要有三类音频，分别是背景音乐、节点音效和脚本配音。

背景音乐

好的背景音乐能够提高学员的学习效率，在第一章和第三章我已经列出了一些具体的背景音乐，除此之外，还有哪些音乐适合作为背景音乐呢?

现在各个平台上有很多歌手和作曲家的音乐，然而最适合作为背景音乐的莫过于莫扎特的音乐。

莫扎特的作品大多纯净、新鲜、明亮、节奏稳定，符合人体内部特有的生理规律，这种特征能够激发欢快、愉悦等正性情绪，这种正性情绪反过来又能促进认知加工水平的提高。

1993 年，哥伦比亚大学的罗斯彻与加州大学的肖 (Gordon Shaw) 大胆地提出了一个假设：音乐和空间推理能力这两者之间存在某种联系。

他们采用了肖 (Gordon Shaw) 于 1985 年提出的一种大脑研究结构模式来解决这个问题，肖 (Gordon Shaw) 提出的这种大脑结构研究模式是基于数学和电子计算机控制的理论模式，来试图解决神经网络如何在大脑的某一区域向另一区域传递信息这个问题，所采用的也主要是视觉刺激材料来描述某些神经触发模型 (neural firing patterns)。

罗斯彻和肖 (Gordon Shaw) 试图使他们的大脑研究模式扩展到另一个具体的行为研究领域，希望看到音乐对空间推理有着怎样的效应。

为此他们进行了一项实验，将 36 名非音乐专业大学生分为三组，设定自变量为：莫扎特《D 大调双钢琴奏鸣曲》、通俗音乐、无任何音乐刺激，实验方法是单纯的欣赏，经过 10 分钟以后采用斯坦福－比纳智力量表进行测验，发现听了莫扎特音乐的学生测验成绩比其他组高出 8~9 个百分点，但这种效果持续了 10 分钟 ~15 分钟之后就会消失。

罗斯彻还认为，如果经常给孩子听莫扎特的音乐（或者类似莫扎特的音乐），会永久性地提高这种能力并影响一生。

最终法国医生托马提斯 (Luis Tomatis) 首次提出了“莫扎特效应”(Mozart Effect) 这个术语。它是说莫扎特音乐能让人在 1 小时内短暂性变聪明，同时还可以消除紧张、无聊感和疲劳，增加记忆点。

需要注意的是，“莫扎特效应”的音乐不是单指莫扎特本人的音乐，而是泛指的音乐，这些音乐大多与莫扎特的音乐具有相同或相似的曲式结构。

节点音效

节点音效的作用是突出关键内容，提升重点知识的记忆效率，可以使用诸如“短信、微信、搞笑”等关键词来搜索相应的节点音效，并将它们应用在微课中。

脚本配音

脚本配音是指将脚本的文字内容变为音频，脚本配音包含两种，分别是真人配音和拟人配音。

真人配音可以是自己配音，如果对自己的声音不满意也可以找别人配音。

拟人配音是指使用机器人配音，比如万彩动画大师和剪映里面都有角色可以将文字转换为音频，除此之外还可以使用其他网站进行配音，比如字幕说、讯飞配音、标贝阅读等。

字幕说：https://www.xn--p8so3ecz5d.com/

讯飞配音：http://peiyin.xunfei.cn/

标贝阅读：https://yuedu.data-baker.com/

妙用字幕传知识

字幕是指位于微课底端的文字，这些文字与微课脚本内容和配音基本保持一致。

优美的字幕能够提升学员的学习兴趣和学习效率，因此字幕的字体、格式、大小、字数和位置都非常重要。

字体：因为字幕字号较小，因此选择衬线字体更容易看清字幕内容。

格式：无论是使用 PPT、万彩动画大师还是剪映制作微课，这些软件里面可供选择的样式非常多，而比较通用且好用的有两种，一种是黑色白边、一种是白色黑边，如图 4-28 所示。

图 4-28 字体格式

很多人喜欢用纯色的字幕，平时是可以的，但是遇到相似颜色的背景和素材的时候，字幕就不明显了。因此，如果字幕非要用纯色字幕，可以给字幕加上背景，也能凸显出来。

大小：字幕大小要保证最长的字幕一次一行，不要超过边界，要适当留白。

位置：字幕最佳位置是横向居中，纵向自底部上移 5%。

巧用动画抓眼球

微课里的动画主要分为两类，一类是场景与场景之间的转场动画，一类是场景内部素材之间的切换动画，后者又包含进入动画、退出动画和强调动画。

具体的动画技巧在前面三章已经分别围绕 PPT、万彩动画大师和剪映做过详细的讲解，这里重点推荐三个动画网站供参考借鉴。

源库素材网：https://www.yuankusucai.com/sp

红动中国：https://www.redocn.com/

CG 素材网：https://www.cgsucai.com/

第二节
优秀微课作品网站

要想制作优秀的微课作品，除了要掌握相关方法、技巧和工具之外，还要多看一看别人的作品，有时候自己苦苦构思的作品，别人早就做出来了，甚至比自己做得还好，因此参考借鉴他人作品，并在此基础上构建自己的微课作品十分重要，这也是初学者制作微课最快的路径。那么，去哪里观看别人的微课作品呢？

除了万彩动画大师自带的模板之外，在秀展网、来画这些微课制作网站里面也有一些作品可以观看。

如果想学习各个学科的优秀微课，下面这些网站非常重要。

中国微课网： http://dasai.cnweike.cn/

图 4-29 中国微课网

网站涵盖了从幼儿园、小学、初中、高中到高校，各个学科的大量微课作品，都可以免费学习，如图 4-29 所示。

华师慕课微课资源库： http://home.c20.org.cn/mooc/

资源库有两万多门微课，覆盖了小学、初中、高中的各个学科，值得去探索，如图 4-30 所示。

图 4–30 华师慕课

一师一优平台： http://1s1k.eduyun.cn/portal/html/1s1k/index/1.html

平台有非常多的老师授课视频，还有各个学科的教学设计，这些资料既可以作为微课脚本的基础资料，也可以作为教学设计的参照，同时还能借鉴老师的授课视频提升自己的教学能力，如图 4–31 所示。

图 4–31 一师一优平台

五分钟课程网： http://www.5minutes.com.cn/

网站包含饮食、生活、保健、文艺、绘画、音乐、书法、思政、教育、经济、历史、科学、管理、传媒、法律等各个学科微课作品，如图 4–32 所示。

图 4–32 五分钟课程网

浙江微课网： http://wk.zjer.cn/index.shtml

网站按照学段、年级和学科对微课作品进行了详细的划分，每一门课程都是系列微课，作品质量非常高，可以系统地学习、参考，如图 4–33 所示。

图 4–33 浙江微课网

国家中小学智慧教育平台： https://www.zxx.edu.cn/

“国家中小学智慧教育平台”是教育部在总结“国家中小学网络云平台”运行服务经验的基础上，研究制定的《国家中小学智慧教育平台建设与应用方案》，并将原云平台改版升级为“国家中小学智慧教育平台”，如图 4–34 所示。

图 4–34 国家中小学智慧教育平台

国家中小学智慧教育平台于 2022 年 3 月 1 日上线试运行，试运行首日平台资源达到 21334 条，其中新上线 10335 条，另外还外部链接了 60 个专业网站共享有关资源，各类资源全部免费使用，具体如下。

专题教育资源包括党史学习、爱国主义教育、宪法法治教育、品德教育、劳动教育、中华优秀传统文化教育、生命与安全教育、心理健康教育、生态文明教育等 9 类资源。

课程教学资源在原有的国家统编教材和人教版教材教学资源基础上，新增加了北京版、苏教版、北师大版、教科版、外研版等 7 个版本 116 册教材的课程教学资源，同时上线了 66 家出版单位的 1834 册电子版教材。

课后服务资源包括科普教育、体育锻炼、文化艺术、经典阅读、研学实践、影视教育等 6 类资源。

教师研修资源包括思政师德、通识研修、学科研修、作业命题、幼教研修、特教研修等 6 类资源。

家庭教育资源包括家庭教育观念、家庭教育方法和家庭教育指导等 3 类资源。

教改实践经验包括各地中小学党建德育、落实“双减”、学前教育、义务教育、普通高中、特殊教育、教学成果、教育信息化、综合改革等 9 类典型经验。

升级后的平台进一步丰富了原有的专题教育和课程教学资源，并新增加了课后服务、教师研修、家庭教育、教改实践经验等 4 类资源，共有 6 个版块，进一步凸显了服务“双减”工作的需要。

以上这些网站里面有各种各样的微课作品供学习、借鉴。如果不仅想要学习微课作品，还想直接使用 PPT 课件，可以使用下面这三个网站，这里面有各种中小学 PPT 课件。

好课件：https://www.haokj.cn/

网站里有语文课件、数学课件、英语课件、物理课件、化学课件、生物课件、地理课件、历史课件、科学课件、美术课件、音乐课件和道德法制课件，每一类课件又分别囊括了小学、初中、高中各个年级的内容，如图 4-35 所示。

图 4-35 好课件

PPTOK：http://www.pptok.com/

网站里既可以按照各学科查询课件，又可以按不同的教材版本查询，包含部编版语文、人教版语文、苏教版语文、北师大版语文、人教版数学、苏教版数学、人教版英语、外研版英语、人教版科学、沪教版科学、浙教版科学、人教版美术，下至一年级上到九年级的课件都可以在这里面找到，如图 4-36 所示。

图 4-36 PPTOK

人人 PPT：https://www.rrppt.com/

网站里包含语文 PPT 课件、数学 PPT 课件、英语 PPT 课件、科学 PPT 课件、道德 PPT 课件、生活 PPT 课件、品德 PPT 课件、物理 PPT 课件、化学 PPT 课件、地理 PPT 课件、历史 PPT 课件、生物 PPT 课件、政治 PPT 课件、美术 PPT 课件、音乐 PPT 课件、幼儿园 PPT 课件、主题班会 PPT 课件，如图 4-37 所示。

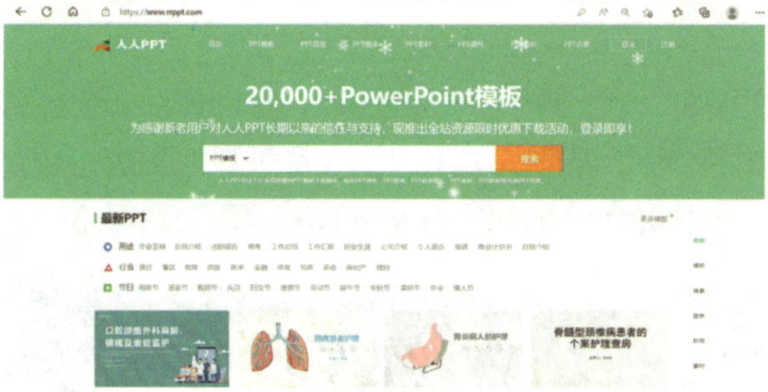

图 4-37 人人 PPT

语文 PPT 课件包含人教版语文、鄂教版语文、冀教版语文、A 版语文、S 版语文、语文版语文、人教版高中语文、湘教版语文、鲁教版语文、西师大版语文、苏教版语文、北师大版语文。

数学 PPT 课件包含北师大版数学、人教版数学、苏教版数学、西师大版数学、青岛版数学、冀教版数学、人教版高中数学。

英语 PPT 课件包含人教 PEP 版英语、外研版英语、精通版英语、新目标英语、陕旅版英语、上海教育版英语、广州版英语、牛津译林版英语、仁爱版英语、冀教版英语、人教版高中英语、外研版高中英语、北师大版高中英语。

科学 PPT 课件包含教科版科学、鄂教版科学、人教版科学、湘教版科学、青岛版科学、浙教版科学。

道德 PPT 课件主要是指人教版道德与法治。

生活 PPT 课件主要是指人教版品德与生活。

社会 PPT 课件主要是指人教版品德与社会。

品德 PPT 课件主要是指人教版思想品德。

物理 PPT 课件包含人教版物理、北师大版物理、沪科版物理、鲁教版物理、粤沪版物理、人教版高中物理、鲁科版高中物理。

化学 PPT 课件包含人教版化学、粤教版化学、湘教版化学、北京课改版化学、人教版高中化学、鲁科版高中化学。

地理 PPT 课件包含人教版地理、上海教育版地理、商务星球版地理、人教版高中地理、中图版高中地理、湘教版高中地理、鲁科版高中地理。

历史 PPT 课件包含人教版历史、人教版历史与社会、中华书局版历史、华师大版历史、岳麓版历史、统编版高中历史。

生物 PPT 课件包含人教版生物、北师大版生物、苏教版生物、人教版高中生物。

政治 PPT 课件主要是指统编版高中政治。

美术 PPT 课件主要是指人教版美术。

音乐 PPT 课件与其他一样，包含了从一年级到九年级的课件。

幼儿园课件包含幼儿园语言、教学、英语、科学、社会、美术、音乐和绘本。

主题班会 PPT 课件包含节日类班会、安全类班会、校规类班会、德育类班会、学习类班会、励志类班会、健康类班会。

POSTSCRIPT

后记

一门微课本质上由两部分构成，一部分是微课内容，包含微课的主题、结构、内容，这部分的方法技巧变化性较小；另一部分是微课制作工具，这部分的变化性非常大。除了我在书里面介绍的 PPT、万彩动画大师、OBS、剪映等主要工具外，还有很多工具等待我们去探索，让我们一起与时俱进，携手共赢。

无人出镜的主流工具是PPT
全彩印刷
爆款微课
肖兴 著
简单高效易上手的微课制作指南
附赠
万彩动画大师
特别版
激活码
短视频时代，还不学微课制作，
你就OUT了！
企业管理出版社
千余款中国风
PPT模板
剪映工具包
34门
微课
微课脚本模板
OBS工具包
狐假虎威
实用
工具包
背景
音乐

爆款微课

—简单高效易上手的微课制作指南—

引言				
主流形式	微课数量	微课主题	时长（分钟）	形式
引言	1门微课	引言	4	真人出镜＋录屏

用 PPT 制作精美微课				
主流形式	微课数量	微课主题	时长（分钟）	形式
无人出镜	12门微课	1. 用好背景，让你的微课玉树临风	4	真人出镜＋录屏
		2. 魔力图片，让你的微课千变万化	7.5	真人出镜＋录屏
		3. 魅力图示，用 SmartArt 结构化表达	5	真人出镜＋录屏
		4. 神奇图标，让你的微课魅力倍增	6.5	真人出镜＋录屏
		5. 奇妙文字，突出微课重点内容	7	真人出镜＋录屏
		6. 动态视频，让你的微课无限精彩	3.5	真人出镜＋录屏
		7. 排版配色，让微课简洁又好看	7.5	真人出镜＋录屏
		8. 设置音频，让你的微课悦耳动听	8	真人出镜＋录屏
		9. 设计动画，让你的 PPT 自动播放	9	真人出镜＋录屏
		10. 生成视频，就是这么简单	5.5	真人出镜＋录屏
		11. 设计吸睛微课封面，你可以这么做	4.5	真人出镜＋录屏
		12. 掌握这些方法，你也可以设计炫酷动画效果	10	真人出镜＋录屏

用万彩动画大师制作 MG 动画微课				
主流形式	微课数量	微课主题	时长（分钟）	形式
拟人出镜	10门微课	1. 开启万彩之旅，下载安装注册升级全在这里	3	真人出镜＋录屏
		2. 设计场景，让你的微课更出彩	5	真人出镜＋录屏
		3. 设置音频，让你的微课魅力无限	5	真人出镜＋录屏
		4. 吸睛字幕，让你的微课无与伦比	3.5	真人出镜＋录屏
		5. 编辑素材，凸显微课关键知识	11	真人出镜＋录屏
		6. 设计动画，让你的微课动感十足	8	真人出镜＋录屏
		7. 生成视频，轻松高效做微课	1.5	真人出镜＋录屏
		8. 移动效果，让你的微课千变万化	2.5	真人出镜＋录屏
		9. 玩转镜头，让你的微课丰富多元	3.5	真人出镜＋录屏
		10. 学以致用，高效制作情境微课	9.5	真人出镜＋录屏

用 OBS 录制真人出镜微课				
主流形式	微课数量	微课主题	时长（分钟）	形式
真人出镜	3 门微课	1. 开启 OBS 之旅，下载、安装、界面功能全在这里	2.5	真人出镜 + 录屏
		2. 搭建录课场景，用 OBS 录课就是这么简单	11	真人出镜 + 录屏
		3. 用好插件，你也可以录制爆款微课	3	真人出镜 + 录屏
用剪映剪辑微课提升效果				
主流形式	微课数量	微课主题	时长（分钟）	形式
混合微课	8 门微课	1. 开启剪映之旅，带你全方位了解剪映	3.5	真人出镜 + 录屏
		2. 编辑视频，让你的微课一鸣惊人	11	真人出镜 + 录屏
		3. 编辑音频，让你的微课自带 BGM	4	真人出镜 + 录屏
		4. 编辑文本，智能字幕一键生成	7	真人出镜 + 录屏
		5. 用好这些功能，让你的微课变化无穷	7	真人出镜 + 录屏
		6. 导出视频，让你的微课参数符合标准	2	真人出镜 + 录屏
		7. 用剪映制作片头片尾，让你的微课炫彩缤纷	6	真人出镜 + 录屏
		8. 学以致用，用剪映制作混合式微课	7.5	真人出镜 + 录屏
合计时长			199 分钟	

LIFE FIRST
生命第一
员工安全意识手册
12周年
修订升级珍藏版
祁有红 著
98%的事故
是人为原因引起的
人为原因中
安全意识薄弱占比≥90%
安全为了谁
为了所有工友
为自己，为家人
为企业，为社会
企业管理出版社

Handbook of
Comprehensive Lean
Management In China
中国工厂
全面精益改善
推进手册
刘承元 著
制造强 中国强
管理改变中国
——刘承元博士
企业管理出版社

一书在手助你成为优秀的职业培训师
TTT
训的
就是你
培训师
职业成长手册
刘子熙 / 著
企业管理出版社

零隐患
零事故
安全事故预防手册
刘寿红 著
安全生产是可以控制的
安全事故是可以避免的
企业管理出版社

Handbook of
Multiple Profit at
Chinese Corporate
中国工厂
利润倍增
经营手册
刘承元 著
制造强中国强
管理改变中国
——刘承元博士
企业管理出版社

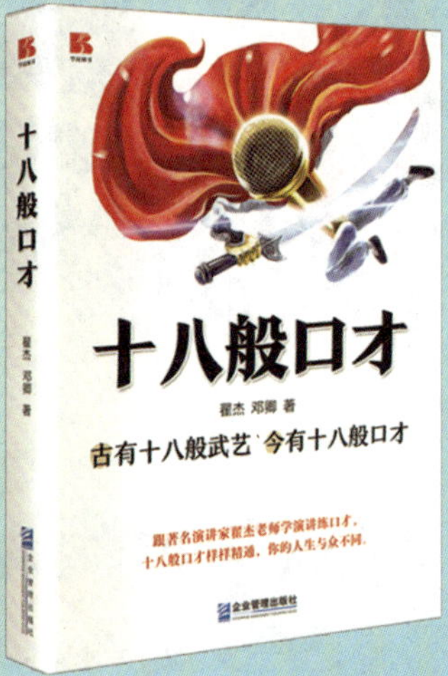
十八般口才
翟杰 邓卿 著
古有十八般武艺 今有十八般口才
企业管理出版社

追求极致
——日本企业团队工作法
曲军 / 著
日本型企業経営——組織文化の視点から——
企业管理出版社

中企联播 · 名师讲堂部分名师

汪中求

陈劲

祖林

刘承元

丁晖

顾立民

谭长春

翟杰

名师讲堂

中企联播 · 名师讲堂现为公益讲座，
未来将发展成知识付费平台。

中企联播 · 名师讲堂
欢迎企业经营管理者加入！

中企联播 · 名师讲堂欢迎
天下名师大咖的合作！

联系方式：010-68487630
王老师：13466691261（同微信）
请注明合作内容及方式